韩非子

〔战国〕韩非 著

张觉 译注

北方文艺出版社

图书在版编目（CIP）数据

韩非子 /（战国）韩非著；张觉译注 . -- 哈尔滨：
北方文艺出版社 , 2024.7. -- ISBN 978-7-5317-6263-8

Ⅰ . B226.55

中国国家版本馆 CIP 数据核字第 2024C7U055 号

韩非子
HANFEIZI

作　者 /［战国］韩　非　　　　　译　注 / 张　觉
责任编辑 / 常　青　　　　　　　　策划编辑 / 袁　艺
出版统筹 / 罗婷婷　庄本婷　　　　装帧设计 / 锦色书装

出版发行 / 北方文艺出版社　　　　邮　编 / 150008
发行电话 /（0451）86825533　　　经　销 / 新华书店
地　址 / 哈尔滨市南岗区宣庆小区 1 号楼　　网　址 / www.bfwy.com
印　刷 / 三河市天润建兴印务有限公司　　开　本 / 880mm×1230mm　1/32
字　数 / 450 千　　　　　　　　　　印　张 / 19.5
版　次 / 2024 年 7 月第 1 版　　　　印　次 / 2024 年 7 月第 1 次印刷
书　号 / ISBN 978-7-5317-6263-8　　定　价 / 68.00 元

前　言

　　《韩非子》是战国末期韩非撰写的一部思想著作。共二十卷，五十五篇。

　　韩非，名非。约生于周赧王三十五年（前280），卒于秦王嬴政十四年（前233），韩国人，为韩国公子，与李斯同学于荀子。不善言，长于著书，喜好刑名法术之学。有感于韩国的日益衰弱，上书变法，未被采纳。"观往者得失之变"，著书立说，作《孤愤》《五蠹》《内外储》《说林》《说难》等十余万言。其书传至秦国，备受秦王赞赏。韩非入秦，被李斯、姚贾所谗入狱，服毒自杀于秦。

　　《韩非子》原名《韩子》，因与唐代韩愈相重，唐以后改称为《韩非子》。《韩非子》一书有个别篇为他人所撰，还有些篇中有他人掺入的段落和内容，但大部分为韩非自著。全书由五十五篇独立成篇的论文集辑而成，除个别篇外，篇名皆表明该篇主旨。《韩非子》一书主要阐述了韩非以君主专制主义为基础的法、术、势相结合的法制思想和主张，以及他的进化历史观和讲求实际的哲学思想。

　　《五蠹》《显学》《诡使》诸篇主要阐述了韩非的社会历史观。韩非以学者（儒家）、言谈者（纵横家）、带剑者（游侠）、患御者（逃避兵役者）及商工之民为五种蛀木的蠹虫，认为他们无益于耕战、为害于国家。进一步认为，时代变了，治国措施也要变，应以法治代替礼治，以官吏代替师儒，以耕勤之民、力战之士为贵而当赏，以五蠹之民为贱而当除。《显学》篇以儒、墨为显学，对它们进行了进一步的攻击和驳斥，认为它们的学说不合时务，无益于当世。《诡使》篇则更明确地指出"道和者乱，道法者治"，主张明智的君主必须禁止儒家等有害于耕战之人，而尊崇能耕善战之士。

　　《定法》《难势》《有度》《二柄》《观行》《用人》《六反》《心度》《爱臣》《主道》《八奸》《亡征》《八经》《说疑》《安危》《守道》《备内》

《三守》诸篇则从不同的方面反复详尽地论述了加强君主的专制地位，实行法、术、势的法家思想的必要性和具体措施。

《解老》《喻老》两篇是韩非的主要哲学论文。他对老子的哲学思想进行了批判和改造，系统地提出了自己的哲学思想。"道"是道家的主要哲学范畴，韩非则给予了自己的改造。一方面，他承认道是万物的本原，即道是"万物之所以成"。另一方面，他又说道是万物的总规律，即，"道者，万物之所以然也"。理是前期法家的一个哲学概念，韩非把它赋予了新意。

《难一》《难二》《难三》《难四》篇在体裁上属于一种。"难"是辩驳的意思。韩非取历史传说中的故事与言论加以辩驳。他所难有二十余事，以其文长，分为四篇，每发一难，都假借或人之辞，例用"或曰"二字发端。这些论难的主要目的，在于阐明法治的观点。由于通过历史故事来讨论，更加强了说服力。这种写作手法，后世沿用为一种文体。

《内储说上·七术》《内储说下·六微》《外储说左上》《外储说左下》《外储说右上》《外储说右下》六篇也是体裁相类的一组。"储"是积蓄之意，"说"指传说故事。题用许多流传故事，说明人君用法术之利和不用法术之害。由于篇幅过长，分为内外两大篇。《内储说》又分为上下二篇，《外储说》又分为左上、左下、右上、右下四篇。

《说林上》《说林下》也是一组。"说"指民间传说和历史故事，"林"是集合之意。《说林》就是传说故事集。由于篇幅过长繁多，分成上下两篇。

《韩非子》一书是先秦诸子中卷帙最为浩繁者之一，内容十分丰富。书中不仅详细地阐述了作者的哲学、社会历史、法治等思想，还具有哲学思想和政治思想的研究价值。而且，此书还具有较高的历史价值和文学价值。

《韩非子》一书在语言和论述技巧上也颇具特色。语言简洁、议论犀利、文字冷峻。论述手法多变，有论说体、有问答体、有叙述体，大量采用历史故事、传说、寓言故事等来说明政治理论，因而显得生动、活泼。其中，许多寓言故事，如"矛盾"之说、"守株待兔"等流传至今，脍炙人口。《韩非子》也是古代散文的佳品。

编者

目　录

初见秦 第一

臣闻不知而言不智，知而不言不忠，为人臣不忠当死，言而不当亦当死。虽然，臣愿悉言所闻，唯大王①裁其罪。

[注释]

①大王：指秦昭王，公元前324—前251年在位。

[译文]

臣下我听说：不知而乱发议论，是不明智；明知却沉默不语，是不忠诚。身为臣子不忠诚，应当处死；而议论得不适当，也应当判处死罪。尽管这样，臣下我还是宁愿说说我的听闻见解，请大王判定我是否有罪。

臣闻：天下阴①燕阳魏，连荆固齐，收韩而成从，将西面以与秦强②为难。臣窃笑之。世有三亡，而天下得之，其此之谓乎！臣闻之曰："以乱攻治者亡，以邪攻正者亡，以逆攻顺者亡。"今天下之府库不盈囷仓空虚，悉其士民，张军数十百万，其顿首戴羽为将军断死于前不至千人，皆以言死。白刃在前，斧锧③在后，而却走不能死也。非其士民不能死也，上不能故也。言赏则不与，言罚则不行，赏罚不信，故士民不死也。今秦出号令而行赏罚，有功无功相事也。出其父母怀衽之中，生未尝见寇耳，闻战，顿足徒裼④，犯白刃，蹈炉炭，断死于前者皆是也。夫断死与断生者不同，而民为之者，是贵奋死也。夫一人奋死可以对十，十可以对百，百可以对千，千可以对万，万可以克天下矣。今秦地折长补短，方数千里，名师数十百万。秦之号令赏罚、地形利害，天下莫若也。以此舆⑤天下，天下不足兼而有也。是故秦战未尝不克，攻未尝不取，所当未尝不破，开地数千里，此其大功也。然而兵甲顿⑥，士民病，蓄积索⑦，田畴荒，囷仓虚，四邻诸侯不服，霸王之名不成。此无异故，其谋臣皆不尽其忠也。

[注释]

①天下：崤山以东的楚、韩、魏、赵、齐、燕。阴：这里泛指北面。②强（qiǎng）：尽力，竭力。 ③锧（zhì）：铁砧板。 ④裼（xī）：指古代加在裘上面的无袖的衣服。 ⑤舆：通"举"，攻取，攻打。 ⑥顿：破旧，破败。 ⑦索：尽，光。

[译文]

臣听说：天下的局势是北燕南魏，联合楚国和齐国，集合韩国而成合纵之势，即将向西去同秦国对抗。臣私下嘲笑他们。世上有三种灭亡方法，六国都具足了，可能说的就是合纵攻秦的情况吧！臣听说："以杂乱进攻安定必亡，以奸邪进攻正义必亡，以倒退进攻顺从前进的必亡。"现在六国的财库不满，粮仓空空，征集全国百姓，扩军数百万，其中戴羽的将军立誓在前线拼死战斗的不止千人，都说是不怕死。利刃在前，斧锧在后，还是逃脱不去拼死作战，不是说这些士兵不能死战，而是六国君主有无法使他们死战的原因。该赏的不赏，该罚的不罚，赏罚失信，因此士兵不肯死战。现在秦国颁布法令而推行赏罚，有功无功区别对待。百姓从挣开父母怀抱，一生都没有见过敌人；但一听说打仗，跺着脚赤膊上阵，面对利刃，踏着炭火，上前拼死的到处都是。拼死和贪生不同，而百姓之所以情愿死战，是因为他们推崇英勇奋战而死的精神。一人奋勇拼命可抵十，十人可抵百，百人可抵千，千人可抵万，万人能够攻占天下。现在秦国领土截长补短，方圆数千里，雄师有百万之众。秦国法令赏罚严格，地形险峻，天下没有一个国家可比。凭这些有利条件攻占天下，不需费力就能够兼并。所以，秦国打仗没有不胜利的，攻城没有不占取的，遇上抵御的军队没有不战胜的，开垦疆土数千里，这是一件大功。但是，士兵疲倦，百姓困乏，积蓄用完，田园荒凉，谷仓空虚，四邻诸侯不从，霸主之名不成。其中没有别的原因，正是秦国的谋臣没有尽忠。

臣敢言之：往者齐南破荆，东破宋，西服秦，北破燕，中使韩、魏，土地广而兵强，战克攻取，诏令天下。齐之清济浊河，足以为限；长城巨防，足以为塞。齐，五战之国也，一战不克而无齐①。由此观之，夫战者，万乘之存亡也。且臣闻之曰："削株无遗根，无与祸邻，祸乃不存。"秦与荆人战，大破荆，袭郢，取洞庭、五湖②、江南。荆王君臣亡走，东服于陈。当此时也，随荆以兵，则荆可举；荆可举，则其民足贪也，地足利也，东以弱齐、燕，中以凌三晋。然则是一举而霸王之名可成也，四邻诸侯可朝也；而谋臣不为，引军而退，复与荆人为和。令荆人得收亡国，聚散民，立社稷主，置宗庙；令率天下西面以与秦为难。此固以失霸王之道一矣。天下又比周③而军华下，大王以诏破之，兵至梁郭下。围梁数旬，则梁可拔；拔梁，则魏可举；举魏，则荆、赵之意绝；荆、赵之意绝，则赵危；赵危而荆狐疑；东以弱齐、燕，中以凌三晋。然则是一举而霸王之名可成也，四邻诸侯可朝也；而谋臣不为，引军而退，复与魏氏为和。令魏氏反收亡国，聚散民，立社稷主，置宗庙；此固以失霸王之道二矣。前者穰侯之治秦也，用一国之兵而欲以成两国之功，是故兵终身暴露于外，士民疲病于内，霸王之名不成。此固以失霸王之道三矣。

[注释]

①一战不克而无齐：指齐湣王十七年（前284）燕、秦等五国联军在济西打败齐军一事。　②五湖：地在宛（今河南南阳）、邓（今湖北襄阳北）间，临汉水。　③比周：紧密勾结。

[译文]

我勇敢地说这种情况吧：往年齐国南面击败了楚国，东面击败了宋国，西面战胜了秦国，北面击败了燕国，在中部能得到韩国、魏国，领土广阔而兵力强盛，战无不克，攻无不胜，对天下各国发布命令。齐国那清澈的济水、污浊的黄河，足够用来作为它的防线；齐国的长城、巨防，足够用来当作它的要塞。齐国，是一个胜利了五次的国家，但由于一次战斗失败便没有了齐国。从此种情况来看，战争，关系到大国的存亡。何况我还听说过这样的话："砍树勿要留根，做事不要和祸患接近，祸患就不会发生。"以前，秦国与楚国战争，击败楚军，攻取了郢都，占领了洞庭湖、五湖、江南一带地区，楚国的君主臣子都逃亡了，在东面的陈城保命防守。在这个时候，假如带领军队追击楚军，那么楚国就能够攻取；楚国能够攻取，那么楚国的民众就能够尽量搜刮，它的国土就能够充分利用，再在东部削弱齐国、燕国，在中部夺占韩、赵、魏三国。如此看来，那么追击楚军这件事一干，称霸称王的功名就能够成就，四方诸侯就能够让他们来朝见了，但是那些出谋献策的大臣却不这样做，反而率领着军队撤退，又和楚国人谈和，让楚国人能恢复失去的领土，聚集散乱的民众，设立社稷坛上的神主，设立祭祀祖宗庙宇的官员，伙同天下各国向西来与秦国为敌。这原本已经是丧失了一次统一天下称霸称王的机遇了。接着天下各国又紧密联合而驻兵在华阳城下，大王下令把他们击败了，秦兵前进到魏国国都大梁的外城下。只要把大梁围困个几十天，那么大梁就能够被攻下；攻下了大梁，那么魏国就能够攻取；攻占了魏国，那么楚国、赵国联合抗秦的计划就无法实现了；楚、赵两国联合抗秦的计划无法实现，那么赵国就危急了；赵国危急了，那么楚国就迟疑不前了；再在东面削弱齐国、燕国，在中部侵占韩、赵、魏三国。如此看来，那么围困大梁这件事一干，称霸称王的功名就能够成就，四方诸侯就能够让他们来朝拜了，但是那些出谋献策的大臣不这样做，反而率领着军队撤退了，又和魏国人谈和，让魏国人回过头来获取丧失的国土，汇集流散的民众，建立社稷坛上的神主，设立祭祀祖宗庙宇的官员。这确实是已经丧失了第二次统一天下称霸称王的机遇了。以前穰侯魏冉统治秦国的时候，想用秦国一个国家的兵力来实现两个国家的功业，所以士兵终身在外面日晒雨淋，民众在国内疲劳不堪，称霸称王的功名不可成就。这确实是已经失去了第三次统一天下的机遇了。

　　赵氏，中央之国也，杂民所居也，其民轻而难用也。号令不治，赏罚不信，地形不便，下不能尽其民力。彼固亡国之形也，而不忧民萌，悉其士民军于长平之下，以争韩上党。大王以诏破之，拔武安。当是时也，赵氏上下不相亲也，贵贱不相信也。然则邯郸不守。拔邯郸，筦山东河间^①，引军而去，西攻修武，逾羊肠，降代、上党。代四十六县，上党七十县，不用一领甲，不苦一士民，此皆秦有也。以代、上党不战而毕为秦矣，东阳、河外不战而毕反为齐矣，中山、呼沲以北不战而毕为燕矣。然则是赵举，赵举则韩亡，韩亡则荆、魏不能独立，荆、魏不能独立，则是一举而坏韩、蠹魏、挟荆，东以弱齐、燕，决白马之口以沃魏氏，是一举而三晋亡，从者败也。大王垂拱以须之，天下编随而服矣，霸王之名可成。而谋臣不为，引军而退，复与赵氏为和。夫以大王之明，秦兵之强，弃霸王之业，地曾不可得，乃取欺于亡国，是谋臣之拙也。且夫赵当亡而不亡，秦当霸而不霸，天下固以量秦之谋臣一矣。乃复悉士卒以攻邯郸，不能拔也，弃甲兵弩，战竦而却，天下固已量秦力二矣。军乃引而复，并于李下，大王又并军而至，与战不能克之也，又不能反，军罢而去，天下固以量秦力三矣。内者量吾谋臣，外者极吾兵力。由是观之，臣以为天下之从，几不难矣。内者，吞甲兵顿，士民病，蓄积索，田畴荒，困仓虚；外者，天下皆比意甚固。愿大王有以虑之也。

[注释]

①筦山东河间：包抄崤山以东、黄河以北、漳水以南的地区。

[译文]

赵氏之国，是处在中部的国家，刁蛮杂居之民所居住的地方，那里的民心轻浮而难以控制役使。且其政令不整，赏罚无信，地势不便于作战，下层民众不愿为国出力。它本来处在亡国的境地，却不为民众愚蠢担忧，率其士民驻军到达长平，夺占韩国的上党郡。大王下令出兵打败了他，攻取了武安。这时赵国君臣不和，官民无信。像这个样子，赵国的国都邯郸是守不住的。如果秦国攻取邯郸，掌控了崤山以东的河间地区，再带领秦军离开那里，向西攻取修武，越过太行山上的羊肠要害，征服代郡、上党郡。这样，代郡的三十六个县，上党郡的十七个县，不用一铠，不劳一兵，这些地方便都被秦国所拥有。代郡、上党郡无需战斗就能够归属秦国，东阳、滹沱河外一带地区不需战斗全都归属齐国所有，中山、滹沱河以北的地方不需战斗就全部被燕国夺取。假如这样的话，赵国就能够被夺取，赵国被攻取，韩国便会灭亡，韩国灭亡了，荆楚、魏国便无法安定地独立，荆楚、魏国无法独立，这样一次行动，便毁灭了韩国，摧垮了魏国，控制了荆楚，再向东削弱齐国和燕国，决开白马津的渡口淹没魏国，一举就可使韩、赵、魏三国灭亡，合并的联盟就会全盘皆输。大王只需垂衣拱手来等候，天下各国就会依次随从来臣服，霸主的功名便能够成就。然而谋划之臣却不如此做，竟然率领军队撤退，又与赵国谈和。凭借大王的圣明和秦军的强大，却丧失了霸主的伟业，土地全部没有得到，还被危亡的赵国所欺瞒，这是谋划之臣愚蠢所致。何况赵国应当灭亡而没有被灭亡，秦国应当称霸而没能称霸，天下各国确实是已经揣摩到秦国这些才智低下的谋臣，这是其一。秦国竟然又发动所有的兵力去攻取邯郸，不但未能攻下，反而丢盔弃甲、抛弓掷弩，心惊胆战地溃退了，天下各国真的已经揣摩到秦军的武力不强，这是其二。因此又率秦军返回汇集到李下，大王又派兵援助，但是与敌方作战还是不能战胜，又不能主动返回，等到军队疲惫不堪之时方才退兵，天下各国确实揣摩到秦国的实力微弱，这是其三。诸侯各国从里到外摸透了，我们的谋划之臣在外部用尽了我们的兵力。

据此而言，我认为天下各国的联合抗秦，其实并没有任何难处。在秦国国内，弓弩铠甲破旧不堪，士民劳苦疲倦，仓储空乏，粮田荒芜；在秦国国外，天下各国联合的意图却十分坚决。对于这些情形，希望大王应加以考虑。

且臣闻之曰："战战栗栗，日慎一日，苟慎其道，天下可有。"何以知其然也？昔者纣为天子，将率天下甲兵百万，左①饮于淇溪，右饮于洹溪，淇水竭而洹水不流，以与周武王为难。武王将素甲三千，战一日，而破纣之国，禽其身，据其地而有其民，天下莫伤。知伯②率三国之众以攻赵襄主于晋阳，决水而灌之三月，城且拔矣，襄主钻龟③筮占兆，以视利害，何国可降。及使其臣张孟谈。于是乃潜行而出，反知伯之约，得两国之众以攻知伯，禽其身，以复襄主之初。今秦地折长补短，方数千里，名师数十百万。秦国之号令赏罚、地形利害，天下莫如也。以此与天下，可兼而有也。臣昧死愿望见大王，言所以破天下之从，举赵、亡韩、臣荆魏、亲齐燕、以成霸王之名、朝四邻诸侯之道。大王诚听其说，一举而天下之从不破，赵不举，韩不亡，荆、魏不臣，齐、燕不亲，霸王之名不成，四邻诸侯不朝，大王斩臣以殉国，以为王谋不忠者也。

[注释]

①左：东边。 ②知伯：同智，译文统译为智伯。 ③钻龟：古代一

种占卜的方法。

［译文］

何况我听说：“畏惧防备，一天比一天小心。如果能慎重遵循这个处事之道，天下就能够据有。”为何知道会这样呢？以前纣做天子，打算率天下的百万军队，东到淇溪饮水，西到洹溪饮水，淇溪的水喝干了，洹溪也喝得干涸了，用如此强大的军队来和周武王作战。周武王带领身穿丧服的三千士兵，作战一整天，攻取了纣的国都，活捉了纣本人，攻取了纣的土地，拥有了纣的民众，天下的人没有谁可怜纣王。智伯带领自己和韩氏、魏氏共三家的私属部队到晋阳攻击赵襄子，决开晋水的河堤来淹没晋阳达三个月之久，晋阳城将要攻克，赵襄子钻龟算卦希望凭借卦象来做预测，以便衡量得失利害，看能够去哪一家投降。便派自己的家臣张孟谈出使。张孟谈因此暗自出城，使韩、魏违背了与智伯订立的盟约，夺取到韩、魏两家的军队，合力攻打智伯，活捉了智伯本人，从而恢复了赵襄主原本的势力。现在秦国的土地截长补短，方圆数千里，声名远扬的军队几十上百万人。秦国的法令赏罚严格，地形便利要害，天下各国都比不上。凭这些来与天下争霸，天下能够被吞并和占有。我冒死希望来参拜大王，说出能够破坏天下的合纵同盟，攻取赵国，灭亡韩国，征服楚国、魏国，使齐国、燕国与秦国亲近，以便实现霸王功名，让四邻诸侯到秦国来朝见的策略。大王假如真的听从我的陈说，进行一次行动而天下的合纵同盟不破，赵国没被攻下，韩国没能灭亡、楚国、魏国没有征服，齐国、燕国不来投靠，秦国霸王的功名没有成就，四周的诸侯邻国不来拜见，大王您就杀死我并将我的尸首示众，作为给大王策划不忠者的儆戒。

存韩 第二

韩事秦三十余年，出则为扞蔽^①，入则为席荐，秦特出锐师取韩地，而随之怨悬于天下，功归于强秦。且夫韩入贡职，与郡县无异也。今日臣窃闻贵臣之计，举兵将伐韩。夫赵氏聚士卒，养从徒^②，欲赘^③天下之兵，明秦不弱，则诸侯必灭宗庙，欲西面行其意，非一日之计也。今释赵之患，而攘内臣之韩，则天下明赵氏之计矣。

夫韩，小国也，而以应天下四击，主辱臣苦，上下相与同忧久矣。修守备，戒强敌，有蓄积，筑城池以守固。今伐韩，未可一年而灭，拔一城而退，则权轻于天下，天下摧我兵矣。韩叛，则魏应之，赵据齐以为原，如此，则以韩、魏资赵假齐以固其从，而以与争强，赵之福而秦之祸也。夫进而击赵不能取，退而攻韩弗能拔，则陷锐之卒勤于野战，负任之旅罢于内攻，则合群苦弱以敌而共二万乘，非所以亡赵之心也。均^④如贵人之计，则秦必为天下兵质^⑤矣。性下虽以金石相弊，则兼天下之日未也。

[注释]

①扞（hàn）蔽：屏障。　②从徒：指苏秦等人。　③赘：通"缀"，连缀，附着。　④均：通"洵"，按照，依照。　⑤质：箭靶子。

［译文］

韩国侍奉秦国三十余年，在外就为秦国做庇护，在内就为秦国做卧席坐垫。秦国只要派出军队去夺取韩国的土地，那么紧接着就会和天下结怨了，而天下的攻伐必将针对强人的秦国。何况韩国实行对秦国上贡的责任，和秦国的郡县并无不同。现在我私下里听说了权贵大臣的谋划，将要发兵讨伐韩国。赵国会集士卒，豢养合纵之徒，将要联合六国军队，宣扬若不削弱秦国，那么诸侯的宗庙必定会被秦国所灭；他们正计划在西面按他们的意图进行，这样谋划已经不止一天了。现在放掉赵国这个祸害，而排斥作为内臣一样的韩国，那天下都会认为赵国的谋略是明智的了。

韩国，原本是一个小国，而要面对来自四面八方的攻击，君主受辱、臣子劳苦，君臣上下彼此共忧患已经很久了。修建了防御工事，提醒强大的敌人，又有储藏物资，筑城墙、挖护城河以便固守。现在假如伐韩，很难一年就消灭它。如果攻占一个城池便要退兵，那么秦国的力量就会被各国轻视，各国必定会联合起来摧毁秦军。韩国违背，魏就会响应，赵依靠齐国作援手，这样，就是韩、魏资助赵国，并以齐国为凭据巩固合纵，进而与秦争强，（从战略上讲）这是赵国的福分，秦国的祸患。秦国进而击赵不能获胜，退而攻韩不能攻取，那么冲锋陷阵的士兵疲于野战，运送粮饷物资的队伍疲于内部的粮草军饷供应供给，那等于聚集困苦疲劳的军队来应对赵、齐两个大国，这是不符合灭韩本意的。如果真按贵臣的策略行事，那秦国必定成为各国的攻占目标。陛下尽管像金石一般长寿，那也不会看到秦国统一天下的日子。

今贱臣之愚计，使人使荆，重币用事之臣，明赵之所以欺秦者；与魏质以安其心，从韩而伐赵，赵虽与齐为一，不足患也。二国事毕，则韩可以移书定也。是我一举，二国有亡形，则荆、魏又必自服矣。故曰："兵者，凶器也。"不可不审用也。以秦与赵敌，衡加以齐，今又背韩，而未有以坚荆、魏之心。夫一战而不胜，则祸构矣。计者，所以定事也，不可不察也。韩、秦强弱在今年耳。且赵与诸侯阴谋久矣。夫一动而弱于诸侯，危事也；为计而使诸侯有意我①之心，至殆也；见二疏②，非所以强于诸侯也。臣窃愿陛下之幸熟图③之！攻伐而使从者间焉，不可悔也。

[注释]

①意我：算计我（秦国）。　②见二疏：暴露出两种疏漏。　③熟图：仔细考虑。

[译文]

现在我这低贱之臣的愚蠢策略是：派人去往到楚国去，用优厚的礼物收买掌政的大臣，讲明赵国欺诈秦国的手段；派出大王的骨肉之亲到魏国做人质来安住他们的心；使韩国跟随我们去攻打赵国，赵国即使与齐国合在一起，也不值得担忧了。攻打赵、齐两国的事结束后，那么韩国能够用一封檄文把它平定。这样，我们采纳了一个行动，赵、齐两国就有了亡国的趋势，那么楚国、魏国也就必定会主动投降了。所以说："战争，是一种残暴的工具。"不能不谨慎地加以使用。以秦国和赵国相抗衡，再横向加上齐国作为赵国的援助，现在又反对韩国，也没有采用什么措施来稳定楚国、魏国和秦国联合的决心。这攻打韩国的一仗假如不能取胜，那么秦国的祸患就形成了。计谋，是决定事情成败的东西，是不能够不仔细加以考察的。赵国与秦国谁强谁弱，便在今年见结果了。而且，赵国与诸侯各国私下图谋秦国已经很长时间了。现在发动一下兵力去攻击韩国而在诸侯面前暴露出自己的弱点，这是件危险的事情；出谋献策而使诸侯产生算计我们的想法，这是最大的危险了。攻打韩国的计划已经暴露出这两种缺陷，那么它就绝不是在诸侯面前逞强的办法。我心里希望陛下可以再仔细思考一下我的计策！假如攻打韩国而使合纵的国家钻了空子，那就后悔也来不及了。

诏以韩客之所上书——书言韩子之未可举——下臣斯。臣斯甚以为不然。秦之有韩，若人之有腹心之病也，虚处则惛然①，若居湿地，著而不去，以极走，则发矣。夫韩虽臣于秦，未尝不为秦病，今若有卒报②之事，韩不可信也。秦与赵为难，荆苏使齐，未知何如。以臣观之，则齐、赵之交未必以荆苏绝也；若不绝，是悉赵而应二万乘也。夫韩不服秦之义而服于强也，今专于齐、赵，则韩必为腹心之病而发矣。韩与荆有谋，诸侯应之，则秦必复见崤塞之患。

非之来也，未必不以其能存韩也为③重于韩也。辩说属④辞，饰非诈谋，以钓利于秦，而以韩利窥陛下。夫秦、韩之交亲，则非重矣，此自便之计也。

臣视非之言，文其淫说靡辩，才甚。臣恐陛下淫非之辩而听其盗心，因不详察事情。今以臣愚议：秦发兵而未名所伐，则韩之用事者以事秦为计矣。臣斯请往见韩王，使来入见；大王见，因内其身而勿遣，稍召其社稷之臣，以与韩人为市，则韩可深割也。因令象武⑤发东郡之卒，窥兵于境上而未名所之，则齐人惧而从苏之计，是我兵未出而劲韩以威擒，强齐以义从矣。闻于诸侯也，赵氏破胆，荆人狐疑，必有忠计⑥。荆人不动，魏不足患也，则诸侯可蚕食而尽，赵氏可得与敌矣。愿陛下幸察愚臣之计，无忽。

[注释]

①悇：苦。　②卒报：告急。　③为：谋取，谋求。　④属（zhǔ）：连缀。⑤象武：蒙武，秦国武将。　⑥忠计：楚国奉行忠于秦国的策略以求自保。

[译文]

秦王下令把韩非所上的奏书——奏书说伐韩不可取——送达给大臣李斯。臣李斯认为韩非的话很不对。我认为，秦国和韩国的关系，就像人害有腹心方面的疾病一样。平常无事之时，就很痛苦，像住在潮湿的地方，纠缠在身而不去；假如有事快跑，病就会发作得很严重。韩国尽管臣服于秦国，不一定就不是秦国的一块心病，假如遇到生死攸关的大事，韩国是不能够信任的。秦国与赵国为难，派荆苏去往齐国，结果如何不得而知。以我的观察，齐、赵之间的交情，不一定会因荆苏而断绝。假如这种关系没断绝，这会使秦国用尽自己的全部力量来对付齐、赵两个大国了。韩国不会归服秦国的情义，却会归服于强权。现在集中力量对抗齐、赵二国，那韩国作为腹心之病就会发病了。韩国与楚国有计谋，诸侯国再一响应，那么秦国就又会出现当年崤塞的那种灾难了。

韩非来秦国，不一定不是想以他可以保存韩国而求得韩国重要的位置。他巧言善辩，好话连篇，且善于以文辞掩饰奸诈的计谋以便在秦国获取好处，而为了韩国的利益还来探察陛下。秦国和韩国的交往密切了，那么韩非的地位就重要了，这是方便他自己的啊。

我看韩非的言辞，掩饰他的迷乱之说，他华美的辞藻体现了相当的才能。我担忧陛下会迷惑于韩非的言论，而听从了他的盗贼之心，因而不去仔细考察事情的真相。现在如果依我的建议：秦国发兵，但却不公布征伐的对象，那么韩国的掌权者就只能以侍奉秦国为政策了。臣李斯再请示去见韩王，使他来见大王。大王接见他，就留住下他而不遣返，然后再慢慢地召集韩国掌权的大臣，用韩王来和韩国做交易，那么就能够加深制裁韩国了。再命令蒙武带领东郡的士兵，屯兵于边境，而不说计划征伐哪里，那么齐国必定会恐惧而听从荆苏的谋划，这样，我们的兵马还没出发，而劲敌韩国就被秦国的威力控制住了，强大的齐国就听从我们而与赵国决断了。这信息被诸侯听说了，赵国被吓住了，楚国也会迟疑不决，一定会以事秦为计。楚国坚持不动，魏国也就不值得担忧了。那么各诸侯，就能够慢慢地吞食掉，对赵国就能够与它一决高下了。希望陛下能详细审察我的计策，不要忽视了。

秦遂遣斯使韩也。

李斯往诏韩王，未得见，因上书曰：昔秦、韩勠力一意，以不相侵，天下莫敢犯，如此者数世矣。前时五诸侯尝相与共伐韩，秦发兵以救之。韩居中国，地不能满千里，而所以得与诸侯班位于天下，君臣相保者，以世世相教事秦之力也。先时五诸侯共伐秦，韩反与诸侯先为雁行以向秦军于关下①矣。诸侯兵困力极，无奈何，诸侯兵罢。杜仓相秦，起兵发将以报天下之怨而先攻荆。荆令尹患之，曰："夫韩以秦为不义，而与秦兄弟共苦天下。已又背秦，先为雁行以攻关。韩则居中国，展转不可知。"天下共割韩上地十城以谢秦，解其兵。夫韩尝一背秦而国迫地侵，兵弱至今，所以然者，听奸臣之浮说，不权事实，故虽杀戮奸臣，不能使韩复强。

今赵欲聚兵士，卒以秦为事，使人来借道，言欲伐秦，其势必先韩而后秦。且臣闻之："唇亡则齿寒。"夫秦、韩不得无同忧，其形可见。魏欲发兵以攻韩，秦使人将②使者于韩。今秦王使臣斯来而不得见，恐左右袭曩奸臣之计，使韩复有亡地之患。臣斯不得见，请归报，秦、韩之交必绝矣。斯之来使，以奉秦王之欢心，愿效便计，岂陛下所以逆贱臣者邪？臣斯愿得一见，前进道愚计，退就菹③戮，愿陛下有意焉。今杀臣于韩，则大王不足以强，若不听臣之计，则祸必构矣。秦发兵不留行，而韩之社稷忧矣。臣斯暴身于韩之市，则虽欲察贱臣愚忠之计，不可得已。边鄙残，国固守，鼓铎之声闻于耳，而乃用臣斯之计，晚矣。且夫韩之兵于天下可知也，今又背强秦。夫弃城而败军，则反掖④之寇必袭城矣。城尽则聚散，聚散则无军矣。城固守，则秦必兴兵而围王一都，道不通，则难必，谋，其势不救，左右计之者不用，愿陛下熟图之。若臣斯之所言有不应事实者，愿大王幸使得毕辞于前，乃就吏诛不晚也。秦王饮食不甘，游观不乐，意专在图赵，使臣斯来言，愿得身见，因急与陛下有计也。今使臣不通，则韩之信未可知也。夫秦必释赵之患而移兵于韩，愿陛下幸复察图之，而赐臣报决。

[注释]

①关下：函谷关的下面。　②将：送。　③菹（zǔ）：古代的一种酷刑，把人剁成肉酱。　④反掖：反于掖下，意为从肘腋下发动叛变。

［译文］

于是秦派李斯去往韩国。

李斯前往朝见韩王，但却没能如愿，因此上书说：过去秦、韩齐心协力，因此互不干扰，天下没有一个国家敢米冒犯，这样已经很久了。以前五国诸侯曾相互联合起来一起攻击韩，秦发兵前来援助。韩处于中原地带，领土不足千里，之所以能和诸侯并排于天下，君臣上下都得到保全，是代代相教侍奉秦所起的作用。先前五国诸侯一起讨伐秦，韩反而与他们联合起来，并担任先锋，在函谷关下与秦军对抗。诸侯兵困力衰，情急之下，只好退兵。杜仓任秦相时，调兵遣将，向其他诸侯寻仇，首先攻击楚国。楚国令尹十分担忧，说："韩认为秦不义，却与秦结成兄弟一起摧残天下。不久又违背秦，担任先锋去攻击秦的函谷关。韩位于中原地区，反复无常，不可相信。"诸侯各国一起分割韩国上党地区的十个城池向秦道歉，除去了秦军的威胁。可见，韩曾背秦一次，国家便受危害，国土便被夺占，兵力衰弱，一直持续至今。之所以导致这种局面，是因为听取奸臣的空话，不衡量事实的利弊，所以尽管杀掉奸臣，也不能使韩重新强盛起来。

现在赵国打算聚集军队，最后会以秦国为目标，赵国派人来向韩国寻道，说是要攻打秦国，但这种形势必定是先攻取韩国而后攻取秦国。何况下臣我听说过这样的话："嘴唇没有了，牙齿就会寒冷。"秦国和韩国必须同患难，这种情形能够看出。魏国想要派兵来攻击韩国，秦国便派人将魏国派去秦国联系的使者送往韩国。现在秦王派他的臣子李斯来韩国却不可见到您韩王，恐怕您身旁的大臣又在承用从前背叛秦国的政策，而使韩国又有丧失土地的祸害。下臣李斯我不能见到您，请求回去报告，秦国和韩国的邦交必定会断绝。李斯我来出使的目的，是为了获得秦王的欢心，希望给您献上有利的计策，难道这就是陛下您用以接见我的合适方式吗？下臣李斯我希望能见您一面，上前向您说出我愚蠢的计策，再返回来接受刑罚，恳请陛下注意我的这番话。现在您把我杀死在韩国，大王您并不因此而强盛，假如您不听我的计策，那一定会构成祸患。秦国发兵不止地前进，那么韩国的江山就令人担忧了。等到臣李斯暴尸在韩国的街头，那么尽管想考虑我这贱臣的愚蠢忠诚的计谋，也不可能了。等到边境破败，国都需要坚守，战鼓、战铃的声音在耳边回响，然后才采纳我李斯的计谋，那就晚了。并且那韩国的兵力，在天下也早已被摸透了，现在却又违背了强大的秦国。韩国假如舍弃了城邑，又让军队打了败仗，那么在内部谋反的叛军必定会袭取城邑了。大小城邑都沦陷了，那么民众就流落了，民众流落，那就没有军队。韩国假如坚守城邑，那么秦国必定会派遣军队来围困大王的一个大城，使它的道路不能通畅，那么它的困难就是一定的事了，尽管出谋划策，那形势也无法挽救，大王身旁的大臣们的计策根本没用，我希望陛下详细考虑一下这种情况。如果我李斯说的话有不合乎事实的，也希望大王能让我在您面前把话说完，然后再把我交给狱吏判处死刑也不迟啊。秦王吃东西不感觉香甜，游览不感觉快乐，心里专门在考虑攻占赵国，他派臣子李斯来劝说，我希望能亲身见到您，因为我急着要和陛下商讨计策啊。现在我这出使的大臣都不能和陛下说话，那么韩国对秦国的忠心就不得而知了。那秦国就一定会免除赵国的祸患而把兵力转向韩国，但愿陛下能再次仔细审视思考一下这个问题，然后才给我判决。

难言　第三

臣非非难言也，所以难言者：言顺比^①滑泽，洋洋纚纚^②然，则见以为华而不实；敦祇^③恭厚，鲠固慎完，则见以为掘^④而不伦；多言繁称，连模拟物，则见以为虚而无用；总微说约，径省而不饰，则见以为刿而不辩；激急亲近，探知人情，则见以为谮^⑤而不让；闳大广博，妙远不测，则见以为夸而无用；家计小谈，以具数言，则见以为陋；言而近世，辞不悖逆，则见以为贪生而谀上；言而远俗，诡躁人间，则见以为诞；捷敏辩给，繁于文采，则见以为史；殊释文学，以质信言，则见以为鄙；时称《诗》《书》，道法往古，则见以为诵。此臣非之所以难言而重患也。

[注释]

①比：亲附。　②纚纚（lílí）：有次序，有条理。　③祇（zhī）：恭敬。　④掘：通"拙"。　⑤谮（zèn）：诬陷。

[译文]

臣下韩非并不认为进谏的话本身难说，之所以难于进谏在于，说的话顺从、流畅通达，潇潇洒洒并井井有条，则被认为是华而不实；敦实厚道、毕恭毕敬，坦率诚恳并细致周到，则被认为是笨拙而凌乱无序；辞藻华丽、旁征博引，相似事物比较联系，则被认为是空虚不真实；概括精义、陈述要点，开门见山且不加修饰，则被认为是直接尖锐不善于辩论；激烈毫无顾忌地涉及人主的亲近者，探查了解人情世故，则被认为是越过本分不知谦虚礼让；宏大宽广，奇妙不可推测，则被认为是浮夸不真实；琐碎小事，一件一件地陈说出来，则被认为是见识短浅狭隘；说的话接近世俗，言辞顺从不反叛，被认为是贪生怕死而谄媚君主；说的话偏离世俗，言辞怪癖不合世俗，则被认为是荒诞不经毫无依据；思维敏捷，口齿伶俐，富有文采，则被认为是像史一样文多质少；抛弃经文典籍，用朴实不加修饰的话进谏，则被认为是陈说旧事。这就是臣下韩非认为难于进谏并深重担忧的原因啊。

故度量虽正，未必听也；义理虽全，未必用也。大王若以此不信，则小者以为毁訾诽谤，大者患祸灾害死亡及其身。故子胥善谋而吴戮之，仲尼善说而匡围之，管夷吾实贤而鲁囚之。故此三大夫岂不贤哉？而三君不明也。上古有汤，至圣也；伊尹，至智也。夫至智说至圣，然且七十说而不受，身执鼎俎为庖宰，昵近习亲，而汤乃仅知其贤而用之。故曰：以至智说至圣，未必至而见受，伊尹说汤是也；以智说愚必不听，文王说纣是也。故文王说纣而纣囚之；翼侯炙；鬼侯腊；比干剖心；梅伯醢；夷吾束缚；而曹羁奔陈；伯里子道乞；傅说转鬻；孙子膑脚于魏；吴起收泣于岸门，痛西河之为秦，卒枝解①于楚；公孙痤言国器反为悖，公孙鞅奔秦；关龙逢斩；苌弘分胸；尹子阱于棘；司马子期死而浮于江；田明辜射；宓子贱②、西门豹不斗而死人手；董安于死而陈于市；宰予不免于田常；范雎折胁于魏。此十数人者，皆世之仁贤忠良有道术之士也，不幸而遇悖乱暗惑之主而死。然则虽贤圣不能逃死亡避戮辱者，何也？则愚者难说也，故君子难言也。且至言忤于耳而倒于心，非贤圣莫能听，愿大王熟察之也。

[注释]

①枝解：一种分裂肢体的酷刑。　②宓（mì）子贱：孔子的学生。姓宓，名不齐，字子贱。

[译文]

　　所以心中想的尽管正确，君主不一定会听；道理尽管完善，君主不一定使用。大王假如不相信进言，那么轻则就会被认为是诬陷、诽谤，重则就会有灾害甚至死亡危害进言的人。因此伍子胥善于谋略而吴王杀害他，孔子善于言说而在匡地被困，管仲确实贤能而鲁国囚禁了他。这三位大夫岂是不贤明吗？是三位君主不能洞察啊。古代有商汤，是最英明的君主；有伊尹，是最聪明的臣子；让最聪明的臣子向最英明的君主进言，可还是说了七十次也没有被接纳，只好自己拿着锅和案板去学做厨师，慢慢亲近了商汤，商汤才知晓了他的贤能而举用他。所以说最聪明的臣子去游说最英明的君主，也未必一开始就被接纳，伊尹游说商汤就是如此啊。让聪明的人去游说愚蠢的君主，那就必定不会听从，文王劝说商纣王就是如此啊。过去周文王劝说商纣王，而纣王软禁了他；翼侯因劝告纣王被烤死了；鬼侯因为劝说纣王被做成了肉干；比干因为劝告纣王而被剖心；梅伯因为劝告纣王而被剁成了肉酱；管仲在鲁国受到监禁；曹羁因为劝说曹侯而逃离陈国；百里奚在路上乞讨；傅说做奴隶被转卖；孙膑在魏国受膑刑；吴起因被诬陷而在岸门流泪，为西河将成为秦国的土地而心痛，最后在楚国被肢解；

公叔痤推荐了国家栋梁，反而被认为是叛变，公孙鞅只好投靠了秦国；关龙逄因劝告夏桀而被杀；苌弘因劝告周灵王被剖开了肚肠；尹子死后尸体还被扔在荆棘丛中；司马子期死后尸体漂在江上；田明被分尸；宓子贱、西门豹不和人相斗却也死在别人手中；董安于死后尸体在集市示众；宰予免不了被田常杀害；范睢在魏国被人折断了肋骨。这十几个人，都是世上仁义、贤良、忠诚、优秀而又知道治国方法的人，不幸碰到倒行逆施、昏聩愚昧的君主而死去。那么尽管是贤能圣明的人也不能逃离死亡、避开杀戮和羞辱，这是什么原因呢？是因为愚昧的君主很难劝说啊，所以贤能的人难以进谏。何况至理名言都是听起来逆耳，并且和自己的心意相背离，不是贤能圣明的君主是听不进去的，希望大王仔细考虑一下我的这些话吧。

爱臣　第四

　　爱臣太亲，必危其身；人臣太贵，必易主位；主①妾无等，必危嫡子；兄弟不服，必危社稷。臣闻：千乘之君无备，必有百乘之臣在其侧，以徙其民而倾其国；万乘之君无备，必有千乘之家在其侧，以徙其威而倾其国。是以奸臣蕃息，主道衰亡。是故诸侯之博大，天子之害也；群臣之太富，君主之败也。将相之管主而隆家，此君人者所外也。万物莫如身之至贵也，位之至尊也，主威之重，主势之隆也。此四美者，不求诸外，不请于人，议之而得之矣。故曰：人主不能用其富，则终于外也。此君人者之所识也。

　　昔者纣之亡，周之卑，皆从诸侯之博大也；晋之分也，齐之夺也，皆以群臣之太富也。夫燕、宋之所以弑其君者，皆此类也。故上比之殷、周，中比之燕、宋，莫不从此术也。是故明君之蓄其臣也，尽之以法，质之以备。故不赦死，不宥刑，赦死宥刑，是谓威淫。社稷将危，国家偏威。是故大臣之禄虽大，不得借威城市；党与虽众，不得臣士卒。故人臣处国无私朝，居军无私交，其府库不得私贷于家。此明君之所以禁其邪。是故不得四从②，不载奇兵；非传非遽③，载奇兵革，罪死不赦。此明君之所以备不虞者也。

[注释]

① 主：春秋战国时期妾称妻为主母，《礼记》以正室为主妇。

②四从：四匹马拉的车作为随从。　　③传：传车，驿车。遽：传送紧急文件的驿马。

[译文]

宠爱臣下太过亲密，一定会危害自身；臣下太过尊贵，必定会改变君主的位置；妻妾没有等级之分，一定会危害正妻的儿子；君主的兄弟不遵从君主，一定会危及国家。我听说拥有一千辆兵车的君主假如没有戒备，一定有拥有百辆兵车的大臣在他的身旁，来夺取他的人民、毁灭他的国家；拥有万辆兵车的君主要是没有戒备，一定有千辆兵车的大夫在他的身旁，夺取他的权威、毁灭他的国家。所以奸臣代代相传，国君之道就消亡了。所以诸侯的强盛，是天子的危害；群臣太过富有，是君主的失利。将相迷惑君主来使私家强盛，这是君主应当排除的。万物都不如自己的身体极其珍贵，地位极其尊贵，君主权势的重要，君主势力的旺盛。这四种美好的东西，不能向外求得，也不能向别人求得，君主做事得当就能够得到它。所以说：君主不能使用他自身的财富，就会被奸臣排除在外。这是做君主的人应当铭记的。

以前商纣的灭亡及周朝的衰落，皆始于诸侯的鼎盛壮大；晋国被六卿分割，齐国田氏专横跋扈，都是由于大臣们太过富有造成的结果。燕国、宋国的臣子弑杀他们君主的原因，都归于此类。所以，与古代的殷商、周朝比较，与近代的燕、宋比较，几乎没有不是由于这个原因的。基于这个原因，严明的君主在供养他的臣子之时，要使他们都明白法度的道理，以端正他们的思想来进行防备。因此不应该免除死罪，不应当宽恕刑罚。免除死罪，宽恕刑罚，被称为威淫，国家将会受到危难，国家的大臣会夺得威势。因而国家大臣尽管有很高的官禄，也不能借此在城内逞威；同党的人尽管再多，也不能役使士兵。因此大臣在处置国政之时，不能利用朝政为己谋私利，在军队中不能有私交，国库的财物不能够借贷回家让私人使用。这便是圣明君主制止歪风邪气的原因。因此不能够乘坐四匹马拉的并跟着随从的车，不能运怪异的兵器，假如不是驿站的车马、快车，却装载有怪异兵器的就要被撤职，犯有死罪也不可得到免除。这是明智的君王用来防患意外的办法。

主道 第五

　　道者，万物之始，是非之纪也。是以明君守始以知万物之源，治纪以知善败之端。故虚静以待令，令名自命也，令事自定也。虚则知实之情，静则知动者^①正。有言者自为名，有事者自为形。形名参同，君乃无事焉，归之其情。故曰：君无见其所欲，君见其所欲，臣自将雕琢；君无见其意，君见其意，臣将自表异。故曰：去好去恶，臣乃见素^②；去旧去智，臣乃自备。故有智而不以虑，使万物知其处；有行而不以贤，观臣下之所因；有勇而不以怒，使群臣尽其武。是故去智而有明，去贤而有功，去勇而有强。群臣守职，百官有常，因能而使之，是谓习^③常。故曰：寂乎其无位而处，漻乎莫得其所。明君无为于上，群臣竦惧乎下。明君之道，使智者尽其虑，而君因以断事，故君不穷于智；贤者敕其材，君因而任之，故君不穷于能；有功则君有其贤，有过则臣任其罪，故君不穷于名。是故不贤而为贤者师，不智而为智者正。臣有其劳，君有其成功，此之谓贤主之经也。

[注释]

①者：通"诸"。　②素：本色，实情。　③习：通"袭"。

[译文]

道，是万物的根基，是非的准则。因此贤能的君主抓住事物的根本就可以知道事物的由来；探讨这个准则就可以明了善恶成败的发端。所以君主要静静地等待，让名称由它所传达的内容来确定，让事情按其自己情况去发展。去除个人成见才能明察事情的真相，保持心里清静才能觉察行为的善恶。陈述见解的人自己陈述看法，处理政事的人自己树立事功。只要他们的主张与行为经验相符合，那么君主就没必要费事，事情也会显现其本来面目。故而说，君王不要显示出自己的欲望，如果显示出自己的欲望，臣子便会尽心掩饰自己；君王不要表现、显示出自己的意愿，倘若显示出自己的意愿，臣子就会与实际不相合地伪装加以逢迎。所以说，君王的好恶不显示于形色，才能见到臣子们真切的一面；君主隐藏个人的智巧与成见，臣子们就会自知小心地工作。所以君王有智慧也不用思考，使万物维持原来所处的位置；君王有才能也不用来展示，使观察臣子言行有所依据；君王有勇力也不用来逞强，使臣子们能尽力完全发挥他们的勇武。所以君王舍弃智慧而却显得更明智，君王不显示才能却反而会获得成效，君王不用勇气却能变得更强盛。群臣各尽其责，百官都有稳固的法度，君王依照臣子的才能使用他们，这就称为遵守常规办事。因此说，清静啊，君王好像没有居在君位上；虚无啊，臣民没有谁能确保他的所在。英勇贤明的君王在上无为而治，大臣们在下面战战兢兢地尽职。英明的君王所用的"道"，就是让智慧的人全力发挥他们的谋略，君王依照他们的才能谋略来决策，所以君王的智慧和才能是无止境的；要使有才华的尽力完全发挥他们的能力，君王才可能依照他们的才能使用他们，所以君王的才能是无止境的；建立了功业、有了成就，君王就能得到的贤名；犯下了过失，就由臣子们来承当罪责，因此君王的名望是无止境的。就因为这样君王不贤能，却能够做贤人的老师；君王没有智慧，却能够做智者的君长。臣子们付出辛勤劳作，君王坐享其成，这正是贤明的君王的治国之道。

道在不可见，用在不可知。虚静无事，以暗见疵；见而不见，闻而不闻，知而不知。知其言以往，勿变勿更，以参合阅焉。官有一人，勿令通言，则万物皆尽。函掩其迹，匿其端，下不能原；去其智，绝其能，下不能意。保吾所以往而稽同之，谨执其柄而固握之。绝其能望，破其意，毋使人欲之。不谨其闭，不固其门，虎乃将存。不慎其事，不掩其情，贼乃将生。弑其主，代其所，人莫不与。故谓之虎。处其主之侧，为奸臣，闻①其主之忒，故谓之贼。散其党，收其余，闭其门，夺其辅。国乃无虎。大不可量，深不可测，同合刑名，审验法式，擅为者诛。国乃无贼。是故人主有五壅：臣闭其主曰壅，臣制财利曰壅，臣擅行令曰壅，臣得行义曰壅，臣得树人曰壅。臣闭其主，则主失位；臣制财利，则主失德；臣擅行令，则主失制；臣得行义，则主失明②；臣得树人，则主失党。此人主之所以独擅也，非人臣之所以得操也。

人主之道，静退以为宝。不自操事而知拙与巧，不自计虑而知福与咎。是以不言而善应，不约而善增。言已应，则执其契；事已增，则操其符。符契之所合，赏罚之所生也。故群臣陈其言，君以其言授其事，事以责其功。功当其事，事当其言，则赏；功不当其事，事不当其言，则诛。明君之道，臣不得陈言而不当。是故明君之行赏也，暖乎如时雨，百姓利其泽；其行罚也，畏乎如雷霆，神圣不能解也。故明君无偷赏，无赦罚。赏偷，则功臣堕③其业；赦罚，则奸臣易为非。是故诚有功，则虽疏贱必赏；诚有过，则虽近爱必诛。疏贱必赏，近爱必诛，则疏贱者不怠，而近爱者不骄也。

[注释]

①闻：应该是"间(jiàn)"，窥测，窥探。　②明：应该是"萌"，通"氓"，民众，百姓。　③堕：通"惰"，懈惰。

[译文]

君主把握的道不能被臣下捉摸到，治国方法的运用也要使臣下无法知晓；君主维持客观、平静无妄的态度，要用隐藏的方法观察了解大臣的过错。看到的似乎没看见，听到的似乎没有听到，知道的就像不知道一样。君王知晓臣子的言论以后，不要变动和更改，以查证的方法来观察检验他们是否言行统一。每个官职只用一人担当，不要让官员们相通得到消息，那么一切事物的真情就完全显示出来了。君主要严格地掩饰自己的行踪，隐藏自己的念头，使臣子们不能推断出事情的根源；君王不展现自己的智慧，不展现自己的才能，使臣子无法推断出君主的心意。保守君王自己的意图而观察臣子们与自己的想法是否统一，慎重地握住国家权柄而稳固地掌握它。隔绝臣子对权力的向往，除去臣子对权力的欲望，不要让臣子出现夺位的幻想和企图。若不谨慎地留意门闩，谨慎地革除欲念，不关好稳固道义的大门，篡权的权臣就像虎一样地显现，君主若不谨慎地行事，不掩饰好他的真情，叛贼就将出现。奸臣叛贼就要杀害他们的君王，篡取君主的位置，他手下没有不害怕和参与的，所以称他们为猛虎。伺候君王的身边当奸臣，暗中钻君王产生悖误的空子，因此称他们为反贼。只有驱走奸党们的党羽，拘捕奸党们的余孽，关闭奸党们的家门，除去他们的帮凶，国家才铲除了"猛虎"。君主的治国之道大得难以估量，深到不可测量，考察言行与名声是否统一，考察验证是否合法，而对私自行动犯法的人就惩罚，国家就没有了反贼。

所以君主就有五种堵塞的情况：臣子关闭了君王的视听叫壅塞，臣子管制了财源叫壅塞，臣子擅自发号施令叫壅塞，臣子偷得君主的恩泽私下施人叫壅塞，臣子私底下能培植奸党叫壅塞。臣子关闭君主的视听，君王就会失去了权力；臣子管制了财源，君王就会失去了财富；臣子私自发号施令，君王就会失去了控制；臣子能私自施人恩德，君王就会失去了英明理智；臣子能培植私党，君王就会失去了拥戴他的部下。这就是君王要自己掌握权力，不要让臣子控制的缘由。

君主的管理方法，以平静谦让为法宝。不自己办事却知道事情办得好还是不好，不自己计划却知道是福还是祸。因此君主尽管不说，臣下却有好的意见；君主虽不管制，臣下却用好的行为增加事情的效用。言论已经提出了就把它作为契约，事情已经增加了就把它作为信符。用信符和契约核查事实来验证，就是奖赏和处罚的根据。所以臣下表达意见，君主根据他们的意见让他们去做事，用所做的事情来考核他们的业绩。结果和所做的事相应，事情和陈述的言论相应，就奖赏他们。结果和所做的事不相符，事情和陈述的言论不相符，就处罚他们。圣明君主的治理方法是，臣子不提出意见就不会有奖赏。因此圣明的君主进行奖赏，就像充足的及时雨，百姓受到滋润而获得利益；他进行惩罚，令人害怕，就像雷霆一样凶猛，就是神圣也不能解除。

因此贤明的君主不会随意给予赏赐，也不随意免除刑罚。如果随意赏赐，有功之臣就会对工作松懈；如果免除刑罚，奸臣就容易为所欲为。因此，假如确实有功，即使是与君主疏离卑贱的人也一定给予赏赐；如果的确有过错，尽管是君主亲近恩宠的人也一定加以惩罚。对疏离卑贱的人有功必赏，对亲近恩宠的人也要有过必罚，那么疏离卑贱的人就不会松懈，而亲近恩宠的人就不会霸道了。

有度　第六

国无常强，无常弱。奉法者强，则国强；奉法者弱，则国弱；荆庄王并国二十六，开地三千里；庄王之氓社稷也，而荆以亡。齐桓公并国三十，启地三千里；桓公之氓社稷也，而齐以亡。燕襄王以河为境，以蓟为国，袭①涿、方城，残齐，平中山，有燕者重，无燕者轻；襄王之氓社稷也，而燕以亡。魏安釐王攻赵救燕，取地河东；攻尽陶、魏之地；加兵于齐，私平陆之都；攻韩拔管，胜于淇下；睢阳之事，荆军老而走；蔡、召陵之事，荆军破。兵四布于天下，威行于冠带之国②，安釐王死而魏以亡。故有荆庄、齐桓公，则荆、齐可以霸；有燕襄、魏安釐，则燕、魏可以强。今皆亡国者，其群臣官吏皆务所以乱而不务所以治也。其国乱弱矣，又皆释国法而私其外，则是负薪而救火也，乱弱甚矣！

[注释]

①袭：以……为屏障。　②冠带之国：礼仪文化发达之国，用以比喻文明。

[译文]

国家没有永久的强盛，没有永久的弱小。奉法的君主强盛，国家也就强大；奉法的君主弱小，国家也就弱小。楚庄王兼并二十六国，开辟疆域三千里，灭除了其他的国家，而最终楚国却走向衰弱。齐桓公兼并三十国，开拓疆域三千里，灭除了其他的国家，而最终齐国却走向衰弱。燕襄王以黄河为国界，以蓟州为国都，以涿、方城为保障，击破齐国，歼灭中山，得到燕国支持的就被看重，得不到燕国支持的就被看轻，灭除了其他的国家，而最终燕国却走向衰弱。魏安釐王攻打赵国来援助燕国，取得了黄河以东的土地；全部攻取了定陶和卫地；又对齐国用兵，占领了平陆这样的都城；攻击韩国占有了管城，在淇水边获得胜利；在睢阳的战事中，楚军因不能维持而败逃；在上蔡和召陵的战事中，楚国军队被击败；兵力布满天下，威力施加于注重礼仪之邦的大国；安釐王死去，魏国就衰弱了。因此有楚庄王、齐桓公这样的君主，楚国和齐国就能够称霸，有燕襄王、魏安釐王，燕国和魏国就能够强大。现在他们的国家都衰微了，是由于他们的大臣和官吏都尽力于使国家混乱，而不尽力于使国家安定。国家动乱弱小了，却又都舍弃了法而谋求私利，那就是背着柴草去救火，动乱和衰微就会更加严重了。

故当今之时，能去私曲就公法者，民安而国治；能去私行行公法者，则兵强而敌弱。故审得失有法度之制者加以群臣之上，则主不可欺以诈伪；审得失有权衡^①之称者以听远事，则主不可欺以天下之轻重。今若以誉进能，则臣离上而下比周；若以党举官，则民务交而不求用于法。故官之失能者其国乱。以誉为赏、以毁为罚也，则好赏恶罚之人，释公行，行私术，比周以相为也。忘主外交，以进其与。则其下所以为上者薄矣。交众、与多，外内朋党，虽有大过，其蔽多矣。故忠臣危死于非罪，奸邪之臣安利于无功。

忠臣之所以危死而不以其罪，则良臣伏矣。奸邪之臣安利不以功，则奸臣进矣。此亡之本也。若是，则群臣废法而行私重、轻公法矣。数至能人之门，不壹至主之廷；百虑私家之便，不壹图主之国。属数虽多，非所尊君也；百官虽具，非所以任国也。然则主有人主之名，而实托于群臣之家也。故臣曰：亡国之廷无人焉。廷无人者，非朝廷之衰也；家务相益，不务厚国；大臣务相尊，而不务尊君；小臣奉禄养交，不以官为事。此其所以然者，由主之不上断于法，而信下为之也。故明主使法择人，不自举也；使法量功，不自度也。能者不可弊，败者不可饰。誉者不能进，非者弗能退，则君臣之间明辩而易治，故主雠②法则可也。

[注释]

①权衡：这里比喻法度。　②雠：用。

[译文]

如今这个时代，一个国家可以除掉奸邪谋私之行而遵守国家法令的，老百姓就能安宁而国家就能管理得很好；能除去图谋私利的行为而推行国家法令的，就会军队强盛而敌人弱小。因此明察得失又有法令的规定，超越于群臣之上，那么这样的君主就不可能被臣下欺骗；明察得失而又以法令作规定以听取远方的事情，那么君主就不可能被天下轻重颠倒的事所欺诈。现在如果依据名声选拔人才，那么群臣就会违背君主而在下面营私舞弊；如果依照朋党的关系来举荐官员，那么老百姓就会致力于结党勾结而不求依法办事。所以官吏不尽职，一个国家就会动乱。以虚伪的名声为根据奖赏，以非议的流言作为根据施行处罚，那么喜欢奖赏而讨厌处罚的人，就会舍弃国家法定的职责，玩弄个人手段，互相掩护利用。臣下不考虑君主而在朝廷外忙于个人交情，利用机会引进他的朋党，那么这些臣下所用来为君主尽力的精力就少了。臣下私交多了，朋党多了，朝廷内外勾结死党，尽管有了大的罪过，为他掩饰罪过的人却很多。因此忠臣无罪却遭到危难而死，奸邪之臣没有功劳却享受安乐利益。

忠臣遇到危难被处死，不是由于他们有罪，那么忠良就会隐藏；奸臣稳定得利不是由于他们有功，那么奸臣就会被朝廷利用了，这就是国家败亡的根本原因。假如是这样，群臣就会舍弃国法，看重个人的权力，看轻国法了。他们多次到善于结交朋党的"能人"家中，却一次都不去朝廷；上百次顾及自己的私利，却一次也不为君主的国家思量。下属官员的数目尽管多，但不是用来尊敬国君的；各种官职尽管齐备，但不是用来担任国家重任的。既然如此，那么君主尽管有君主的名称，而实际上只能依靠于群臣的私家势力。所以我说：亡国的朝廷无敬君治国之人。朝廷没有敬君治国的人，并非说朝廷的大臣少了。大家只顾彼此增加财富，却不尽力增加国家的财富；大臣只顾彼此抬高各自的地位，却不尊敬国君；小臣用俸禄奉养私友，不把自己的职责当一回事。之所以出现这种情况，是因为国君不依法办事，而听任臣下随意行事。这样的状况之所以会出现，是由于君主不在上面依法判决事情，而任凭臣下去处置它们。因此英明的君主用法制来选用人才，不凭自己的感觉来提拔；用法制来权衡功劳，不凭自己的主观意识来衡量。这样，有才能的人就不会被掩埋，败坏事情的人就不能掩盖是非，徒有虚名的人就不可以当官晋升，有功劳而被诬陷的人就不会被降职或罢官，可以看出，一切依法办事，那么君臣双方都能够清楚地辨别功过是非，而国家也就容易管理了，因此君主用法就行了。

　　贤者之为人臣，北面委质^①，无有二心。朝廷不敢辞贱，军旅不敢辞难，顺上之为，从主之法，虚心以待令而无是非也。故有口不以私言，有目不以私视，而上尽制之。为人臣者，譬之若手，上以修头，下以修足；清暖寒热，不得不救入，莫邪傅体^②，不敢弗搏。无私贤哲之臣，无私事能之士。故民不越乡而交，无百里之戚。贵贱不相逾，愚智提衡而立，治之至也。

　　今夫轻爵禄，易去亡，以择其主，臣不谓廉。诈说逆法，倍主强谏，臣不谓忠。行惠施利，收下为名，臣不谓仁。离俗隐居，而以作^③非上，臣不谓义。外使诸侯，内耗其国，伺其危险之陂，以恐其主曰："交非我不亲，怨非我不解"，而主乃信之，以国听之，卑主之名以显其身，毁国之厚以利其家，臣不谓智。此数物者，险世之说也，而先王之法所简也。先王之法曰："臣毋或作威，毋或作利，从王之指；无或作恶，从王之路。"古者世治之民，奉公法，废私术，专意一行，具以待任。

　　夫为人主而身察百官，则日不足，力不给。且上用目，则下饰观；上用耳，则下饰声；上用虑，则下繁辞。先王以三者为不足，故舍己能而因法数，审赏罚。先王之所守要，故法省而不侵。独制四海之内，聪智不得用其诈，险躁不得关其佞，奸邪无所依。远在千里外，不敢易其辞；势在郎中，不敢蔽善饰非；朝廷群下，直凑单微，不敢相逾越。故治不足^④而日有余，上之任势使然也。

[注释]

①质：即"资"，见面礼物。　②莫邪傅体：莫邪，宝剑名。傅，通"附"，

靠近。　③作：通"诈"。　④治不足：没有过多的事情要做。

[译文]

　　贤良的人做臣子，面朝北向君主献上礼物，没有私欲杂念；在朝廷上不敢推辞微小的事情，在军队中不敢推却有困难的事情；遵从君主的所作所为，听从君主的法令，谦卑谨慎地等候命令，却没有什么意见。所以有口而不为私利辩论，有目而不为私利观看，由君主掌控一切。做臣子的人，打个比喻来说就像君主的手，在上面用来保护头，在下面用来保护脚；身体受到冷热的侵袭，不能不用手来保护；刀剑逼迫身体，不能不用手来抵抗。人主不偏爱贤哲之臣，不偏爱智能之士（皆依法用人），所以臣民不到他乡结交私情，没有离得远的亲戚。贵族平民各尽其责，愚人智人各得其所，这是管理国家的最高境界。

　　如今那些看轻国家爵禄，随便更换门庭，选择主人的人，我认为不是廉正的人。欺诈辩说而违背法律，违背君主而强行谏说，我认为这种人不能称作是忠诚。用施行恩德收买臣民的方法，为提高自己的声望的人，我认为这种人就不能称作是仁德。远离世俗隐居起来的人，我认为不是有正义的人。对外出使诸侯国，对内耗费国家的力量，趁着国家有危难时胁迫君主说："与某国的交往没有我就不能接近，与某国的仇恨没有我就不能体谅。"但是君主仍然相信他，听从他的安排，这种人就借贬低君主来提升自己的名声，借危害国家的利益来满足自己的利益，我认为这种人不是有智慧的人。廉、忠、仁、义、智等说法，是扰乱社会所流行的说法，是先代君王的法治思想所舍弃的。先世君王的法令说：为人臣者不得显气派，不得谋私利，要服从君王的旨意。不得违法作恶，而应服从君王的指引。古时管理成功的社会中的民众，奉公守法，禁绝个人的私利之心，全心全意为君主效劳，随时服从君主的命令。

作为君主亲自考核官吏，那么时间就不够，精力也不足。何况君主用眼睛看，臣下就修饰外表；君主用耳朵听，臣下就装饰言辞；君主用头脑思考，臣下就用甜言蜜语来迷惑。先王认为这三种方法都不足，所以抛弃了自己的才能，依照法律判定赏罚。先王所掌握的是最重要的，所以法律尽管简洁也没有被侵犯的危害。私自控制四海，聪明机智的人不能使用欺骗，邪恶狡猾的人也不能使用言辞，奸邪的人没有可依赖的东西。出使千里之外，也不敢乱说话；居在郎中的位置，也不敢掩饰好事、掩饰坏事。朝廷的群臣，把自己单薄微弱的力量会集在君主周围，不敢超越自己的职权范围。所以要管理国家的事情少，而时间充沛，是君主使用权势才能这样啊。

夫人臣之侵其主也，如地形焉，即渐以往，使人主失端，东西易面而不自知。故先王立司南①以端朝夕。故明主使其群臣不游②意于法之外，不为惠于法之内，动无非法。法，所以凌过游外私也；严刑，所以遂令惩下也。威不贷错，制不共门。威制共，则众邪彰矣；法不信，则君行③危矣；刑不断，则邪不胜矣。故曰：巧匠目意中绳，然必先以规矩为度；上智捷举中事，必以先王之法为比。故绳直而枉木斫，准夷而高科削，权衡县而重益轻，斗石设而多益少。故以法治国，举措而已矣。法不阿贵，绳不挠曲。法之所加，智者弗能辞，勇者弗敢争。刑过不避大臣，赏善不遗匹夫。故矫上之失，诘下之邪，治乱决谬，绌羡齐非，一民之轨，莫如法。属官威民，退淫殆，止诈伪，莫如刑。刑重，则不敢以贵易贱；法审，则上尊而不侵。上尊而不侵，则主强而守要，故先王贵之而传之。人主释法用私，则上下不别矣。

[译文]

所谓为人臣子危害他的君主，就如同地形迷惑走路的人一样，慢慢地变化下去，就会使君主错失方向，东西方位调转了而自己还不知道。所以先王设立了司南来正确地判定东方和西方。因此英明的君主使他的群臣百官不在法律的标准之外打主意，也不在法律的标准之内私自乱施恩惠而收买民心，一切举动没有不合法的。法是用来打击违法行为和摒除私行的工具，严厉的刑罚是用来落实法令、惩罚臣下的工具。威势不能由君臣两方面来实行，权力不能来自君臣两个门户，君主一定要独揽大权。假如威势和权力为君臣双方所共有，那么奸臣们就会光明正大地活动了；如果执行法令不讲诚信，那么君主就危险了；如果执行刑罚不坚决果敢，那么邪恶的东西就多得不能承受了。所以说：有技术的木匠用眼睛来测量就能画出合乎笔直的墨线，但是他必然要先以圆规和角尺作为标准；有上等智慧的人依赖他的敏捷聪慧来办事就能合乎事理，但是他必定还要把先王的法令作为参照。因此墨线拉直了，弯曲的木头就能够被砍削；水平仪放平了，凹凸不平的地方就能够被削平；秤悬挂起来了，就能够减去重的、增加轻的来使秤杆平衡；斗与石设立起来了，就能够减去多的、增加少的来使石和斗平衡。所以，用法度来管理国家，不过就是合法的就实行、不合法的就舍弃不做罢了。法律不会偏向权贵，法律的准绳不趋向于邪恶就像墨线不会趋向弯曲的木料那样。法律施加，尽管是聪明人也不能推辞，勇敢的人也不能相斗。惩罚过失不避忌大臣，奖赏善行不遗漏百姓。所以改正君主的过失，追究臣下的奸邪，治理混乱，摒除错误，消除贪欲，消灭恶行，规正民众的行为，莫过于法律。劝勉官员，威慑民众，消除淫乱懈怠，禁止虚伪欺诈，莫过于刑罚。刑罚严格，就不敢依靠尊贵来欺凌低贱；法律严明，就能使君主高贵而不被侵犯。君主高贵而不被侵犯，那么君主强大而掌握重要的东西，所以先王珍惜它并把它传下来。君主舍弃法律而任用私意，那么君臣之间就没有任何分别了。

二柄 第七

明主之所导制其臣者，二柄而已矣。二柄者，刑德也。何谓刑德？曰：杀戮之谓刑，庆赏之谓德。为人臣者畏诛罚而利庆赏，故人主自用其刑德，则群臣畏其威而归其利矣。故①世之奸臣则不然，所恶，则能得之其主而罪之；所爱，则能得之其主而赏之。今人主非使赏罚之威利出于己也，听其臣而行其赏罚，则一国之人皆畏其臣而易其君，归其臣而去其君矣。此人主失刑德之患也。夫虎之所以能服狗者，爪牙也，使虎释其爪牙而使狗用之，则虎反服于狗矣。人主者，以刑德制臣者也，今君人者释其刑德而使臣用之，则君反制于臣矣。故田常上请爵禄而行之群臣，下大斗斛而施于百姓，此简公失德而田常用之也，故简公见弑。子罕谓宋君曰："夫庆赏赐予者，民之所喜也，君自行之；杀戮刑罚者，民之所恶也，臣请当之。"于是宋君失刑而子罕用之，故宋君见劫。田常徒用德而简公弑，子罕徒用刑而宋君劫。故今世为人臣者兼刑德而用之，则是世主之危甚于简公、宋君也。故劫杀拥②蔽之主，非失刑德而使臣用之，而不危亡者，则未尝有也。

[注释]

①故：通"顾"，可是。　②拥：通"壅"，堵塞。

[译文]

圣明的君主用来控制臣下的，无非是两个权柄而已。这两个权柄，便是刑与德。那么什么是刑和德呢？我认为：杀戮称为刑，奖赏称为德。作为臣子的畏惧刑罚而贪图奖赏，因此君主单独使用他的刑罚与奖赏，那么群臣便会害怕君主的威势而不向君主索求奖赏了。但是世上的奸臣却并非这样，对于他所厌恶之人，便可以从君主那里获得惩罚的权力去对他们施行惩罚；对于他恩宠之人，他便可以从君主那里得到奖赏的权力去奖赏他们。现在赏罚的威势和利禄不由君主独自主宰，而是听从他的臣下去推行赏罚，那么全国的人都畏惧臣下而轻视君主，投奔臣下而远离君主了。这便是君主丧失赏与罚两种权力的后患。老虎之所以能征服狗，全靠它的爪牙，假如老虎放弃它的爪牙而使狗来用，那么老虎反而会被狗所征服。作为君主，是靠刑、德两种权柄来治理臣下的。如果君主舍弃刑赏大权而让臣下掌控它，君主就要反而被臣下所控制了。所以齐国大臣田常向君主齐简公求取职位和薪俸而赐予群臣，树仁德于众官；对下用加大斗斛的办法布施粮食给百姓，树私恩于民众，这正是齐简公失控于奖赏的权柄而为田常所偷用，所以齐简公终被田常谋害。宋国的子罕对宋之国君说："奖励与赏赐是民众所喜爱的，请君主自身行使；而死刑杀戮是民众所厌恶的，就让我来担任此事。"于是宋之国君便抛弃了刑罚之权而为子罕所操控，所以宋之国君的权位终被子罕所夺取。

人主将欲禁奸，则审合刑①名者，言异事也。为人臣者陈而言，君以其言授之事，专以其事责其功。功当其事，事当其言则赏；功不当其事，事不当其言则罚。故群臣其言大而功小者则罚，非罚小功也，罚功不当名也；群臣其言小而功大者亦罚，非不说于大功也，以为不当名也，害甚于有大功，故罚。昔者韩昭侯醉而寝，典冠者见君之寒也，故加衣于君之上。觉寝而说，问左右曰："谁加衣者？"左右对曰："典冠。"君因兼罪典衣与典冠。其罪典衣，以为失其事也；其罪典冠，以为越其职也。非不恶寒也，以为侵官之害甚于寒。故明主之畜臣，臣不得越官而有功，不得陈言而不当。越官则死，不当则罪。守业其官，所言者贞②也，则群臣不得朋党相为矣。

人主有二患：任贤，则臣将乘于贤以劫其君；妄举，则事沮不胜。故人主好贤，则群臣饰行以要君欲，则是群臣之情不效；群臣之情不效，则人主无以异其臣矣。故越王好勇，而民多轻死；楚灵王好细腰，而国中多饿人；齐桓公妒外而好内，故竖刁自宫以治内；桓公好味，易牙蒸其子首而进之；燕子哙好贤，故子之明不受国。故君见恶则群臣匿端，君见好则群臣诬能；人主欲见，则群臣之情态得其资矣。故子之托于贤以夺其君者也，竖刁、易牙因君之欲以侵其君者也。其燕子哙以乱死，桓公虫流出户而不葬③。此其故何也？人君以情借臣之患也。人臣之情非必能爱其君也，为重利之故也。今人主不掩其情，不匿其端，而使人臣有缘以侵其主，则群臣为子之、田常不难矣。故曰："去好去恶，群臣见素。"群臣见素，则大君不蔽矣。

[注释]

①刑：通"形"，行为。　②贞：与事实相符。　③虫流出户而不葬：公元前643年，齐桓公患重病，易牙、竖刁、开方等趁机作乱，堵塞宫门，饿死齐桓公，齐桓公三月不得葬，尸体生蛆虫，爬出门外。

[译文]

君主想要制止奸邪，就要考察形和名是否相符。所谓"形名"，就是言辞和事实。臣下表述他的意见，君主根据他的建议让他去做事，然后专门就所交代的事来考核他的功绩。功绩和做事相符、做事和他的建议相符的就奖赏他；功绩和做事不相符的、做事和他的建议不相符就处罚他。所以群臣的言辞大而功绩小就处罚他们，不是由于功绩小才处罚，是处罚他们的功绩和说的不相符。群臣的言辞小而功绩大也要处罚，不是不欢喜大的功劳，是因为它和说的不相符，这样的坏处比有大功绩还大，因此处罚他们。以前韩昭侯醉酒后睡觉，典冠见到君主寒冷，就为君主盖上衣服，昭侯醒来后很欢喜，问身旁侍从说："谁为我盖上了衣服？"侍从说："是典冠。"君主就一起责罚了典衣和典冠。处罚典衣，因为他没有尽到责任；处罚典冠，因为他超出了自己的职责。不是不怕寒冷，是认为侵犯职权的坏处比寒冷更严重。因此圣明的君主蓄养臣子，臣下不能超出职权来获取功绩，不能表述言论却和事实不相符。超出职权就被处死，言行不一致就治罪，遵守官职所规定的功绩，所说的言论和事实相符，那么群臣就不能互相营私舞弊、互相勾结了。

君主有两种祸害：假如任用贤人，那么臣下就会假借贤名来胁迫君主；假如任意乱用人才，事情就会失败而不成功。因此君主喜欢贤才，群臣便会掩盖自己的行为而逢迎君主的喜好，这样群臣的真实情况便不会显示出来。群臣的真实情况不显示出来，那么君主就无法辨别臣下的好坏。从前越王勾践喜欢勇士，就有许多人看轻死亡；楚灵王喜欢腰细的美女，楚国便有许多宁愿挨饿的人；齐桓公性情妒忌而喜欢女色，竖刁就自己阉割去管理宫内的事；桓公喜欢鲜美的食物，易牙就把儿子的头蒸了进献桓公；燕王哙喜欢贤才想要让贤，子之外表上就装作不接受王位。所以君主显示出厌恶什么，群臣就会把事情隐蔽起来；君主显示出喜欢什么，群臣就用谎话骗人说有这方面的能力。君主把意见显示出来，群臣就会借此展现他们的情态。子之假用贤名来篡取燕王哙的王位，竖刁、易牙顺从君主的欲念来侵害他们的国君。结果，燕王哙因战乱而死，齐桓公死后尸体腐烂，蛆虫爬出门外还无人埋葬。这是什么原因呢？这是君主显露出真意给群臣所导致的祸患啊。臣下的真意并非是爱他的君主，而是为了利益。所以君主不掩藏真意，不掩藏他要做的事情，而使臣下有理由来危害他的君主，那么臣下变为子之、田常这种的人就不困难了。因此说："君主不显示自己的爱好和憎恶，群臣就会显示出自己的本来面目。"群臣显示出本来面目，君主就不会被欺骗了。

扬权　第八

天有大命，人有大命。夫香美脆味，厚酒肥肉，甘口而疾形；曼理①皓齿，说情而捐精。故去甚去泰，身乃无害。权不欲见，素无为也。事在四方，要在中央。圣人执要，四方来效。虚而待之，彼自以之。四海既藏，道阴见阳。左右既立，开门而当②。勿变勿易，与二俱行。行之不已，是谓履理也。

夫物者有所宜，材者有所施，各处其宜，故上下无为。使鸡司夜，令狸执鼠，皆用其能，上乃无事。上有所长，事乃不方③。矜而好能，下之所欺；辩惠好生④，下因其材。上下易⑤用，国故不治。

用一之道，以名为首，名正物定，名倚物徙。故圣人执一以静，使名自命，令事自定。不见其采，下故素正。因而任之，使自事之；因而予之，彼将自举之；正与处之，使皆自定之。上以名举之，不知其名，复修其形。形名参同，用其所生。二者诚信，下乃贡情。

谨修所事，待命于天。毋失其要，乃为圣人。圣人之道，去智与巧，智巧不去，难以为常。民人用之，其身多殃；主上用之，其国危亡。因天之道，反形之理，督参鞠⑥之，终则有始。虚以静后，未尝用己。凡上之患，必同其端；信而勿同，万民一从。

[注释]

①曼：秀美。理：纹理。　②当：处断，处理。　③不方：不当。

④辩惠好生：即好生辩惠。　　⑤易：相反，颠倒。　　⑥鞫：通“鞫”，寻根究底。

[译文]

　　自然界有自身的基本规律，人类也有自身的基本规律。香甜鲜美的食物、美酒佳肴，虽美味却有伤身体；皮肤细腻、牙齿洁白的美女，虽令人心神愉悦却耗费精力。因此抛弃过度的享受，身体才不会受伤害。国君权力不要显示出来，不要自己处理事务，事务由四方官员去做，大权却集聚在君主。贤明的君主掌控着大权，四方官员都会来尽力。以平静的态度对待一切，那些臣下自然都会展示自己的才能。天下既已涵括在君主的心中，君主就能够以安静的态度去观察臣下的行为。左右大臣建立功业以后，君主打开大门接纳其所立之事功。不改变不更改，并检验其是否符合法度。凡君主接纳的事功都要如此，这就称为实践了法度。

　　万物都有它适合的地方，才能都有它展示的地方，各自处在各自适宜的位置上，因此君臣都依法办事，无法外之为。让鸡去报晓，让狸猫捕鼠，都是利用它们的才能，像这样任用臣下，君主就没任何事了。君主有特长，做事就不得其法。君主自视而炫耀才能，臣下就会迎合君主欺诈他。君主喜爱使用机辩和智慧，臣下就凭借他的才能让君主发表言论。君臣的效用彼此交换了，国家就不能得到管理。

　　用“道”的原则，是把定“名”放在第一位。名称明确了，事物也就确定了。名称不准确，事物也会随之变化。贤明的君主掌控“道”来维持虚静，让“名”依据事实来给自己命名，让事物自身按规律发展。国君不显示自己的才能，臣下就会显示自己的本色。依据臣下的能力任用他们，使他们自己从事自己的事情。依据臣下的能力把事情交给他们，他们就会自己去做。臣下之能用得合适，他们就会各尽其责。君主依照名位来管理臣下。如果不明白他们的名位，就看一下他们所做的工作。工作与名位经检验相符，就能够执行赏罚了。赏罚确实可靠，臣下就会表述真情。君主应慎重地处理自己的政事，等候天的命令。不要丧失了国家的权柄，这样才可成为圣人。圣人的管理原则，是除去个人的智巧；个人的智巧不去除，就难以把这个原则当作治国的常规。一般人使用智巧，自身就会多遭灾祸；君主假如使用智巧，他的国家就会危险灭亡。根据自然的法则，推究事物的具体道理，观察事物寻根问底，这样循环交替。使认识来自于虚静地观察事物之后，从来不用自己的主观判断。凡是君主所遇到的灾祸，必定是由于片面地赞同某一方面的意见；态度诚恳而不随意赞同某一方面的意见，民众就会全部服从君主。

夫道者，弘大而无形；德者，核理而普至。至于群生，斟酌用之，万物皆盛①，而不与其宁。道者，下周于事，因稽而命，与时生死。参名异事，通一同情。故曰：道不同于万物，德不同于阴阳，衡不同于轻重，绳不同于出入，和②不同于燥湿，君不同于群臣。凡此六者，道之出也。道无双，故曰"一"。是故明君贵独道之容。君臣不同道，下以名祷。君操其名，臣效其形，形名参同，上下和调也。

凡听之道，以其所出，反以为之入。故审名以定位，明分以辩类。听言之道，溶③若甚醉。唇乎齿乎，吾不为始乎；齿乎唇乎，愈惛惛乎。彼自离之，吾因以知之。是非辐辏，上不与构。虚静无为，道之情也；参伍比物，事之形也。参之以比物，伍之以合虚。根干不革，则动泄不失矣。动之溶之，无为而改之。喜之则多事，恶之则生怨。故去喜去恶，虚心以为道舍。上不与共之，民乃宠之。上不与义之，使独为之。上固闭内扃④，从室视庭，咫尺已具，皆之其处。以赏者赏，以刑者刑。因其所为，各以自成。善恶必及，孰敢不信！规矩既设，三隅乃列。

[注释]

①盛：通"成"。 ②和：小笙，一种用来调声律的乐器。 ③溶：闲漫的样子。 ④扃（jiōng）：门。

[译文]

"道"是广大而没有明确形状的。"德"是符合事理而普遍存在的。对于天下万物，都从道与德中斟酌吸取，万物都依赖道与德生成，道与德却不由于万物的停止而停止。"道"普遍存在于万物中，依照对事物的考察给与命名，随时间的变化而产生、死亡。参照事物的名称，它们全是不同的；用道来贯穿，它们的情理是一样的。因此说：道与它所形成的万物不同，德与它所涵括的阴阳不同，衡秤和它测出的轻重不同，墨线和它所测量的凸出、凹陷不同，调音器和影响声音的湿润和干燥不同，君主和他所举用的大臣不同。这六种情况，是由道中显现出来的。道是无独有偶的，因此叫"一"。所以圣明的君主推崇道那种独一无二的样子。君臣做事的标准不同，臣下用提议向君主祈求，君主掌握臣下的提议，臣下贡献出自己的真实功绩，真实功效和名称经过检验相同了，君主和臣下就处于和谐的状态。

听从臣下意见的原则，是以臣下的言论，反过去验证臣下所做出的功效。所以要查明臣下的言论来确定其权位，确定其名位以分别类似的事。听从臣下言论的方法，是要装出像喝醉酒似的。臣下摇唇鼓舌，表述言论，我不先开口；臣下越是表述言论，我越装作迷迷糊糊。群臣自己分析表述他们的主张建议，君主从中得以知道一切。群臣的建议不管对与错，都汇集到君主这里，但君主并不偏袒于哪一方。君主看得虚心平静，没有任何事好做，这就是治国之道的本质；将臣下的意见进行多方检验，反复比较，这就是事情的体现形式。排列比较臣下的意见，看其是否合乎实际，是否出现成见。就如树木的根干不变动，那么不管如何摇摆动荡都不会有损害。君主任凭臣下如何行动，自己都要坚守无为的原则，不动声色地管理好国家。君主显示出喜爱，臣下就会讨好多事；君主显示出厌恶，臣下就会一样怨恨某种事物。所以君主要消除爱憎的表现，使内心空空成为容纳道的地方。君主不和臣下一起拥有权力，臣下就会敬重君主；君主不与臣下讨论事情，让臣下独自去做事情。君主应紧紧地把门关闭，从内室探视庭院的动静，咫尺间细小的事物，一切都容纳到君主的视野。认为该奖赏的就奖赏，认为该处罚的就处罚。赏罚的依据在于臣下的所作所为，一切都是他们自己导致的。他们做的好事和坏事必定会得到相应的赏罚，谁还敢不忠恳老实？法度规则既已存在了，其他方面就都能够端正了。

主上不神，下将有因。其事不当，下考①其常。若天若地，是谓累解。若地若天，孰疏孰亲？能象天地，是谓圣人。欲治其内，置而勿亲；欲治其外，官置一人；不使自恣，安得移并。大臣之门，唯恐多人。凡治之极，下不能得。周合刑名，民乃守职。去此更求，是谓大惑。猾民愈众，奸邪满侧。故曰：毋富人而贷焉，毋贵人而逼焉，毋专信一人而失其都国焉。腓大于股，难以趣走。主失其神，虎随其后。

主上不知，虎将为狗。主不蚤止，狗益无已。虎成其群，以弑其母^②。为主而无臣，奚国之有？主施其法，大虎将怯；主施其刑，大虎自宁。法刑狗信，虎化为人，复反其真。

欲为其国，必伐其聚；不伐其聚，彼将聚众。欲为其地，必适其赐；不适其赐，乱人求益。彼求我予，假仇人斧；假之不可，彼将用之以伐我。黄帝有言曰："上下一日百战。"下匿其私，用试其上；上操度量，以割其下。故度量之立，主之宝也；党与之具，臣之宝也。臣之所不弑其君者，党与不具也。故上失扶寸^③，下得寻常^④。有国之君，不大其都；有道之臣，不贵其家。有道之君，不贵其臣；贵之富之，彼将代之。备危恐始，急置太子，祸乃无从起。

内索出圉，必身自执其度量。厚者亏之，薄者靡^⑤之。亏靡有量，毋使民比周，同欺其上。亏之若月，靡之若热。简令谨诛，必尽其罚。毋弛而弓，一栖两雄。一栖两雄，其斗颙颙。豺狼在牢，其羊不繁。一家二贵，事乃无功。夫妻持政，子无适从。

为人君者，数披其木^⑥，毋使木枝扶疏；木枝扶疏，将塞公闾，私门将实，公庭将虚，主将壅围。数披其木，无使木枝外拒；木枝外拒，将逼主处。数披其木，毋使枝大本小；枝大本小，将不胜春风；不胜春风，枝将害心。公子既众，宗室忧唫。止之之道，数披其木，毋使枝茂。木数披，党与乃离。掘其根本，木乃不神。填其汹渊，毋使水清^⑦。探其怀，夺之威。主上用之，若电若雷。

[注释]

①考：成。　②母：比喻君主。　③扶寸：古代长度单位，四指之宽为一扶，一指之宽为一寸。　④寻常：古代长度单位，八尺为一寻，二寻为

一常。 ⑤靡：侈，多。 ⑥数（shuò）披其木：经常削剪大臣的枝干。
⑦清：激荡，奔腾。

[译文]

君主不高深莫测，臣下将有造成奸诈的根据；君主处理事情不妥，
臣下就会当作常例来援引。像天和地那样，这才称为平正；像地和天
那样，哪有什么亲近和疏离？可以像天地那样行事，就能够称为圣人。
想把宫廷之内管理好，必须设立左右近臣而又不亲近他们；想把宫廷
以外管理好，每个官职只设立一个专人；不让他们肆意行动，怎么会
发生侵职越权的事？大臣的门下，最令人担忧的就是有很多人投靠。
凡是管理达到最佳境地，臣下就不能营私舞弊。规定人臣的主张和事
功一定要切合，臣民就会坚守他的职责。抛弃这种办法而寻找别的方法，
这就叫最大的迷惑。狡猾欺诈的人就会越来越多，奸邪之臣就会遍布
君主的四周。因此说："君主不要使大臣富有，自己反而还要向他借债；
不要随意提升大臣的官职使其高贵，自己却受到他的胁迫；不要专信
一个大臣，否则自己就会失去都城和整个国家。"小腿肚比大腿要粗，
就难以走快。君主不能做到神机妙算，奸邪的大臣就会像老虎一样紧
跟其后。君主如果不能发现，老虎就会假装成走狗。君主若不尽早制止，
这种狗就会日益增多。老虎一旦成群，就会杀害君王。身为君主而没
有臣下，哪里还会有国家呢？君主实行法律，大虎就会畏惧；君主施
加刑罚，大虎就会顺服。法律和刑罚如果能严明施行，老虎就会变为人，
又恢复其做臣下的原样。

要想管理好自己的国家，必须要消除与臣下聚众结党的人；如果
不消除与臣下聚众结党的人，他们就会越来越多。要想管理好自己的

土地，就必定要使自己赏赐田地恰如其分；假如不是按照法令恰当地赏赐田地，那么乱臣贼子就会要求增多自己的封地。他们来索取我就给他们，这就相当于是把斧子借给了仇人；借斧子给仇人是不行的，因为他会用斧子来消除我。黄帝说过一句话："君主和臣子一天之内有上百次的相争。"臣下隐起他们的私心，用来打探自己的君主；君主掌控了法度，用来裁定自己的臣子。所以法度的建立，是君主的法宝；朋党的形成，是臣子的法宝。臣子之所以不杀害君主，是因为其朋党还没有形成。所以君主在执行法度时假如稍有失误，臣下就会从中获取数十倍的私利。掌控了国家政权的君主，不能让臣子封地的都城扩大；明白治国原则的臣子，不会让自己的家臣高贵。明白治国原则的君主，不会让自己的臣子高贵；如果使臣下高贵而富有，他们就将会取而代之。要防范危险而害怕出乱子，就得赶快设置太子，这样，祸患就不会发生了。

在宫廷内找寻奸臣在宫廷外防止奸邪，君主必定要亲自掌握法度。对于势力大的要减弱他的力量，对于势力弱的可恰当增加一些。减弱和增加都要有分寸，不要使臣下趁势勾结起来，一起欺侮君主。减弱要像月亮那样日渐变小，增加要像物体受热那样日渐变大。法令简明而惩罚小心，对该罚的人都要惩罚。不要松缓你的弓，不然的话，一个鸟窝里就会有两只实力相当的雄鸟。一个鸟窝里有实力相当的两只雄鸟，它们就会斗得不共戴天。豺狼假如在羊圈里面，那羊圈里的羊就不会增多了。一个家庭假如有两个主管，做事就会没有效果。夫妻假如共同执掌家政，儿女就不知道应该听从谁了。做君主的，要多次修整树木，不要让枝叶繁茂；树木枝叶繁茂，就会阻塞君主的宫门，大臣的门下将充满得门庭若市，君主的朝廷将空虚得无人问津。君主必定要经常修整国家机构这棵树木，不要使树枝向外伸张，树枝向外伸张，将会压迫君主的住处。经常修剪树木，不要使树枝大树干小；树枝大树干小，将经不起春风的吹动；经不起春风的吹动，树枝就会损伤树干。太子以外的公子太多，嫡长子一系就要担心而哀吟了。制裁他们的方法，就是要经常修剪树木，不要使树枝太繁茂了。树木经常被修剪，枝叶一样汇集的朋党就散开了。将树的根和树干都挖起来了，大树就没有神气了。将朋党势力厚实的深潭填起来，不要让水奔流咆哮。探测臣下和公子心中的谋划，夺去他们的权势。君主利用自己的权势，要像雷电一样迅速果断。

八奸　第九

凡人臣之所道成奸者有八术：一曰在同床。何谓同床？曰：贵夫人，爱孺子①，便僻好色，此人主之所惑也。托于燕处之虞，乘醉饱之时，而求其所欲，此必听之术也。为人臣者内事之以金玉，使惑其主，此之谓"同床"。

二曰在旁。何谓在旁？曰：优笑侏儒，左右近习②，此人主未命而唯唯，未使而诺诺，先意承旨，观貌察色，以先主心者也。此皆俱进俱退，皆应皆对，一辞同轨③以移主心者也。为人臣者内事之以金玉玩好，外为之行不法，使之化其主，此之谓"在旁"。

三曰父兄。何谓父兄？曰：侧室公子，人主之所亲爱也；大臣廷吏，人主之所与度计也。此皆尽力毕议④，人主之所必听也。为人臣者事公子侧室以音声子女，收大臣廷吏以辞言，处约言事，事成则进爵益禄，以劝其心，使犯其主，此之谓"父兄"。

四曰养殃。何谓养殃？曰：人主乐美宫室台池，好饰子女狗马以娱其心，此人主之殃也。为人臣者尽民力以美宫室台池，重赋敛以饰子女狗马，以娱其主而乱其心，从其所欲，而树私利其间，此谓"养殃"。

五曰民萌。何谓民萌？曰：为人臣者散公财以说民人，行小惠以取百姓，使朝廷市井皆劝誉己，以塞其主而成其所欲，此之谓"民萌"。

六曰流行。何谓流行？曰：人主者，固壅其言谈希于听论议，易移以辩说。为人臣者求诸侯之辩士，养国中之能说者，使之以语其私。为巧文之言，流行之辞，示之以利势，惧之以患害，施属⑤虚辞以坏其主，此之谓"流行"。

七曰威强。何谓威强？曰：君人者，以群臣百姓为威强者也。群臣百姓之所善，则君善之；非群臣百姓之所善，则君不善之。为人臣者，聚带剑之客，养必死之士，以彰其威，明为己者必利，不为己者必死，以恐其群臣百姓而行其私，此之谓"威强"。

八曰四方。何谓四方？曰：君人者，国小则事大国，兵弱则畏强兵。大国之所索，小国必听；强兵之所加，弱兵必服。为人臣者，重赋敛，尽府库，虚其国以事大国，而用其威求诱其君；甚者举兵以聚边境而制敛⑥于内，薄者数内大使以震其君，使之恐惧，此之谓"四方"。凡此八者，人臣之所以道成奸，世主所以壅劫，失其所有也，不可不察焉。

[注释]

①孺子：年轻貌美的姬妾。　②近习：亲信和贴身的侍从。　③一辞同轨：统一口径和行动。　④尽力毕议：竭尽全力参与计议政事。　⑤施属（zhǔ）：编造。属，连缀。　⑥制敛：挟制。

[译文]

大凡臣子诱惑君主走向奸邪，有八种手段：第一种称为"同床"。什么叫作"同床"？就是指：君主的妻子，受宠的姬妾妃子，善于阿谀逢迎的身边近臣，长得美貌的人。这些都是使君主迷恋的东西。趁着退朝后和君主安闲无事的快乐时光，借着君主酒醉饭饱的大好机遇，来索取他们想要的东西，这是使君主一定会听从的一种手段。做臣子的用金银珠玉行贿宫廷内部的这些人，让他们去迷住君主。这就称为"同床"。

第二种称为"在旁"。什么叫作"在旁"？就是指供君主玩乐能使人发笑的戏子、矮人，君主身边的亲信。这些人都是在君主未命令时就说"是是是"、在君主还未吩咐时就说"好好好"、在君主的意思还未表述出来之前就迎合着他的意思，察看君主的表情、察看君主的脸色、事先揣摩君主的心思的人。这些又都是进同时进、退同时退、共同应许、共同回答，与君主一张嘴说话，同一步调行事，变化君主心意的人。做臣子的在宫廷内部用金银玉器、玩赏宝物来行贿他们，又在宫廷之外帮这些人干违法的事情，让他们去干扰君主。这就称为"在旁"。

第三种称为"父兄"。什么称为"父兄"呢？答复是：君主的兄弟儿子，是君主亲近恩宠的人；权贵大臣及朝廷上的官吏，是和君主共同谋划国家大事的人。这些都是用尽全力和君主共同议论而君主一定能听从的人。身为人之臣属用动听的音乐和美妙的少女来逢迎侍奉君主的儿子和兄弟，用花言巧语来拉拢收买权贵大臣及朝廷上的官吏，和他们签订盟约，叫他们依据他的意图去为君主计划事情，事情如果成功，就答应给他们晋级加薪，用这些来鼓励他们，使他们去侵害君主的权益，这就称之为"父兄"。

第四种称为"养殃"。什么称为"养殃"呢？答复是：君主喜欢修筑美丽宫殿房屋、亭台楼阁、池塘园林，喜欢打扮子女及狗马来寻欢作乐，这就是君主的灾祸。身为人之臣属用尽民众力量来修筑美化宫殿房屋、亭台楼阁、池塘园林，收取重税来为君主装饰打扮子女及狗马，以便使君主寻花问柳而神魂颠倒，他们顺从了君主的欲念而在装饰亭台楼阁和美女狗马的过程中大获利益，这就称之为"养殃"。

第五种叫作"民萌"。什么称为"民萌"？就是做臣子的挥霍公家的财物来讨好民众，施行小恩小惠来收买百姓，使朝廷和城市乡村的人都称赞他们自己，用这种办法来蒙蔽他们的君主而使他们的欲望得逞，这就叫作"民萌"。

第六种叫作"流行"。什么叫"流行"？那就是君主本来就不畅通他的言路，很少去听取别人议论，所以很容易被动听的游说打动而改变主意。做臣子的就搜罗各国能言善辩的说客，收养国内能说会道的人，派他们为自己的私利去向君主游说——让他们设计巧妙文饰的话语和流利圆通之词，用有利的形势启发，用灾难祸患来恐吓君主，杜撰虚假的言辞来损害君主，这就叫"流行"。

第七种称为"威强"。什么称为"威强"？就是指：君主是靠群臣百姓来产生强大威势的。群臣百姓所欢喜的，君主就去喜欢；假如不是群臣百姓所爱好的，君主就不去喜欢。做臣子的汇聚剑客，蓄养亡命之徒，以此来显示自己的威势，表明为自己所利用的人一定有好处，不为自己所利用的人一定被杀死，用来恐吓群臣百姓以实现个人私利。这就称为"威强"。

第八种称为"四方"。什么称为"四方"呢？"四方"是说，身为一个君主，自己国家小，就要侍奉大国；自己国家军队弱，就畏惧军队强大的国家。大国所谋取的，小国必定会听从；强大的军队靠近，弱小的军队一定会顺服。做人臣的，便加重百姓的赋税，用尽国库的存储，耗尽国家的力量来伺候大国，借用大国的威力来胁迫自己的君主，让他害怕，这就称为"四方"。上面总共八条，都是人臣所用来实现他们的奸道，当代的君主所以被阻塞挟持，以至于丧失自己所有权势的原因，君主对此是不能够不明察的。

明君之于内也，娱其色而不行其谒，不使私请。其于左右也，使其身必责其言，不使益辞。其于父兄大臣也，听其言也必使以罚任于后，不令妄举。其于观乐玩好也，必令之有所出，不使擅进不使擅退，群臣虞其意。其于德施也，纵禁财，发坟仓①，利于民者，必出于君，不使人臣私其德。其于说议也，称誉者所善，毁疵者所恶，必实其能，察其过，不使群臣相为语。其于勇力之士也，军旅之功无逾赏，邑斗②之勇无赦罪，不使群臣行私财。其于诸侯之求索也，法则听之，不法则距之。所谓亡君者，非莫有其国也，而有之者皆非己有也。令臣以外为制于内，则是君人者亡也。听大国为救亡也，而亡亟于不听，故不听。群臣知不听，则不外诸侯，诸侯知不听，则不受之臣诬其君矣。

明主之为官职爵禄也，所以进贤材劝有功也。故曰：贤材者处厚禄，任大官；功大者有尊爵，受重赏。官贤者量其能，赋禄者称其功。是以贤者不诬能以事其主，有功者乐进其业，故事成功立。今则不然，不课贤不肖，论有功劳，用诸侯之重，听左右之谒，父兄大臣上请爵禄于上，而下卖之以收财利及树私党。故财利多者买官以为贵，有左右之交者请谒以成重。功劳之臣不论，官职之迁失谬。是以吏偷③官而外交，弃事而财亲。是以贤者懈怠而不劝，有功者墮而简其业，此亡国之风也。

[注释]①坟仓：大的仓库，指国家粮仓。　②邑斗：乡间里的私斗。③偷：苟且，怠慢。

[译文]

圣君对于宫内的夫人美女，欣赏她们的美色而不采取她们的禀告，不准因私请求。对于左右侍从，使用他们，必定要严察他们的言论，不许夸大其辞。对于父兄和大臣，听从他们的意见，但必定要使他们用受罚承担后果，不许乱荐。对于欣赏玩乐的东西，必定要在法令上有依据，不准群臣私自进献或裁减，不让群臣猜测到君主的心意。明君对恩泽的施行，凡是散发国库的财物和官仓的粮食，有益于民众的事，必定要用君主名义，不要让臣下将恩泽归于自己。对于议论，称誉者所赞赏的人，毁疵者所厌恶的人，一定要去核查他们的才能，查清他们的过失，不让群臣彼此吹捧或诽谤。对于有勇气的人，作战有功不破格滥赏，私斗犯法不免除罪过，不让群臣用个人财富收拢人。明君对于其他诸侯国的请求，合法的就听从，不合法的就推却。所谓亡国之君，并不是没了这个国家，而是这个国家的存在，全部不归自己所有，让臣下用外力掌控国内，就是统治者失去自己的国家了。为了挽回国家危亡而听从大国，这比不听从亡得更快，因此不去听从。群臣知晓君主不听从，就不去同国外诸侯勾结；国外诸侯晓得君主不听从，也就不接纳臣下欺骗自己君主的胡说了。

圣明的君主设立官职和爵禄，是用来提升贤能的人、激励有功劳的人。所以说：贤能的人，有优厚的俸禄，担任大官；功劳大的人，有高贵的爵位，受到重赏。举荐贤能的人当官时，一定要权衡他的才能；给予俸禄的人，一定要和他的功劳相符。所以贤能的人不浮夸自己的才能来为君主做事，有功劳的人乐于献出自己的功业，因此事情能成功，功业能够建立。现在则不是这样，不考核贤能的人和不贤能的人，不用是否有功劳来判定，任用诸侯看重的人，听从左右侍从的请求，父兄、大臣对上向君主请示爵位和俸禄，对下出卖官职来获取财物利益并树立私人朋党。所以财物多的人买官来求得高贵，和君主的侍从相好的人，就经由他们请求来成为有权力的人。有功劳的臣子得不到好的评价，官职的晋升又失误错乱。因此官吏对官职苟且敷衍，却尽力于和外国结交，舍弃职务而贪图财物。所以贤能的人松懈而不努力，有功绩的人堕落而不努力对待自己的事业，这就是亡国的风气了。

十过　第十

十过：一曰，行小忠，则大忠之贼也。二曰，顾小利，则大利之残也。三曰，行僻自用，无礼诸侯，则亡身之至也。四曰，不务听治而好五音，则穷身之事也。五曰，贪愎喜利，则灭国杀身之本也。六曰，耽于女乐，不顾国政，则亡国之祸也。七曰，离内远游而忽于谏士，则危身之道也。八曰，过而不听于忠臣，而独行其意，则灭高名为人笑之始也。九曰，内不量力，外恃诸侯，则削国之患也。十曰，国小无礼，不用谏臣，则绝世之势也。

奚谓小忠？昔者楚共王与晋厉公战于鄢陵，楚师败，而共王伤其目。酣战之时，司马子反渴而求饮，竖①谷阳操觞酒而进之。子反曰："嘻！退！酒也。"谷阳曰："非酒也。"子反受而饮之。子反之为人也，嗜酒，而甘之，弗能绝于口而醉。战既罢，共王欲复战，令人召司马子反，司马子反辞以心疾。共王驾而自往，入其幄中，闻酒臭而还，曰："今日之战，不穀②亲伤。所恃者，司马也，而司马又醉如此，是亡③楚国之社稷而不恤吾众也。不穀无复战矣。"于是还师而去，斩司马子反以为大戮。故竖谷阳之进酒，不以雠子反也，其心忠爱之而适足以杀之。故曰：行小忠，则大忠之贼也。

[注释]

①竖：年轻的仆人。　　②不穀（gǔ）：不善，古时天子、诸侯自称的谦词。

③亡：通"忘"。

[译文]

十种过错：一是建立个人间的信任，则是对于忠君的损害。二是贪求个人之利，则是对于国家利益的损害。三是行为恶劣而自以为是，对别国君主无礼那就到了亡身的极致。四是不问国家政事而陶醉于音乐享乐，是走上山穷水尽的事。五是贪婪固执，追逐私利，是亡国亡身的祸根。六是沉迷于女子歌舞，不顾国家大事，是亡国的祸根。七是远离朝廷到远方去游玩，又不听劝告，这是亡身的根本。八是自己有过失而不听忠臣之言，独断专行，那是失去自己的好名声贻笑大方的开始。九是对内不自量力，对外只依赖他国，这是国土被侵夺的祸根。十是国小又对外无礼，不重视多谋多谏之臣，这是国家灭亡的必定形势。

什么叫作对私人的小忠诚呢？从前楚共王与晋厉公在鄢陵打仗，楚国军队战败，共王的眼睛也受了伤。在战斗最激烈时，楚国的司马子反口渴了要水喝，侍从谷阳拿了杯酒给司马子反，子反说："嘻，退下去，你拿的是酒。"谷阳说："不是酒。"子反接过来就喝了。子反这个人生性喜爱喝酒，因而觉得这水很甜美，于是便不停地喝，结果醉了。战斗既已结束，楚共王想再战，派人去叫司马子反，司马子反用患心病的理由推辞。楚共王亲自驾着马车去叫子反，来到子反帐篷里，闻到酒臭气便当即回头返回，说："今日之战，我自己也受了伤。本来想依靠的人，是司马子反，而司马又醉得这样，这是要灭亡楚国社稷而且不爱惜我国士兵啊。我不再想战斗了。"于是退兵而去，杀了司马子反又把他尸体公开示众。所以谷阳的进酒，并不是因为仇恨司马子反，他的内心对子反是很忠诚热爱的，但恰好是因此把子反给害死了。所以说，奉行小的忠诚，那就是对大忠诚的伤害。

　　奚谓顾小利？昔者晋献公欲假道于虞以伐虢。荀息曰："君其以垂棘之璧与屈产之乘赂虞公，求假道焉，必假我道。"君曰："垂棘之璧，我先君之宝也；屈产之乘，寡人之骏马也。若受吾币不假之道，将奈何？"荀息曰："彼不假我道，必不敢受我币。若受我币而假我道，则是宝犹取之内府而藏之外府也，马犹取之内厩而著之外厩也。君勿忧！"君曰："诺。"乃使荀息以垂棘之璧与屈产之乘赂虞公而求假道焉。虞公贪利其璧与马而欲许之。宫之奇谏曰："不可许。夫虞之有虢也，如车之有辅①。辅依车，车亦依辅，虞、虢之势正是也。若假之道，则虢朝亡而虞夕从之矣。不可，愿勿许。"虞公弗听，遂假之道。荀息伐虢。克之，还反处三年，兴兵伐虞，又克之。荀息牵马操璧而报献公，献公说曰："璧则犹是也。虽然，马齿亦益长矣。"故虞公之兵殆而地削者，何也？爱小利而不虑其害。故曰：顾小利，则大利之残也。

　　奚谓行僻？昔者楚灵王为申之会，宋太子后至，执而囚之；狎徐君；拘齐庆封。中射士②谏曰："合诸侯，不可无礼，此存亡之机也。昔者桀为有戎之会而有缗叛之，纣为黎丘之蒐而戎、狄叛之，由无礼也。君其图之。"君不听，遂行其意。居未期年，灵王南游，群臣从而劫之。灵王饿而死乾溪之上。故曰：行僻自用，无礼诸侯，则亡身之至也。

[注释]

①辅：车旁的横木。　②中射士：春秋时君主宫中的武职侍卫官。

[译文]

什么叫贪求小利？以前晋献公想向虞国借道去攻击虢国。荀息说："君王您假如用垂棘之璧和屈产之地的骏马去行贿虞公，向虞公请求借路的事，他必定会借路给我们。"晋献公说："垂棘之璧，是先君遗留下来的宝物；屈产地方出的骏马，是我的良马。假如他收了我的珍贵礼物而不借路给我，那将如何做？"荀息说："虞公他不借路给我们，必定不敢接纳我们的礼物。假如接纳了我们的礼物而借我们路，那么这些宝物就如同从宫内的仓库里取出来藏到宫外的仓库里，骏马就如同从宫内的马棚里牵出来系到宫外的马棚里。"虞公贪求美璧和骏马之利而打算答应晋献公。虞大夫宫之奇进言说："不能应允他们，虞国之有虢国就像车子两边有保护的木棍，木棍依赖着车，车也依赖木棍，虞虢两国的地势正是这样。假如借路给他们，则虢国早上灭亡而虞国到下午也就跟随灭亡了。所以，不可以，希望不要答应。"虞国君主不听，并借路给晋国。荀息攻取了虢，过了三年，发兵征伐虞国，又攻克了虞国。荀息牵着屈产骏马拿着垂棘宝玉而还给晋献公，晋献公欢喜地说："宝玉还是以前的玉。但是，马却老了几岁。"所以，虞君之军队失败而国土沦丧，是为什么呢？贪图小利而不考虑其恶果。所以说：贪求小利，则大的利益受到危害。

什么称为"行为邪恶"？从前楚灵王在申这个地方会集诸侯，宋国太子最晚到，而被囚禁起来；对徐国国君怠慢侮辱；拘禁齐国大夫庆封。楚宫中武官进言说："会诸侯不能无礼，这是国家存亡的关键。以前，夏桀在有戎会集诸侯，而有缗逆反，商纣王在黎丘审阅诸侯，而戎狄逆反，皆是由于对他们无礼而导致的。希望君主要认真地考虑。"楚灵王不听，并固执己见。过了不到一年，楚灵王往南方游览，群臣跟随劫持了他。楚灵王饿死于乾溪之上。因此说：行为邪恶，对诸侯无礼，则大祸临头了。

奚谓好音？昔者卫灵公将之晋，至濮水之上。税车而放马，设舍以宿。夜分，而闻鼓新声者而说之。使人问左右，尽报弗闻。乃召师涓而告之曰："有鼓新声者，使人问左右，尽报弗闻。其状似鬼神，子为我听而写之。"师涓曰："诺。"因静坐抚琴而写之。师涓明日报曰："臣得之矣，而未习也，请复一宿习之。"灵公曰："诺。"因复留宿。明日，已习之，遂去之晋。

晋平公畅之于施夷之台。酒酣，灵公起。公曰："有新声，愿请以示。"平公曰："善。"乃召师涓，令坐师旷之旁，援琴鼓之。未终，师旷抚止之，曰："此亡国之声，不可遂也。"平公曰："此道奚出？"师旷曰："此师延之所作，与纣为靡靡之乐也。及武王伐纣，师延东走，至于濮水而自投。故闻此声者，必于濮水之上。先闻此声者，其国必削，不可遂。"平公曰："寡人所好者，音也。子其使遂之。"师涓鼓究①之。

平公问师旷曰："此所谓何声也？"师旷曰："此所谓清商也。"公曰："清商固最悲乎？"师旷曰："不如清徵。"公曰："清徵可得而闻乎？"师旷曰："不可。古之听清徵者，皆有德义之君也。今吾君德薄，不足以听。"平公曰："寡人之所好者，音也。愿试听之。"师旷不得已，援琴而鼓。一奏之，有玄鹤二八，道南方来，集于郎②门之垝。再奏之，而列。三奏之，延颈而鸣，舒翼而舞，音中宫商之声，声闻于天。平公大说，坐者皆喜。

平公提觞而起为师旷寿，反坐而问曰："音莫悲于清徵乎？"师旷曰："不如清角。"平公曰："清角可得而闻乎？"师旷曰："不可。昔者黄帝合鬼神于泰山之上，驾象车而六蛟龙，毕方③并鎋④，蚩尤居前，风伯进扫，雨师洒道，虎狼在前，鬼神在后，腾蛇伏地，凤皇覆上，大合鬼神，作为清角。今主君德薄，不足听之。听之，将恐有败。"平公曰："寡人老矣，所好者音也，愿遂听之。"师旷不得已而鼓之。一奏而有玄云从西北方起；再奏之，大风至，大雨随之，裂帷幕，破俎豆，隳廊瓦。坐者散走，平公恐惧。伏于廊室之间。晋国大旱，赤地三年。平公之身遂癃⑤病。

故曰：不务听治，而好五音不已，则穷身之事也。

[注释]

①究：穷尽。　②郎：古廊字。　③毕方：神名，传说中的木神。
④鎋（xiá）：同"辖"，大车轴头上穿着的小铁棍，可以管住轮子使不脱落。
⑤癃（lóng）：身体瘫痪。

[译文]

何为喜欢音乐？过去卫灵公即将到晋国去，走到濮水边上，解开车驾、散开马匹，安排住处夜宿。半夜时分，听到有人弹奏新的乐曲，就喜欢上了它。让人问左右随从，都说没有听到。因此召乐师师涓，告知他说："有人弹奏新的乐曲，我让人问左右随从，都说没有听到。听起来如同出自鬼神，你为我听一听，把乐谱记下来。"师涓说："好的。"因此静坐抚琴并记谱。第二天师涓报告说："我已经记下来了，但是还不熟悉，请再等一晚让我熟悉它。"灵公说："好。"于是又留宿一晚。第二天就熟悉了，因此离开这里到晋国。

晋平公在施夷台摆宴。酒喝得欢快的时候，灵公站起来说："有一支新的曲子，我希望把它弹奏出来请大家欣赏。"晋平公说："好！"于是就召唤师涓，令他坐在晋平公的乐师师旷的身边，拿琴过来弹奏这首乐曲。乐曲还未弹完，师旷便按住琴弦阻拦师涓，说："这是亡国的音乐，不能够把它弹奏完。"晋平公说："你这道理是如何说的？"师旷说："这是商纣王的乐师师延所创作的乐曲，是他给商纣王创作的颓废放荡的音乐。到周武王征伐商纣王的时候，师延向东方逃离，来到濮水便自己投水自尽了。因此听到这支乐曲的，必定是在濮水的边上。先听到这曲子的人，他的国家必定会削弱，所以这曲调不能够弹完。"晋平公说："我所喜爱的，是音乐。您还是让他把这乐曲弹完吧。"师涓弹完了这乐曲。

晋平公问师旷说："这是通常所说的什么乐调呢？"师旷说："这就是所说的清商乐调。"晋平公说："清商的乐调确实是最悲凉的吗？"师旷说："还比不上清徵悲凉。"晋平公说："清徵的乐调能够弹出来听听吗？"师旷说："不行。古代听清徵的皆是名德重望的君主。现在您德行不高，没有资历听。"晋平公说："我所喜爱的只在乐曲，希望弹给我听听。"师旷没办法，拿过琴来弹奏，刚一弹，即有十六只黑色的鹤从南方飞来，落在侧廊屋脊上；再奏，排成一排；奏第三遍，伸长脖子鸣叫，张开翅膀而飞舞，叫声与所弹宫商之调一致，声音响彻天际。晋平公大为欢喜，在座的人皆高兴。

晋平公端起酒杯，站起为师旷庆贺。然后回到座位上，并问道："音乐没有比清徵更悲哀的吗？"师旷说："清徵比不上清角。"晋平公说："清角可演奏听听吗？"师旷说："不行。以前，轩辕黄帝会集鬼神于泰山之上。驾着用象牙装扮而用六条龙拉的车，木神保卫在车的两旁，蚩尤在前边开路，风伯在前面打扫，雨师在道路上洒雨，虎狼在前，鬼神在后，神蛇伏于地上，凤凰在上面翱翔，大会鬼神，而制作了清角。现在您德行不高，不够听的资格。一定要停，害怕会发生不祥的事。"晋平公说："我所喜欢的不过音乐而已，希望实现我的愿望弹给我听。"师旷不得已而演奏，刚演奏，有黑云从西北方升起，奏第二遍，起了大风，并接着下起大雨，撕破了帐幕，打碎了祭奠用器，吹掉了廊上屋瓦。在座的都跑开了。晋平公害怕，趴在廊屋之间。接下来，晋国大旱，三年不收。晋平公得了瘫痪病。

因此说：不致力于治理国事而太过爱好音乐，那是使自身陷于困境的事情。

奚谓贪愎？昔者知伯瑶率赵、韩、魏而伐范、中行，灭之。反归，休兵数年，因令人请地于韩。韩康子欲勿与，段规谏曰："不可不与也。夫知伯之为人也，好利而鸷愎[1]。彼来请地而弗与，则移兵于韩必矣。君其与之。与之，彼狃，又将请地他国。他国且有不听，不听，则知伯必加之兵。如是，韩可以免于患而待其事之变。"康子曰："诺。"因令使者致万家之县一于知伯。知伯说，又令人请地于魏。宣子欲勿与，赵葭谏曰："彼请地于韩，韩与之。今请地于魏，魏弗与，则是魏内自强，而外怒知伯也。如弗予，其措兵于魏必矣。不如予之。"宣子："诺。"因令人致万家之县一于知伯。知伯又令人之赵请蔡、皋狼之地，赵襄子弗与。知伯因阴约韩、魏将以伐赵。

襄子召张孟谈而告之曰："夫知伯之为人也，阳亲而阴疏。三使韩、魏而寡人不与焉，其措兵于寡人必矣。今吞安居而可？"张孟谈曰："夫董阏于，简主之才臣也，其治晋阳，而尹铎循之，其余教犹存，君其定居晋阳而已矣。"君曰："诺。"乃召延陵生，令将车骑先至晋阳，君因从之。

君至，而行其城郭及五官之藏。城郭不治，仓无积粟，府无储钱，库无甲兵，邑无守具。襄子惧，乃召张孟谈曰："寡人行城郭及五官之藏，皆不备具，吾将何以应敌？"张孟谈曰："臣闻圣人之治，藏于臣，不藏于府库，务修其教不治城郭。君其出令，令民自遗三年之食，有余粟者入之仓；遗三年之用，有余钱入之府；遗有奇人者使治城郭之缮。"君夕出令，明日，仓不容粟，府无积钱，库不受甲兵。居五日而城郭已治，守备已具。

君召张孟谈而问之曰："吾城郭已治，守备已具，钱粟已足，甲兵有余。吾奈无箭何？"张孟谈曰："臣闻董子之治晋阳也，公宫之垣皆以荻②蒿楛楚墙之，有楛高至于丈。君发而用之。"于是发而试之，其坚则虽菌簬③之劲弗能过也。君曰："吾箭已足矣，奈无金何？"张孟谈曰："臣闻董子治晋阳也，公宫令舍之堂，皆以炼铜为柱、质。君发而用之。"于是发而用之，有余金矣。

号令已定，守备已具。三国之兵果至。至则乘晋阳之城，遂战。三月弗能拔。因舒军而围之，决晋阳之水以灌之。围晋阳三年。城中巢居而处，悬釜而炊，财食将尽，士大夫羸病。襄子谓张孟谈曰："粮食匮，财力尽，士大夫羸病，吾恐不能守矣！欲以城下，何国之可下？"张孟谈曰："臣闻之，亡弗能存，危弗能安，则无为贵智矣。君释此计者。臣请试潜行而出，见韩、魏之君。"

张孟谈见韩、魏之君曰："臣闻唇亡齿寒。今知伯率二君而伐赵，赵将亡矣。赵亡，则二君为之次。"二君曰："我知其然也。虽然，知伯之为人也，粗中而少亲。我谋而觉，则其祸必至矣。为之奈何？"

张孟谈曰："谋出二君之口而入臣之耳，人莫之知也。"二君因与张孟谈约三军之反，与之期日。夜遣孟谈入晋阳，以报二君之反。襄子迎孟谈而再拜之，且恐且喜。二君以约遣张孟谈，因朝知伯而出，遇智过于辕门之外。智过怪其色，因入见知伯曰："二君貌将有变。"君曰："何如？""其行裕而意高，非他时之节也，君不如先之。"君曰："吾与二主约谨矣，破赵而三分其地，寡人所以亲之，必不侵欺。兵之著于晋阳三年，今旦暮将拔之而向④其利，何乃将有他心？必不然。子释勿忧，勿出于口。"

明旦，二主又朝而出，复见智过于辕门。智过入见曰："君以臣之言告二主乎？"君曰："何以知之？"曰："今日二主朝而出，见臣而其色动，而视属臣。此必有变，君不如杀之。"君曰："子置勿复言。"智过曰："不可，必杀之。若不能杀，遂亲之。"君曰："亲之奈何？"智过曰："魏宣子之谋臣曰赵葭，韩康子之谋臣曰段规，此皆能移其君之计。君其与二君约，破赵国，因封二子者各万家之县一。如是，则二主之心可以无变矣。"知伯曰："破赵而三分其地，又封二子者各万家之县一，则吾所得者少。不可。"智过见其言之不听也，出，因更其族为辅氏。

至于期日之夜，赵氏杀其守堤之吏而决其水灌知伯军。知伯军救水而乱，韩、魏翼而击之，襄子将卒犯其前，大败知伯之军而擒知伯。知伯身死军破，国分为三，为天下笑。故曰：贪愎好利，则灭国杀身之本也。

[注释]

①鸷愎：傲慢。鸷，通"傲"。　②荻：野生植物，像芦苇。　③菌簵（lù）：

一种非常坚硬的竹子。菌，通"箘"。　④向：通"享"。

[译文]

　　什么叫作贪心固执？以前智伯瑶带领赵、韩、魏三国去攻击范氏、中行氏，把他们歼灭了。回来后，把部队整顿了几年，便派人到韩国去索取土地。韩康子不想给，他的家臣段规劝告说："不能够不给。智伯这个人的性格，贪利而且高傲暴戾。他来索取土地而不给他，那么他一定会要调动军队来攻击韩国了。大王您还是给他吧。给了他，他习惯了，又会向其他国家索取土地。其他国家可能有不听从他的，假如不听从他，那么智伯就必定会对其发兵。这样，韩国就能够避免祸患而等候时机的变化，然后再趁机行事了。"韩康子说："很好。"因此就派遣使者去向智伯馈赠了一个有万户人家的县。智伯很欢喜，又派人到魏国去索取土地。魏宣子想不给，赵葭劝告说："他向韩国索取土地，韩国给了他。现在又向魏国索取土地，魏国不给，那魏国就是自夸实力强大，而对外惹恼了智伯。假如不给，他必定会加兵于魏国，不如给他。"魏宣子答应了，于是让人赠送智伯一个有一万户人家的县。智伯又让人到赵国索取蔡和皋狼的土地，赵襄子不给他，智伯就暗中约韩国和魏国，将要攻打赵国。

　　赵襄子召见张孟谈，告知他说："智伯的为人，外表和人亲近，私下却疏远。三次派人去往韩国和魏国，而我却没有参加，他必定会对我用兵。现在我应该如何应对呢？"张孟谈说："董阏于是您的父亲赵简子手下有才能的臣子，他曾经管理晋阳，而尹铎依据他的方法，使他的教导还存在着，您还是定居晋阳好了。"赵襄子说："好。"于是召见延陵生，让他带着车马先到晋阳，赵襄子接着就跟着去了。

　　赵襄子到了晋阳，就巡察城池和官府的积蓄。发现城池修整得不完善，仓库里没有积存的粮食，国库里没有储藏的资金，仓库里没有铠甲和兵器，城中没有防备用具。赵襄子感觉害怕，于是召唤张孟谈说："我巡察城池和官府的储藏，发现什么都不完善，我拿什么来对抗敌人呢？"张孟谈说："我听说：圣人管理国家，财物储藏在百姓那里，不储藏在国库；致力于整顿教化，不整修城池。您为什么不发出命令，令百姓自己留存三年的粮食，剩下的就送到国库里；留存够三年使用的钱财，有剩下的就送到国库里；留存够用的劳力，剩余的劳力就让他们去从事城池的修整。"赵襄子晚上发出命令，第二天，粮仓里就装不下粮食，钱库里没有地方堆钱，兵库里装不下铠甲和兵器。过了五天，城池就已经修缮好了，守备的设施也具足了。

　　赵襄子召唤张孟谈，问他说："我的城池已经整顿好了，守卫的设施也已经具足了，钱和粮食也充实了，铠甲和兵器也有多余了。可是我没有箭，该如何做呢？"张孟谈说："我听说董阏于管理晋阳，公家宫殿的墙都是用荻、蒿、楛、楚这几种木头的杆建成的。其中有高达一丈的楛杆能够做箭杆，您就把它拆出来使用吧。"于是把这楛杆拆出来尝试，它的坚固程度就是强劲的菌簵也不能超越它。赵襄子说："我的箭杆已经充足了，但没有做箭头的金属，如何做呢？"张孟谈说："我听说董阏于管理晋阳的时候，卿大夫和县令家中的厅堂都用冶炼过的铜做柱子和垫柱石，您就把它拆出来利用吧。"于是把它拆出来利用，便有富余的金属了。

　　号令已经制定，防备的设施已经准备完善，智、韩、魏三国之兵真的来到。登晋阳城，开始了作战。过了三个月，城攻不下，于是把军队拆散而包围晋阳，掘开晋阳的河堤以水淹晋阳。围困晋阳三年，城中人们为了避水于房顶，在树上结巢而居，把锅挂起来做饭，城内的粮食即将耗费净尽，官员身体羸弱。赵襄子向张孟谈说："粮食空缺，物资用尽，官员病弱，我可能守不住了，准备开城降服，可是向哪个国家降服好呢？"张孟谈说："我听说，既被灭亡就不能生存，既临危险就很难平安，就不要再尊敬有智慧的人了，你还是放弃这种打算吧，我请求试着秘密出城，去拜见韩、魏两国的君主。"

张孟谈见韩、魏两君说："我听说唇亡齿寒，今智伯统领您两位攻赵，赵将要灭亡了。赵假如灭亡了，则您两位便成为下一个了。"韩、魏二君说："我知晓这个情况，但是，智伯为人心中残暴而没有仁爱，我们的计划假如被他发现，则一定大祸临头，那如何做？"张孟谈说："谋划出于您二位之口，听于我之耳，别人是不知晓的。"二君于是与张孟谈约好三国军队抗击智伯，约定了日期。晚上派张孟谈进入晋阳，以报告韩魏二君欲反击智伯。赵襄子迎接张孟谈反复道谢，又怕又喜。韩、魏两位君主已经和张孟谈约好并派遣他回晋阳城后，便去接见智伯，出来的时候，在营门的外面遇到智过。智过感觉他们的脸色反常，就进去拜见智伯，说："从脸色上看，那两位君主要反叛了。"智伯说："为什么这样说？"智过说："他们行动高傲，趾高气扬，与以前的气派不同。您不如先动手。"智伯说："我与两位君主约定得很谨慎，攻取赵国后三家平分赵国的土地，我用这个来拉拢他们，他们必定不会暗算我的。军队驻守在晋阳已经三年，现在很快就要把城攻取而分享那战利了，怎么还会有其他的计划呢？必定不会这样的。您放心，不要担忧，也不要再把这种话说出来了。"

第二天早上，韩、魏两位君主又拜见智伯出来，又在营门见到了智过。智过进去见了智伯说："您把我的话告知给两位君主了吗？"

智伯说："你如何知道的？"智过说："今天两位君主拜见您出来时，看见我之后，他们的面色也变了，而且避开我的眼光去看他们的随从。这两个君主一定要叛变了，您不如把他们杀了。"智伯说："请你把这些话搁在一边不要再说了。"智过说："不行！必定要把他们杀掉。假如不能把他们杀掉，那么就得接近他们。"智伯说："接近他们该如何做呢？"智过说："魏宣子的顾问叫赵葭，韩康子的顾问叫段规，这两个人都可以改变他们君主的打算。您就和他们的两个君主约好：等攻取赵国后，便赐给这二位每人一个有万户人家的县。像这样，那么韩、魏两位君主的心就能够不变了。"智伯说："攻取赵国后三国平分赵国的土地，还要赐给这二位每人一个有万户人家的县，那么我所获得的就很少了。不可以！"智过知道自己的话不被听从，便出去了，接下来还把他的家族改姓为辅。

到了张孟谈与韩、魏二君所约好的攻击智伯的日期的晚上，赵国民众刺杀智伯看堤的官吏，掘开堤坝以水淹智伯军队。智伯军队水中自救而大乱，韩、魏两国从两侧挟制智伯军，赵襄子统领士兵冲锋于前，大败智伯军队并活捉智伯。智伯身死军队败亡。智国土地被平分成三份，为天下人讥笑。因此说，贪心顽固追逐私利，是亡国亡身的祸根。

奚谓耽于女乐？昔者戎王使由余聘于秦，穆公问之曰："寡人尝闻道而未得目见之也，愿闻古之明主得国失国常何以。"由余对曰："臣尝得闻之矣，常以俭得之，以奢失之。"穆公曰："寡人不辱而问道于子，子以俭对寡人。何也？"由余对曰："臣闻昔者尧有天下，饭于土簋①饮于土铏②。其地南至交趾，北至幽都，东西至日月之所出入者，莫不宾服。尧禅天下，虞舜受之，作为食器，斩山木而财之，削锯修之，迹，流漆墨其上，输之于宫以为食器。诸侯以为益侈，国之不服者十三。舜禅天下而传之于禹，禹作为祭器，墨染其外，而朱画其内，缦帛为茵。蒋席颇缘，觞酌有采，而樽俎有饰。此弥侈矣，而国之不服者三十三。夏后氏没，殷人受之，作为大路，而建九旒，食器雕镂，觞酌刻镂，四壁垩墀，茵席雕文。此弥侈矣，而国之不服者五十三。君子皆知文章矣，而欲服者弥少。臣故曰：俭其道也。"

[注释]

①簋（guǐ）：本义是指古代青铜器或陶制盛食物的容器，这里是"容器"的意思。　②铏（xíng）：古代盛羹的鼎，两耳三足，有盖，常用于祭祀。

[译文]

什么叫沉迷女子歌舞？以前，戎王派由余到秦国寻访，秦穆公向他说："我曾听说治国的道理，而没有亲眼看过，希望听听古代的明君获得国家又失去国家，通常是因为什么？"由余答复说："我曾听说通常是因为俭省而得国，因为奢靡而失国。"穆公说："我不以为耻而向你求教治国之道，而先生只用一个俭字答复我，是什么原因呢？"由余回应说："我听说以前尧得天下，用土烧制成的器具作食具，用土烧制成的盛汤的饮具，他的国境南到交趾，北到幽都，东到日月出之地，西到日月落之地，没有不归服他的。后把天下让位，虞舜接纳了，伐山上的树木裁断而成来制造食具，削锯装饰，涂墨漆，用于宫中作为食具，诸侯以舜为浪费，不归服他部属有十三个。后舜把天下禅让给禹，禹制祭器，外表涂成黑色，里面涂上红色，用没有彩色花纹的帛当作车上的坐垫，用蒋草做的席边，上装饰有斜纹，酒勺都有彩绘，酒具、食具都有纹饰。这就是浪费了，不归服他的部属有三十三个。夏朝消亡，殷商治国，制造天子所乘的专车，旗下有九条飘带，餐具雕饰、酒具精制，墙壁及台阶皆涂上白土，铺的席也饰图文，这就更浪费了，不归服他的部属有五十三个。君子都懂得追求华美的彩饰，而归服他的人却越来越少。因此我说：节省是治国之道。"

由余出，公乃召内史廖而告之，曰："寡人闻邻国有圣人，敌国之忧也。今由余，圣人也，寡人患之，吾将奈何？"内史廖曰："臣闻戎王之居，僻陋而道远，未闻中国之声。君其遗之女乐，以乱其政，而后为由余请期①，以疏其谏。彼君臣有间而后可图也。"君曰："诺。"乃使内史廖以女乐二八遗戎王，因为由余请期。戎王许诺，见其女乐而说之，设酒张饮②，日以听乐，终岁不迁，牛马半死。由余归，因谏戎王，戎王弗听，由余遂去之秦，秦穆公迎而拜之上卿，问其兵势与其地形。既以得之，举兵而伐之，兼国十二，开地千里。故曰：耽于女乐，不顾国政，则亡国之祸也。

奚谓离内远游？昔者齐景公游于海而乐之。号令诸大夫曰："言归者死。"颜涿聚曰："君游海而乐之，奈臣有图国者何？君虽乐之，将安得？"齐景公曰："寡人布令曰'言归者死'，今子犯寡人之令。"援戈将击之。颜涿聚曰："昔桀杀关龙逢而纣杀王子比干，今君虽杀臣之身，以三之司也。臣言为国，非为身也。"延颈而前曰："君击之矣！"君乃释戈趣③驾而归。至三日，而闻国人有谋不内齐景公者矣。齐景公所以遂④有齐国者，颜涿聚之力也。故曰：离内远游，则危身之道也。

[注释]

①请期：请求延长回国的时间。 ②张饮：搭起帐篷宴饮。 ③趣：通"促"，催促。 ④遂：安。

[译文]

由余出去后，秦穆公便把内史廖召来，查问他说："我听说邻国有圣人，是敌国的祸患。现在由余就是圣人，我非常忧虑，应该如何做？"内史廖答复说："我听说戎王占有的地方，贫穷荒远，没有听过中原的音乐。您应向戎王馈赠女歌舞乐队，用来迷惑迷恋戎王，干扰国政，然后替由余请求延迟回国的时间，阻止由余的劝谏。他们君臣之间有了隔阂，以后就能够策划夺取戎地。"秦穆公说："很好！"便派内史廖带十六人组成的女乐队馈赠戎王，顺便替由余请求晚归。戎王满口答应，见到女乐队非常高兴，搭幕帐，摆酒宴，每天听乐观舞，整年不往水草丰茂的地方迁移，牛马牲畜死亡超过一半。由余回国，就去劝告戎王，戎王不听，由余便去往秦国。秦穆公亲自接见并拜为上卿，询问戎国军事力量和地形地势。秦穆公掌控了情况之后，便发兵攻打戎地，吞并十二国，开辟领土千余里。所以说：沉溺女乐，不管国家政事，就会带来亡国之祸。

什么叫远离朝廷而到边远的地方去玩乐？以前齐景公到渤海去游玩并以此为乐，对各位朝臣大夫下令说："说要回去的就处死。"颜涿聚说："国君您到海上游玩并以此为乐，假如朝中大臣有阴谋夺取您的国家怎么办？国君尽管以此为乐，但丧失了国家您还怎么可能如此？"齐景公说："我颁布命令说提出回朝的人要处死，现在你违背了我的命令。"拿起戈来要杀害颜涿聚。颜涿聚说："以前夏桀杀关龙逢而商纣王杀害王子比干。今天国君您尽管杀了我，我能和关龙逢、比干一块成为三个忠臣没有什么可遗憾的。我进谏是为了国家，而不是为我个人。"伸着头前来说："您来砍吧。"齐景公于是放下戈，催赶车驾回宫。到了宫中才三天，就听说国都中有人谋略不接受齐景公回都城。齐景公之所以最后能统治齐国，靠的是颜涿聚的力量。因此说离开朝廷而到远方游玩，就是危及自身的行为。

奚谓过而不听于忠臣？昔者齐桓公九合诸侯，一匡天下，为五伯长，管仲佐之。管仲老，不能用事，休居于家。桓公从而问之曰："仲父家居有病，即不幸而不起此病，政安迁之？"管仲曰："臣老矣，不可问也。虽然，臣闻之，知臣莫若君，知子莫若父。君其试以心决之。"君曰："鲍叔牙何如？"管仲曰："不可。鲍叔牙为人，刚愎而上悍。刚则犯民以暴，愎则不得民心，悍则下不为用。其心不惧，非霸者之佐也。"公曰："然则竖刁何如？"管仲曰："不可。夫人之情莫不爱其身。公妒而好内，竖刁自猭①以为治内。其身不爱，又安能爱君？"公曰："然则卫公子开方何如？"管仲曰："不可。齐、卫之间不过十日之行，开方为事君，欲适君之故，十五年不归见其父母，此非人情也。其父母之不亲也，又能亲君乎？"公曰："然则易牙何如？"管仲曰："不可。夫易牙为君主味，君之所未尝食唯人肉耳，易牙蒸其子首而进之，君所知也。人之情莫不爱其子，今蒸其子以为膳于君，其子弗爱，又安能爱君乎？"公曰："然则孰可？"管仲曰："隰朋可。其为人也，坚中而廉外，少欲而多信。夫坚中，则足以为表；廉外，则可以大任；少欲，则能临其众；多信，则能亲邻国。此霸者之佐也，君其用之。"君曰："诺。"居一年余，管仲死，君遂不用隰朋而与竖刁。刁莅事三年，桓公南游堂阜，竖刁率易牙、卫公子开方及大臣为乱。桓公渴馁而死南门之寝公守之室②，身死三月不收，虫出于户。故桓公之兵横行天下，为五伯长，卒见弑于其臣，而灭高名，为天下笑者，何也？不用管仲之过也。故曰：过而不听于忠臣，独行其意，则灭其高名为人笑之始也。

[注释]

①猌（fén）：同"豮"，阉割。　②公守之室：临时守卫的地方。

[译文]

什么叫自己有过错而不听忠臣之言？以前齐桓公多次会合诸侯，单独辅佐周王朝，成为春秋五霸之首领，管仲辅助他。后来，管仲年老，不能执政，休养在家。齐桓公看望时问他说："仲父（齐桓公对管仲的尊称）在家养病，假若一病不起，国家的事移交给谁？"管仲说："我老了，不用问我了，虽然如此，但我听说，最了解臣的谁也不如君主，最了解儿子的谁也不如做父亲的。您就试着按照自己的想法来决定吧。"齐桓公说："鲍叔牙怎么样？"管仲说："不行，鲍叔牙为人刚强任性而惯于凶悍。刚强就会用粗暴的态度侵扰民众，任性就失民心，凶悍就不能使臣民听他使用。肆无忌惮，不能作为霸主的辅佐。"齐桓公说："那么竖刁怎么样？"管仲说："不行。就以人之常情论之，没有不爱自己的身体的，阁下忌妒又爱好后宫女色，竖刁便自己阉割自己，而为您管理皇宫事务。他对自己都如此不爱，又怎么能爱您呢？"齐桓公说："是的，那么在齐国为官的卫国公子开方怎么样？"管仲说："不行。与卫国之间不过走十天的路程，并不太远。可是开方为了替您服务，迎合您的需要，十五年没有回去探望他的父母，这不是人的正常感情。

他连父母都不亲近，还能亲近您吗？"齐桓公说："那么易牙怎么样？"
管仲说："不行。易牙给您主管饮食，什么美味您都尝过了，没有尝
过的就只有人肉了，于是易牙把他儿子的头蒸熟作为菜肴进献给您品
尝，他连自己的儿子都不爱，又怎么能爱您呢？"齐桓公说："既然如此，
那么谁行呢？"管仲说："隰朋可以，隰朋的为人信念坚定，行为廉洁，
私欲很少而讲究信用。信念坚定，就完全可以为表率；行为廉洁，就
可以担任重要官职；私欲少，就能管理民众；讲信用，就能使邻国亲近。
这才是霸主的帮手啊，您一定要任用他。"齐桓公说："好。"过了
一年多，管仲去世，齐桓公于是不用隰朋而任用竖刁。竖刁执政三年，
齐桓公南游到堂阜，竖刁率领易牙、卫公子开方及大臣叛乱。齐桓公
被囚，饥渴而死于南门的寝宫旁守卫住的房子里。死后三个月没有埋葬，
尸体上的蛆虫爬出门外。所以，齐桓公之军队横行天下，他成为王霸
之首，最后被其大臣杀死，而使名声扫地为天下人耻笑，什么缘故呢？
是犯了不采用管仲的话的过错啊！所以说，自己有过错而又不听忠臣
之言，就是威名扫地为人耻笑的开始啊！

奚谓内不量力？昔者秦之攻宜阳，韩氏急。公仲朋谓韩君曰："与
国不可恃也，岂如因张仪为和于秦哉？因赂以名都而南与伐楚，是患
解于秦而害交于楚也。"公曰："善。"乃警公仲之行，将西和秦。
楚王闻之，惧，召陈轸而告之曰："韩朋将西和秦，今将奈何？"陈
轸曰："秦得韩之都一，驱其练甲，秦、韩为一以南乡楚，此秦王之
所以庙祠而求也，其为楚害必矣。王其趣发信臣，多其车、重其币以
奉韩，曰：'不穀之国虽小，卒已悉起，愿大国之信意于秦也。因愿
大国令使者入境视楚之起卒也。'"韩使人之楚，楚王因发车骑陈之

下路①，谓韩使者曰："报韩君，言弊邑之兵今将入境矣。"使者还报韩君，韩君大悦，止公仲。公仲曰："不可。夫以实告我者，秦也；以名救我者，楚也。听楚之虚言而轻诬强秦之实祸，则危国之本也。"韩君弗听，公仲怒而归，十日不朝。宜阳益急，韩君令使者趣卒于楚，冠盖相望而卒无至者。宜阳果拔，为诸侯笑。故曰：内不量力，外恃诸侯者，则国削之患也。

[注释]

①下路：即夏路，楚国通向北方的大路。

[译文]

什么叫在国内不自量力？以前秦国进攻韩国的宜阳，韩国很担心。公仲朋对韩宣惠王说："楚国这个盟国靠不住，还不如使张仪跟秦国谈和。借这个机会用一座著名的城市行贿秦国而向南共同讨伐楚国，这样就除去了秦国的祸患而把祸患迁移到了楚国。"韩宣惠王说："好。"便告诉公仲朋出使，打算西面与秦国谈和。楚怀王听到这个消息，心中害怕恐惧，召唤陈轸告诉他说："韩国公仲朋打算西行与秦国谈和，现在我们该如何做？"陈轸说："秦国获得韩国的一座城市，驱使它的精良部队，秦国、韩国连成一体而往南向楚国开来，这是秦王在宗庙祭奠中所祈求的东西，它必定会成为楚国的祸害。大王您赶紧派遣可信的使臣，多给他一些车马，准备珍贵的礼物，用来赠送韩国，对韩国说：'我的楚国尽管很小，已发出了全部士兵准备来协助你们，希望贵国向秦国表示你不屈的决心。为此但愿贵国派使者来打开国境，察明楚国发动士兵的情况。"韩国的使者来到楚国，楚怀王因此便派遣车马军队陈设在去往韩国的路上，对韩国的使者说："请汇报韩国国君，就说楚国的军队马上就要进入韩国境内了。"使者回韩国汇报给韩宣惠王，韩宣惠王十分高兴，阻止住公仲朋到秦国谈和。公仲朋说："不行。以实际行动危及我国的，是秦国；从名声上发兵援助我国的，是楚国。听取楚国的空话而看轻秦国的实际祸害，这是危及国家的根源。"韩宣惠王不听公仲朋的劝告，公仲朋发怒地回家了，十天都不来上朝。宜阳城更加危险了，韩宣惠王便吩咐使者到楚国去催赶他们派出救兵，使者的帽子、车盖在路上蝉联不断甚至能够互相看到，但援兵却没有到来。宜阳城最终被攻克了，韩王也因此而成为了诸侯的笑柄。因此说：对内不权衡一下自己的力量，对外只是想依赖诸侯，那就有国土被削减的祸害。

奚谓国小无礼？昔者晋公子重耳出亡，过于曹，曹君袒裼而观之，釐负羁①与叔瞻侍于前，叔瞻谓曹君曰："臣观晋公子，非常人也，君遇之无礼，彼若有时反国而起兵，即恐为曹伤。君不如杀之。"曹君弗听，釐负羁归而不乐，其妻问之曰："公从外来而有不乐之色，何也？"负羁曰："吾闻之：'有福不及，祸来连我。'今日吾君召晋公子，其遇之无礼。我与在前，吾是以不乐。"其妻曰："吾观晋公子，万乘之主也；其左右从者，万乘之相也。今穷而出亡，过于曹，曹遇之无礼。此若反国，必诛无礼，则曹其首也。子奚不先自贰焉？"负羁曰："诺。"盛黄金于壶，充之以餐，加璧其上，夜令人遗公子。公子见使者，再拜，受其餐而辞其璧。公子自曹入楚，自楚入秦。入秦三年，秦穆公召群臣而谋曰："昔者晋献公与寡人交，诸侯莫弗闻。献公不幸离群臣，出入十年矣。嗣子不善，吾恐此将令其宗庙不被除而社稷不血食也，如是弗定，则非与人交之道。吾欲辅重耳而入之晋，何如？"群臣皆曰："善。"公因起卒，革车五百乘，畴②骑二千，步卒五万，辅重耳入之于晋，立为晋君。重耳即位三年，举兵而伐曹矣。因令人告曹君曰："悬叔瞻而出之，我且杀而以为大戮。"又令人告釐负羁曰："军旅薄③城，吾知子不违也。其表子之闾，寡人将以为令，令军勿敢犯。"曹人闻之，率其亲戚而保釐负羁之闾者七百余家，此礼之所用也。故曹，小国也，而迫于晋、楚之间，其君之危犹累卵也，而以无礼莅之，此所以绝世也。故曰：国小无礼，不用谏臣，则绝世之势也。

[注释]

①釐负羁：人名，即僖负羁。春秋时期曹国的大夫。 ②畴：同类，同一规格的。 ③薄：通"迫"，迫近。

[译文]

什么称为国家微小而没有礼貌？以前晋国公子重耳出国逃亡，路过曹国的时候，曹共公让他赤膊洗澡，从而去观察他身上连长在一块的肋骨。当时曹国的大夫釐负羁与叔瞻侍奉在曹君身边。叔瞻对曹君说："我看这晋公子，不是普通人。君主对待他没有礼貌，他假如有机会回国当了君主而起兵，可能会对曹国有危害。君主不如现在杀了他。"曹共公没有听从叔瞻的意见。釐负羁回到家里郁郁寡欢，他的妻子问他说："夫君从外面回来而有不愉快的脸色，什么原因呢？"釐负羁说："我听过这样的一句话：'君主有福，没有我的份；君主的灾难来了，必定会拖累我。'今天我们的国君召唤晋公子，他对待晋公子没有礼貌。

我此时也夹在里面，我因此才不高兴。"他的妻子说："我看晋公子会是一个拥有万辆兵车的大国的君主；他身边的侍从，也都将作为大国的卿相。现在他没有办法而出国流亡，路过曹国时，曹国对待他没有礼貌。这个人假如得势回到晋国，必定会惩罚对他无礼的人，那么曹国就最先受到伤害了。您为何不先把自己和国君分别开来呢？"釐负羁说："好。"于是就把黄金藏在壶里，再用食物把壶添满，在壶上加了块玉璧，在晚上派人去馈赠给晋公子。公子接待了使者，行了再拜礼，接纳了他的食物而退回了他的玉璧。重耳从曹国到楚国，从楚国到秦国。到了秦国三年，秦穆公召集群臣商量说："以前晋献公和我相交，诸侯人人都听说了。晋献公不幸辞世，前后已有十年了。承袭他的儿子不好，我担心这将会使晋国的宗庙无人清扫，而社稷之神没有人去祭奠。像这样了我还不去稳定晋国，那就不是与人相交的道理。我想要辅佐重耳回到晋国去，如何？"群臣都说："好。"秦穆公因此动兵，用兵车五百辆，齐整的骑兵二千人，步兵五万人，辅助重耳进入晋国，立为晋国的国君。重耳继位三年，率兵来征伐曹国，所以派人告诉曹国国君说："把叔瞻给我从城墙上吊下来，我将杀掉他陈尸示众。"

又派人告知釐负羁说："大军压城，我知道你不会反抗我，请在你里巷大门上作个记号，我将为此发令，命令部队不许侵犯你家。"曹国人听到这个消息之后，带着亲人而到釐负羁的居住里巷求得庇护的人有七百多家。这就是礼的效用啊！所以，曹国是一个小国，被置于大国晋、楚两国之间，其国君境况之危险就像堆积起来的鸡蛋，又以无礼接见外人，这就是被灭亡的原因啊！因此说，国家弱小又不讲外交礼节，不听有智谋的大臣的劝谏，这便是国家灭亡的必定趋势！

孤愤　第十一

智术之士，必远见而明察，不明察不能烛私；能法之士，必强毅而劲直，不劲直不能矫奸人臣循令而从事，案法而治官①，非谓重人也。重人也者，无令而擅为，亏法以利私，耗国以便家，力能得其君，此所为重人也。智术之士明察，听用，且烛重人之阴情；能法之士劲直，听用，且矫重人之奸行。故智术能法之士用，则贵重之臣必在绳之外矣。是智法之士与当涂之人，不可两存之仇也。

当涂之人擅事要，则外内为之用矣。是以诸侯不因，则事不应，故敌国为之讼；百官不因，则业不进。故群臣为之用；郎中不因，则不得近主。故左右为之匿；学士不因，则养禄薄②礼卑。故学士为之谈也。此四助者。邪臣之所以自饰也。重人不能忠主而进其仇，人主不能越四助而烛察其臣。故人主愈弊而大臣愈重。

[注释]

①治官：依照官位履行法律赋予的职责。　②养禄薄：经济待遇低。

[译文]

知道治国方法的人，必定要有远见和明察，没有明察就不能懂得一些隐藏的事情；能实行法治的人，必定要刚强果断刚劲正直，不刚劲正直就不能矫正犯罪的行为。做臣子的要遵守君令管理政事，依照法度履行职责，这不是说的权重的人。权重的人，不会依照法令而是自作主张办事，破坏国家的法令来谋取个人的私利，损害国家的利益来谋取自家利益，他们的势力能够控制君主，这才是所说的权重的人。懂得治国技巧的人处世明察，他们的主张被君王采用，自己被君王任用，将会察明权重的人的隐情；能实行法治的人刚直不阿，他们的言论被君王采纳，自身得到任用，将能改正权重的人的奸邪行为。所以这两种人得到任用，权重的大臣必定不会保护法律。懂得治国方法的人、实行法治的人就会与当权的人不共戴天。

"重人"掌控着国家重要部门的权力，那么国外的诸侯和国内的文武百官就都被他所使用。因此，诸侯不依附他，就不能在他的国家办好事情，因此就连敌国也赞扬他。国内各级官吏不依赖他，就不能升官晋爵，因此群臣就被他所利用。君主左右的人不依赖他，就不能亲近君主，因此左右的人在君主面前为他隐藏罪行。儒生们不依赖他，就俸禄少，待遇低，所以儒生们都夸耀他。这四种协助势力，是奸邪的"重人"用来掩藏自己罪行的工具。"重人"不能效力君主而去举荐他们的仇人，君主不能超越"重人"的这四种协助势力的包围圈来发觉"重人"的问题，所以君主受欺骗越来越深，而"重人"的力量却越来越大。

凡当涂者之于人主也，希不信爱也，又且习故。若夫即主心，同乎好恶，固其所自进也。官爵贵重，朋党又众，而一国为之讼。则法术之士欲干上者，非有所信爱之亲、习故之泽也，又将以法术之言矫人主阿辟之心，是与人主相反也。处势卑贱，无党孤特。夫以疏远与近爱信争，其数不胜也；以新旅与习故争，其数不胜也；以反主意与同好恶争，其数不胜也；以轻贱与贵重争，其数不胜也；以一口与一国争，其数不胜也。法术之士操五不胜之势，以岁数而又不得见；当涂之人乘五胜之资，而旦暮独说于前。故法术之士奚道①得进，而人主奚时得悟乎？故资必不胜而势不两存，法术之士焉得不危？其可以罪过诬者，以公法而诛之；其不可被以罪过者，以私剑而穷之。是明法术而逆主上者，不僇于吏诛，必死于私剑矣。朋党比周以弊主，言曲以便私者，必信于重人矣。故其可以功伐借者，以官爵贵之；其不可借以美名者，以外权重之。是以弊主上而趋于私门者，不显于官爵，必重于外权矣。今人主不合参验而行诛，不待见功而爵禄，故法术之士安能蒙死亡而进其说？奸邪之臣安肯乘利而退其身？故主上愈卑，私门益尊。

[注释]

①奚道：何由，从哪里。

[译文]

全部的当权重臣对于君主来说，很少不被相信和恩宠的，而且相互又亲昵和熟悉。至于逢迎君主的心理，迎合君主的好恶，原本就是重臣得以晋升的方法。他们官职大，爵位高，朋党众，全国都为之赞扬。而法术之士想要得到君主重用，既没有受到相信和恩宠的亲近关系，也没有亲昵和熟悉的感情，还要用法术之言正君主的偏爱之心，这与君主完全相背。法术之士所处地位卑下，没有同党协助而孤立无援。以关系疏离的和关系亲近、受到宠信的相抵抗，就常理来说，无法取胜；以新客与故旧相斗，就常理来说，无法取胜；以违抗君主心意和投合君主好恶相斗，就常理来说，无法取胜；以地位低下和位尊权重的对抗，就常理来说，无法取胜；以一个人和一国人相争，就常理来说，无法取胜。

法术之士居在这五种不能取胜的状况下，而且时间长得用年度来计量也还见不到君主一面；当道控权的人凭借这五种能取胜的条件，而且从早到晚每时每刻都可以在君主面前独自劝说。所以法术之士靠什么途径才能得到任用，而君主到什么时候才可以觉悟呢？因此，法术之士所凭借的条件必定不能取胜而客观形势又决定了他们不可与权臣同时存在，如此一来，法术之士怎么会不危急呢？他们之中能够用罪名来加以陷害的，就凭借国家法律来把他们杀掉；他们当中不能强加以罪名的，就用私门豢养的剑客来除去他们。如此看来，通晓法术而与君主思想不一致的人不是死于污吏的惩处，必定就死于刺客的暗杀。而那些拉帮结派紧密勾结来欺骗君主、花言巧语扭曲事实以使权臣得利的人，就一定会被权臣相信了。所以他们之中能够用功劳作为借助的，就会用官职爵位来使他们高贵；他们当中没有美名可借助的，就使用外国诸侯的势力来使得他们承担重要的职责。因此，那些蒙骗君主而奔走权臣之家的人，不是由于封官晋爵而高贵，就一定是由于外国诸侯的势力而获得重用。现在当君主的不用事实来核查验证就进行刑罚，没有见到臣下的什么功劳就奖赏爵位俸禄，因此法术之士怎么能顶着死亡的危险来献出他们的主张？奸诈邪恶的权臣又怎么愿意处在有利的时机而罢手推却呢？因此君主的地位越来越卑下，而权臣的地位越来越显贵。

夫越虽国富兵强，中国之主皆知无益于己也，曰："非吾所得制也。"今有国者虽地广人众，然而人主壅蔽，大臣专权，是国为越也。智不类越，而不智不类其国，不察其类者也。人之所以谓齐亡者，非地与城亡也，吕氏弗制而田氏用之；所以谓晋亡者，亦非地与城亡也，姬氏不制而六卿专之也。今大臣执柄独断，而上弗知收，是人主不明也。与死人同病者，不可生也；与亡国同事者，不可存也。今袭迹于齐、晋，欲国安存，不可得也。

凡法术之难行也，不独万乘，千乘亦然。人主之左右不必智也，人主于人有所智而听之，因与左右论其言，是与愚人论智也；人主之左右不必贤也，人主于人有所贤而礼之，因与左右论其行，是与不肖论贤也。智者决策于愚人，贤士程行于不肖，则贤智之士羞而人主之论悖矣。人臣之欲得官者，其修士①且以精洁固身，其智士且以治辩进业。其修士不能以货赂事人，恃其精洁而更不能以枉法为治，则修智之士不事左右、不听请谒矣。人主之左右，行非伯夷也，求索不得，货赂不至，则精辩之功息，而毁诬之言起矣。治辩之功制于近习，精洁之行决于毁誉，则修智之吏废，则人主之明塞矣。不以功伐决智行，不以参伍审罪过，而听左右近习之言，则无能之士在廷，而愚污之吏处官矣。

[注释]

①修士：从品德上严格要求自己的人。

[译文]

越国虽国家富裕军队强盛，但中原地区的君主都知晓越国对自己没有任何用处，说："它不是我所能掌控的。"现在一个国家尽管土地广阔人口众多，但这个国家的君主被蒙骗，大臣专横跋扈，这样君主对自己的国家如同对越国一样不能掌控了。知晓自己的国家和越国不一样，而不知道丧失了对国家的掌控已使国家不像是自己的了，这是不清楚自己的国家与越国相似啊！人们之所以说齐国衰亡了，并不是说它的土地和城市也衰亡了，而是指原本统治齐国的吕氏已不能掌控它而由田氏治理了它；之所以说晋国衰亡了，并不是说晋国的土地和城市也衰亡了，而是指原本统治晋国的姬氏已不能掌控它而由六卿侵占了它。现在大臣掌握了国家的大权而一意孤行，可是在上面的君主却不懂得收回权力，这就是君主不明智的体现。与死人得了同样毛病的人，不可以再活下去；与灭亡了的国家具有相同的政情的国家，不可以存在下去。现在沿着齐国、晋国的老路而重蹈覆辙，希望国家安全地存在下去，那是不可行的。

一般说来，法术很难推行，不光是拥有万乘兵车的大国是如此，就是拥有千乘兵车的诸侯小国也是如此。君主身边的左右近臣未必很聪明，但君主在人们之中发觉了自己认为聪明的人而听从他们的意见时，却还要与身旁左右的近臣来商讨他们的这些言论，这就是和愚蠢的人来商讨聪明的人了；君主身旁的左右近臣未必贤能，但君主在人们之中发觉了自己认为贤能的人而礼遇敬重他们的时候，却还要与身旁的近臣商讨他们的这些行为，这就是和没有贤能的人讨论有贤能的人了。有才能的人提出的策略要由愚蠢的人来裁定取舍，贤德之人的行为要由不贤之人来决定高低，那么才智之人和贤德之人就会感到羞耻，而君主的结论也就一定是错误的。想做官的人当中，有修养德行的将会用崇高的品德来增强自身的修养，有才智的将会宣扬自己的学说以增强自己的事业。那些有修养德行的人，不可能拿财物去行贿别人，凭借自己崇高的品德，就更不可能用扭曲国家法律的手段来管理国家。那么，有修养德行和有才智的人，就不会伺候君主左右的人，不会接纳别人的请求。君主身边的人，品行不像伯夷那样崇高，假如他们索取不到东西，得不到贿赂，那么，德行之人和有才智之人的功劳就都丧失了，而且诽谤和诬陷的言论就会出现。从事治乱的功劳被君主亲近的人所掌控，崇高的品德被流言蜚语所损害，结果有德行之人和有才智之人就丧失了官职，君主的圣明就被堵塞了。假如君主不依照功劳的大小和有无去判定才智和品行，不通过调查验证来核查罪行和过失，只一味听"重人"的话，那么，在朝廷里的只会是一批无能之辈，为官的也只会是一群愚笨腐败的人了。

万乘之患，大臣太重，千乘之患，左右太信，此人主之所公患也。且人臣有大罪，人主有大失，臣主之利与相异者也。何以明之哉？曰：主利在有能而任官，臣利在无能而得事；主利在有劳而爵禄，臣利在无功而富贵；主利在豪杰使能，臣利在朋党用私①。是以国地削而私家富，主上卑而大臣重。故主失势而臣得国，主更称蕃臣，而相室剖符。此人臣之所以谲②主便私也。故当世之重臣，主变势而得固宠者，十无二三。是其故何也？人臣之罪大也。臣有大罪者，其行欺主也，其罪当死亡也。智士者远见而畏于死亡，必不从重人矣；贤士者修廉而羞与奸臣欺其主，必不从重臣矣。是当涂者之徒属，非愚而不知患者，必污而不避奸者也。大臣挟愚污之人，上与之欺主，下与之收利侵渔，朋党比周，相与一口，惑主败法，以乱士民，使国家危削，主上劳辱，此大罪也。臣有大罪而主弗禁，此大失也。使其主有大失于上，臣有大罪于下，索国之不亡者，不可得也。

[注释]

①用私：使用臣属。　②谲（jué）：欺诈。　③横失：通"横佚"，放纵，无所顾忌。

[译文]

大国的祸患在于大臣权势太重，中小国家的祸患在于近臣太受信任，这是君主的通病。再说臣下犯下大罪恶，君主有了大过错，臣下和君主的利益是彼此不同的。这如何证明呢？许多事实都表明：君主的利益在于具备才能而授以官职，臣下的利益在于没有才能而获得重用；君主的利益在于具备功劳而得到爵禄，臣下的利益在于没有功绩而得到富贵；君主的利益在于豪杰尽力，臣下的利益在于营私舞弊。因此国土削减而私家更富，君主地位卑微而大臣权势增大。所以君主丧失权势而大臣掌控国家，君主改称藩臣，权相执行君权。这就是大臣蒙骗君主谋取私利的情况。所以当代重臣，在君主变革政治情势而仍能保持宠任的，十个中还不到两三个。这是为什么呢？是这些臣下的罪恶太大了。臣下有大罪的，他的行为是欺瞒君主的，他的罪行是应该处以死刑的。聪明人看得远大，怕犯死罪，一定不会跟随重臣；德行好的人洁身自爱，耻于和奸臣一起欺骗君主，必定不会随从重臣。这些当权重臣的门徒朋党们，不是愚蠢而不知祸患的人，一定是腐败而不避奸邪的人。大臣控制愚蠢腐败的人，对上和他们共同欺骗君主，对下和他们共同掠夺财物，拉帮结派，串通一气，迷惑君主败坏法制，以此干扰百姓，使国家削弱危险，君主忧虑受辱，这是大罪。臣下有了大罪而君主不加制止，这是大过错。如果君主在上面有大过失，臣子们在下面有大罪，希望国家不灭亡，是不可能实现的。

说难　第十二

　　凡说之难：非吾知之有以说之之难也，又非吾辩之能明吾意之难也，又非吾敢横失而能尽之难也。凡说之难，在知所说之心，可以吾说当之。所说出于为名高者也，而说之以厚利，则见下节而遇卑贱[①]，必弃远矣。所说出于厚利者也，而说之以名高，则见无心而远事情，必不收矣。所说阴为厚利而显为名高者也，而说之以名高，则阳收其身而实疏之；说之以厚利，则阴用其言显弃其身矣。此不可不察也。

　　[注释]

　　①见下节而遇卑贱：被认为品节不高而给予卑贱的待遇。

　　[译文]

　　大凡进谏的困难，并不在于我是否有自己的才能去说服君主，也不在于我的辩才能否阐述我的见解，又不在于我是否敢于毫不在乎地把自己了解的事理全部表述出来。所劝告的君主属于追逐高尚名声的人，如果用利益去劝告他，那么就会被看成是节操低贱的人而受到卑贱的待遇，也一定被抛弃或疏远了。所劝告的君主属于重视利益的人，如果用崇高的名誉去劝说他，那么劝告者就会被看成是没有脑子而脱离实际，也一定就不会被录用了。所劝告的君主是心里追逐厚利而外表上是追求崇高名声的人，如果用崇高的名誉去劝告他，那么他外表上会录用游说的人而实际上却会疏离他；如果用厚重的利益去说服他，那么他暗地里会采用说服者的意见而外表上会抛弃说服者。这些情况不能够不明察。

夫事以密成，语以泄败。未必其身泄之也，而语及所匿之事，如此者身危。彼显有所出事，而乃以成他故，说者不徒知所出而已矣，又知其所以为，如此者身危。规异事而当，知者揣之外而得之，事泄于外，必以为己也，如此者身危。周泽未渥也，而语极知，说行而有功，则德忘；说不行而有败，则见疑，如此者身危。贵人有过端，而说者明言礼义以挑其恶，如此者身危。贵人或得计而欲自以为功。说者与知焉，如此者身危。强以其所不能为，止以其所不能已，如此者身危。故与之论大人，则以为间己矣；与之论细人，则以为卖重。论其所爱，则以为藉资；论其所憎，则以为尝己也。径省其说，则以为不智而拙之；米盐博辩，则以为多而交之。略事陈意，则曰怯懦而不尽；虚事广肆①，则曰草野而倨侮。此说之难，不可不知也。

[注释]

①肆：本义为陈列。这里引申为展现。

[译文]

事情要私密才能成功，讲话因为暴露而失败。未必就是游说者自己故意把事情暴露出去的，而是因为无意中谈到了君主要隐藏的事情，像这样游说者就不安全了。君主外表上做这件事，心里却想借此成就别的事，游说者不但知道君主所做的事，而且知道他要如此做的意图，这样就会身遭危险。游说者筹划一件不一般的事情并且合乎君主心意，聪明人从外表迹象上把这事猜想出来了，事情暴露出来，君主一定认为是游说者暴露的，这样就会身遭危险。君主恩惠未浓厚，游说者谈论却尽其所知，如果主张得到实行并获得成功，功德就会被君主忘却；主张不通畅而遭到失败，就会被君主怀疑，这样就会身遭危险。君主有过失，游说者倡言礼义来挑他的毛病，这样就会身遭危险。君主有时谋划得当而想自以为功，游说者同样知道此计，这样就会身遭危险。强迫君主去做他不能做的事，强迫君主停止他不想要停止的事，这样就会身遭危险。所以游说者如果和君主议论大臣，就被认为是想挑拨君臣关系；和君主议论近侍小臣，就被认为是想炫耀身价。议论君主喜爱的人，就被认为是拉关系；谈论君主厌恶的人，就被认为是搞探听。进谏直截了当而无修饰，君主则认为你不敏捷且拙于表达；如果连很小的事也广博地加以议论，君主则认为你太繁琐而冗长。倘若略去事实只简单表述大意，君主则会认为你胆小不敢尽言；倘若你谋划事情太广而无忌，君主会认为你粗野而高傲。这些进谏的困难，是不能不知晓的。

凡说之务，在知饰所说之所矜而灭其所耻。彼有私急也，必以公义示而强之。其意有下也，然而不能已，说者因为之饰其美而少其不为也。其心有高也，而实不能及，说者为之举其过而见其恶，而多其不行也。有欲矜以智能，则为之举异事之同类者，多为之地，使之资说于我，而佯不知也以资其智。欲内相存之言，则必以美名明之，而微见其合于私利也。欲陈危害之事，则显其毁诽而微见其合于私患也。

誉异人与同行者，规异事与同计者。有与同污者，则必以大饰其无伤也；有与同败者，则必以明饰其无失也。彼自多其力，则毋以其难概①之也；自勇其断，则无以其谪怒之；自智其计，则毋以其败穷之。大意无所拂悟，辞言无所击摩，然后极聘智辩焉。此道所得，亲近不疑而得尽辞也。伊尹为宰，百里奚为虏，皆所以干其上也。此二人者，皆圣人也；然犹不能无役身以进，如此其污也！今以吾言为宰虏，而可以听用而振世，此非能仕之所耻也。旷日离久，而周泽既渥，深计而不疑，引争而不罪，则明割利害以致其功，直指是非以饰其身，以此相持，此说之成也。

[注释]

①概：古代量米麦时刮平斗斛的器具，引申为压平、压抑。

[译文]

大凡游说的要领，在于知道装饰君主所说的值得夸赞的地方而掩饰他所认为羞耻的地方。君主有私下里紧急的需要，虽然不一定符合国家的利益，但是游说的人必须指出这是符合国家利益的而勉励他去做。君主心里有不好的念头，而且自己不能控制，游说者就应当替他把这种不好的念头装饰成是美好的而嫌他不去做。君主心里有高尚远大的愿望，但是实际上却不可能实现，游说者就应该列出这种愿望中的缺陷而且提出愿望中的坏处而称赞他不去做。有的君主想自视自己有智慧有能力，那么游说的人就为他列出同类的其他事情，而且尽可能多地举例，使他能从我这里获得更多的资料，而我却装着不知道是我帮他添加了智慧。游说的人想要进献保护君主私利的话，那么就必须用合乎国家利益的美好的名义来阐述它，而又暗示它是合乎君主的个人利益的。游说的人想要表述对君主有损害的事情，那么就应当说明这个事情所带来的陷害和非议，而又暗示它是与君主的个人祸害联系在一起的。游说的人应当称赞与君主有相同品行的其他人，应当谋划与君主所做的事有相同计策的其他事。有和君主污秽行为相同的，就必须对它大加修饰，说它没有坏处；有和君主败迹一样的，就一定要对它明加掩饰，说他没有过错。君主自信力量强大时，就不要用他为难的事去压制他；君主自以为果断勇敢时，就不要用他的过错去激怒他；君主自以为计谋高超时，就不要用他的败绩去让他窘迫。进说的主旨没有什么违背，言辞没有什么触犯，然后就能够充分展示自己的智慧和辩才了。由这条方法得到的，是君主亲近不疑而又能各抒己见。

昔者郑武公欲伐胡，故先以其女妻胡君以娱其意。因问于群臣："吾欲用兵，谁可伐者？"大夫关其思对曰："胡可伐。"武公怒而戮之，曰："胡，兄弟之国也。子言伐之，何也？"胡君闻之，以郑为亲己，遂不备郑，郑人袭胡，取之。

宋有富人，天雨墙坏，其子曰："不筑，必将有盗。"其邻人之父亦云。暮而果大亡其财，其家甚智其子，而疑邻人之父。此二人说者皆当矣，厚者为戮，薄者见疑，则非知之难也，处知则难也，故绕朝之言①当矣，其为圣人于晋，而为戮于秦也，此不可不察。

昔者弥子瑕有宠于卫君，卫国之法：窃驾君车者罪刖。弥子瑕母病，人间往②夜告弥子，弥子矫驾君车以出。君闻而贤之，曰："孝哉！为母之故，忘其刖罪。"异日，与君游于果园，食桃而甘，不尽，以其半啖君，君曰："爱我哉！忘其口味，以啖寡人。"及弥子色衰爱弛，得罪于君，君曰："是固尝矫驾吾车，又尝啖我以余桃。"故弥子之行未变于初也，而以前之所以见贤而后获罪者，爱憎之变也。故有爱于主，则智当而加亲，有憎于主，则智不当见罪而加疏。故谏说谈论之士，不可不察爱憎之主而后说焉。

夫龙之为虫也，柔可狎而骑也；然其喉下有逆鳞径尺，若人有婴③之者，则必杀人。人主亦有逆鳞，说者能无婴人主之逆鳞，则几矣。

[注释]

①绕朝之言：晋大夫士会逃到秦国后，晋国用计谋诱骗他回国，绕朝识破这种计谋，劝秦康公不要让士会回去，秦康公不听。　②间（jiàn）往：抄近路去。　③婴：通"撄（yīng）"，触动。

[译文]

以前郑武公想征伐胡国，故意先把自己的女儿嫁给胡国君主来使他松缓戒备。然后问群臣："我想用兵，哪个国家能够讨伐？"大夫关其思回复说："胡国能够讨伐。"武公愤怒而杀了他，说："胡国是兄弟国家，你说征伐它，是什么道理？"胡国君主听说了，认为郑国和自己友善，于是不再防范郑国。郑国偷袭并攻取了胡国。

宋国有个富人，天下雨把他家的墙破坏了。富人的儿子说："不把墙修起来，必定会有窃贼的。"他邻居家的老人也这样说。夜晚真的丢失了很多财物。这个富人家很夸赞自己的儿子聪明，而猜疑邻居家的老人。这两个人的话都对，但重者被杀，轻者被猜疑，这说明不是懂得事情有困难，而是处置了解到的事情很困难。所以绕朝的话是正确的，他在晋国被认为是英明的，而在秦国却被杀了，这种情况是不可不明察的。

　　以前弥子瑕受卫灵公恩宠。卫国的法令：偷驾国君车子的要判处砍脚的刑罚。弥子瑕的母亲生重病，有人走近路连夜去告诉弥子瑕，弥子瑕假借国君的命令驾驶卫灵公的车出城。卫灵公听说后夸赞他说："孝顺啊！为了母亲的原因，忘却了砍脚的刑罚。"另一天，弥子瑕和卫灵公在果园里玩乐，摘一个桃子吃感觉很甜，没有吃完，把剩余的一半给卫灵公吃。卫灵公说："弥子瑕对我多么好啊！忘记了这是他自己喜欢吃的东西而把剩下的桃子给我吃。"等弥子瑕面容衰老宠爱消退时，得罪了卫灵公，卫灵公说："这个人原来就曾假借我的命令驾驶我的车，又曾把他吃剩的桃子给我吃。"因此弥子瑕的行为与以前并无变化，从前被认为是美好的行为却变为后来获罪的原因，这是君主的爱憎之情出现了变化。因此假如受君主的宠爱，那么才智就会被认为得体而与君主更加亲近；如果被君主厌恶，那么才智就会被认为不合适并被治罪，与君主的关系也会越来越疏离。所以进谏游说的人，不可不观察君主的爱憎而后才对君主游说。

　　龙作为一种动物，温顺时能够戏弄着骑它；但它喉下有直径一尺长的逆鳞片，假如有人动它的话，就必定会受到伤害。君主也有逆鳞，游说者能不触及君主倒长的鳞片，也就几乎算是善于游说了。

和氏　第十三

楚人和氏得玉璞楚山中，奉而献之厉王。厉王使玉人相之，玉人曰：“石也。”王以和为诳，而刖其左足。及厉王薨，武王即位，和又奉其璞而献之武王。武王使玉人相之，又曰：“石也。”王又以和为诳，而刖其右足。武王薨，文王即位。和乃抱其璞而哭于楚山之下，三日三夜，泪尽而继之以血。王闻之，使人问其故，曰：“天下之刖者多矣，子奚哭之悲也？”和曰：“吾非悲刖也，悲夫宝玉而题之以石①，贞士而名之以诳，此吾所以悲也。”王乃使玉人理其璞而得宝焉，遂命曰“和氏之璧”。

夫珠玉人主之所急也，和虽献璞而未美，未为王之害也，然犹两足斩而宝乃论，论宝若此其难也。今人主之于法术也，未必和璧之急也，而禁群臣士民之私邪。然则有道者之不僇也，特帝王之璞未献耳。主用术则大臣不得擅断，近习不敢卖重；官行法则浮萌②趋于耕农，而游士危于战；则法术者乃群臣士民之所祸也。人主非能倍大臣之议，越民萌之诽，独周乎道言③也，则法术之士虽至死亡，道必不论矣。

昔者吴起教楚悼王以楚国之俗曰：“大臣太重，封君太众，若此则上逼主而下虐民，此贫国弱兵之道也。如使封君之子孙三世而收爵禄，绝灭百吏之禄秩，损不急之枝官④，以奉选练之士。”悼王行之期年而薨矣，吴起枝解于楚。商君教秦孝公以连什伍，设告坐之过，燔《诗》

《书》而明法令，塞私门之请而遂公家之劳，禁游宦之民而显耕战之士。孝公行之，主以尊安，国以富强，八年而薨，商君车裂于秦。楚不用吴起而削乱，秦行商君法而富强，二子之言也已当矣，然而枝解吴起而车裂商君者何也？大臣苦法而细民恶治也。当今之世，大臣贪重，细民安乱，甚于秦、楚之俗，而人主无悼王、孝公之听，则法术之士安能蒙二子之危也而明己之法术战！此世所以乱无霸王也。

[注释]

①题之以石：以"石"称之。　②浮萌：游民。萌：通"氓"，民。③独周乎道言：让自己的主张和法治学说非常专一地契合。　④枝官：闲冗官员。

[译文]

楚国人卞和在楚山中获得一块还没雕琢的玉石，拿来进献给楚厉王。厉王让玉匠鉴定这块玉石，玉匠看了以后说："这是块石头。"厉王认为卞和欺骗了他，就砍断了他的左脚。楚厉王去世之后，武王即位。卞和又捧着那块玉石去进献武王。武王同样让玉匠鉴定，玉匠又说："是块石头。"武王也以为卞和是个骗子，就砍断了他的右脚。等到武王去世后，文王即位，卞和便抱着他的玉石在楚山下痛哭，连续哭了三天三夜，眼泪流干了，接着流出的是血。文王听后，就派人去查问他痛哭的原因，说："天下受过刖刑的人很多，为什么你哭得如此悲伤？"卞和说："我并非为遭受砍足而悲痛，悲伤的是我手中的宝玉被人说成是石头，分明是忠贞之士却被说成是骗子。这才是我悲伤的原因啊。"文王听后，便让玉匠来雕饰加工这块玉石，结果证实的确是一块难得的宝玉，于是就起名为"和氏璧"。

珍珠美玉，是君主所急切追求的东西。卞和尽管献上的玉石还不够完美，也没有成为君主的祸患啊，但还是要到两只脚被砍断后这珍宝才能被鉴定，鉴定珍宝居然这样困难！现在君主对于法术，未必像追求和氏之璧那样急切；而法术还要制止群臣士民的私心和邪恶，所以一定会遭到更厉害的攻击。如此看来，那么掌控了法术的人没有被杀害，只是由于法术这一成就帝王大业的法宝还没有献上罢了。君主应用了权术，那么大臣就不能够独断专行，左右亲近恩宠的侍从就不敢卖弄权势；国家推行了法治，那么好吃懒做的人就得奔赴农业前线，而游侠之士也得在战斗的阵地上顶着生命危险去作战；如此的话，那么法术这东西便是群臣士民会看作祸害的政治措施了。君主如果不能违反大臣的议论，脱离民众的诽谤，独自使自己的思想与法术之言相切合，那么法术之士尽管到死，他们的学说也必定不会被认可了。

以前吴起用楚国的风俗来启示楚王，说："大臣权势太重，有封地的贵族太多，就会对上强迫君主而对下肆虐人民，这是造成国家贫困、兵力弱小的原因。不如让有封地的贵族三代之后就收回爵位和俸禄，减少百官的俸禄，减少无关紧要的冗余官职，来供养通过选拔和训练的人。"楚悼王推行这个方法，才过了一年他就去世了，吴起在楚国受到肢解的酷刑。商君教育秦孝公设立十家连成一什、五家连成一伍的组织，设置举报和连坐的制度，焚烧儒家的诗书，明示了法令，禁止了私人的请托而成就为国家尽力的门路，制止了游说求官的人而使进行耕种和战争的人高贵。秦孝公推行了这种方法，君主因此尊贵安闲，国家因此富裕强大，八年之后秦孝公死去，商君在秦国被五马分尸。楚国不任用吴起而减弱混乱，秦国推行商君的治国方法而富有强盛，两位先生的言论已经被证实是正确的了，可是吴起被肢解，商鞅被车裂，这是什么原因呢？是因为大臣苦于法治而小民讨厌法治啊。现在的社会，大臣贪求权势，小民安于混乱，比秦国和楚国的风气更严重，而君主不如楚悼王和秦孝公那样能够听取建议，那样掌握了治国方法的人，怎么能接受两位先生那样的危难来明示自己的治国方法呢？这就是社会动乱却没有霸王产生的原因啊！

奸劫弑臣　第十四

凡奸臣皆欲顺人主之心以取亲幸之势者也。是以主有所善，臣从而誉之；主有所憎，臣因而毁之。凡人之大体，取舍同者则相是也，取舍异者则相非也。今人臣之所誉者，人主之所是也，此之谓同取；人臣之所毁者，人主之所非也，此之谓同舍。夫取舍合而相与逆者，未尝闻也。此人臣之所以信幸之道也。夫奸臣得乘信幸之势以毁誉进退群臣者，人主非有术数以御之也，非参验以审之也，必将以曩之合己信今之言，此幸臣之所以得欺主成私者也。故主必欺于上而臣必重于下矣，此之谓擅主之臣。

国有擅主之臣，则群下不得尽其智力以陈其忠，百官之吏不得奉法以致其功矣。何以明之？夫安利者就之，危害者去之，此人之情也。今为臣，尽力以致功、竭智以陈忠者，其身困而家贫，父子罹其害；为奸利以弊人主、行财货以事贵重之臣者，身尊家富，父子被[1]其泽：人焉能去安利之道而就危害之处哉？治国若此其过也，而上欲下之无奸、吏之奉法，其不可得亦明矣。故左右知贞信之不可以得安利也，必曰："我以忠信事上、积功劳而求安，是犹盲而欲知黑白之情，必不几矣；若以道化、行正理、不趋富贵、事上而求安，是犹聋而欲审清浊之声也，愈不几矣。二者不可以得安，我安能无相比周、蔽主上、为奸私以适重人哉？"此必不顾人主之义矣。其百官之吏亦知方正之不可以得安也，必曰："我以清廉事上而求安，若无规矩而欲为方圆也，必不几矣；若以守法、不朋党、治官而求安，是犹以足搔顶也，愈不几也。二者不可以得安，能无废法、行私以适重人哉？"此必不顾君上之法矣。故以私为重人者众，而以法事君者少矣。是以主孤于上而臣成党于下，此田成之所以弑简公者也。

[注释]

①被：蒙受。

[译文]

凡是奸臣都想逢迎君主的心思以便得到信任被宠爱的地位，因此君主喜爱的，臣子就顺从赞赏；君主讨厌的，臣子就跟着毁谤。通常情况下，取舍相同的人，就彼此肯定，取舍不同的，就彼此否定。现在臣子们赞誉的正是君主所肯定的，这就称为取同；臣子们毁谤的，恰好是君主所否定的，这就称为舍同。至于取舍相同却又彼此对立的，还没有听说过。这就是臣子们之所以得到信任宠爱的方法。对于奸臣可以凭借受宠的地位，用毁谤或赞誉的方法使群臣罢免或受用的情况，是由于君主没有用术治来控制、没有用参验的方法来审视他，一定会因为从前与自己意见相同而信任他现在所说的话，这是奸臣可以欺骗君主成就自己的原因。因此君主一定在上面受蒙蔽，奸臣一定在下面掌控重权，这就是所说的掌控君主的臣子。

国家有了支配君主的臣子，那么群臣就不能全部发挥智慧和力量来展现自己的忠诚，官吏就不能遵从法律来成就自己的功业。用什么来表明呢？安全有利的，就亲近它；有危害的，就疏远它，这是人之常情。

现在做臣子的，用尽全力来成就自己的功业，用尽智慧来表现忠诚，个人处境艰难，家庭也贫困，父亲和子女都受到他的危害；做邪恶的事谋求私利来欺骗君主，赠送财物来侍奉手持重权的臣子的人，个人地位显贵，家庭富有，父亲和儿子都接纳他的恩泽。人怎么能疏远安全有利益的道路而去接近危险的地方呢？治理国家的过失竟然到了如此的地步，而君主希望臣子中没有奸臣、官吏遵从法律，是不可能的，这一点已经很清楚了。所以君主左右的臣子知道依赖忠贞和诚信是不能获得安全和利益的，一定会说："我依赖忠诚和诚信来侍奉君主、累积功劳以求平安，这就像瞎子还想清楚黑白的情况，必定不能达到目的。如果想用道德教导世人、依据正确的方法办事、不投奔富贵者、侍奉君主来求得平安，这就好像聋子还想辨别清浊的声音，更不能实现目的了。这两种方法都不能获得平安，我怎么能不和别人彼此勾结、蒙蔽君主、作奸营私来趋从有权势的人呢？"这样一定不会顾虑臣下侍奉君主的道德原则。这个国家各种职责的官吏，也知道刚正不阿不能够求得安乐，必定说："我凭借清正廉明侍奉君主以求安乐，就像没有规则而想画成方圆，必定是没有希望的；如果靠守法不结成朋党做好本职工作而求安乐，这就像用脚来给头顶抓痒，更没有希望了。这两个方法不能够求得安乐，怎么能不舍弃法制行私而来趋从有权势的人呢？"这样就一定不会顾虑君主的法令了。所以用徇私来趋从有权势者的人就很多，而依法来侍奉君主的人就很少。所以君主被孤立在上面而臣子在下面结成了朋党，这就是田成之所以能杀害齐简公的原因。

夫有术者之为人臣也，得效度数之言，上明主法，下困奸臣，以尊主安国者也。以度数之言得效于前，则赏罚必用于后矣。人主诚明于圣人之术，而不苟于世俗之言，循名实而定是非，因参验而审言辞。是以左右近习之臣，知伪诈之不可以得安也，必曰："我不去奸私之行，尽力竭智以事主，而乃以相与比周妄毁誉以求安，是犹负千钧之重陷于不测之渊而求生也，必不儿矣。"百官之吏亦知为奸利之不可以得安也，必曰："我不以清廉方正奉法，乃以贪污之心枉法以取私利，是犹上高陵之颠堕峻溪之下而求生，必不几矣。"安危之道若此其明也，左右安能以虚言惑主，而百官安敢以贪渔下？是以臣得陈其忠而不弊，下得守其职而不怨。管仲之所以治齐，而商君之所以强秦也。

从是观之，则圣人之治国也，固有使人不得不爱我之道，而不恃人之以爱为我也。恃人之以爱为我者危矣，恃吾不可不为者安矣。夫君臣非有骨肉之亲，正直之道可以得利，则臣尽力以事主；正直之道不可以得安，则臣行私以干①上。明主知之，故设利害之道以示天下而已矣。夫是以人主虽不口教百官，不目索奸邪，而国已治矣。人主者，非目若离娄乃为明也，非耳若师旷乃为聪。目必不任其数，而待目以为明，所见者少矣，非不弊之术也。耳必不因其势，而待耳以为聪，所闻者寡矣，非不欺之道也。明主者，使天下不得不为己视，使天下不得不为己听。故身在深宫之中，而明照四海之内，而天下弗能蔽弗能欺者，何也？暗乱之道废而聪明之势兴也。善任势者国安，不知因其势者国危。古秦之俗，君臣废法而服②私，是以国乱兵弱而主卑。商君说秦孝公以变法易俗而明公道，赏告奸，困末作而利本事。当此之时，秦民习故俗之有罪可以得免，无功可以得尊显也，故轻犯新法。于是犯之者其诛重而必，告之者其赏厚而信，故奸莫不得而被刑者众，民疾怨而众过日闻。孝公不听，遂行商君之法。民后知有罪之必诛，而私奸者众也，故民莫犯，其刑无所加。是以国治而兵强，地广而主尊。

此其所以然者，匿罪之罚重而告奸之赏厚也。此亦使天下必为己视听之道也。至治之法术已明矣，而世学者弗知也。

[注释]

①干（gān）：向君主请求任职。　②服：行，用。

[译文]

那些明白作为人主之臣之道的，可以进献法度权术的意见，对上阐清为人主之法纪，对下束缚奸侯之臣，来侍奉君主稳定国家。因此法度权术可以呈现于前，那么奖赏惩罚必定会用于后的。人主如果能通晓圣人的统治术，而不限制于世俗的言论，按照实际情况而分辨是非，根据从前经验而审察言辞，那么君主左右接近熟悉的大臣，明白用虚假欺骗不可能得到稳定，必定会说："我如果不舍弃作奸营私的行为，尽心尽力侍奉君主，却与别人勾结胡乱毁谤赞誉来求得安定，这就像载负千钧重物陷于不可测的深渊却还想求生，必定不会实现。"百官也明白了作奸求利是不可能获得安定的，必定会说："我不用清正廉洁正直无邪奉公守法来获取安乐，竟然带着贪利卑劣的念头违反法令来获取私利，这就好像是登上了高山的山顶后又掉落到峻峭的山谷之下而求生，必定是没有什么希望的了。"安乐和危险的道理就像这样的清楚，君主身边的近臣怎么能用虚伪的空话来惑乱君主？而群臣百官又怎么敢因为贪心而鱼肉百姓？因此，臣下可以向君主献上自己的忠诚而不欺骗君主，官吏可以怪守自己的职责而不憎恨君主。这就是管仲用来管理齐国的方法以及商君用来使秦国强盛的措施啊。

从上面所论的状况看，圣人来管理国家，必定有让人不能不爱他的办法，而不依靠能爱他才效力。依靠用爱来为君主效力隐藏着危险，依靠不能不为君主尽力的办法是安全的。君臣没有骨肉关系，用公平的方法能够获得安全和利益，官吏就会用尽全力侍奉君主；用正直的方法不能得到安全和利益，官吏就为私利钻营求用。英明的君主知道这些情况，就制定赏罚办法公布天下。因此君主尽管不亲口教导百官，不亲眼视察奸邪，国家却已安定了。作为人主，并不是眼睛像离娄那样才是明亮的，并不是耳朵像师旷那样才是聪颖的。不凭着权术来观察事物，而依赖眼睛去看明白，所能看见的就少了，这不是不受欺骗的方法。不借助权术来听闻事物，而依赖耳朵去听明白，所能听见的就少了，这不是不受蒙蔽的方法。作为明主，要使天下臣民必须为自己看，必须为自己听。因此身在深宫之中却能观察四海之内，并且天下不能掩蔽和欺骗他，什么原因呢？这是因为那些愚昧混乱的方法被废止了，而聪明的权术运用了。因此善于应用势治的，国家就安全；不明白依靠权势的，国家就危险了。过去秦国的习惯是，君臣废止法律而行使私利，因此国家混乱、军事衰微而君主位卑。商鞅劝说秦孝公用变法易俗来昭示奉公为国的原则，奖励举报奸邪之人，压制工商业而激励农耕，而那时，秦国民众习惯旧俗的有罪之人能够被免除，无功的人也能够显贵，所以他们将冒犯新法看得很轻。这时对于那些冒犯新法的人一定要重罚，举报奸邪的人也一定要重赏，因此犯罪被捉且受刑的人很多，百姓的怨怒和众人的责备每天都能听到。但孝公并不听从，坚持推行商鞅的新法。百姓后来知道有罪就必定被责罚，而且举报奸邪的人又很多，因此百姓不敢犯法，刑罚也不用施加他们身上。因此国家安定，兵力强大，土地宽广而君主位尊。之所以能够这样，是掩饰罪过的惩罚重而举报奸邪的赏赐丰厚的原因啊！这也是让天下的人必定为自己看和听的道理。

管理得最好的法术已经清楚了，而世上的学人却不懂得啊！

　　且夫世之愚学，皆不知治乱之情，谪诀①多诵先古之书，以乱当世之治；智虑不足以避阱井之陷，又妄非有术之士。听其言者危，用其计者乱，此亦愚之至大而患之至甚者也。俱与有术之士有谈说之名，而实相去千万也，此夫名同而实有异者也。夫世愚学之人比有术之士也，犹蚁垤②之比大陵也，其相去远矣。而圣人者，审于是非之实。察于治乱之情也。故其治国也，正明法，陈严刑，将以救群生之乱，去天下之祸，使强不陵弱，众不暴寡，耆老得遂，幼孤得长，边境不侵，君臣相亲，父子相保，而无死亡系虏之患，此亦功之至厚者也！愚人不知，顾以为暴。愚者固欲治而恶其所以治，皆恶危而喜其所以危者。何以知之？夫严刑重罚者，民之所恶也，而国之所以治也；哀怜百姓轻刑罚者，民之所喜，而国之所以危也。圣人为法国者，必逆于世而顺于道德。知之者，同于义而异于俗；弗知之者，异于义而同于俗。天下知之者少，则义非矣。

［注释］

　　①谪（zhé）：本义为折叠。诀（jiā）：古代交叠于胸前的衣领。谪诀：这里意为喋喋不休。　②垤（dié）：蚂蚁做窝时堆在洞口的小土堆，也叫作"蚁封"。

［译文］

　　况且现在社会上的那些愚蠢的学者，都不懂得国家治理混乱的真实情况，只知道津津乐道地大量诵读搬弄古书上的道德说教，用来扰乱当今世上的治理；他们的智谋思考还不够用来避免掉入陷阱的危险，还要胡乱地非难法术之士。听取了他们的言论，国家危险；采取了他们的计谋，国家就会动乱。这些就是极端愚蠢而对国家的危害又是最大的人。他们与有法术的人同样享有谈论政治、劝说君主的名望，但事实上却相差十万八千里，这就是名望相同而本质不同的人。现在社会上那些愚蠢的学者和法术之士比较，就如同是蚂蚁洞口的小土堆与大山相比一样，他们相距得也太远了。而圣人，可以审视是非曲直的真实情况，能够明察治理混乱的情况。所以他们管理国家的时候，公正地彰显法令，设立严厉的刑法，将用来消除群众遇到的混乱，消除天下的祸患，使强者不侵犯弱者，人多的大国不危害人少的小国，老年人能够如愿地颐享天年，幼孩孤儿能获得抚育而成长，边境不受侵占，君臣之间可以亲密相处，父子间可以互相保护，而没有战死逃离以及被囚禁俘虏的祸害，这就是最大的功劳啊！愚蠢的学者不明白这些道理，反而以为这些做法是残暴。愚蠢的人当然想要治理国家治理得好，但却厌恶那用来治理好国家的方法；都厌恶国家危亡，但却喜欢那造成国家危亡的因素。凭什么知晓他们是这样的人呢？推行严厉的刑罚，是民众所讨厌的，但却是国家因此能治好的方法；同情怜爱百姓而减轻刑罚，是民众所喜爱的，但却是国家出现危亡的原因。圣人在国内实行法治，一定要违反世俗偏见而遵从治国的规律。明白这个道理的人，就会同意那合宜的法术主张而不同意世俗的偏见；不明白这个道理的人，就会反对那合宜的法术主张而同意世俗的偏见。天下明白这个道理的人少，那么这合适的法术主张就被看成是错的了。

处非道①之位，被众口之谮，溺于当世之言，而欲当严天子而求安，几不亦难哉！此夫智士所以至死而不显于世者也。楚庄王之弟春申君有爱妾曰余，春申君之正妻子曰甲。余欲君之弃其妻也，因自伤其身以视君而泣，曰："得为君之妾，甚幸。虽然，适夫人非所以事君也，适君非所以事夫人也。身故不肖，力不足以适二主，其势不俱适，与其死夫人所者，不若赐死君前。妾以赐死，若复幸于左右，愿君必察之，无为人笑。"君因信妾余之诈，为弃正妻。余又欲杀甲而以其子为后，因自裂其亲身衣之里，以示君而泣，曰："余之得幸君之日久矣，甲非弗知也，今乃欲强戏余。余与争之，至裂余之衣，而此子之不孝，莫大于此矣。"君怒，而杀甲也。故妻以妾余之诈弃，而子以之死。从是观之，父之爱子也，犹可以毁而害也。君臣之相与也，非有父子之亲也，而群臣之毁言，非特一妾之口也，何怪夫贤圣戮死哉！此商君之所以车裂于秦，而吴起之所以枝解于楚者也。凡人臣者，有罪固不欲诛，无功者皆欲尊显。而圣人之治国也，赏不加于无功，而诛必行于有罪者也。然则有术数者之为人也，固左右奸臣之所害，非明主弗能听也。

[注释]

①非道：受到非难的法术。

[译文]

法术之士处在遭遇非难的位置上，被众人陷害，淹没在当代流言当中，而想要面对严厉的天子而求安，不也是很艰难吗？这就是那些法术之士至死还不能在社会上拥有声望的原因。楚国顷襄王的弟弟春申君有位得宠的妾叫作余，春申君的正妻的儿子叫作甲。余想让春申君舍弃他的正妻，便伤害了自己的身体给春申君看并哭泣着说："能为您的妾，我感到十分荣幸。尽管这样，顺服您的正妻就不能用相同的方式来侍奉您，顺服您又不能用相同的方式侍奉您的正妻。我原本没有贤德，能力不足用来侍奉两位主人，真实情势是不能同时都服侍好，与其以后死在您正妻那里，还不如您就把我赐死。我这个妾假如被您赐死，如再宠爱您身边的女子，但愿您一定要明察这个女子的贤德，不要被人耻笑。"春申君因此信任了余的欺诈，为她舍弃了正妻。余又想杀死甲而让自己的儿子成为封君继位人，便撕烂了自己贴身衣服的衬里，拿去给春申君看并痛哭说："我受到您的宠幸已很久了，甲不是不知晓，今天还想强制调戏我。我和他抗争，他竟撕烂我的内衣，这样不忠孝的儿子，没有比他更厉害的了。"春申君愤怒杀了甲。所以春申君的正妻因为妾余的欺诈而被遗弃了，而他的儿子也因为妾余的一番话被赐死了。从这一点来看，父亲就是如此地爱儿子，但还是能够因为别人的诋毁而把儿子杀害了。君臣之间的彼此交往，并没有父子之间那种亲近的关系；而群臣的诬陷，又不是独有一个妾的嘴巴所能相比的，因此，那些贤能英明的人被杀害又有什么奇怪的呢？这正是商君在秦国被五马分尸的原因，也是吴起在楚国被肢解的原因啊。凡是做臣子的，有了罪原本就不想受到惩罚，没有功劳的却都想获得尊贵的地位和显耀的名声。而圣人管理国家，奖励不加给没有功劳的人，而对于有罪的人刑罚必定要执行。如此的话，那么掌控了统治术的圣人存活在社会上，本来就是君主身旁的奸臣所要诬陷的对象，不是英明的君主是不会听从他们的法术主张的。

世之学术者说人主，不曰"乘威严之势以困奸邪之臣"，而皆曰

"仁义惠爱而已矣"。世主美仁义之名而不察其实，是以大者国亡身死，小者地削主卑。何以明之？夫施与贫困者，此世之所谓仁义；哀怜百姓，不忍诛罚者，此世之所谓惠爱也。夫有施与贫困，则无功者得赏；不忍诛罚，则暴乱者不止。国有无功得赏者，则民不外务当敌斩首，内不急力田疾作，皆欲行货财事富贵，为私善立名誉，以取尊官厚俸。故奸私之臣愈从，而暴乱之徒愈胜，不亡何待？夫严刑者，民之所畏也；重罚者，民之所恶也。故圣人陈其所畏以禁其邪，设其所恶以防其奸，是以国安而暴乱不起。吾以是明仁义爱惠之不足用，而严刑重罚之可以治国也。无棰①策之威、衔橛之备，虽造父不能以服马；无规矩之法、绳墨之端，虽王尔不能以成方圆；无威严之势、赏罚之法，虽尧、舜不能以为治。今世主皆轻释重罚严诛，行爱惠，而欲霸王之功，亦不可几也。故善为主者，明赏设利以劝之，使民以功赏而不以仁义赐；严刑重罚以禁之，使民以罪诛而不以爱惠免。是以无功者不望，而有罪者不幸矣。托于犀车良马之上，则可以陆犯阪阻之患；乘舟之安，持楫之利，则可以水绝江河之难；操法术之数，行重罚严诛，则可以致霸王之功。治国之有法术赏罚，犹若陆行之有犀车良马也、水行之有轻舟便楫也，乘之者遂得其成。伊尹得之，汤以王；管仲得之，齐以霸；商君得之，秦以强。此三人者皆明于霸王之术，察于治强之数，而不以牵于世俗之言；适当世明主之意，则有直任布衣之士，立为卿相之处；处位治国，则有尊主广地之实，此之谓足贵之臣。汤得伊尹，以百里之地立为天子；桓公得管仲，立为五霸主，九合诸侯，一匡天下；孝公得商君，地以广，兵以强。故有忠臣者，外无敌国之患，内无乱臣之忧，长安于天下，而名垂后世，所谓忠臣也。若夫豫让为知伯臣也，上不能说人主之明法术度数之理以避祸难之患，下不能领御其众以安其国。及襄子之杀知伯也，豫让乃自黔劓，败其形容，以为知伯报襄子之仇。是虽有残形杀身以为人主之名，而实无益于知伯若秋毫之末②。此吾之所下也，而世主以为忠而高之。古有伯夷、叔齐者，武王让以天下而弗受，二人饿死首阳之陵。若此臣，不畏重诛，不利重赏，不可以罚禁也，不可以赏使也，此之谓无益之臣也。吾所少而去也，而世主之所多而求也。

[注释]

①棰（chuí）：通"箠"，马鞭。　②若秋毫之末：像鸟兽在秋季新长出来的毫毛的末端，形容极其微小。

[译文]

现在世俗的那些学者劝告君主，不说"凭借威严的权势去压制奸邪的臣子"，而是都说"有仁义、慈爱这一类就行了"。当代的君主赞赏仁义的声望却不明察它的实质，因此情况严重的，造成国家毁灭、君主身死；轻一些的，也是土地受到侵削、君主地位降低。怎样明白这个道理呢？布施东西给贫困者，这是世人所说的"仁义"；怜悯百姓不忍心处罚，这是世人所说的"慈爱"。既然有布施给贫困者这种情况，那么没有功劳的就会受到赏赐；不忍心处罚有罪的，那么暴乱就不会停止。国家有无功而受到赏赐的情况，那么百姓对外就不会尽力御侮杀敌，在家不会尽力耕种劳作，都想着用财富来伺候富人，以私人的所谓善举去建立名誉，这样来获得高官厚禄。因此奸邪营私的臣子越多，作乱施暴的人也越多，国家不覆灭还会等到什么时候？严厉的刑罚是民众所害怕的；严厉的惩罚是民众所讨厌的。因此圣人推行他们所害怕的来制止奸邪，设立他们所厌恶的来防止犯法，因此国家安定没有暴乱。我们因此而明白"仁义""慈爱"不足以应用，而严刑酷罚能够用来治国。没有马鞭的胁迫，马嚼子的装备，尽管是造父也不能降服马；没有规和矩的法度，绳墨的规正，尽管是王尔也不能画成方圆；没有威武的气势，赏罚的法度，尽管是尧、舜也不能治理。如今的君主都轻易地抛弃了严刑重罚，实行爱惠，却想成就霸王的功业，也是不可能实现的。故此会当君主的，明确赏赐设立利禄来奖赏民众，使民众凭功劳获得奖赏，而不是凭借仁义赏赐；设立严刑重罚来制止犯罪，使民众由于犯罪受诛而不是凭借仁惠得免。因此没有功劳的不希望，而有罪的不能免除。坐上牢固的车子，驾上优良的骏马，就能够在陆地上征服山坡险阻造成的困难；凭借船的安静，依靠船桨的方便，就能够在水上越过江河阻隔的困难；掌控了法术之道，推行严刑重罚，就能够取得称霸称王的功业。管理国家有了法术赏罚，就如同在陆地上行进有了牢固的车子和优良的马匹、在水面上行进有了轻快的船只和方便的船桨，凭借法术赏罚的人就能得到成功。伊尹掌握并应用了法术赏罚，商汤因此而称王天下；管仲掌控并运用了法术赏罚，齐桓公因此而称霸诸侯；商君掌控并运用了法术赏罚，秦国因此而强盛无敌。这三个人，都懂得使君主霸称王的法术，明白使国家安定强大的方法，而不把自己限制在世俗的议论之中；由于符合当时英明君主的心意，因此就有了他们这种直接被提升任用的平民百姓，一下子站在贵卿、相国的位子上；他们居在这样的高位上来管理国家，就有了使君主尊贵、使领土扩大的功绩：这种人才称得上是值得敬重的大臣。商汤得伊尹，借助方圆百里之地成为天子；齐桓公获得管仲，成为五霸之首，九次会集天下的诸侯，一举而辅正天下；秦孝公获得商君，土地因此扩大，军队因此强盛。所以有忠臣的君主，在外没有敌国侵害的祸患，在内没有叛乱之臣的担忧，天下长久安定，而名望流传后世，这就是所谓忠臣。对于说豫让做智伯的臣子，对上不能说服君主使他懂得法术之理，以免除祸难，对下不能指挥统取部众来平定国家。等到赵襄子杀了智伯，豫让便涂黑身体割掉鼻子，毁了自己的容貌，以便为智伯报赵襄子的仇。这尽管有摧毁自己的容貌牺牲自己的生命来为君主报仇的名望，但其实对智伯没有秋毫之末那样的好处。这是我瞧不起他的原因，而君主们却认为豫让忠而崇敬他。以前有伯夷、叔齐，周武王把天下让给他们而不接纳，二人饿死在首阳山上。像这样的臣子不害怕严厉的惩罚，不贪求优厚的奖赏，不能用刑罚来控制他，也不能通过赏赐来利用他，这叫作对国家无益的臣子。这是我所厌弃的，但当代的君主却称颂且寻求他们。

谚曰："厉怜王^①。"此不恭之言也。虽然，古无虚谚，不可不察也。此谓劫杀死亡之主言也。人主无法术以御其臣，虽长年而美材，大臣犹将得势，擅事主断，而各为其私急。而恐父兄豪杰之士，借人主之力，以禁诛于己也，故弑贤长而立幼弱，废正的^②而立不义。故《春秋》记之曰："楚王子围将聘于郑，未出境，闻王病而反。因入问病，以其冠缨^③绞王而杀之，遂自立也。齐崔杼其妻美，而庄公通之，数如崔氏之室。及公往，崔子之徒贾举率崔子之徒而攻公。公入室，请与之分国，崔子不许；公请自刃于庙，崔子又不听；公乃走，逾于北墙。贾举射公，中其股，公坠，崔子之徒以戈斫公而死之，而立其弟景公。"近之所见：李兑之用赵也，饿主父百日而死^④；卓齿之用齐也，擢^⑤湣王之筋，悬之庙梁，宿昔而死。故厉虽痈肿疕疡，上比于《春秋》，未至于绞颈射股也；下比于近世，未至饥死擢筋也。故劫杀死亡之君，此其心之忧惧，形之苦痛也，必甚于厉矣。由此观之，虽"厉怜王"可也。

[注释]

①厉怜王：患癞疮的人怜悯做君主的。　②的：通"嫡"。　③冠缨：系在领下的帽带。　④饿主父百日而死：公元前295年，李兑帮助赵惠文王与赵武灵王长子章争夺君权，与公子成合谋，围困赵武灵王于沙丘宫达三个月，将其困饿而死。　⑤擢（zhuó）：抽。

[译文]

谚语说："生癞疮的人同情君主。"这是对君主大不尊敬的话。但尽管这样，古代并没有什么虚假的谚语，所以不能够不详细审察。这其实是针对那些被劫杀而死亡的君主说的。君主假如没有法术来控制自己的臣子，那么尽管年龄大、资质好，大臣们还是会夺取君主的权势、独占国家的政事、掌控决断的大权，而各自去干他们的私人事情，他们畏惧君主的叔伯和兄弟以及掌握了法术的豪杰之士借助君主的力量来限制和惩办自己，所以就杀害贤能和年长的君主，立幼小脆弱的君主，废除嫡子，立不该继位的人为君主。因此《春秋》上有记载："楚国王子围即将去往郑国，还没有走出国境，听说楚王患病就赶回去。借进宫问病之机，用帽带勒死楚王，自立为王。齐国的崔杼，妻子很美貌，齐庄公和她私通，多次到崔氏的房间去。等庄公去的时候，崔杼的朋党贾举带领崔杼的部下攻打庄公。庄公躲入屋里，请求和崔杼平分齐国，崔杼不答应；请求在宗庙里自杀，又不答应；庄公就翻越北墙逃离。贾举用箭射庄公，射中他的大腿，庄公掉了下来。崔杼的部下用戈杀害了庄公，立他的弟弟齐景公为君主。"近世所见到的：

李兑在赵国控权，把主父饿了一百天而死；卓齿在齐国控权，抽出了齐湣王的筋，把他悬挂在庙梁上，过了一夜才死。所以生癫疮尽管是糜肿溃烂，上和《春秋》中的记载比较，还不至于像勒脖子、射大腿那样被绞；下和近世所见的比较，也不至于像被饿死、被抽筋那样。因此被劫杀死亡的君主，他们心里的忧虑恐惧，身体的痛苦，必定比生癫疮更厉害。由此看来，尽管说"生了癫疮的人同情君主"，也是可以的。

亡征　第十五

　　凡人主之国小而家大，权轻而臣重者，可亡也。简法禁而务谋虑，荒封内而恃交援者，可亡也。群臣为学，门子①好辩，商贾外积，小民右仗②者，可亡也。好宫室台榭陂池，事车服器玩，好罢露百姓，煎靡货财者，可亡也。用时日，事鬼神，信卜筮，而好祭祀者，可亡也。听以爵不待参验，用一人为门户者，可亡也。官职可以重求，爵禄可以货得者，可亡也。缓心而无成，柔茹③而寡断，好恶无决而无所定立者，可亡也。饕贪而无餍，近利而好得者，可亡也。喜淫辞而不周于法，好辩说而不求其用，滥于文丽而不顾其功者，可亡也。浅薄而易见，漏泄而无藏，不能周密而通群臣之语者，可亡也。狠刚而不和，愎谏而好胜，不顾社稷而轻为自信者，可亡也。恃交援而简近邻，怙强大之救而侮所迫之国者，可亡也。羁旅侨士，重帑在外，上间谋计，下与民事者，可亡也。民信其相，下不能其上，主爱信之而弗能废者，可亡也。

　　[注释]
　　①门子：卿大夫的嫡子，泛指贵族。　②右仗：崇尚兵仗。　③柔茹：软弱胆怯。茹，通"懦"。

　　[译文]
　　凡是君主的国家小而大臣的封地大，君主权势轻而大臣权势重的，可能会覆灭。轻视了法律禁令而尽力于谋略算计，荒废了国内的政务而依靠外交的援助，国家可能会覆灭。大臣尽力于学问，卿大夫的嫡子爱好辩论，商贾在国库外汇聚财物，普通百姓推崇武力，国家可能会覆灭。爱好宫殿台阁水榭池塘，追逐车马服饰、器皿玩物，使百姓疲惫羸弱、花费财物的，国家可能会覆灭。办事选择良辰吉日，侍奉鬼神，信奉卜筮，喜好祭祀的，国家可能会覆灭。听取意见只依赖爵位高低却不用事实来验证，只通过一个人来听从意见的，国家就可能覆灭。官职能够靠权势求得，官位与待遇能够用钱财买到的，国家就可能覆灭。不思国计，无所作为，毫无建树，迟疑不决，好坏不分，毫无主见的，国家就可能覆灭。贪得无厌，追逐财利，热衷占有的，国家就可能覆灭。喜欢玩弄虚夸之言，而不合乎事理，好花言巧语，而空话无用，迷恋于华美的文采而不管其有无功效的，国家就可能覆灭。君主城府浅薄，善露真情，机密暴露出去，国家就可能覆灭。凶狠而孤行，固执拒谏而自以为是，不管国家安危而自以为是的，国家就可能覆灭。依靠其他国家的援助而轻视近邻国家，依靠大国之援助而轻视相邻的国家，国家就可能覆灭。居住于国内的他国侨民，把重金存于国外，他们在上则探听机密，在下则参与民事之管理，国家就可能覆灭。民众相信其国相，而不接近君主，君主又相信其相而不能罢免之，国家就可能覆灭。

境内之杰不事，而求封外之士，不以功伐课试，而好以名问^①举错，羁旅起贵以陵故常者，可亡也。轻其适^②正，庶子称衡，太子未定而主即世者，可亡也。大心而无悔，国乱而自多，不料境内之资而易其邻敌者，可亡也。国小而不处卑，力少而不畏强，无礼而侮大邻，贪愎而拙交者，可亡也。太子已置，而娶于强敌以为后妻，则太子危，如是则群臣易虑；群臣易虑者，可亡也。怯慑而弱守，蚤见而心柔懦，知有谓可，断而弗敢行者，可亡也。出君在外而国更置，质太子未反而君易子，如是则国携③；国携者，可亡也。挫辱大臣而狎其身，刑戮小民而逆其使，怀怒思耻而专习则贼生；贼生者，可亡也。大臣两重，父兄众强，内党外援以争事势者，可亡也。婢妾之言听，爱玩之智用，外内悲惋而数行不法者，可亡也。简侮大臣，无礼父兄，劳苦百姓，杀戮不辜者，可亡也。好以智矫法，时以行杂公，法禁变易，号令数下者，可亡也。无地固，城郭恶，无畜积，财物寡，无守战之备而轻攻伐者，可亡也。种类不寿，主数即世，婴儿为君，大臣专制，树羁旅以为党，数割地以待交者，可亡也。太子尊显，徒属众强，多大国之交，而威势蚤具者，可亡也。

[注释]

①问：通"闻"，声誉。　②适：通"嫡"。　③国携：国人有二心。

[译文]

国内的显著人物不能加以任用，反而去寻求外国的人士，不按功劳进行考核，而喜欢根据依据名望声誉来提升安置官吏，侨居在国内的外客被利用到尊贵的位置上而且超越于本国的旧官老臣之上，国家就可能覆灭。君主忽视自己的嫡长子，而让其他的儿子专横霸道，太子还没有确立而君主就去世了，国家就可能覆灭。君主心志狂妄而又不知悔悟，国家混乱不堪还自夸形势大好，不估计一下国内的实力而又轻视临近的国家，国家就可能覆灭。国家弱小而又不愿居在低下的位置，力量弱小而又不怕强大的国家，没有礼貌礼节而又羞辱强大的邻国，贪心固执而不善于外交，国家就可能覆灭。太子已经确定，而又娶了强国的女子成为后妻，那么太子就有危险了，假如是这样，那么群臣就容易变心；群臣变心的国家就可能覆灭。胆小怕事而不能坚守自己的意见，问题早已发觉但心肠软弱不敢去处理，事情知道了又认为能够做，有了决定又不敢实行，国家就可能覆灭。出国的君主在外而国内已经重新立了君主，在国外当人质的太子没有回国而君主又重新立了太子，这样，国内的臣民就会有二心；国内的臣民有了二心，国家就可能覆灭。折磨羞辱了大臣而又接近戏弄他们，处罚百姓而又违背情理去役使他们，让其怀着愤恨不忘耻辱而又受到专任，那样弑杀君主的事情就会出现；出现弑杀之事的国家就可能覆灭。大臣中有两个一起都被重用，君主的叔伯兄弟也很强大，他们各自在内部结党谋私、在国外寻求外援来夺取政治权势，国家就可能覆灭。婢女小妾的话被听取，便嬖弄臣的智谋被采纳，朝廷内外都为此悲痛惋惜而君主还屡次违反法度，国家就可能覆灭。君主轻视侮辱大臣，对叔伯兄弟无礼，使百姓辛劳痛苦，杀害没有犯错的人，国家可能会覆灭。喜好用小聪明来扭曲法律，常常用私人行为混杂在公事中，法律禁令多次变动，命令多次下达的，国家可能会覆灭。没有地形可坚守，内城外城都不完善，没有钱粮的储备，财物很少，没有守战的设备就随便进攻讨伐的，国家可能会覆灭。国君的家族寿命不长，君主相继去世，小孩子做了君主，大臣掌权，拉拢国外的游士作为党羽，多次分割土地来供养盟国的，国家可能会覆灭。太子尊敬显贵，属下人多力大，多和大国交往，尽早形成了自己的威势的，国家可能会覆灭。

变褊而心急，轻疾而易动发，心悁忿而不訾前后者，可亡也。主多怒而好用兵，简本教而轻战攻者，可亡也。贵臣相妒，大臣隆盛，外籍敌国，内困百姓，以攻怨仇，而人主弗诛者，可亡也。君不肖而侧室贤，太子轻而庶子伉，官吏弱而人民桀，如此则国躁；国躁者，可亡也。藏怨而弗发，悬罪而弗诛，使群臣阴憎而愈忧惧，而久未可知者，可亡也。出军命将太重，边地任守太尊，专制擅命，径为而无所请者，可亡也。后妻淫乱，主母畜秽，外内混通，男女无别，是谓两主①，两主者，可亡也。后妻贱而婢妾贵，太子卑而庶子尊，相室轻而典谒重，如此则内外乖；内外乖者，可亡也。大臣甚贵，偏党众强，壅塞主断而重擅国者，可亡也。私门之官用，马府之世绌，乡曲之善举，官职之劳废，贵私行而贱公功者，可亡也。公家虚而大臣实，正户贫而寄寓富，耕战之士困，末作之民利者，可亡也。见大利而不趋，闻祸端而不备，浅薄于争守之事，而务以仁义自饰者，可亡也。不为人主之孝，而慕匹夫之孝，不顾社稷之利，而听主母之令，女子用国，刑余②用事者，可亡也。辞辩而不法，心智而无术，主多能而不以法度从事者，可亡也。亲臣进而故人退，不肖用事而贤良伏，无功贵而劳苦贱，如是则下怨；下怨者，可亡也。父兄大臣禄秩过功，章服侵等，宫室供养大侈，而人主弗禁，则臣心无穷；臣心无穷者，可亡也。公婿公孙与民同门，暴慢其邻者，可亡也。

亡征者，非曰必亡，言其可亡也。夫两尧不能相王，两桀不能相亡；亡王之机，必其治乱，其强弱相踦③者也。木之折也必通蠹，墙之坏也必通隙。然木虽蠹，无疾风不折；墙虽隙，无大雨不坏。万乘之主，有能服术行法以为亡征之君风雨者，其兼天下不难矣！

[注释]

①两主：两个主子，指妻后、太后的势力和君主的权势所形成的两个权

力中心。　②刑余：受过宫刑的人，即宦官。　③相踦（yǐ）：彼此悬殊。

[译文]

君主性格偏激而急躁，处置事情轻率而好冲动，积怨易怒而不思前顾后，国家可能会覆灭。君主经常愤怒而爱好战争，看轻农耕和练兵而对战争马虎大意，国家可能会覆灭。尊贵的权臣相互妒忌，大臣的权势强盛，在国外凭借敌国的势力，在国内扰乱百姓，以攻击与自己有仇怨的人，君主却不加以消除的，国家就可能覆灭。君主无能，他的叔伯兄弟有才能，太子的权势小而庶子的权势大，官吏懦弱而百姓不驯服，这样，国家就会动乱不安，动乱不安的，国家就可能覆灭。君主怀恨而不发作，不处置案件，对犯人不加惩罚，使群臣暗中怨恨君主而更加害怕，很久不知道自己命运的，国家就可能覆灭灭亡。派遣军队任命的大将权势很大，边境任命的郡守地位太高，他们一意孤行，直接行事而不报告国君的，国家就可能覆灭。君主的正室夫人淫荡，母亲私养姘夫，宫里宫外混乱私通，男女辨别不明，形成妻后、太后与君主权势的两个权力中心，与君主相对立，国家就可能覆灭。君主的正妻遭到轻视而婢妾受到尊宠，太子地位卑下而庶子受到尊重，相国的势力小而内廷小官势力大，这样朝廷内外违背尊卑，违背尊卑，国家就可能覆灭。大臣很高贵，私党多且强，封闭君主的决断而独占国家大权的，国家就可能覆灭。权臣豪门的属吏被利用，有过军功的子孙后代却被贬斥，乡下有善名的人被推举，任官职有功绩的人却被废弃，重视谋私利的行为而轻视为国立功的，国家就可能覆灭。国库空虚而大臣家财盈满，有固定户籍的人穷困而客居国外者富有，进行农耕的战士贫困，进行工商业的人得利的，国家可能覆灭。见到国家的重大利益而不发兵争夺，听到有战乱的苗头而不加防备，在战守的知识上懂得很少，而尽力于以仁义自作标榜的，国家可能覆灭。不尽力于君主的"孝"（指忠于国家利益）而效仿一般民众的孝，不管国家的利益，而听从王后之言，女人操控国政，宦官太监控权的，国家可能覆灭。能说会道而不合法制，头脑聪明而缺少权术，君主多才多艺而不依法度办事的，国家可能覆灭。任用亲近的臣而贬斥原有的旧臣，品德差的人管事而疏离有才的人，使其退居而不用，没有功劳的倒身居尊贵而为国劳苦的人地位低贱，这样就怨声不断，民怨沸腾的，国家可能覆灭。父兄大臣的俸禄级别超越他们的功劳，其服饰车马等都位低而享尊，宫室的各种供奉皆极奢靡，而君主不加制止，这样大臣的贪欲没有尽头，大臣之贪得无厌的，国家可能覆灭。王亲国戚与民众居住在一个地区，对民众专横跋扈的，国家可能覆灭。

亡国的预兆，不是说一个国家有这个预兆一定会灭亡，是说它可能会灭亡。两个尧不能相互治理对方，两个桀不能相互消灭对方；灭亡或统治的关键，必定是出现了双方的国家管理得好或坏、两国的强和弱差距很远的情况。树木折断必定通过虫蛀，土墙倒塌必定由于有了裂缝。但是树木尽管生了蛀虫，没有大风是不会吹断的；土墙尽管出现了裂缝，没有大雨是不会坍塌的。拥有万乘兵车国家的君主，如能使用法术来作为暴风骤雨摧残出现亡国预兆的国家，那么他吞并天下是不难的！

三守 第十六

人主有三守。三守完，则国安身荣；三守不完，则国危身殆。何谓三守？人臣有议当途之失、用事之过、举臣之情，人主不心藏而漏之近习能人[1]，使人臣之欲有言者，不敢不下适近习能人之心而乃上以闻人主。然则端言直道之人不得见，而忠直日疏。爱人不独利也，待誉而后利之；憎人不独害也，待非而后害之。然则人主无威而重在左右矣。恶自治之劳惮，使群臣辐辏之变。因传柄移藉，使生杀之机、夺予之要在大臣，如是者侵。此谓三守不完。三守不完，则劫杀之征也。

凡劫有三：有明劫，有事劫，有刑劫。人臣有大臣之尊，外操国要以资群臣，使外内之事非己不得行。虽有贤良，逆者必有祸，而顺者必有福。然则群臣直莫敢忠主忧国以争社稷之利害。人主虽贤，不能独计，而人臣有不敢忠主，则国为亡国矣。此谓国无臣。国无臣者，岂郎中虚而朝臣少哉？群臣持禄养交，行私道而不效公忠，此谓明劫。鬻宠擅权，矫外以胜内，险言祸福得失之形，以阿主之好恶。人主听之，卑身轻国以资之，事败与主分其祸，而功成则臣独专之。诸用事之人，壹心同辞以语其美，则主言恶者必不信矣，此谓事劫。至于守司囹圄，禁制刑罚，人臣擅之，此谓刑劫。三守不完，则三劫者起；三守完，则三劫者止。三劫止塞，则王[2]矣。

[注释]

①能人：被君主宠幸的权臣。　②王（wàng）：称王，统治天下。

[译文]

君主有三点应该防范的。这三点防范完善了，就能使国家稳定、自身显耀；这三点防范得不完善，就会使国家危险、自身危险。什么是三点应该防范的？　臣子中有人谈论当道掌权的人的失误、处置政事的过失、提升臣子的情况，君主不把它藏在心里，却暴露给亲近的人和身边的红人，让臣下有想要进谏的，不能不先屈从逢迎君主身边亲近的人的心思，然后再告诉君主听；这样就使得直言无忌、正直处事的人不能朝见君主，而忠诚正直的大臣日渐疏远。君主喜欢一个人，不能自己决定去奖赏他，要等待左右的人都夸赞他之后才能奖赏他；君主厌恶一个人，不能自己决定去处罚他，要等待左右大臣都反对他而后才能进行处罚，这样就说明君主没有了权势而大权沦落到了左右大臣的手里。君主厌恶自己亲自处理政事太辛劳，让群臣聚集在一块施行政事，臣子就会趁便向靠投机钻营获重用的人或君主平时的亲信转移权柄而变化势位，使得生杀之关键、予夺的决定权沦落了大臣手里，像这样就使君主受到损害。这就称为君主一定要掌握的三条原则使用得不完美。必须掌握的三条原则利用得不完美，那就是发生劫主弑君的预兆。

凡是夺取君主权威的情况有三种：有公开夺权的，有通过政事夺权的，有专擅刑罚篡权的。臣子有了大臣的重要地位，在朝廷之外操控国家权柄来拉拢群臣，使朝廷内外的事不经过自己不能办。贤能正直的人，如果违背他，就一定会有祸害；如果顺从他，就必定能得到好处。如此一来，群臣中几乎就没有人敢于忠君忧国而为国家利益相争了。尽管君主贤明，但也不能单独决策，而臣子又不敢忠于君主，那么国家就临近亡国的危险。这种状况叫国家没有臣子。所谓"国无臣"，哪里是近侍缺少而朝臣缺少呢？群臣用俸禄去蓄养朋党，行私道而不尽忠报国，这称为"明劫"。炫耀君主对自己的宠爱，独占国家大权，假借其他诸侯国的势力来制服国内，骇人听闻地渲染祸福得失的形势，用来逢迎君主的好恶。君主听了，降低身份看轻国家利益来帮助他们。事情失败了，他们就会把祸患的责任让君主负责；事情成功了，他们就独揽成功的果实。许多处理政务的人，众口一词地说他办得好，带头说不好的人就必定不被信任了，这叫"事劫"。对于掌管监狱、禁令、刑罚，假如出现臣下独占专断的情况，这叫"刑劫"。"三守"不完善，那么"三劫"就会出现；"三守"完善，"三劫"就将被制止。"三劫"被制止、杜绝，君主就能够统治天下了。

备内　第十七

人主之患在于信人，信人则制于人。人臣之于其君，非有骨肉之亲也，缚①于势而不得不事也。故为人臣者，窥觇②其君心也，无须臾之休，而人主怠傲处其上，此世所以有劫君弑主也。为人主而大信其子，则奸臣得乘于子以成其私，故李兑傅赵王而饿主父。为人主而大信其妻，则奸臣得乘于妻以成其私，故优施傅丽姬杀申生而立奚齐。夫以妻之近与子之亲而犹不可信，则其余无可信者矣。

且万乘之主，千乘之君，后妃、夫人③、适子为太子者，或有欲其君之蚤死者。何以知其然？夫妻者，非有骨肉之恩也，爱则亲，不爱则疏。语曰："其母好者其子抱。"然则其为之反也，其母恶者其子释。丈夫年五十而好色未解也，妇人年三十而美色衰矣。以衰美之妇人事好色之丈夫，则身见疏贱，而子疑不为后，此后妃、夫人之所以冀其君之死者也。唯母为后而子为主，则令无不行，禁无不止，男女之乐不减于先君，而擅万乘不疑，此鸩毒扼昧之所以用也。故《桃左春秋》曰："人主之疾死者不能处半。"人主弗知，则乱多资。故曰：利君死者众，则人主危。故王良爱马，越王勾践爱人，为战与驰。医善吮人之伤，含人之血，非骨肉之亲也，利所加也。故舆人成舆，则欲人之富贵；匠人成棺，则欲人之夭死也。非舆人仁而匠人贼也，人不贵，则舆不售；人不死，则棺不买。情非憎人也，利在人之死也。故后妃、夫人、太子之党成而欲君之死也，君不死，则势不重。情非憎君也，利在君之死也。故人主不可以不加心于利己死者。故日月晕围于外，其赋在内，备其所憎，祸在所爱。是故明王不举不参之事，不食非常之食；远听而近视，以审内外之失，省同异之言，以知朋党之分，偶参伍之验，以责陈言之实；执后以应前，按法以治众，众端以参观；士无幸赏，赏无逾行；杀必当，罪不赦，则奸邪无所容其私。

[注释]

①缚：通"薄（pò）"，迫。　②窥觇（chān）：窥探，侦察。　③后妃：万乘之主的正妻。夫人：千乘之主的正妻。

[译文]

君主的灾难在于信任人，信任人就会被人所控制。臣子和他的君主之间没有骨肉之情，迫于权势而必须侍奉他。所以做臣子的观察探测君王的意图一直没有停止过，而君主却松懈傲慢地处于上位，这正是世上之所以有君主被劫持和杀害的原因。身为君主，太信任自己的儿子，就使奸臣得以利用皇子来谋取自己的私利，所以李兑协助赵王（赵惠文王）而将主父（赵武灵王）饿死。身为君主，太信任自己的妻妾，就会使奸臣得以依靠后妃来谋取自己的私利，所以优施协助丽姬杀死太子申生而立奚齐为太子。以妻子的亲近和儿子的亲密尚且不能够信任，那其余的就没有能够信任的人了。

何况拥有上万辆兵车的大国的君主和占有近千辆兵车的中等国家的君主，他们的后妃、夫人有嫡子当了太子，当中有的就希望她们的君主早死的。为何知道是这样呢？夫妻之间没有血缘的恩惠牵挂，恩爱就亲近，没有爱就疏离。俗话说："母亲长得美貌，父亲就疼爱她的儿子。"那么与此相反，母亲长得丑陋，她的儿子也就会被疏离。丈夫五十岁，对美色的爱好还没有衰退，妇人三十岁，美色就衰退了。美色衰退的妇人侍奉好色的丈夫，那么自身就疏远卑贱，儿子也猜疑自己不能作为继承人，这就是王后、妃子和夫人想要君主死去的原因。唯有等母亲做了王后而儿子做了君主，命令就没有不能实行的，禁令没有不能制止的，男女之间的快乐不比先王差，而掌控国家大权是没有疑问的，这就是毒酒、扼杀、斩杀等手段被利用的原因。所以《桃左春秋》说："君主患病死的还不到一半。"君主不懂得这些道理，奸臣作乱就有了更多的依据。因此说，认为君主死亡对自己有好处的人多，君主就危险。因此王良爱马，越王勾践爱民，目的都是战争与驱驰。医生善于吮吸病人的伤口，含病人的血，这不是由于他和病人有骨肉之亲，而是由于他能从中得到利益的原因。所以造车子的人，想要别人富贵（来买更多车子）；做棺材的人，想要别人早死（来买更多棺材）。并不是造车子的人仁爱而做棺材的人恶毒，人不富有，车子就卖不出去；人不死，棺材就无人买。本意并不是怨恨别人，而是好处就在于别人的死亡。因此后妃、夫人、太子结成私党，想要君主早点死；假如君主不死，那么自己的权势就不大。本意并不是怨恨君主，而是好处就在于君主的死亡。所以君主不能不留意那些利在自己死亡的人。因此日月外面有白色光圈环绕，内部一定存在问题；防范自己所憎恨的人，然而祸患祸害却来自自己所亲近的人。所以英明的君主不做无法检验的事情，不吃不平常的食物；既探听远方的情况，又察看近处的情况，来审视朝廷内外的失误，反思相同的和不同的言论来考察朋党的区别，比较各个方面的事实来检验，以责求臣下表述的言辞的实情；拿事后的结果来验证前面的言论，依照法律来治理民众，从多方面来验证观察；士人没有幸运受到奖赏的，也没有违反法令的行为，处死的人一定要符合他的罪责，犯罪的一定不会被免除，那么奸邪的人就没有地方展现他们的阴谋了。

徭役多，则民苦；民苦，则权势起；权势起，则复除①重；复除重，则贵人富。苦民以富贵人，起势以藉人臣，非天下长利也。故曰：徭役少，则民安；民安，则下无重权；下无重权，则权势灭；权势灭，则德在上矣。今夫水之胜火亦明矣，然而釜鬵间之，水煎沸竭尽其上，而火得烘盛焚其下，水失其所以胜者矣。今夫治之禁奸又明于此，然守法之臣为釜鬵之行，则法独明于胸中，而已失其所以禁奸者矣。上古之传言，《春秋》所记，犯法为逆以成大奸者，未尝不从尊贵之臣也。然而法令之所以备，刑罚之所以诛，常于卑贱，是以其民绝望，无所告愬②。大臣比周，蔽上为一；阴相善而阳相恶，以示无私；相为耳目，以候主隙；人主掩蔽，无道得闻；有主名而无实，臣专法而行之——周天子是也。偏③借其权势，则上下易位也。此言人臣之不可借权势也。

[注释]

①除：修治，修整。　②愬（sù）：通"诉"，倾诉，诉说。　③偏：辅佐。这里指君主身边的辅佐大臣。

[译文]

徭役多，老百姓就穷苦，老百姓穷苦，臣子就趁机扩张自己的权势，臣子的权势扩展起来，免去徭役和赋税的人就多起来，贵人就富起来。

让民众穷苦来使贵人富有，给臣子扩展权势提供条件，这不是国家长久利益之所在。因此说，徭役少了老百姓就稳定，民众稳定了就没有重权，臣下没有重权那样权势就灭了，权势灭了那样施恩惠的权力就归属君主了。现在水能灭火的原理已经很明白了，但是用锅把水和火分开，水在上面沸腾甚至烧干，而火在下面却烧得十分旺盛，这是因为水丧失了得以灭火的条件。现在治理国家时对奸邪的制止，道理比水灭火的例子更明白了。但实行法令的臣子起了像大锅一样的隔离作用，那么法令只不过是在君主心中清楚了，却已经丧失了它可以禁奸的作用了。从远古的传说、《春秋》等史书上的记录来看，违反法令叛变作乱而成为大奸臣的，未尝不是来自于尊贵的大臣。然而法令之所以防范的，刑罚之所以杀害的，常常都是低贱的老百姓，因此民众感到失望，没有地方去告状诉说。大臣们结党谋私，欺骗君主而抱成一团；私下里非常友好而表面上又假装互相厌恶，用来显示他们没有私下的交情；他们互相作为对方的耳目，来探测君主的疏漏；而君主被欺骗了，没有什么途径来了解他们的阴谋；这样，尽管有君主的名义却没有君主的实权，大臣控制了国家的法令而独断专行——周朝天子就是如此的。君主身旁的辅佐大臣借助了君主的权势，那么君臣上下就变化了地位。这是说君主不能够让臣下借用权势。

南面　第十八

人主之过，在己任在臣矣，又必反与其所不任者备之，此其说必与其所任者为雠，而主反制于其所不任者。今所与备人者，且曩之所备也。人主不能明法而以制大臣之威，无道得小人之信矣。人主释法而以臣备臣，则相爱者比周而相誉，相憎者朋党而相非①，非誉交争，则主惑乱矣。人臣者，非名誉请谒无以进取，非背法专制无以为威，非假于忠信无以不禁——三者，惛主坏法之资也。人主使人臣虽有智能，不得背法而专制；虽有贤行，不得逾功而先劳；虽有忠信，不得释法而不禁——此之谓明法。

[注释]
①非：通"诽"。

[译文]
君主的过错，在于自己任用了臣子，又必定要反过来和没有被任用的人来防范他们，这些没有被任用人的看法一定和所任用的人相反，而君主反而被那些没有任用的人支配。现在和君主共同去防备人的人，正是以前被防备的人。君主不能申明法律来禁止大臣的威势，就没有办法获得小民的信任了。君主抛弃了法律来以臣子防范臣子，那么互

相喜爱的人就串通起来互相赞誉，互相厌恶的人就利用自己的朋党互相非议。毁谤和赞誉互相争斗，君主就会迷惑混乱了。对于臣下，不靠名望和请托就不能被提升，不违反法律专权就不能建立威信，不借助忠实诚信的名声就不能不受禁令限制，这三个方面，是迷惑君主破坏法令所借助的。君主让臣下尽管有智慧才能，也不能违背法律独断专行；尽管有贤德的品行，也不能越过功劳先得到赏赐；尽管有忠实和诚信，也不能丢弃法律而不加以限制。这就是所说的申明法律。

人主有诱于事者，有壅于言者，二者不可不察也。人臣易言事者，少索资，以事诬主。主诱而不察，因而多之，则是臣反以事制主也。如是者谓之诱，诱于事者困于患。其进言少，其退费多，虽有功，其进言不信。不信者有罪，事有功者必赏，则群臣莫敢饰言似惛主。主道者，使人臣前言不复于后，后言不复于前，事虽有功，必伏其罪，谓之任下。人臣为主设事而恐其非也，则先出说设言曰："议是事者，妒事者也。"人主藏是言，不更听群臣；群臣畏是言，不敢议事。二势者用，则忠臣不听而誉臣①独任。如是者谓之壅于言，壅于言者制于臣矣。主道者，使人臣必有"言之责"，又有"不言之责"。言无端末、辩无所验者，此言之责也；以不言避责持重位者，此不言之责也。人主使人臣言者必知其端以责其实，不言者必问其取舍以为之责。则人臣莫敢妄言矣，又不敢默然矣，言默则皆有责也。人主欲为事，不通其端末，而以明其欲，有为之者，其为不得利，必以害反。知此者，任理去欲。举事有道，计其入多、其出少者，可为也。惑主不然，计其入不计其出，出虽倍其入，不知其害，则是名得而实亡，如是者功小而害大矣。凡功者，其入多、其出少，乃可谓功。今大费无罪而少得为功，则人臣出大费而成小功，小功成而主亦有害。

　　不知治者，必曰："无变古，毋易常。"变与不变，圣人不听，正治而已。然则古之无变，常之毋易，在常古之可与不可。伊尹毋变殷，太公毋变周，则汤、武不王矣。管仲毋易齐，郭偃毋更晋，则桓、文不霸矣。凡人难变古者，惮易民之安也。夫不变古者，袭乱之迹；适民心者，恣奸之行也。民愚而不知乱，上懦而不能更，是治之失也。人主者，明能知治，严必行之，故虽拂于民心立其治。说在商君之内外而铁殳②重盾而豫戒也。故郭偃之始治也，文公有官卒；管仲始治也，桓公有武车：戒民之备也。是以愚戆窳墯之民，苦小费而忘大利也，故虆虎受阿谤。而辴③小变而失长便，故邹贾非载旅。狎④习于乱而容于治，故郑人不能归。

[注释]

①誉臣：颇有虚名而无才能的臣子。　②铁殳（shū）：古代一种长柄的兵器，一头有棱。　③辴：通"震"，恐惧。　④狎：随意，不在意，引申为习惯。

[译文]

　　君主有被事情诱引的，有被言论欺骗的，这两种情况不可不留意。臣子中把事情说得很简单的人，要求的代价少，用事情来欺诈君主。君主受到他们的诱引后不加考察，便夸耀他，这样，臣下就反而用事情控制了君主。像这样的情况就叫作诱引，被事情所诱引的就会被祸患所困惑。臣下对君主进谏的时候表态，办事所必需的代价很少，然而下去办事时耗费的代价却很多，事情尽管办成了，他讲的话也是不老实的。不老实的人有罪，事情尽管办成了也不加以奖赏，这样群臣就不敢用花言巧语来欺骗君主了。君主的治国准则是，如果臣下以前讲的话和后来办的事不相符，或者后来讲的话和先前办的事不相符，那么，事情尽管办成了，也一定要使他受到应有的惩罚，这就称为使用臣下的方法。臣子为君主谋划事情而担心别人非议，就事先设想出一套说辞："谈论这件事情的人，就是妒忌这件事情的人。"君主自己记住了这句话，不再去听从群臣的意见；群臣畏惧这种话，就不敢去议论那件事。这两种形势（君主拒绝进谏，臣子保持缄默）起了效用，那么忠臣的话君主就不会听从而专门任用那些空有虚名的臣子。像这样的情况，就称为被言论所蒙蔽，君主被言论所欺骗，就受制于臣下了。做君主的准则是，应使臣下一定担任说话不当的责任，又要担负该说不说的责任。说话无头无尾、言论动听却没有事实检验的，这正是说话不当的责任；用不发表意见来逃脱责任、维持重要权位的，这正是该说不说的责任。君主对表述意见的臣子，必定要了解他的意见的来龙去脉，从而责求他的功效；对不表述言论的臣子，一定要问他赞成还是反对，从而明示他的责任，那么臣子就害怕乱说而又不敢不说了，说话和缄默就都有责任。君主想要做事，不清楚事情的起始，就先表述了自己的想法，有如此做的，他的行为得不到利益，必定会反而有害。清楚这个道理的人，依照事理而去掉主观欲望。办事情依照规律，计算出收效多、消耗少的，就能够去做。糊涂的君主不是如此，计算收效却不计算花费，尽管耗费得比收效多几倍，也不清楚它的危害，那就是名义上得利而其实损失了，像这样的事就是功劳小而损害大。大凡功劳，收效多、花费少的才算是功劳。现在有大的花费没有罪责，而有小的收获就有功劳，那么臣下使用大的花费而成就小的功劳，尽管小的功劳成就了，君主也有危害。

不懂管理国家的人，必定会说："不要变革古法，不要改变常规。"到底变还是不变，圣人不听，只是正确地管理罢了。尽管这样，那么古法是否不变，常规是否不变，只在于它们是否可行。如果伊尹不变革殷法，姜太公不变革周法，那么商汤、武王就无法称王天下了。假如管仲不变革齐法，郭偃不变革晋法，那么桓公、文公就无法称霸天下了。凡是很难改变古法的人，是因为畏惧改变民众安于旧传统的习惯。不变革古法，是重蹈乱国的覆辙；趋合民心，是放任奸邪的行为。民众愚蠢而不懂得什么是乱，君主软弱而不能变革，这是治国的过错。做君主的，英明而能懂得治国之法，严明而坚决地实行它，所以即使背离民心，也一定要建立治国之法。比如商鞅在朝内或外出时，都用铁殳和层层盾牌防范、戒备。所以郭偃开始管理晋国时，晋文公身旁带有卫兵；管仲开始管理齐国时，齐桓公身旁跟有战车：这些都是防范民众的措施。因此愚蠢鲁莽懒惰的人，总是斤斤计较个人细小的损失而忘却国家长远的利益，所以黄虎受到非议；他们害怕小的变法而不顾及长远的利益，所以邹贾责备征兵的制度；他们习惯于混乱而懒于治理，因此郑国人无家可归。

饰邪 第十九

凿龟数策，兆曰"大吉"，而以攻燕者，赵也。凿龟数策，兆曰"大吉"，而以攻赵者，燕也。剧辛之事燕，无功而社稷危；邹衍之事燕，无功而国道绝。赵代先得意于燕，后得意于齐，国乱节高，自以为与秦提衡，非赵龟神而燕龟欺也。赵又尝凿龟数策而北伐燕，将劫燕以逆秦，兆曰"大吉"。始攻大梁而秦出上党矣，兵至釐而六城拔矣；至阳城，秦拔邺矣，庞援揄兵而南，则鄗尽矣。臣[①]故曰：赵龟虽无远见于燕，且宜近见于秦。秦以其"大吉"，辟地有实，救燕有名。赵以其"大吉"，地削兵辱，主不得意而死。又非秦龟神而赵龟欺也。初时者，魏数年东乡攻尽陶、卫，数年西乡以失其国，此非丰隆、五行、太一、王相、摄提、六神、五括、天河、殷抢、岁星[②]非数年在西也，又非天缺、弧逆、刑星、荧惑、奎台[③]非数年在东也。故曰：龟策鬼神不足举胜，左右背乡不足以专战。然而恃之，愚莫大焉。

古者先王尽力于亲民，加事于明法。彼法明，则忠臣劝；罚必，则邪臣止。忠劝邪止而地广主尊者，秦是也；群臣朋党比周以隐正道行私曲而地削主卑者，山东是也。乱弱者亡，人之性也；治强者王，古之道也。越王勾践恃大朋之龟与吴战而不胜，身臣入宦于吴；反国弃龟，明法亲民以报吴，则夫差为擒。故恃鬼神者慢于法，恃诸侯者危其国。曹恃齐而不听宋，齐攻荆而宋灭曹。荆恃吴而不听齐，越伐吴而齐灭刑。许恃荆而不听魏，荆攻宋而魏灭许。郑恃魏而不听韩，魏攻荆而韩灭郑。今者韩国小而恃大国，主慢而听秦。魏恃齐、荆为用，而小国愈亡：故恃人不足以广壤，而韩不见矣。荆为攻魏而加兵许、鄢，齐攻任、扈而削魏，不足以存郑，而韩弗知也。此皆不明其法禁以治其国、恃外以灭其社稷者也。

[注释]

①臣：韩非自称。　②丰隆、五行、太一、王相、摄提、六神、五括、天河、殷抢、岁星：古代星名，当时星相家认为是吉星。　③天缺、孤逆、刑星、荧惑、奎台：古代星名，当时星相家认为是凶星。

[译文]

钻凿龟甲、计量蓍草来占卜吉凶，获得的兆象是"大吉"，从而依据这个吉利的兆头去攻击燕国的，是赵国。钻凿龟甲、计量蓍草来占卜吉凶，获得的兆象是"大吉"，从而依据这个吉利的兆头去攻击赵国的，是燕国。剧辛侍奉燕国，没有功劳反过来使社稷危险了；邹衍侍奉燕国，不但没有功劳反过来使治国之道无法存在。赵国先是在与燕国的战争中称心如意而得到满足，后来又在与齐国的战争中称心如意而心满意足，即使它的国家内部混乱，却洋洋自得了，自以为能够和秦国势均力敌了，这并非因为赵国的龟甲灵验而燕国的龟甲骗人。赵国又曾经钻凿龟甲、计量蓍草占卜吉凶而向北攻打燕国，希望威逼燕国共同抗拒秦国，获得的兆象也是"大吉"。但刚开始攻击大梁，秦国军队就从上党出来攻击赵国了；赵国的军队到达釐城，而自己的六个城市已经被秦国侵占了；赵国的军队刚到阳城，秦军就已经侵占了邺城；庞援引兵向南援助时，郓郡已经整个被侵占了。因此臣认为：赵国的龟甲占卜尽管对燕国的事没有远见，对秦国的眼前事也应当有所表示。秦国因为他们占卜获得大吉，开垦疆土有实际好处，援助燕国又有好的名声。赵国因为他们占卜获得大吉，却丧失土地、兵败受辱，君主不能称心而死去。这也并非秦国的龟甲神明而赵国的龟甲骗人。起始，魏国几年间向东攻下陶、卫，几年间在西方丧失自己的国土，这不是由于丰隆、五行、太一、王相、摄提、六神、五括、天河、殷抢、岁星这些吉星那几年显现在西边，也不是由于天缺、弧逆、刑星、荧惑、奎台这些凶星那几年显现在东边。因此说：龟甲蓍草和鬼神不能预示出胜败，星象的方位和运转也不能决定战争的结果。但是却要依赖它们，这是最愚笨的事啊！

古代圣明的帝王尽力于亲爱民众，从事于彰显法度。他们的法度彰显了，那么忠臣就受到了激励；刑罚必定执行，那么奸臣就被制止了。忠臣被激励，奸臣被制止，因而领土扩大、君主显贵的，秦国就是如此；群臣拉帮结派紧密勾结来淹没正确的治国法术，大搞获取私利的歪门邪道，因而国土丧失、君主卑微的，崤山以东的齐、楚、燕、赵、韩、魏六国就是如此。混乱弱小的国家就会灭亡，这是人类社会的本有特点；安定强盛的国家就可称王天下，这是从古至今的道理。越主勾践依靠着价值二十大贝的最贵重的元龟所占得的吉兆和吴国作战，结果失利了，自己和臣子都到吴国去做奴役；回国后丢弃了龟甲，彰显法度、亲爱民众以求报复吴国，那么吴王夫差就被他抓获了。所以依靠鬼神保佑的就会轻视法治，依靠别国诸侯援助的就会损害自己的国家。

曹国依靠齐国而不服从宋国，齐国攻击楚国的时候宋国消灭了曹国。楚国依靠吴国而不服从齐国，越国讨伐吴国的时候齐国消灭了楚国。许国依靠楚国而不服从魏国，楚国攻打宋国的时候魏国消灭了许国。郑国依靠魏国而不服从韩国，魏国攻打楚国的时候韩国消灭了郑国。现在韩国弱小就依赖大国，君主荒废政务，听从秦国。魏国将依靠齐国、楚国的援救作为自己的治国方略，结果使弱小的国家越来越衰弱；所以，依靠别人是不能扩大领土的，而韩国却没有看到这些。楚国为了攻打魏国而出兵攻占许、鄢，齐国攻打任、扈而占领了魏国的领土；同样，韩国听从秦国也是不可以用来保存韩国的首都新郑的，但韩国却还不懂得这一点。这些都是不彰显法律禁令来管理自己的国家，只是依靠外援从而使自己的国家政权覆灭的例子啊。

臣故曰：明于治之数，则国虽小，富；赏罚敬信，民虽寡，强。赏罚无度，国虽大兵弱者，地非其地，民非其民也。无地无民，尧、舜不能以王，三代不能以强。人主又以过予①，人臣又以徒取。舍法律而言先王明君之功者，上任之以国。臣故曰：是愿古之功，以古之赏赏今之人也。主以是过予，而臣以此徒取矣。主过予，则臣偷幸；臣徒取，则功不尊。无功者受赏，则财匮而民望；财匮而民望，则民不尽力矣。故用赏过者失民，用刑过者民不畏。有赏不足以劝，有刑不足以禁，则国虽大，必危。故曰：小知不可使谋事，小忠不可使主法。

荆恭王与晋厉公战于鄢陵，荆师败，恭王伤。酣战，而司马子反渴而求饮，其友竖谷阳②奉卮③酒而进之。子反曰："去之，此酒也！"竖谷阳曰："非也。"子反受而饮之。子反为人嗜酒，甘之，不能绝之于口，醉而卧。恭王欲复战而谋事，使人召子反，子反辞以心疾。恭王驾而往视之，入幄中，闻酒臭而还，曰："今日之战，寡人目亲伤，所恃者司马，司马又如此，是亡荆国之社稷而不恤吾众也。寡人无与复战矣。"罢师而去之，斩子反以为大戮。故曰：竖谷阳之进酒也，非以端恶子反也，实心以忠爱之，而适足以杀之而已矣。此行小忠而贼大忠者也。故曰：小忠，大忠之贼也。若使小忠主法，则必将赦罪，以相爱，是与下安矣，然而妨害于治民者也。

[注释]

①以过予：超过法律规定的不恰当的奖赏。　②谷阳：人名。
③奉卮：古代盛酒的器具。

[译文]

因此我说：明白了治国的办法，那么国家虽小，却能够富裕；赏赐和惩罚小心守信，那么民众虽少，却能够强大。赏赐和惩罚没有固定的标准，国家尽管大军力却薄弱的，土地不被视为自己国家的土地，民众不被视为自己国家的民众。没有土地和民众，尧、舜也不可称王天下，夏、商、周三个王朝也不能强大。可是现在，君主又错误地给予奖赏，臣下又白白地获得赏赐。那些不管法律而谈论先王明君功绩的人，君主却把国事托付给他。我因此说：这是希望有古代君主那样的功绩，却拿古代君主给有功者的奖赏来奖励现在那些空谈之人。君主因此错误地给予奖赏，臣下因此白白地获得赏赐。君主失误地给予奖赏，臣下就会侥幸；臣下白白地获得赏赐，功劳就不显贵了。无功的人得到赏赐，国家财产就会缺乏，民众就会希望无功受赏；财匮民怨，民众就不会为君主尽心尽力效劳了，所以行赏不合法度就会丧失民众，用刑不合法度民众就不会害怕。有了奖赏却不能用来激励立功，有了刑罚却不能用来制止邪恶。那么国家尽管很强大，也必定会有危

险。所以说：卖弄小聪明的人不能让他策划事情，只对私人效力的人
不能让他掌控法制。

楚恭王和晋厉公在鄢陵作战，楚军失败，楚恭王受伤。战斗猛烈
的时候，司马子反口干想喝水，他的仆人谷阳端着一杯酒献给他。子
反说："拿走！这是酒。"竖谷阳说："不是的。"子反就端过酒杯
喝了。子反很爱喝酒，觉得酒很醇香，一喝起来就不能停止，喝醉了
就去睡觉。楚恭王想要再打一仗，要策划战事，让人去召唤子反，子
反推却说自己患有心痛病。恭王乘车去看他，刚进大帐，闻到酒味就
回去了，说："今天的战斗，我的眼睛都受伤了。我所依赖的就是司
马，现在司马却如此做，此种做法是想让楚国亡国而不珍惜我们的士
兵啊。我不能再作战了。"于是罢兵退师，杀掉子反陈尸示众。因此
说：谷阳献酒，本意不是厌恶子反，而是真心地爱护他，可是却反而
害死了子反。这就是奉行小的忠心，却危害了大的忠心。因此说：小
的忠心是对大的忠心的危害。要是让奉行小忠的人来掌控法律，那么
必然会免除罪犯来显示爱护，这样和下面是相安了，可是却妨碍了治
理民众。

当魏之方明《立辟》、从宪令行之时，有功者必赏，有罪者必诛，
强匡天下，威行四邻；及法慢，妄予，而国日削矣。当赵之方明《国律》、
从大军之时，人众兵强。辟地齐、燕；及《国律》慢，用者弱，而日削矣。
当燕之方明《奉法》、审官断之时，东县齐国，南尽中山之地；及《奉
法》已亡，官断不用，左右交争。论从其下，则兵弱而地削，国制于
邻敌矣。故曰：明法者强，慢法者弱。强弱如是其明矣，而世主弗为，
国亡宜矣。语曰："家有常业，虽饥不饿；国有常法，虽危不亡。"

夫舍常法而从私意，则臣下饰于智能；臣下饰于智能，则法禁不立矣。是妄意之道行，治国之道废也。治国之道，去害法者，则不惑于智能，不矫于名誉矣。昔者舜使吏决鸿①水，先令有功而舜杀之；禹朝诸侯之君会稽之上，防风②之君后至而禹斩之。以此观之，先令者杀，后令者斩，则古者先贵如令矣。故镜执清而无事，美恶从而比焉；衡执正而无事，轻重从而载焉。夫摇镜则不得为明，摇衡则不得为正，法之谓也。故先王以道为常，以法为本。本治者名尊，本乱者名绝。凡智能明通，有以则行，无以则止。故智能单道，不可传于人。而道法万全，智能多失。夫悬衡而知平，设规而知圆，万全之道也。明主使民饰于道之故，故佚而有功。释规而任巧，释法而任智，惑乱之道也。乱主使民饰于智，不知道之故，故劳而无功。释法禁而听请谒，群臣卖官于上，取赏于下，是以利在私家而威在群臣。故民无尽力事主之心，而务为交于上。民好上交，则货财上流而巧说者用。若是，则有功者愈少。奸臣愈进而材臣退，则主惑而不知所行，民聚而不知所道。此废法禁、后功劳、举名誉、听请谒之失也。

凡败法之人，必设诈托物以来亲，又好言天下之所希有。此暴君乱主之所以惑也，人臣贤佐之所以侵也。故人臣称伊尹、管仲之功，则背法饰智有资；称比干、子胥之忠而见杀，则疾强谏有辞。夫上称贤明，下称暴乱，不可以取类，若是者禁。君之立法，以为是也。今人臣多立其私智、以法为非者，是邪以智，过法立智。如是者禁，主之道也。

[注释]

①鸿：通"洪"，洪水。　②防风：古狄族名。

[译文]

当魏国刚刚宣告立法度，遵从宪令的时候，对有功劳的人一定赏赐，有罪的人一定诛杀，强大得能匡正天下，威风抵达四邻。等到法律懈怠下来，胡乱地给予，而国家日渐削弱下来了。当赵国刚刚宣告国家法律，进行扩张军队的时候，人众兵强，往齐国、燕国扩展领土。等到国家法律懈怠下来，掌权的人软弱，而国家日渐削弱下来了。当燕国刚刚宣告遵从法律，谨慎地采用了公家决断的时候，往东把齐国的领土当作自己的县，往南占领了中山的地盘。等到不再遵守法律，不再采取公家决断，君主的左右争斗不休，决断由臣下做出，那就军队衰弱而国土减少，国家被邻邦敌国掌控了。因此说，严明法律的国家就强大，法律懈怠的国家就弱小，强弱像这样的明白，而当代君主不按正确的做，国家的灭亡是应当的了。俗话说："家中有稳固的产业，尽管碰到灾荒，也不会饿肚子；国家有稳固的法律，尽管碰到危险，也不会亡国。"抛弃固定的法律而依照个人好恶办事，那臣下就会用智巧来掩饰自己，臣下用智巧掩饰自己，那法律禁令就不能树立了。这样，任意乱搞的做法就会通行，以法治国的原则就废止了。管理国家的原则，是除掉妨害法律的人，就能不被个人的智能所祸乱，不被虚假的名誉所蒙蔽。以前舜派遣官吏排泄洪水，官吏在命令下达之前便私自行动，舜将他杀了；大禹在会稽接见诸侯，防风国的统领迟到，禹将他杀了。由此能够看出，先于命令施行的杀，不立刻执行命令的斩，古代看重遵照法令办事。镜子保持光亮不受干扰，美丑就自行显现；衡器维持平正而不受干扰，轻重就得以权衡。摇动的镜子不能称作明，摇动的衡器不能称作正；法律也一样是这个道理。所以先王把道当作治事的常规，把法当作立国的根本。法制严明，君主的名位就显贵；

法制混乱，君主的名位就失去。凡是智能高超的人，可以做到法制严明，那就行得通，反之就行不通。因此智能是一偏僻的小道，不能传给人。道和法才是万能的，凭借智能常常容易失败。挂起了衡器就懂得什么叫作平；设置了圆规才知道什么叫作圆，这是万能的方法。圣明的君主由于让百姓用道来使自己端正的原因，所以他不费力而能把国家管理得很好。抛弃圆规而凭技巧，抛弃法制而凭智巧，是使人迷惑的办法。昏聩的君主使民众用智巧来掩饰自己，是不懂得道的原因，所以劳而无功。抛弃法令而听从私人请托，群臣在上面出卖官爵，从下面得到报酬，所以利益归于私门而威权沦落到群臣手里。所以民众没有尽心侍奉君主的心意，而尽力结交上面的臣子。民众喜爱结交上面的臣子，那么财物就会流向大臣而甜言蜜语的人就会被任用。像这样，立有功劳的人就会越来越少。奸臣越来越得到任用而有能的臣子被罢退，那么君主就会惑乱而不知该如何做，民众聚在一块也不知道何去何从。这些都是废止法制、不重视功劳，任用虚假名誉的人、听从请托求情的过失。

凡是破坏法度的人，一定会设立骗局假托于事来亲近君主，又喜欢议论天下的罕有之物，这就是残暴昏聩的君主被惑乱的原因，也是贤能的辅助大臣被侵害的原因。所以臣下称赞伊尹、管仲的功绩，那么他们违背法治掩饰智巧也就有了根据；称赞比干、伍子胥的忠诚而被杀，那么他们激烈而强硬地向君主进言就有了借口。奸臣们上称商汤伊尹、齐桓公举用管仲的贤能，下说商纣杀比干、夫差杀伍子胥的暴虐和昏乱，这根本就不能够拿来作类比，像这样的行为就要制止。君主确立法制，是因为认为它正确。现在臣子中有很多自称他们个人的智巧而认为法制是错误的人，他们用智巧来赞许邪恶的行为，毁谤法制来使他们的智巧稳固。像这样的行为要制止，这就是做君主的原则。

明主之道，必明于公私之分，明法制，去私恩。夫令必行、禁必止，人主之公义也；必行其私，信于朋友，不可为赏劝，不可为罚沮^①，人臣之私义也。私义行则乱，公义行则治，故公私有分。人臣有私心，有公义。修身洁白而行公行正，居官无私，人臣之公义也；污行从^②欲，安身利家，人臣之私心也。明主在上，则人臣去私心、行公义；乱主在上，则人臣去公义、行私心。故君臣异心。君以计畜臣，臣以计事君，君臣之交，计也。害身而利国，臣弗为也；富国而利臣，君不行也。臣之情，害身无利；君之情，害国无亲。君臣也者，以计合者也。至夫临难必死，尽智竭力，为法为之。故先王明赏以劝之，严刑以威之。赏刑明，则民尽死；民尽死，则兵强主尊。刑赏不察，则民无功而求得，有罪而幸免，则兵弱主卑。故先王贤佐尽力竭智。故曰：公私不可不明，法禁不可不审。先王知之矣。

［注释］

①沮（jǔ）：阻止。　②从：通"纵"，放纵。

［译文］

君主的原则，必须对公私得分辨明白，严明法律，丢弃私人恩怨。命令一定被执行，禁令一定落实，这是君主公家的原则。一定要维护私人的利益，对朋友讲诚信，赏赐不能激励，惩罚不能制止，这是人臣私人的原则。私人的原则实行就造成混乱，公家的原则推行就得到治理，所以公私有区别。人臣有私心，有公家的原则。修养自身的廉洁而实行公家的原则，推行正义，做官没有私心，是人臣实行的公家的原则；

玷污自己的行为，放任自己的欲望，使自身稳定，家族有利，是人臣追逐的私心。英明的君主在上，那人臣就丢弃私心，推行公家的原则；昏聩的君主在上，那人臣就丢弃公家的原则，推行私心。所以君臣的心是不相同的，君主用计谋蓄养着臣，人臣策划着计谋来侍奉君主。君和臣的来往就是以计谋为基础的。使自己身体受到损害来有利于国家，臣子是不干的。臣子的本意，有害于自己就谈不上利益；君主的本意，有害于国家就谈不上接近。君主与臣子的关系是用计谋联系在一起的。至于臣子遇到危难必定拼死效忠，用尽自己的智慧和力量，是法度使他们如此做的。因此先王宣告赏赐来鼓励人们，严明刑罚来震慑人们。赏赐和刑罚分明，那民众为保护国家就不怕死；民众不怕死，国家就兵力强盛、君主地位显贵。刑罚和赏赐不分明，民众没有功劳却想得到利益，有了罪能够侥幸免罪，那就会兵力微弱、君主地位卑下。所以先王的辅佐大臣用尽了自己的才智。因此说：公私界限不能够不清楚，法律禁令不能够不分明。先王是明白这个道理的。

解老　第二十

德者，内也。得者，外也。"上德不德"①，言其神不淫于外也。神不淫于外，则身全。身全之谓德。德者，得身也。凡德者，以无为集，以无欲成，以不思安，以不用固。为之欲之，则德无舍；德无舍，则不全。用之思之，则不固；不固，则无功；无功，则生于德。德则无德，不德则有德。故曰："上德不德，是以有德。"

所以贵无为无思为虚者，谓其意无所制也。夫无术者，故以无为无思为虚也。夫故以无为无思为虚者，其意常不忘虚，是制于为虚也。虚者，谓其意无所制也。今制于为虚，是不虚也。虚者之无为也，不以无为为有常。不以无为为有常，则虚；虚，则德盛；德盛之谓上德。故曰："上德无为而无不为也。"

仁者，谓其中心欣然爱人也。其喜人之有福，而恶人之有祸也，生心②之所能已也，非求其报也。故曰："上仁为之而无以为也。"

义者，君臣上下之事，父子贵贱之差也，知交朋友之接也，亲疏内外之分也。臣事君宜，下怀③上宜、子事父宜，众敬贵宜，知交友朋之相助也宜，亲者内而疏者外宜。义者，谓其宜也，宜而为之。故曰："上义为之而有以为也。"

礼者，所以貌情也，群义之文章也，君臣父子之交也，贵贱贤不肖之所以别也。中心怀而不逾，故疾趋卑拜而明之；实心爱而不知，故好言繁辞以信之。礼者，外节之所以逾内也。故曰"礼以情貌也"。凡人之为外物动也，不知其为身之礼也。众人之为礼也，以尊他人也，故时劝时衰。君子之为礼，以为其身；以为其身，故神之为上礼④；上礼神而众人贰，故不能相应；不能相应，故曰"上礼为之而莫之应"。众人虽贰，圣人之复恭敬尽手足之礼也不衰。故曰"攘⑤臂而仍之"。

[注释]

①上德不德：上德不向外求得。　②生心：生于心，发自内心。　③怀：归附，归顺。　④神：专心一意。上礼：最高的礼。　⑤攘：高举。

[译文]

德是体现于内的，而得是外在的。所谓"上德不德"，是说具备上德的人的精神不游逛于身体之外。精神不游逛于身体之外，身体就能够保全，身体能保护就是有德。德，是得于自身的。凡是德，因一无所做而聚集，因没有欲念而实现，因为不思考而安定，因为不应用而稳固。假如勉强有所作为、欲念太多，德就没有归宿；德没有归宿就不会完备。运用、考虑过多，德就不稳定；不稳定，就不会有效果；没有效果，是产生于对德的有意的追逐。有意追逐，德就不是真的德，不有意追逐，德就是有德。因此说："上德不德，是以有德。"

崇尚无为、无思作为虚的原因，是说这样人的心思可不受任何控制。那些没有掌控道术的人，故意用无为、无思来体现虚。故意用无为、无思来体现虚，他的心中就常常不能忘却虚，这就被虚所控制了。虚，是指人的心意不受任何东西控制。现在被虚所控制，这就不是真正的虚。真正达到虚的人的无为，是不把无为作为经常要注意的事的。不把无为作为经常要留意的事，就虚了；心意中虚了，德就充足；德充足了就是最高的德。因此说："上德是无为而又无所不为的。"

仁，是内心真诚欢悦地爱人。仁喜欢别人有幸福，不喜欢别人有灾祸；不喜欢别人有灾祸，也出于内心无法压制的情感，并不是为了追逐别人的回报。所以说："最高境界的仁是去做它而并非为了什么去做。"

义是指君臣上下的关系，父子贵贱的区别，知己朋友的来往，亲疏内外的区别。臣下侍奉君主是适当，下级敬服上级是适当，儿子孝养父亲是适当，低贱敬重尊贵是适当，朋友至交互相帮助是适当，与亲人关系密切、与生人关系疏离，是适当。所谓义，就是指合适，合适的才去做。因此说："最高的义，其作为是有目的的行为。"

礼，是用来体现内在实情的，是人与人之间各种关系有条理的体现，君臣父子的交往原则，贵和贱、贤和不肖区别的形式。心中怀有尊敬的感情而不能说出，因此就用疾趋卑拜的动作来表示心意；内心确实有所爱慕而他人并不体会，因此要用美好动听的言辞来加以表述。礼，是用外在的文饰形式来表示内心情感的方式。因此说："礼是表示情感的。"凡是人受外界事物的影响而有所行动，并不知道这种动作就是他自身的礼。平常的人行礼，是用来尊敬他人的，因此有时谨慎有时马虎。君子行礼，是为了自身表示真情的需要；为了他自身的需要，因此要认真对待它而使之成为最高的礼；行最高的礼一心一意而一般的人则三心二意，所以两方面不能相符；两方面不能相符，因此说："最高的礼实行起来却没有人相符。"一般的人尽管行礼时三心二意，圣人却依然保持恭敬去实行一举一动符合规范的礼仪而不松懈。因此说："奋臂而仍然推行礼。"

道有积而德有功，德者，道之功。功有实而实有光，仁者，德之光。光有泽而泽有事，义者，仁之事也。事有礼而礼有文，礼者，义之文也。故曰："失道而后失德，失德而后失仁，失仁而后失义，失义而后失礼。"

礼为情貌者也，文为质饰者也。夫君子取情而去貌，好质而恶饰。夫恃貌而论情者，其情恶也；须①饰而论质者，其质衰也。何以论之？和氏之璧，不饰以五采；隋侯之珠，不饰以银黄。其质至美，物不足以饰之。夫物之待饰而后行者，其质不美也。是以父子之间，其礼朴而不明，故曰礼薄也。凡物不并盛，阴阳是也；理相夺予②，威德是也；实厚者貌薄，父子之礼是也。由是观之，礼繁者，实心衰也。然则为礼者，事通人之朴心者也。众人之为礼也，人应则轻欢，不应则责怨。今为礼者事通人之朴心而资之以相责之分，能毋争乎？有争则乱，故曰："夫礼者，忠信之薄也，而乱之首乎。"

先物行先理动之谓前识。前识者，无缘而妄意度也。何以论之？詹何坐，弟子侍，牛鸣于门外。弟子曰："是黑牛也而白题③。"詹何曰："然，是黑牛也，而白在其角。"使人视之，果黑牛而以布裹其角。以詹子之术，婴众人之心，华焉殆矣。故曰："道之华也。"尝试④释詹子之察，而使五尺之愚童子视之，亦知其黑牛而以布裹其角也。故以詹子之察，苦心伤神，而后与五尺之愚童子同功，是以曰："愚之首也。"故曰："前识者，道之华也，而愚之首也。"

所谓"大丈夫"者，谓其智之大也。所谓"处其厚不处其薄"者，行情实而去礼貌也。所谓"处其实不处其华"者，必缘理不径绝也。所谓"去彼取此"者，去貌、径绝而取缘理、好情实也。故曰："去彼取此。"

人有祸，则心畏恐；心畏恐，则行端直；行端直，则思虑熟；思虑熟，则得事理。行端直，则无祸害；无祸害，则尽天年⑤。得事理，则必成功。尽天年，则全而寿。必成功，则富与贵。全寿富贵之谓福。而福本于有祸。故曰："祸兮福之所倚。"以成其功也。

人有福，则富贵至；富贵至，则衣食美；衣食美，则骄心生；骄心生，则行邪僻而动弃理。行邪僻，则身死夭；动弃理，则无成功。夫内有死夭之难，而外无成功之名者，大祸也。而祸本生于有福。故曰："福兮祸之所伏。"

[注释]

①须：凭。　②夺予：夺取和给予。　③题：额头。　④尝试：如果。⑤天年：自然的寿命。

[译文]

道会积累起来，而道的积累能产生功用；德，就是道的功用。功用有实际体现，有实际体现就有光辉；仁，就是德的光辉。光辉有固定的色泽，色泽有体现它的事情；义，就是体现仁的事情。事情有固定的礼节，礼有文采体现；礼，就是义的文采。因此说："失道而后失德，失德而后失仁，失仁而后失义，失义而后失礼。"

礼是内心情感的描述，文采是内在实质的修饰。君子取情感而舍描述，喜好实质而厌恶修饰。凭借外在礼仪来表示情感，这种情感就是丑恶的；凭借修饰来表现本质，这种实质就是衰败的。为何下这样的结论呢？和氏璧，不用五彩来装饰；隋侯珠，不用金银来装饰。它们的质地极好，其他东西不可以修饰它们，事物等待修饰以后才盛行的，它的实质肯定不美。因此父亲和儿子之间，使用的礼仪就很纯朴而不拘形式，因此说礼是淡薄的。凡是事物不能一起旺盛，阴阳就是如此的；事理彼此之间正反互相排斥，威德就是如此的；实情厚实的外貌却淡薄，父子之间的礼就是如此的。由此看来，礼仪繁杂的人内心的真实情感就脆弱。既然这样，说明推行礼这种事情是为了沟通人的纯朴的内心。一般人推行礼，别人回复就轻佻地欢乐，不回复就怨愤责备。现在行礼的人把原本用于沟通人的纯朴之心的方式变成了一种提供众人互相责备的尺度，这能不出现争执吗？有争执就乱，因此说："礼，是诚信淡薄的表现，而且是争乱的开始。"

在事物之前行动，在道理之先行动，这就是所谓的"前识"。前识，是没有根据的胡乱猜测。从什么地方能够论证这种说法呢？詹何在打坐，弟子在旁边侍奉。此时有牛在门外鸣叫。弟子说："这是一条黑色的牛，前额是白色的。"詹何说："是的，这是一条黑色的牛。不过白色的部分在角上。"派人去看，确实是一条黑色的牛而用布裹着角。凭借詹先生的道术，惑乱了众人的心，漂亮啊，但却的确疲劳伤神！因此说：前识是"道的花。"如果试着抛弃詹先生事先的洞察，而派一个五尺高的愚蠢的小孩去看一下，也能够知道是一条黑色的牛而用布包着角。因此，以詹先生的细察，苦心伤神，然后不过与五尺高的愚蠢的儿童得到相同的结果，因此说：前识是"愚蠢的开端"。因此说："前识，是道的花，是愚蠢的开端。"

所谓"大丈夫"，是说他的才智很高。所谓"处其厚不处其薄"，是说体现出真实的情感而舍弃外表的礼貌。所谓"处其实不处其华"，是指不依事理行事而胡乱行事。所谓"去彼取此"，是指抛弃外表的礼貌和不按事理行事的行为而遵从事理、喜欢真实的情感。所以说："丢弃那些，采取这些。"

　　人有了灾难，内心就害怕畏惧；心中害怕畏惧，行为就端正；行为端正，思考就成熟；思考成熟，就能懂得事物的规律。行为端正，就没有祸患灾难；没有祸患灾难，就可以享尽老天赐给的年岁。懂得了事物的规律，就一定成功。享尽老天赐予的年岁，就身体康健而长寿。一定得到成功，就意味着富贵。身体康健长寿富贵就称为福。而福来自于灾祸，因此老子说："灾祸啊，福分的依靠。"就是由于灾害成就了功业。

　　人有福分，富贵就来了；富贵来了，衣食就无忧；衣食无忧，骄傲的心理就出现了；骄傲的心理出现了，就会行为邪恶不正，动作违背道理。行为邪恶不正，自身就会早死，动作违背道理，就不会成功。那么内有早死的灾害，外无成功的名望，这是大大的灾难。而灾难来自于福分。所以说："福分啊，灾福所隐蔽的地方。"

　　夫缘道理以从事者，无不能成。无不能成者，大能成天子之势尊，而小易得卿相将军之赏禄。夫弃道理而妄举动者，虽上有天子诸侯之势尊，而天下有猗顿、陶朱、卜祝之富，犹失其民人而亡其财资也。众人之轻弃道理而易妄举动者，不知其祸福之深大而道阔远若是也，故谕人曰："孰知其极[①]？"

　　人莫不欲富贵全寿，而未有能免于贫贱死夭之祸也。心欲富贵全寿，而今贫贱死夭，是不能至于其所欲至也。凡失其所欲之路而妄行者之谓迷，迷则不能至于其所欲至矣。今众人之不能至于其所欲至，故曰："迷。"众人之所不能至于其所欲至也，自天地之剖判以至于今。故曰："人之迷也，其日故以久矣。"

　　所谓方者，内外相应也，言行相称也。所谓廉[②]者，必生死之命也，

轻恬资财也。所谓直者，义必公正，公心不偏党也。所谓光者，官爵尊贵，
衣裘壮丽也。今有道之士，虽中外信顺，不以诽谤穷堕；虽死节轻财，
不以侮罢羞贪；虽义端不党，不以去邪罪私；虽势尊衣美，不以夸贱欺贫。
其故何也？使失路者而肯听习问知，即不成迷也。今众人之所以欲成
功而反为败者，生于不知道理而不肯问知而听能。众人不肯问知听能，
而圣人强以其祸败适之，则怨。众人多而圣人寡，寡之不胜众，数也。
今举动而与天下之为仇，非全身长生之道也，是以行轨节而举之也。
故曰："方而不割，廉而不刿，直而不肆，光而不耀。"

[注释]

①极：终极，究竟。　　②廉：有棱角，有节操。

[译文]

遵从事物的规律来做事的人，没有不成功的。做事没有不成功，
那么功绩大的就能成就天子的权势和尊严，而功绩小的也能够轻易地
得到卿相将军的高官厚禄。抛弃了事物的客观规律而胆大妄为的人，
尽管在朝廷上有天子或诸侯的权势和尊严，又在下占有像猗顿、陶朱、
卜人巫祝那么多的财富，还是会丧失普天之下民众的拥戴并且失去其
财产物资的。众人之所以容易地抛弃了事物的规律而轻率地轻举妄动，
是由于不知道那灾难与幸福互相转化规律的奥秘以及自然规律的广大
深远得像这个样子，所以《老子》告知人们说："谁知道灾难和幸福
互相转变的究竟呢？"

人没有不希望富贵健康长寿的，但却没有能避免贫贱死亡夭折的
灾祸。心里希望富贵健康长寿，然而实际上却反成贫贱、死亡、夭折。

这样就不能实现他所希望实现的目的了。凡是丧失他所希望走的路而胡乱行动的人称为迷，迷路则不能实现他所希望实现的目的。现在众人不能实现他们所想要实现的目的，所以叫"迷"。众人这种不能实现他们所想要实现的目的的情况，从天地形成之日到如今一直都存在。因此说："人的这种迷路情况，日子由来的确已经很久了。"

所谓方正，是指表里相应，言行相应。所谓廉正，是指舍生忘死，轻视资财。所谓正直，是指在道义上正直，有公心而不偏袒。所谓光耀，是指官爵显贵，衣裘华丽。现在懂得了道的人，尽管内心和外表都真诚和顺，但并不以此毁谤困苦堕落的人；虽然能舍生忘死看轻资财，但并不以此羞辱软弱的人，耻笑贪利的人；尽管品行端正不结党营私，但并不以此厌恶行为不端的人，责备自私的人；尽管地位尊贵衣着华丽，但并不以此鄙视卑贱的人，欺负贫穷的人。其原因是什么？假如迷路的人愿意听从熟悉情况的人，求教识路的人，就不会迷路了。现在一般人想要成功却反而失败的原因，是由于不明白道理而又不愿去向懂得的人请教，不愿听从能人的意见。一般人不愿请教懂得的人和听从能干的人，而圣人硬要拿他们出的乱子加以责怪，就会闹出怨恨来了。普通人多而圣人少，圣人不能压倒普通人，是必定的道理。假如一举一动都和天下的人作对，那就不是保护自身求得长寿的办法，因此圣人用遵从法度来引导人们。因此《老子》说："圣人要方正，但不割伤人；有棱角，但不刺伤人；正直，但不放任；有光彩，但不夸耀。"

聪明睿智，天也；动静思虑，人也。人也者，乘于天明以视，寄于天聪以听，托于天智以思虑。故视强，则目不明；听甚，则耳不聪；思虑过度，则智识乱。目不明，则不能决黑白之分；耳不聪，则不能别清浊之声；智识乱，则不能审得失之地。目不能决黑白之色则谓之盲，耳不能别清浊之声则谓之聋，心不能审得失之地则谓之狂。盲则不能避昼日之险，聋则不能知雷霆之害，狂则不能免人间法令之祸。书之所谓治人者，适动静之节，省思虑之费也。所谓事天①者，不极聪明之力，不尽智识之任。苟极尽，则费神多；费神多，则盲聋悖狂之祸至，是以啬之。啬之者，爱其精神，啬其智识也。故曰："治人事天莫如啬。"

众人之用神也躁，躁则多费，多费之谓侈。圣人之用神也静，静则少费，少费之谓啬。啬之谓术也，生于道理。夫能啬也，是从于道而服于理者也。众人离于患，陷于祸，犹未知退，而不服从道理。圣人虽未见祸患之形，虚无服从于道理，以称蚤服。故曰："夫谓啬，是以蚤服。"

知治人者，其思虑静；知事天者，其孔窍虚。思虑静，故德不去；孔窍虚，则和气②日入。故曰："重积德。"夫能令故德不去，新和气日至者，蚤服者也。故曰："蚤服，是谓重积德。"积德而后神静，神静而后和多，和多而后计得，计得而后能御万物，能御万物则战易胜敌，战易胜敌而论必盖世，论必盖世，故曰"无不克"。无不克本于重积德，故曰"重积德，则无不克"。战易胜敌，则兼有天下；论必盖世，则民人从。进兼天下而退从民人，其术远，则众人莫见其端末。莫见其端末，是以莫知其极。故曰："无不克，则莫知其极。"

[注释]

①事天：使用人自然生成的听力、视力和智力。 ②和气：精气，古人认为自然界存在的一种极精微的气。

[译文]

聪颖睿智是天生的，动静思考是人为的。作为人，借助着天生的视力来看，借助着天生的听力来听，依靠着天生的智力来思考。因此看得太多会让眼睛不明，听得太多会让耳朵不灵敏，思考过度会让智力杂乱。眼睛不明亮就不能辨别黑白，耳朵不灵敏就不能辨别清浊的声音，智力混乱就不能审视得失的依据。眼睛不能辨别黑白就叫盲，耳朵不能辨别清浊之声就叫聋，智力不能审视得失的依据就叫狂。盲就不能够避免白天的危险，聋就不能知晓雷霆的危害，狂就不能避免违反法令的灾祸。《老子》中所说的"治人"，就是要调和人的动、静的节奏，简省思考问题的损耗。所谓"事天"，是说不用完耳目之力，不用尽智识的承受能力。假如将视力、听力和智力的能力用到极限，那么耗损的精神就多；耗损的精神多，那么盲、聋、狂的祸害就会到来，因此要啬它们。啬它们，是指珍惜人的精神，啬人的智识。因此说："治人事天没有比啬更关键的了。"

普通的人浮躁地使用自己的精神，浮躁就会过多地耗费，过多地耗费就是奢侈。圣人安静地利用自己的精神，安静就会较少耗损，较少耗损就是啬。啬作为一种方法，来自于事物的道理。能啬的人，是遵从大道依理办事的人。一般的人遇到了忧患，陷入了灾祸，还不知后退，不遵从道理。圣人虽然没有见到祸患的预兆，但是清虚无为，遵从道理，因此称为"蚤服"。因此说："夫谓啬，是以蚤服。"

懂得"治人"，他的思考平静；懂得"事天"，他的器官通达。思考平静，德性就不会失去；器官通达，精气就每天摄入。因此说："不断积蓄。"那种能使德性不失，新的精气每天吸入的人，就是"蚤服"的人。因此《老子》说："蚤服，指的是不停积德。"积德然后神静，神静然后精气多，精气多然后谋划得当，谋划得当然后能控制万物，能控制万物，打仗就轻易胜敌，打仗轻易胜敌，讲话就一定举世响应，讲话一定举世响应，因此说"无往不胜"。无往不胜本于不停积德，因此《老子》说："不断积德，就无往不胜。"打仗轻易战胜敌人，就会拥有天下；讲话一定举世响应，民众就会归服。进能够拥有天下，退能够使民众服从，这种法术十分深远，众人也就看不到它的首尾。见不到它的首尾，因此不能知道它的究竟。所以《老子》说："无往不胜，就没有人知道他的究竟。"

凡有国而后亡之，有身而后殃之，不可谓能有其国能保其身。夫能有其国必能安其社稷，能保其身必能终其天年，而后可谓能有其国能保其身矣。夫能有其国、保其身者，必且体道。体道，则其智深；其智深，则其会①远；其会远，众人莫能见其所极。唯夫能令人不见其事极，不见其事极者为保其身，有其国。故曰："莫知其极。莫知其极则可以有国。"

所谓"有国之母"，母者，道也。道也者，生于所以有国之术，所以有国之术，故谓之"有国之母"。夫道以与世周旋者，其建生也长，持禄也久。故曰："有国之母可以长久。"树木有曼根，有直根。根者，书之所谓"柢②"也。柢也者，木之所以建生也；曼根者，木之所以持生也。德也者，人之所以建生也；禄也者，人之所以持生也。今建于理者，其持禄也久，故曰："深其根。"体其道者，其生日长，故曰："固其柢。"柢固则生长，根深则视久，故曰："深其根，固其柢，长生久视之道也。"

[注释]

①会（kuài）：计谋，谋略。　　②柢（dǐ）：树根。

[译文]

凡是拥有国家而后让它灭亡，拥有身体而后让它受到危害，都不可说是有能力保全国家，有能力保全身体。有能力保全国家的人，一定能使象征国家的土地神和谷神获得安定；有能力保护身体的，一定能享尽自然的寿数。做到这些之后才能说是他能拥有自己的国家、能保全自己的身体。那些能拥有自己国家、能保全自身的人，必定会身体力行地遵从事物的客观规律；遵从事物的客观规律，那么他的思辨力就必定很深刻；他的思辨力深刻，那么他的计算就必定深远；他的计算深远，那么普通人就不能见到他的究竟了。只有这种遵从事物的客观规律的人才可以使人看不见他做事的究竟，让人看不到自己做事的究竟是为了保全自身、拥有自己的国家。因此《老子》说："没有人知晓他的究竟。没有人知晓他的究竟，然后就能够拥有国家了。"

所谓的"有国之母"，母，就是道。道来自于治国的方法。因为来自于治国的方法，因此说"有国之母"。利用道和世人应对的人，他的生命存活的时间长，维持禄位久，所以说："有国之母，能够长久。"树木有延伸的根，也有主要的根。主要的根即是书上说的"柢"。柢是树木生命的根本，延伸的根是树木生命得到维持的部分。德，是人生命的根本；禄位，是人的生命得以保持的条件。假如人的生命建立于事物自然的法则之上，他的爵禄就能维持长久，因此说："深其根。"推行着人生之道的人，他的生命就一天天增长，因此说："固其柢。"根柢稳固，就能生长；根本深远，就能够存活长久，因此说："使它的根深远，使它的柢稳固，这是存在长久的方法。"

工人数变业则失其功，作者数摇徙则亡其功。一人之作，日亡半日，十日则亡五人之功矣；万人之作，日亡半日，十日则亡五万人之功矣。然则数变业者，其人弥众，其亏弥大矣。凡法令更则利害易，利害易则民务变，务变之谓变业。故以理观之：事大众而数摇之，则少成功；藏大器而数徙之，则多败伤；烹小鲜而数挠之，则贼其泽；治大国而数变法，则民苦之。是以有道之君贵静，不重变法。故曰："治大国者若烹小鲜。"

　　人处疾则贵医，有祸则畏鬼。圣人在上，则民少欲；民少欲，则血气治而举动理[1]；举动理，则少祸害。夫内无痤疽瘅痔[2]之害，而外无刑罚法诛之祸者，其轻恬鬼也甚。故曰："以道莅天下，其鬼不神。"治世之民，不与鬼神相害也。故曰："非其鬼不神也，其神不伤人也。"鬼祟也疾人之谓鬼伤人，人逐除之之谓人伤鬼也。民犯法令之谓民伤上，上刑戮民之谓上伤民。民不犯法，则上亦不行刑；上不行刑之谓上不伤人。故曰："圣人亦不伤民。"上不与民相害，而人不与鬼相伤，故曰："两不相伤。"民不敢犯法，则上内不用刑罚，而外不事利其产业。上内不用刑罚，而外不事利其产业，则民蕃息。民蕃息而畜积盛。民蕃息而畜积盛之谓有德。凡所谓祟者，魂魄去而精神乱，精神乱则无德。鬼不祟人则魂魄不去，魂魄不去而精神不乱，精神不乱之谓有德。上盛畜积而鬼不乱其精神，则德尽在于民矣。故曰："两不相伤，则德交归焉。"言其德上下交盛而俱归于民也。

[注释]

①举动理：行动符合法令的规定。　②痤（cuó）：痈。疽（jū）：肿毒。瘅（dàn）：黄疸病。痔（zhì）：痔疮。

[译文]

有技艺的人多次变更他的作业就会失去功效，劳动的人常常变动他手中的活计就会没有功绩。一个人工作，每天减去半天时间，十天就少了五个人的成绩；一万个人工作，每天减去半天时间，十天就少了五万人的成果。那就是说多次改变职业的，这种人越多，造成的损失就越大。凡是法令变革，涉及到的利害也就变化；利害改变，民众所尽力的事情就会改变；民众尽力的事情改变就称为改变职业。因此从事物的变化规律来观察，役使民众而多次使他们变动，就少有能成功；收藏珍贵的器物而多次搬动它，就多会造成伤害；煎小鱼而多次翻动它，就会害了厨师自身；治理大国而多次改变法令，民众就会受它的苦。因此有治国方法的君主推行虚无安静，而谨慎地对待改变法令这事。因此说："治理大国的道理就像烹煎小鱼。"

人在生病时就重视医生，有了灾祸就畏惧鬼神。圣人高高在上，那么民众就少了欲念；民众少了欲念，血气就平和而举止行动就符合规律；举止行动符合规律那么祸害就少。体内没有痤疮、肿瘤、黄疸、痔疮等疾病的伤害，外没有刑律惩罚峻法杀害一类灾祸的人，就会十分轻视淡漠鬼神。因此说："用道来驾临天下的人。那些鬼就不再高深莫测了。"太平盛世的民众，不被鬼神损害。所以说："不是鬼不灵验，是它的灵气不害人。"鬼作怪使人患病称为鬼伤害人，人驱走除掉鬼称为人伤害鬼。民众违反法令称为民众伤害主上，主上用刑法惩罚民众称为主上伤害民众，民众不违反法令，那么主上也就不实施刑罚，主上不施行刑罚称为主上不伤害众人。因此说："圣人也不伤害民众。"君主不与民众相伤害，人不与鬼相伤害，因此《老子》说"两不相伤"。民众害怕犯法，君主对内不用刑罚，对外不进行有利自己产业的事。君主对内不用刑罚，对外不进行有利自己产业的事，民众就繁衍兴旺。民众繁衍兴旺蓄积就丰盛。民众繁衍兴旺而蓄积丰盛称为有德。凡是所说的作怪的人，就是魂魄远离了身体而精神紊乱，精神紊乱就称为无德。鬼不作怪，人的魂魄就不会离开；魂魄不离开，精神就不会紊乱；精神不紊乱就称为有德。君主使民众的积累丰盛，而鬼又不使民众精神紊乱，德就都集中到民众那里了。所以《老子》说："两不相伤，德就全部归于民众。"就是说的德在上下两方面都丰富而归于民众了。

有道之君，外无怨仇于邻敌，而内有德泽于人民。夫外无怨仇于邻敌者，其遇诸侯也外有礼义；内有德泽于人民者，其治人事也务本。遇诸侯有礼义，则役希起；治民事务本，则淫奢止。凡马之所以大用者，外供甲兵，而内给淫奢也。今有道之君，外希用甲兵，而内禁淫奢。上不事马于战斗逐北，而民不以马远淫通物，所积力唯田畴；积力于田畴，必且粪①灌。故曰："天下有道，却走马以粪也。"

人君无道，则内暴虐其民，而外侵欺其邻国。内暴虐，则民产绝；外侵欺，则兵数起。民产绝，则畜生少；兵数起，则士卒尽。畜生少，则戎马乏；士卒尽，则军危殆。戎马乏，则将马出；军危殆，则近臣役。"马"者，军之大用②；"郊"者，言其近也。今所以给军之具于将马近臣。故曰："天下无道，戎马生于郊矣。"

[注释]

①粪：施肥。　②用：用具，工具。

[译文]

有道德的君主，对外在邻国没有仇恨，对内对人民有恩德好处。在国外与临近的势均力敌的国家没有什么仇恨的君主，他在招待诸侯的时候，在外交场合有一定的礼仪和道义；在国内对人民有恩惠的君主，他在治理民众事务的时候，致力于最基本的农业。对待诸侯有礼仪有道义，那么战争就很少出现；治理民众的事务致力于农业这个基本，那么过度的奢侈就被制止了。大凡马之所以被大大地加以利用，是因为它对外要供应部队打仗用，而对内要供应人们过度的奢侈浪费的需要。如今有道德的君主，对外很少用兵，而对内制止过度的奢侈。君主不在作战交锋和追赶败敌中使用马，而人民又不用马到远处游荡运送货物，所集中起来的力量只用在农田上。集中的力量都用在农田上，那么马一定会用来施肥灌溉了。因此《老子》说："社会政治清明，就会把奔腾着的马停下来用来施肥。"

君主昏聩无道，那么对内就残酷地虐待他的人民，而对外就侵略欺侮他的邻国。在国内残酷地虐待人民，那么人民的产业就会被浪费光；对外侵略欺侮邻国，那么战争就会多次发生。人民的产业被浪费了，那么豢养的牲口就会减少；战争多次发生，士卒就会死光。豢养的家畜减少，战马就缺少；士卒死光，军队就危险。战马缺少，怀孕的母马就得出战；军队危险，君主的近臣就一定要出战。马，是军队中有关键作用的；郊，是说离城市很近的地方。现在由于怀孕的母马和近臣都供应给军队了，因此《老子》说："天下无道，战马在郊外生马驹。"

人有欲，则计会乱；计会乱，而有欲甚；有欲甚，则邪心胜；邪心胜，则事经①绝；事经绝，则祸难生。由是观之，祸难生于邪心，邪心诱于可欲。可欲之类,进则教良民为奸,退则令善人有祸。奸起,则上侵弱君;祸至,则民人多伤。然则可欲之类,上侵弱君而下伤民人。夫上侵弱君而下伤民人者,大罪也。故曰:"祸莫大于可欲。"是以圣人不引五色,不淫于声乐;明君贱玩好而去淫丽。

人无毛羽,不衣则不犯寒②;上不属天而下不著地,以肠胃为根本,不食则不能活;是以不免于欲利之心。欲利之心不除,其身之忧也。故圣人衣足以犯寒,食足以充虚,则不忧矣。众人则不然,大为诸侯,小余千金之资,其欲得之忧不除也。胥靡③有免,死罪时活,今不知足者之忧终身不解。故曰:"祸莫大于不知足。"

故欲利甚于忧,忧则疾生;疾生而智能衰;智能衰,则失度量;失度量,则妄举动;妄举动,则祸害至;祸害至而疾婴内④;疾婴内,则痛祸薄外;痛祸薄外,则苦痛杂于肠胃之间;苦痛杂于肠胃之间,则伤人也憯。憯则退而自咎,退而自咎也生于欲利。故曰:"咎莫憯于欲利。"

[注释]

①事经:办事的纲纪,准则。　②犯寒:战胜寒冷。　③胥靡:犯轻罪,罚作苦役的人。　④疾婴内:内心被疾病缠绕。婴,缠绕。

[译文]

人有欲念,计算就会杂乱;计算杂乱,欲念就更强烈;欲念更强烈,邪恶之心就要占上风;邪恶之心占了上风,就不依据事理来做事了;不依据事理做事,祸患和灾难就要发生了。由此看来,祸患和灾难来自于邪恶之心,邪恶之心是被欲念诱发的。能引起欲念的东西,进一步说会让好人做坏事，退一步说会让善人遭受灾祸。坏事产生了，向上会侵害、减弱君主；灾祸产生了，人民就会受到伤害。那么能诱引欲望的东西，上能够侵害君主，下能够伤害人民。上侵害君主、下伤害人民，是大罪过。因此说："祸莫大于可欲。"所以圣人不被五彩诱惑，不沉溺于音乐，圣明的君主看轻玩物而排除淫靡华丽。

人没有长羽毛，不穿衣就不能防寒；上不与天相连而下不连着于地，以肠胃为存活的根本，不吃东西就不能存活；因此就不能避免贪图得利的心思。贪求利益的心思不去除，这是他身上的祸患。所以圣人穿衣只要能防寒就行，吃东西只求填饱肚子，这样就没有祸患了。一般的人则不是如此，大到做了诸侯，小到积存有千金的资本，他想要贪图利益的欲念还不能去除。犯有轻罪的苦役有时能够免罪，犯有死罪的人有时可遇免除而存活，现在那些不知足的人的担忧一辈子也没法解脱。所以说："祸害没有比不懂得满足更大的了。"

所以贪利之心很强则忧患，忧患就生病；生病了，智慧就会减退；智慧减退，就会失去行动的准则；失去行动的准则，就会轻举妄动；轻举妄动，祸害就会来临；祸害来临，疾病就会干扰内心；疾病干扰内心，病痛就由内心向外干扰；病痛由内心向外干扰，苦痛就会集中在肠胃之间；苦痛集中在肠胃之间，其对人的伤害十分惨痛；受到了悲惨的伤害，才会退而自责；退而自责来自于贪利之心。因此《老子》说："咎莫憯于欲利。"

道者，万物之所然也，万理之所稽①也。理者，成物之文也；道者，万物之所以成也。故曰："道，理之者也。"物有理，不可以相薄；物有理不可以相薄，故理之为物之制。万物各异理，而道尽稽万物之理，故不得不化；不得不化，故无常操。无常操，是以死生气禀焉，万智斟酌焉，万事废兴焉。天得之以高，地得之以藏，维斗②得之以成其威，日月得之以恒其光，五常得之以焉其位，列星得之以端其行，四时得之以御其变气，轩辕得之以擅四方，赤松得之与天地统，圣人得之以成文章。道，与尧、舜俱智，与接舆俱狂，与桀、纣俱灭，与汤、武俱昌。以为近乎，游于四极；以为远乎，常在吾侧；以为暗乎，其光昭昭；以为明乎，其物冥冥。而功成天地，和化雷霆，宇内之物，恃之以成。凡道之情，不制不形，柔弱随时，与理相应。万物得之以死，得之以生；力事得之以败，得之以成。道譬诸若水，溺者多饮之即死，渴者适饮之即生；譬之若剑戟，愚人以行忿则祸生，圣人以诛暴则福成。故得之以死，得之以生，得之以败，得之以成。

人希见生象也，而得死象之骨，案其图以想其生也，故诸人之所以意想者皆谓之"象"也。今道虽不可得闻见，圣人执其见功以处见其形。故曰："无状之状，无物之象。"

[注释]

①稽：符合，汇合。　②维斗：围绕北斗星而形成的星系。

[译文]

道，是万物之所以作为万物的东西，是万理的结合。理，是构成事物的法则；道，是万物之所以作为万物的东西的法则。因此生死这样的自然现象都秉承于它，各种智慧都汲取于它，万事都因它而兴旺或衰败。天获得了它而高远，地获得了它而博大，北斗获得了它才成就了自己的威势，日月获得了它才有永久的光辉，金、木、水、火、土五颗星获得了它才使自己的位置恒久不变，众星获得了它才端正了自己的运转，四时获得了它才能控制变化的气节，轩辕获得了它才治理四方，赤松子获得了它才与天地同样长寿，圣人获得了它才有了礼乐制度。道，在尧、舜就是智慧，在接舆就是狂妄，在桀、纣就是覆灭，在汤、武就是兴盛。以为很近，却遨游于四方的天际；认为很远，却常在我们的身边；认为昏暗，光明却闪闪发亮；认为光明，又昏暗不能见。功效成就了天地，形成了雷霆，宇宙万物都依靠它而生成。大凡道的情况：不造作也不显露，柔弱地顺着时节变化，和理相符合。万物得到它而死亡，获得它而生存；万事获得它而失败，获得它而成功。道，把它比作水，淹没在水中的人喝多了就会死去，口渴的人适度地饮水就会存活；把它比成剑戟，愚昧的人用它来发泄愤恨就带来灾祸，圣人用它来杀害暴虐就能够成就福祉。所以得到它能够死，也能够活；得到它能够失败，也能够成功。

人们很少能看到活象，却能获得死象的骨骼。根据死象骨骼的模样来想象活象的样子，因此人们据以想象的东西都称为"象"。现在道尽管听不到看不见，但是圣人却能够根据它所显示的功效来推出它的形状，因此说："无状之状，无物之象。"

凡理者，方圆、短长、粗靡①、坚脆之分也，故理定而后可得道也。故定理有存亡，有死生，有盛衰。夫物之一存一亡、乍死乍生，初盛而后衰者，不可谓常。唯夫与天地之剖判也具生，至天地之消散也不死不衰者谓"常"。而常者，无攸易，无定理。无定理，非在于常所，是以不可道也。圣人观其玄虚，用②其周行，强字之曰"道"，然而可论。故曰："道之可道，非常道也。"

人始于生而卒于死。始之谓出，卒之谓入。故曰："出生入死。"人之身三百六十节，四肢、九窍③，其大具也。四肢与九窍十有三者，十有三者之动静尽属于生焉。属之谓徒也，故曰："生之徒也，十有三者。"至死也，十有三具者皆还而属之于死，死之徒亦有十三。故曰："生之徒十有三，死之徒十有三。"凡民之生生，而生者固动，动尽则损也；而动不止，是损而不止也。损而不止，则生尽；生尽之谓死，则十有三具者皆为死地也。故曰："民之生，生而动，动皆之死地，之十有三。"

[注释]

①靡：细。　②用：以，依据，根据。　③九窍：人体的口、眼、耳、鼻七窍及排泄大小便的二窍。

[译文]

凡是理，有方圆、短长、粗细、坚脆的区别，所以理定形而后物体能够得到道，所以理的定形有存亡、有死生、有盛衰。物的一存一亡，突然死突然生，开始兴盛，接着又衰亡这些情况，都不能称作永恒。唯有那与天地初分时同时生，直到天地消散也不死不衰的东西才能够称为"永恒"。而恒久的东西，没有变化，没有稳定的形式。没有稳定的形式，又不在稳定场所，因此不能够说明。圣人观察道的奇妙虚无，根据它普遍运行的情况，勉强给它命名，这样而能够加以讨论。所以说："道假如说得出来，那就不是恒久的道了。"

人的生命从生下来开始到死亡时终结。开始叫作"出"，终结叫作"入"。因此说："出就是出生而入即是死亡。"人的身体有三百六十个关节、四肢、九窍，这是人的关键部件。四肢和九窍的总数为十三，这十三个部件的一动一静都归属生的范围。归属生的范围就称为"生之类"，因此说："生之类的部件有十三个。"待到人死后，这十三个部件都反过来归属死亡　边，死亡一类的部件也有十三个，因此说："生之徒十有三，死之徒十有三"。人类繁衍不止，而繁衍就要活动，活动没有停止，伤害也就没有停止。伤害不止，生命就用尽了；生命用尽了，就叫作死，那么这十三件都会使人不停走向死亡。因此老子："人开始生下来，生下来就要动，动都要趋向死亡，这都是凭借人的十三个身体的部件。"

是以圣人爱精神而贵处静。不爱精神不贵处静，此甚大于兕虎之害。夫兕虎有域，动静有时。避其域，省其时，则免其兕虎之害矣。民独知兕虎之有爪角也，而莫知万物之尽有爪角也，不免于万物之害。何以论之？时雨降集，旷野闲静，而以昏晨犯山川，则风露之爪角害之。事上不忠，轻犯禁令，则刑法之爪角害之。处乡不节，憎爱无度，则争斗之爪角害之。嗜欲无限，动静不节，则痤疽①之爪角害之。好用其私智而弃道理，则网罗之爪角害之。兕虎有域，而万害有原，避其域，塞其原，则免于诸害矣。凡兵革者，所以备害也。重生者，虽入军无忿争之心；无忿争之心，则无所用救害之备。此非独谓野处之军也。圣人之游世也，无害人之心，则必无人害；无人害，则不备人。故曰："陆行不遇兕虎。"入山不恃备以救害，故曰："入军不备甲兵。"远诸害，故曰："兕无所投其角，虎无所厝其爪，兵无所容其刃。"不设备而必无害，天地之道理也。体天地之道，故曰："无死地焉。"动无死地，而谓之"善摄生"矣。

[注释]

①痤（cuó）：疖子。疽（jū）：结块状的恶疮。

[译文]

圣人珍惜精神而看重虚静状态。不珍惜精神，不看重虚静，比野牛猛虎的伤害还要大。野牛和猛虎有一定的活动范围，动和静有一定的时间。避开它们的活动范围，观察它们的活动时间，就能够免除野牛和老虎的伤害了。百姓只知晓野牛和猛虎有坚爪利角，却不知晓万物都有坚爪利角，就不能免受万物的侵害。为何这样说？季雨降落集聚，旷野一片安静，假如在黄昏和清晨跋山涉水，风雨寒露的爪角就会伤害他。侍奉主上不忠诚，随便违犯禁令，刑法的爪角就会伤害他。住在乡里无规矩，爱憎无常，争斗的爪角就会伤害他。贪图享乐无度，行为举止无规矩，毒疮的爪角就会伤害他。爱用个人智巧，违背事理，法网的爪角就会伤害他。野牛和猛虎有它们的活动范围，各种祸害也都有它们的来源，如果避开猛兽的活动范围，堵塞祸害的来源，就可以免受各种祸害。所有兵器盔甲都是用来防范侵害的。看重生命的人，即使当兵也没有忿怒争斗的想法；没有忿怒争斗的想法，就无处使用免除祸害的防范措施。这不只是说处在野外的军队。圣人在世上活动，没有害人的想法，一定就没人害他；没人害他，就不用防范别人。所以《老子》说："陆地上走路不会遇到野牛和猛虎。"进入山林不依靠防备措施来避免祸害，因此说："加入军队不用准备兵器。"这样就能够远离各种祸害，因此说："野牛没有地方使用它的坚角，猛虎没有地方展示它的利爪，兵器没有地方使用它的锋刃。"不采用防人措施而一定没有祸害，是自然的道理。体会自然的道理，因此说："不会陷入死亡的境况。"活动不会靠近死地，就称为"善于养生"。

爱子者慈于子，重生者慈于身，贵功者慈于事。慈母之于弱子也，务致其福。务致其福，则事除其祸；事除其祸，则思虑熟①；思虑熟，则得事理；得事理，则必成功；必成功，则其行之也不疑；不疑之谓勇。圣人之于万事也，尽如慈母之为弱子虑也，故见必行之道；见必行之道，则明，其从事亦不疑；不疑之谓勇。不疑生于慈，故曰："慈，故能勇。"

周公曰："冬日之闭冻也不固，则春夏之长草木也不茂。"天地不能常侈常费，而况于人乎？故万物必有盛衰，万事必有弛张，国家必有文武，官治必有赏罚。是以智士俭用其财则家富，圣人爱宝其神则精盛，人君重战其卒则民众，民众则国广。是以举②之曰"俭，故能广。"

凡物之有形者，易裁也，易割也。何以论之？有形，则有短长；有短长，则有小大；有小大，则有方圆；有方圆，则有坚脆；有坚脆，则有轻重；有轻重，则有白黑。短长、大小、方圆、坚脆、轻重、白黑之谓理。理定而物易割也。故议于大庭③而后言则立，权议之士知之矣。故欲成方圆而随其规矩，则万事之功形矣。而万物莫不有规矩。议言之士，计会规矩也。圣人尽随于万物之规矩，故曰："不敢为天下先。"不敢为天下先，则事无不事，功无不功，而议必盖世，欲无处大官，其可得乎？处大官之谓为成事长，是以故曰："不敢为天下先，故能为成事长。"

[注释]

①熟：周到，精细。　②举：称。　③大庭：朝廷，大臣们议事的地方。

［译文］

喜爱儿子的人对子女仁爱，重视生命的人对自身偏袒，推崇功业的人喜爱事业。慈母对于弱小的孩子，尽力于为他们造福；尽力于为他们造福，就要为他们去除祸害；为他们去除祸害，就要思虑成熟；思虑成熟，就能掌握事物的道理；掌握了道理，就一定会成功；一定成功，行动就毫不迟疑；不迟疑就是勇敢。圣人对待万事万物，都像慈母为弱小的孩子思虑一样，所以能够看出必定要实行的道理。看到了必定要实行的道理就是明察，做事情也不迟疑，不迟疑就是勇敢。不迟疑产生于慈爱，因此说："慈爱，因此能勇敢。"

周公说："冬天的封冻不坚实，那么春夏的草木生长就不丰茂。"天地都不能经常过多耗损经常浪费，何况是人呢？所以万物必定有盛衰，万事必定有张弛，国家必定有文武，政府治理必定有赏罚。因此，聪明的人节约地使用他的钱财那样家庭就会富裕，圣人爱惜宝贝他的精神那么精力就会兴旺，国君怜惜他的士兵参战那么民众就多，民众多那样国家就大，因此总而言之，道："节俭，因此能广大。"

大凡物体有形体的就容易裁断，容易分开。为什么这样说呢？有形体，就有长短；有长短，就有大小；有大小，就有方圆；有方圆，就有坚强和微弱之分；有坚强和微弱之分，就有轻重之分；有轻重之分，就有白黑之分。长短、大小、方圆、坚脆、轻重、白黑就称为事物的条理。条理明确了物体就容易分开。所以通过在朝廷中议论而后宣告的主张就能成立，善于衡量各种议论的人懂得这一点。因此想要画成方圆而遵从规矩，那么一切事物的功效就能表现出来。而一切事物无一没有它们的规矩，出谋献策的人，就是要测量人们的行为怎样才符合这些规矩。圣人所有的言行都依照事物的规矩，因此说："不敢走在天下人的前面。"不敢走在天下人的前面，事情就没有办不好的，功业就没有不能实现的，而他的议论一定超越世上的人，想要不处在重要位置上，这可能吗？处在重要位置就称为办事的首领。因为这个原因就说："不敢走在天下人的前面，因此能成为办事的首领。"

　　慈于子者不敢绝衣食，慈于身者不敢离法度，慈于方圆者不敢舍规矩。故临兵而慈于士吏，则战胜敌；慈于器械，则城坚固。故曰："慈，于战则胜，以守则固。"夫能自全也而尽随于万物之理者，必且有天生。天生也者，生心也，故天下之道尽之生也。若以慈卫之也，事必万全，而举无不当，则谓之"宝"矣。故曰："吾有三宝①，持而宝之。"

　　书之所谓大道也者，端道也。所谓貌施②也者，邪道也。所谓径大也者，佳丽也。佳丽也者，邪道之分也。朝甚除也者，狱讼繁也。狱讼繁则田荒，田荒则府仓虚，府仓虚则国贫，国贫而民俗淫侈，民俗淫侈则衣食之业绝，衣食之业绝则民不得无饰巧诈，饰巧诈则知采文，知采文之谓服文采。狱讼繁，仓廪虚，而有以淫侈为俗，则国之伤也若以利剑刺之。故曰"带利剑"。诸夫饰智故以至于伤国者，其私家必富；私家必富，故曰"资货有余"。国有若是者，则愚民不得无术而效之；效之则小盗生。由是观之，大奸作则小盗随，大奸唱则小盗和。竽也者，五声之长者也，故竽先则钟瑟皆随，竽唱则诸乐皆和。今大奸作则俗之民唱，俗之民唱则小盗必和。故"服文采，带利剑，厌③饮食，而货资有余者，是之谓盗竽矣"。

[注释]

①三宝：指慈、俭、不敢为天下先。　②施（yí）：斜。　③厌：满足。

[译文]

爱护儿子的人不敢隔绝孩子的衣服和食物，爱护自身的人不敢违背法律，喜爱画方圆的人不敢丢弃圆规和尺子。所以面临战争而能爱护士兵的人就能战胜敌人，爱护守城器械的城池就牢固。因此说："慈，于战则胜，以守则固。"那种能保护自己而又能遵从万物道理的人，一定有天生的东西。这天生的东西，就是遵从万物道理的心，因此天下的大道都产生于此。如果用仁爱来护卫，事情一定万无一失，举动没有不恰当的，就能够称为"宝"了。因此说："吾有三宝，持而宝之。"

《老子》书上所谓的"大道"，是指的正道。所谓的"施"，是指的邪道。所谓的把"径"当大路，是因为这种小径精辟华丽。而精辟华丽的小路，也就是邪道的一部分。官府里很黑，是因为诉讼案件很多。诉讼案件很多就会使田园荒废，田地荒废就会使国家的府库粮仓空乏，府库粮仓空乏国家就贫穷，国家贫穷而民俗淫荡奢侈，民俗淫荡奢侈那么人民的衣食之业就会隔绝，衣食之业隔绝了人民就不能不装饰欺诈，装饰欺诈就知道要漂亮的打扮，知道漂亮的打扮就称为"服文采"。诉讼的案件多，仓库空乏，而又以淫荡奢侈为习俗，那么国家受到的损害就像用利剑刺的一样。因此说："拿着利剑。"那些装饰智巧甚至伤害国家的人，他的私家必定富有；私家必定富有，因此说："财物有剩下的。"一个国家有像这样的人，那么愚蠢的民众就不会没有办法来效法他们；效法他们就会出现小盗贼。由此看来，大的奸诈出现，那么小的盗贼就会随着发生；大的奸诈开始唱，小的盗贼就会附和。竽，是五音中领唱的，所以竽先演奏起来，钟、瑟都会跟着演奏，竽先吹出音乐那么各种乐器都会来唱和。现在大的奸诈发起，世俗的庸人也就随着唱，世俗的庸人唱，小的盗贼必定附和。所以"从事于美貌的打扮，佩戴着利剑，饮食充沛，而财物有多余的人，这就称为盗贼中的领唱的竽"。

　　人无愚智，莫不有趋舍。恬淡平安，莫不知祸福之所由来。得于好恶，休①丁淫物，而后变乱。所以然者，引于外物，乱于玩好也。恬淡有趋舍之义，平安知祸福之计。而今也玩好变之，外物引之；引之而往，故曰："拔。"至圣人不然：一建其趋舍，虽见所好之物不能引，不能引之谓不拔。一于其情，虽有可欲之类，神不为动；神不为动之，谓"不脱"。为人子孙者，体此道以守宗庙不灭之谓祭祀不绝。身以积精为德，家以资财为德，乡国天下皆以民为德。今治身而外物不能乱其精神，故曰："修之身，其德乃真。"真者，慎之固也。治家，无用之物不能动其计则资有余，故曰："修之家，其德有余。"治乡者行此节，则家之有余者益众，故曰："修之乡，其德乃长。"治邦者行此节，则乡之有德者益众，故曰："修之邦，其德乃丰。"莅天下者行此节，则民之生莫不受其泽，故曰："修之天下，其德乃普。"修身者以此别君子小人，治乡治邦莅天下者各以此科适②观息耗③则万不失一。故曰："以身观身，以家观家，以乡观乡，以邦观邦，以天下观天下。吾奚以知天下之然也？以此。"

[注释]

①休：通"诛（xǔ）"，引诱。　②适：通"谛"，审查。　③息耗：生长和消耗。

[译文]

　　人不管愚蠢还是聪明，没有不拥有追逐和舍弃的。清静平和的时候，没有不知晓祸患幸福从何处来的。由于好恶而索取，受玩物的诱惑，然后思维变得混乱。之所以如此，是受外物的诱惑，受玩好的干扰。清静就有取舍的准则，平安就懂得祸福的计量，然而现在有玩好变乱、外物诱惑。诱惑他而去，因此叫"拔"。到了圣人这里却不是如此：专一建立他的取舍。尽管见了喜欢的东西也不能受到诱惑。不能受到诱惑叫"不拔"。专一于他的性情，尽管存在可引起欲望之类的事物，心神也不为之所动，心神不为之所动称为"不脱"。做人家子孙的人，懂得这个道理来守卫宗庙，让香火不灭称为"祭祀不绝"。身心以存储精神为德，家庭以占有资产财物为德，一乡之地一国之地甚至天下都以百姓为德。如今修养身心并且外界事物不能干扰他的精神，因此说："修养他的身心，他的德就是真的。"真，外得内省的坚固。管理家庭的人，无用之物不能动荡他的计量，那么资产就有多余，因此说："治理家庭，他的德就有多余。"管理一乡的人按这个节度办事，那么家庭富有的人就越多，因此说："治理一乡，他的德就增长。"治理国家的人按这个节度行事，那么有德的乡就越多，所以说："治理一国，他的德就丰满。"驾临天下的人实行这个节度。那么百姓的生存就没有不受到他的恩惠的。因此说："治理天下，他的德就普及。"修养自身的人用这个原则来区分君子和小人，治理乡、国，驾临天下的人，各自用这个节度适当地观察万物生长耗费，那么就万无一失了。因此说："用身心观察身心，用家庭观察家庭，用乡观察乡，以国家观察国家，以天下观察天下。我如何知道天下是如此的呢？就用这个原则。"

喻老 第二十一

天下有道，无急患，则曰静，遽传①不用。故曰："却②走马以粪。"天下无道，攻击不休，相守数年不已，甲胄生虮③虱，燕雀处帷幄，而兵不归，故曰："戎马生于郊。"

翟人有献丰狐、玄豹之皮于晋文公。文公受客皮而叹曰："此以皮之美自为罪。"夫治国者以名号为罪，徐偃王是也；以城与地为罪，虞、虢是也。故曰："罪莫大于可欲④。"

知伯兼范、中行而攻赵不已，韩、魏反之，军败晋阳，身死高梁之东，遂卒被分，漆其首以为溲器⑤。故曰："祸莫大于不知足。"

虞君欲屈产之乘与垂棘之璧，不听宫之奇，故邦亡身死。故曰："咎莫憯于欲得。"

邦以存为常，霸王其可也；身以生为常，富贵其可也。不欲自害，则邦不亡，身不死。故曰："知足之为足矣。"

楚庄王既胜，狩于河雍，归而赏孙叔敖。孙叔敖请汉间之地，沙石之处⑥。楚邦之法，禄臣再世而收地，唯孙叔敖独在。此不以其邦为收者，瘠也，故九世而祀不绝。故曰："善建不拔，善抱不脱，子孙以其祭祀世世不辍。"孙叔敖之谓也。

[注释]

①遽：送信的快车快马。传：驿站的车马。　②却：停止。　③虮：

虱子的卵。　　④可欲：可以引起欲望。　　⑤溲器：饮器。一说为小便器。
⑥沙石之处：贫瘠的地方。

［译文］

　　天下有道，没有紧迫的祸患，就称为安静，用来传送紧急公文的
车马也不使用了。因此说："用战马耕种田地。"天下无道，彼此攻
击不停，防守多年不停息，铠甲里都长了虱子，燕雀都在帐篷里做了窝，
而军队却不能返回，因此说："战马在战地的郊外生下小马驹。"

　　有个翟地的人将大狐狸、玄豹的皮进献晋文公。晋文公接纳了翟
人送的皮革并且叹息说："这是由于皮革自己的华丽给自己带来的祸
患啊！"所以君主由于名号而给自己带来祸害的，徐偃王就是这样的
例子。由于城池和地域给自己招来祸患的，虞国的君主、虢国的君主
就是这样。因此说："祸患没有比能引起贪婪的欲望的东西更大的了。"

　　智伯吞并了范氏、中行氏，又不停地向赵氏攻击，韩、魏两家反攻，
智伯军队在晋阳失败，自己死于高梁的东面，于是封地被分割，头颅
骨被漆起来作饮器。因此说："祸害没有比不知足更大的了。"

　　虞国的君主贪求屈地产的良马和垂棘的玉璧，不听宫之奇的劝言，
因此国亡身死。因此《老子》说："灾祸没有比贪婪更悲惨的了。"

　　国家以维持生存作为长期法则，称霸称王也就可以了；身体以维
持生命作为长期法则，富裕尊贵也就可以了。不用贪欲来损害自己，
国家不会覆灭，自身不会死亡。所以说："懂得满足才是真正的满足。"

　　楚庄王在河雍获取了战争的胜利，回来后赏赐孙叔敖。孙叔敖请
示得到汉水附近的一片荒芜的布满沙石的贫瘠之地。依据楚国的法律，
享有国家俸禄的大臣到了第二代子孙就要将他的封地收归国家，然而

只有孙叔敖的封地没有被收回。他的封地不被收回的原因是他的封地非常贫瘠，所以过了九代，子孙祭祀都没有灭绝。因此说："善于建树的不容易被拔起，善于保持的不容易失去。子孙们正是由于这个原因，使得祭祀可以世世代代传承下去而不断绝。"这里讲的正是孙叔敖。

　　制在己曰重，不离位曰静。重则能使轻，静则能使躁。故曰："重为轻根，静为躁君。"故曰："君子终日行，不离辎重也。"邦者，人君之辎重也。主父生传其邦，此离其辎重者也，故虽有代、云中之乐，超然已无赵矣。主父，万乘之王，而以身轻于天下。无势之谓轻，离位之谓躁，是以生幽而死。故曰："轻则失臣，躁则失君。"主父之谓也。

　　势重①者，人君之渊也。君人者，势重于人臣之间，失则不可复得也。简公失之于田成，晋公失之于六卿，而邦亡身死。故曰："鱼不可脱于深渊。"赏罚者，邦之利器也，在君则制臣，在臣则胜君。君见②赏，臣则损之以为德；君见罚，臣则益之以为威。人君见赏，而人臣用其势；人君见罚，而人臣乘其威。故曰："邦之利器，不可以示人。"

　　越王入宦于吴③，而观之伐齐以弊吴。吴兵既胜齐人于艾陵，张之于江、济，强之于黄池，故可制于五湖④。故曰："将欲禽⑤之，必固⑥张之；将欲弱之，必固强之。"晋献公将欲袭虞，遗之以璧马；知伯将袭仇由，遗之以广车。故曰："将欲取之，必固与之。"起事于无形，而要⑦大功于天下，"是谓微明"。处小弱而重自卑，谓损"弱胜强"也。

[注释]

①势重：权势。　②见：通"现"，显露、表示。　③越王入宦于吴：

越王勾践到吴国去做吴王夫差的奴仆。 ④五湖：这里指太湖，在今江苏南部，当时是吴国的心腹地区。 ⑤翕（xī）：缩小。 ⑥固：通"姑"，暂且。⑦要：设法求得。

[译文]

控制臣下、大权掌控在自己手中就称为重，不偏离君位叫静。重，就能驱逐轻；静，就能驱逐躁。因此说："重是轻的根，静是躁的君。"因此说："君子整天走路都不放下行李。"国家，就是君主的行李。主父还在世的时候就传了国，这就是放下了自己的行李，因此尽管有代、云中的快乐，但高高在上，已经丧失了赵国。主父，是万乘大国的君主。而让自己被天下的人所轻视。没有权势就称为轻，离开君位就叫躁。所以被活着幽禁而死。因此说："权势轻微就会丧失臣子，躁动就会丧失君位。"这说的是主父了。

君主，就像是包容权势这条鱼的深水潭。君主假如把自己的权势扔到臣子中间，那就不可能再获得它了。齐简公把权势抛给了田成，晋国的君主把权势扔给了六卿，后果却是国亡身死。因此《老子》说："鱼儿不能离开深水潭。"所谓的赏罚，是国家的治理手段，假如掌握在君主手里就能制服臣下，假如掌握在臣子手里就能超过君主。君主假如表示要奖赏，臣下就会把这奖赏减少一点并且以自己的名义赐给人来作为自己的恩德；君主假如表示要用惩罚，臣下就会把这刑罚增重一些来树立自己的威势。可见，君主显示出奖赏的意图，那么臣下就会借用他的权势；君主显露出用刑的意图，那么臣下就会借助他的威势。因此《老子》说："国家的治理手段，不能够把它拿出来给别人看。"

越王勾践到吴国给夫差当奴仆，鼓励夫差伐齐想以此减弱吴国。

吴国军队在艾陵击败了齐国军队,扩展到长江、济水流域,又在黄池盟会时逞强,因此才会被越国制服在太湖地区。因此说:"要想减小它,必须暂时让它扩张一下;要想减弱它,必须暂时让它强大一下。"晋献公想要突袭虞国,便给它宝玉和良马;智伯将突袭仇由,赠给它大车。因此说:"将要获得,一定要暂时给与。"不露形迹地办事情,而求在天下得到大功,"这就称为微妙的明智"。居在弱小地位而能注意主动地谦卑克制,这就称为"弱能胜强"。

有形之类,大必起于小;行久之物,族必起于少。故曰:"天下之难事必作于易,天下之大事必作于细。"是以欲制物者于其细也,故曰:"图难于其易也,为大于其细也。"千丈之堤以蝼蚁之穴溃,百尺之室以突①隙之烟焚。故曰:白圭之行堤也塞其穴,丈人之慎火也涂其隙。是以白圭无水难,丈人无火患。此皆慎易以避难,敬细以远大者也。扁鹊见蔡桓公,立有间,扁鹊曰:"君有疾在腠理,不治将恐深。"桓侯曰:"寡人无疾。"扁鹊出,桓侯曰:"医之好治不病以为功。"居十日,扁鹊复见,曰:"君之病在肌肤,不治将益深。"桓侯不应。扁鹊出,桓侯又不悦。居十日,扁鹊复见曰:"君之病在肠胃,不治将益深。"桓侯又不应。扁鹊出,桓侯又不悦。居十日,扁鹊望桓侯而还走。桓侯故使人问之,扁鹊曰:"疾在腠理,汤熨之所及也;在肌肤,针石之所及也;在肠胃,火齐②之所及也;在骨髓,司命之所属,无奈何也。今在骨髓,臣是以无请也。"居五日,桓侯体痛,使人索扁鹊,已逃秦矣,桓侯遂死。故良医之治病也,攻之于腠理,此皆争之于小者也。夫事之祸福亦有腠理之地,故曰:"圣人蚤从事焉。"

昔晋公子重耳出亡,过郑,郑君不礼。叔瞻谏曰:"此贤公子也,君厚待之，可以积德。"郑君不听。叔瞻又谏曰："不厚待之，不若杀之，无令有后患。"郑君又不听。及公子返晋邦，举兵伐郑，大破之，取八城焉。晋献公以垂棘之璧假道于虞而伐虢，大夫宫之奇谏曰："不可。唇亡而齿寒，虞、虢相救，非相德也。今日晋灭虢，明日虞必随之亡。"虞君不听，受其璧而假之道。晋已取虢，还，反灭虞。此二臣者皆争于腠理者也，而二君不用也。然则叔瞻、宫之奇亦虞、郑之扁鹊也，而二君不听，故郑以破，虞以亡。故曰："其安易持③也，其未兆易谋也。"

[注释]

①突：烟囱。　②火齐：清火去热的汤药。齐，同"剂"。　③持：维持。

[译文]

有形状的东西，大的必定由小的发展而来；经历恒久的事物，数量繁多一定由数量少发展而来。因此说："天下的难事一定开始于简单，天下的大事一定开始于细小。"因此就要在事物微小的时候想办法制服它。因此说："解决繁琐的问题要从简易的地方开始，做大事要从微细的地方做起。"千丈的长堤，会由于蝼蚁的洞穴而崩溃；百尺的房屋，会由于烟囱的缝隙而烧毁。所以说："白圭巡察大堤要堵塞蝼蚁的小洞，老年人防止火灾要用泥涂封好烟囱上的空隙。因而在白圭的管理下没有水患，在老年人防备下没有火灾。"这些都是因为慎重地对待容易的事以免去困难的事，谨慎对待细小的漏洞以避免大的灾祸。扁鹊去觐见蔡桓侯，站立一会儿，扁鹊对蔡桓侯说："君主您有病在皮层里，不治就会加重。"蔡桓侯说："我没有病。"扁鹊回去了。蔡桓侯说："医生喜爱给没有病的人治病来当作自己的功劳。"过了十天，扁鹊又来觐见说：“您的病在皮肤里，不治可能会深入体内。”蔡桓侯不答应。扁鹊回去，蔡桓侯又不欢喜。过了十天，扁鹊又来觐见说："您的病到了肠胃，不治还将会加重。"蔡桓侯又不回答。扁鹊出去了，蔡桓侯又不高兴。过了十天，扁鹊望见蔡桓侯扭头就跑，蔡桓侯派人来问扁鹊原因。扁鹊说："疾病在皮层里，能够用汤药熏洗；在皮肤里，可用针石医治到；在肠胃，能够用清热去火的汤药治疗到；在骨髓里，那是属于掌控生命的神的领地，医生是没有办法了。如今桓侯的病已到了骨髓，我所以就不再请求了。"过了五天，蔡桓侯身体疼痛得严重，派人去找扁鹊，扁鹊已逃到秦国去了。蔡桓侯最终病死了。所以良医给人治病，趁着病在表皮的时候开始治。这都是在问题处于萌发状态就争取解决。事情的祸福也有处于皮层的时候，所以圣人尽早地解决它。

以前晋国的公子重耳流亡路过郑国，郑国君主不加礼遇。叔瞻劝告说："这是个贤能的公子，您应当厚待他，能够积累恩德。"郑国国君不听。叔瞻又劝告说："假如不厚待他，不如杀了他，不要让他有后患。"郑国国君又不听。等到公子回到晋国，发兵伐郑，大败郑国，攻取了八座城池。晋献公用垂棘出产的玉璧向虞国借道征伐虢国，大夫官之奇进谏说："不行。没有了嘴唇，牙齿就要寒冷。虞国和虢国互相援助，不是互相有恩德而是利益相连。今天晋国灭了虢国，明天虞国必定会随着灭亡。"虞国国君不听，接纳了玉璧而给晋国借路。晋国攻占了虢国之后，回来的时候，又歼灭了虞国。这两个臣子都是在事物发展的开始阶段就争取解决的人，而二位君主不听从他们。那么叔瞻和官之奇也正是郑国和虞国的"扁鹊"，而二位君主不听，所以郑国因而被攻占，虞国因而灭亡。因此说："其安易持也，其未兆易谋也。"

昔者纣为象箸而箕子怖，以为象箸必不加于①土铏，必将犀玉之杯；象箸玉杯必不羹菽藿，必旄、象、豹胎；旄、象、豹胎必不衣短褐而食于茅屋之下，则锦衣九重，广室高台。吾畏其卒，故怖其始。居五年，纣为肉圃，设炮烙，登糟丘②，临酒池，纣遂以亡。故箕子见象箸以知天下之祸。故曰："见小曰明。"

勾践入宦于吴，身执干戈为吴王洗马，故能杀夫差于姑苏。文王见訾③于王门，颜色不变，而武王擒纣于牧野。故曰："守柔曰强。"越王之霸也不病④宦，武王之王也不病訾。故曰："圣人之不病也，以其不病，是以无病也。"

宋之鄙人得璞玉而献之子罕，子罕不受。鄙人曰："此宝也，宜为君子器，不宜为细人用。"子罕曰："尔以玉为宝，我以不受子玉为宝。"是鄙人欲玉，而子罕不欲玉。故曰："欲不欲，而不贵难得之货。"

王寿负书而行，见徐冯于周涂。冯曰："事者，为也；为生于时，知者无常⑤事。书者，言也；言生于知，知者不藏书。今子何独负之而行？"于是王寿因焚其书而舞之。故知者不以言谈教，而慧者不以藏书箧。此世之所过也，而王寿复之，是学不学也。故曰："学不学，复归众人之所过也。"

[注释]

①不加于：不用在。 ②糟丘：酒糟堆积而成的小山。 ③訾（lì）：骂。④病：忧虑，苦恼。 ⑤常：一贯。

[译文]

以前的时候纣王用象牙制作筷子，箕子看到了感到很害怕。认为象牙筷子必定是不会用来与陶器相配合使用的，一定是会和犀牛角玉石杯相配合的。象牙筷玉石杯，又不会用在鄙陋的食物上，必定是以旄牛、象、豹的幼崽为食物。吃旄牛、象、豹这些稀有的食物，必不会再穿粗布短衫住在茅草屋里，而必定会穿上九层锦绣，居住在有高大的台基、宽广的大厦里。箕子畏惧这最后的结果，当然是对开始也充满了畏惧。五年以后，纣王就造酒池肉林，设炮烙之刑，纣的国家很快就覆灭了。所以箕子看到象牙筷子就清楚了天下的祸患，因此说："能看到事物微小的预兆就是英明。"

勾践到吴国去服贱役，手拿兵器做吴王夫差的马前卒，所以能在吴国的国都姑苏城杀掉夫差。周文王在商纣王的用玉修饰的门前挨骂，脸色没有任何变化，周武王则在牧野活捉了商纣王。因此说："保守弱小才叫刚强。"越王勾践成就霸业不以做奴仆为烦恼，周武王占有天下不以开始父亲被骂为苦恼。因此说："圣人之所以不烦恼，因为他不把那些事看成是烦恼的，所以他不烦恼。"

宋国的乡下人获得了一块璞玉，就把它献给子罕，子罕不接纳。乡下人说："这是宝物，应当为君子制作器物，不应当给小人使用。"子罕说："你把玉当作宝物，我把不接受你的玉当作宝物。"这表明乡下人喜爱宝玉，而子罕不喜欢宝玉。因此说："圣人以不欲为欲，不稀罕难以得到的货物。"

王寿背着书籍步行在路上，在周涂碰到了徐冯。徐冯说："事情是人做出来的。做事情又要依据具体的情况而定，因此聪明的人是没有一成不变的事情的。书籍就是言论的记录。言论来自于有知识的人，有知识的人就不藏书。现在你为什么单独一人背负书籍而步行呢？"于是王寿就把他的书籍烧毁了而且还欢欣得手舞足蹈。因此聪明的人不以言谈来教导人，有智慧的人不藏书。这是世人所责骂的，而王寿却又如此做了，是学习不该学习的东西。因此说："圣人以不学为学，补救众人经常犯的过错。"

夫物有常容，因乘以导之。因随物之容，故静则建乎德，动则顺乎道。宋人有为其君以象为楮叶者，三年而成。丰①杀茎柯，毫芒繁泽，乱之楮叶之中而不可别也。此人遂以功食禄于宋邦。列子闻之曰："使天地三年而成一叶，则物之有叶者寡矣。"故不乘天地之资，而载一人之身；不随道理之数，而学一人之智；此皆一叶之行也。故冬耕之稼，后稷不能羡也；丰年大禾，臧获不能恶也。以一人力，则后稷不足；随自然，则臧获有余。故曰："恃万物之自然而不敢为也。"

空窍②者，神明之户牖也。耳目竭于声色，精神竭于外貌，故中无主。中无主，则祸福虽如丘山，无从识之。故曰："不出于户，可以知天下；不窥于牖，可以知天道。"此言神明之不离其实也。

赵襄主学御于王子于期，俄而与于期逐，三易马而三后。襄主曰："子之教我御，术未尽也？"对曰："术已尽，用之则过也。凡御之所贵：马体安于车，人心调于马，而后可以进速致远。今君后则欲逮臣，先则恐逮于臣。夫诱道争远，非先则后也，而先后心皆在于臣，上③何以调于马？此君之所以后也。"白公胜虑乱，罢朝，倒杖而策锐贯，血流至于地而不知。郑人闻之曰："颡之忘，将何不忘哉！"故曰："其出弥远者，其智弥少。"此言智周乎远，则所遗在近也。是以圣人无常行也。能并智，故曰："不行而知。"能并视，故曰："不见而明。"随时以举事，因资而立功，用万物之能而获利其上，故曰："不为而成。"

[注释]

①丰：形容"茎"，肥大的意思。　②空窍：孔洞，指人的耳、目、鼻、口等器官。　③上：通"尚"。

[译文]

事物有稳定的形态，于是就借助常态来引导。由于跟随物体的常态，因此静止时就立足于德，行动时就顺从道。宋国有人为君主用象牙雕饰楮树的叶子，三年才做好。叶脉粗细明显，纹理细腻又有光泽，毫芒的地方繁复润泽，混在真的楮叶里也不能区别。这个人就因功绩在宋国做官。列子听了以后说："假如天地要三年才可长出一片叶子，那么有叶子的树就很少了。"所以不借助天地的条件，而凭一个人的本事；不顺从自然规律的事理，而学习一个人的才智；这都是用三年雕刻一片叶子的作为啊。因此冬天耕种庄稼，尽管是后稷也不能让它多产；丰产年里生长粗壮的禾苗，尽管是奴隶也不会收获不好。依靠一个人的力量，尽管是后稷也不够；顺从自然，尽管是奴隶也会有富余。因此说："恃万物之自然而不敢为也。"

人的耳朵、眼睛、鼻子、嘴巴等孔穴，是精神的门户。听力、视力被音乐、美色所用尽，精神被外貌仪表所用尽，所以内心就没有主导。内心没有主导，那么祸福尽管像山陵那样摆在面前，也没有办法认识它们。因此《老子》上说："不从门口出去，能够知道天下发生的事情；不从窗户向外观看，能够知道自然界的规律。"这是说人的精神是不能离开自己的身体啊。

赵襄子向王子于期学习控制车马的技巧，没过多久就和王子于期赛马，然而换了三次马而赵襄子三次都输了。襄子说："您教我驾马，那些技能没有全教给我吧？"王子于期回复说："技能已全部教给您了，但您在利用的时候却犯了错误。大致说来，驾驭车马所应当注意的，是要让马的身体套在车子上要感觉安适，人的注意力和马的动作相一致，然后才可以奔得快，跑得远。现在您落在后头，就想追上我；跑到前面，又怕被我追上。指导马在路上作远程奔跑，不是在前，就是落后；而无论您是在前还是在后，注意力都在我这儿，还如何能和马保持一致呢？这就是您输给我的原因。"白公胜谋划政变的时候，一次上朝结束后，他倒拿着马鞭，因而鞭杆上的尖针刺穿了他的脸颊，血流到地上他还没有发觉。郑人听说了这件事之后说："脸颊都被忘却了，还有什么不会忘却呀！"因此《老子》说："人们出去越远，懂得的东西反而越少。"这是说人的智慧只在远处转圈圈，那么就会丢失眼前的事情。因此圣人没有永恒不变的行为，而是可以同时考虑远近的事情。因此《老子》说："不行动就可以知道天下的事情。"这样，也就能同时观测到远近各处的事情，因此《老子》说："不察看就可以明白天下的事情。"依据时机来办事，依赖外界的条件来决定，利用万物的特征而在此基础上获利，因此《老子》说："不去做就可以成功。"

楚庄王莅政三年，无令发，无政为也。右司马御座而与王隐曰："有鸟止南方之阜①，三年不翅，不飞不鸣，嘿②然无声，此为何名？"王曰："三年不翅，将以长羽翼；不飞不鸣，将以观民则③。虽无飞，飞必冲天；虽无鸣，鸣必惊人。子释之，不毂知之矣。"处半年，乃自听政。所废者十，所起者九，诛大臣五，举处士④六，而邦大治。举兵诛齐，败之徐州，胜晋于河雍，合诸侯于宋，遂霸天下。庄王不为小害善，故有大名；不蚤见示，故有大功。故曰："大器晚成，大音希⑤声。"

楚庄王欲伐越，庄子谏曰："王之伐越，何也？"曰："政乱兵弱。"庄子曰："臣愚患之。智如目也，能见百步之外而不能自见其睫。王之兵自败于秦、晋，丧地数百里，此兵之弱也；庄蹻跻⑥为盗于境内而吏不能禁，此政之乱也。王之弱乱，非越之下也，而欲伐越，此智之如目也。"王乃止。故知之难，不在见人，在自见。故曰："自见之谓明。"

子夏见曾子。曾子曰："何肥也？"对曰："战胜，故肥也。"曾子曰："何谓也？"子夏曰："吾入见先王之义，则荣之；出见富贵之乐，又荣之。两者战于胸中，未知胜负，故臞⑦。今先王之义胜，故肥。"是以志之难也，不在胜人，在自胜也。故曰："自胜之谓强。"

周有玉版，纣令胶鬲索之，文王不予；费仲来求，因予之。是胶鬲贤而费仲无道也。周恶贤者之得志也，故予费仲。文王举太公于渭滨者，贵之也；而资费仲玉版者，是爱之也。故曰："不贵其师，不爱其资，虽知大迷，是谓要妙。"

[注释]

①止：居住，栖息。阜（fù）：土丘。　②嘿：同"默"，沉默。　③民则：民众的态度。　④处士：没有做官的读书人。　⑤希：听而不闻的声音。⑥庄蹻跻：即庄，战国时楚国的大盗。　⑦臞（qú）：消瘦。

[译文]

楚庄王继位三年，没有发布命令，也没有任何作为。右司马在身旁侍立，对楚王暗示道："有一只鸟落在南方的土山上，三年不振翅，不飞也不叫，默默无声，这鸟叫什么名字？"楚庄王说："三年不振翅，是要成长羽翼。不飞也不叫，是要观察人民的行为准则。尽管没有飞，一飞就必定冲天；尽管不鸣叫，一叫就会震惊世人。你不要再说了，我已经懂得了。"过了半年，就亲自处置政事，废止了十件事，举办了九件事，处罚了五个大臣，提拔了六个没有做官的人，国家获得了大治。然后起兵攻伐齐国，在徐州击败了齐国，在河雍战胜了晋国，在宋国会集诸侯，因此称霸天下。楚庄王不做小的好事，因此有大的名声；不早早地展示才能，因此能成就大功。因此说："大器晚成，大音希声。"

楚庄王想要攻击越国，庄子进言说："大王攻打越国，是什么原因呢？"楚王说："由于越国政治混乱而兵力微弱。"庄子说："愚臣为此事很担心。智慧就像眼睛，能看到百步以外的东西，却看不到自己的眼睫毛。大王您的军队曾被秦、晋击败，失去了数百里的土地，这是兵力弱小；庄蹻在境内叛变作乱，官府却不能加以制止，这是政治混乱。大王兵弱政乱，并不在越国之下，反而想去攻击越国，这就是智慧就像眼睛一样只见百步之外而看不到自己眼睫毛的情况啊。"庄王这才消除了进攻越国的念头。因此了解事物的困难，不在于看清别人，而在于了解自己。因此《老子》说："能自己认知自己就称为明察。"

子夏遇到曾参。曾参说："你怎么变胖了？"子夏回复说："作战胜利了，因此肥胖了。"曾参说："这是什么意思？"子夏说："我在家中学习时看见古代圣王的义理，心中很佩服；出门看到荣华富贵的欢乐场面，心中又很倾慕。这两种情绪在胸中交战，不知谁胜谁负，所以消瘦。现在古代圣贤的道理获胜了，因此肥胖了。"因此说一个人立志的困难，不在超越别人，而在战胜自己。因此说："能超越自我就叫强。"

周人拥有一块玉版，纣王派胶鬲前去索求，文王不给他；费仲前去索取，文王就给了。这是由于胶鬲贤达而费仲太愚蠢无德。周人厌恶贤人在商朝得志，因此给了费仲。周文王在渭水边提拔太公，那是敬重他；而把玉版应给费仲，却是看中他得志后能够扰乱纣王。因此《老子》说："假如不敬重他的老师，不珍惜可以利用的条件，即使聪明，终是让人太糊涂，这就称为奥妙。"

说林上 第二十二

汤以伐桀，而恐天下言己为贪也，因乃让天下于务光①。而恐务光之受之也，乃使人说务光曰："汤杀君而欲传恶声于子，故让天下于子。"务光因自投于河。

秦武王令甘茂择所欲为于仆与行事。孟卯曰："公不如为仆。公所长者，使也。公虽为仆，王犹使之于公也。公佩仆玺而为行事，是兼官也。"

子圉见孔子于商②太宰。孔子出。子圉入，请问客。太宰曰："吾已见孔子，则视子犹蚤虱之细者也。吾今见之于君。"子圉恐孔子贵于君也，因谓太宰曰："君已见孔子，亦将视子犹蚤虱也。"太宰因弗复见也。

魏惠王为臼里之盟，将复立③于天子。彭喜谓郑君曰："君勿听。大国恶有天子，小国利之。若君与大不听，魏焉能与小立之？"

晋人伐邢，齐桓公将救之。鲍叔曰："太蚤。邢不亡，晋不敝；晋不敝，齐不重。且夫持危之功，不如存亡之德大。君不如晚救之以敝晋，齐实利。待邢亡而复存之，其名实美。"桓公乃弗救。

子胥出走，边候④得之。子胥曰："上索我者，以我有美珠也。今我已亡之矣。我且曰：子取吞之。"候因释之。

庆封为乱于齐而欲走越。其族人曰："晋近，奚不之晋？"庆封曰：

"越远，利以避难。"族人曰："变是心也，居晋而可；不变是心也，虽远越，其可以安乎？"

[注释]

①务光：中国古代传说中的人物，有才德的隐士。 ②商：指宋国。周武王灭纣以后，封纣的亲戚于宋，因此宋也称商。太宰：官名。 ③立：通"位"。④边候：楚国防守边界关卡的官吏。

[译文]

商汤已经攻伐了夏桀，畏惧天下说自己是贪得夏朝的政权，于是就把天下让给务光。但又怕务光接纳了，就派人对务光说："汤杀了国君又想把作恶的名望转嫁给您，因此计划把天下让给您。"务光于是自己投河自尽。

秦武王让甘茂在仆与行事这两种职务中挑选自己所想干的。孟卯说："您不如做仆。您的特长是做外交。您尽管做了仆，大王还是要派您办外交。您拿着仆的官印而又做行事的事，这就是同时有两种职务了。"

子围引孔子觐见宋国的太宰。孔子出来后，子围就进入，问太宰对客人的意见。太宰说："我已见过孔子，再看你如同跳蚤虱子一样微细了。我现在要带着他去见君王。"子围害怕孔子会得到君王的恩宠，就对太宰说："君王假如见了孔子后，就会觉得您也如同跳蚤虱子一样微细。"于是太宰就没有将孔子举荐给君王了。

魏惠王在白里与诸侯联合，准备恢复名存实亡的周天子的地位。彭喜向郑君韩王说："君主不能听他的，大国是厌恶有天子的，小国才认为立天子有利可图，如果你和诸大国都不听从，魏国又怎么会与小国一起共立天子？"

晋国攻伐邢国，齐桓公将去援助邢国。鲍叔说："太早。邢国不覆灭，晋国就不会疲倦；晋国不疲倦，齐国在诸侯中的位置就不重要。何况支持处于危险境地之中的国家的功德，比不上恢复已覆灭的国家的功德大。您不如晚一点去援助邢国，以便使晋国疲倦，对齐国才确实有利。等到邢国灭亡之后再协助它复国，那名声和实利都有好处。"桓公于是没有立刻去救。

伍子胥逃离，边界的官吏逮住了他，伍子胥说："君主抓我，是由于我有宝珠。现在我已经把宝珠丢失了，我就说你把它拿走吞掉了。"官吏因此就放掉了他。

庆封在齐国作乱而想逃往越国去。他同族的人告诉他说："晋国很近，为何不到晋国去？"庆封说："越国很远，有利于逃难。"他同族的人说："假如改变这作乱的想法，住在晋国也就行了；假如不改变这作乱的想法，尽管居在遥远的越国，难道就能够安宁了吗？"

知伯索地于魏宣子，魏宣子弗予。任章曰："何故不予？"宣子曰："无故请地，故弗予。"任章曰："无故索地，邻国必恐。彼重欲无厌，天下必惧。君予之地，知伯必骄而轻敌，邻邦必惧而相亲。以相亲之兵待轻敌之国，则知伯之命不长矣。《周书》曰：'将欲败之，必姑辅之；将欲取之，必姑予之。'君不如予之以骄知伯。且君何释以天下图智氏，而独以吞国为智氏质乎？"君曰："善。"乃与之万户之邑。知伯大悦，因索地于赵，弗与，因围晋阳。韩、魏反之外，赵氏应之内，智氏以亡。

秦康公筑台三年。荆人起兵，将欲以兵攻齐。任妄曰："饥召兵，疾召兵，劳召兵，乱召兵。君筑台三年，今荆人起兵将攻齐，臣恐其攻齐为声，而以袭秦为实也，不如备之。"戍东边，荆人辍行。

齐攻宋，宋使臧孙子南求救于荆。荆大说[①]，许救之，甚劝。臧孙子忧而反[②]。其御曰："索救而得，今子有忧色，何也？"臧孙子曰："宋小而齐大。夫救小宋而恶于大齐，此人之所以忧也，而荆王说，必以坚我也。我坚而齐敝，荆之所利也。"臧孙子乃归。齐人拔五城于宋而荆救不至。

[注释]

①说：通"悦"。　②反：通"返"。

[译文]

智伯向魏宣子索要土地，魏宣子不给。任章说："为何不给？"宣子说："无缘无故索要土地，因此不给。"任章说："没有任何理由索取土地，相邻国家一定害怕；他贪得无厌，天下必定恐惧；您给他土地，智伯一定骄傲而轻敌，相邻国家必定因恐惧而彼此团结。以彼此团结的军队应对轻敌的国家，那么智伯的命就不长了。《周书》上说过：'想要打败他，一定要暂时辅助他；想要夺取它，一定要暂时给予它。'您不如给他用来使智伯骄傲。何况您为何不拿天下的力量来应对智氏，而只是把我们魏国作为智氏攻击的目标呢？"魏宣子说："好！"因此给他一个万户的县邑。智伯非常高兴，于是向赵国索要土地，赵国不给，因此攻打赵国的晋阳。韩国和魏国在外面反戈，赵国在里面接应，智氏因此而覆灭。

秦康公耗费三年时间来修建游乐的高台。楚国人发动军队，打算派兵攻击齐国。任妄说："饥荒会导致兵祸，疾疫会导致兵祸，劳役会导致兵祸，政治混乱会导致兵祸。您修建高高的土台耗费三年时间，现在楚国发动军队打算攻打齐国，下臣我担忧他们攻打齐国只是装腔作势，而把攻击秦国作为真实目标，不如防备他们。"秦国派兵防范东部边界，楚国人停止了行动。

齐国攻打宋国，宋国派臧孙子向南边楚国求助。楚国十分高兴，答应救宋国，十分起劲。臧孙子担忧地回来了，为他驾车的人说："求助已经达到目的了，现在您却有担忧的神色，是什么原因呢？"臧孙子说："宋国小而齐国大。救小宋而冒犯大齐，这是人担忧的事，而荆王却欢喜，一定是为了坚定我国的信念。我国坚定而齐国衰亡，这是楚国的利益所在。"臧孙子就去往宋国。齐国人已攻取了宋国五座城市，但楚国援兵还没来。

魏文侯借道于赵而攻中山，赵肃侯将不许。赵刻曰："君过矣。魏攻中山而弗能取，则魏必罢①。罢则魏轻，魏轻则赵重。魏拔中山，必不能越赵而有中山也。是用兵者魏也，而得地者赵也。君必许之。许之而大欢，彼将知君利之也，必将辍行。君不如借之道，示以不得已也。"

鸱夷子皮事田成子，田成子去齐，走而之燕，鸱夷子皮负传②而从。至望邑，子皮曰："子独不闻涸泽之蛇乎？涸泽，蛇将徙。有小蛇谓大蛇曰：'子行而我随之，人以为蛇之行者耳，必有杀子。不如相衔负我以行，人以我为神君也。'乃相衔负以越公道。人皆避之，曰：'神君也。'今子美而我恶。以子为我上客，千乘之君也；以子为我使者，万乘之卿也。子不如为我舍人③。"田成子因负传而随之。至逆旅④，逆旅之君待之甚敬，因献酒肉。

温人之周，周不纳客。问之曰："客耶？"对曰："主人。"问其巷人而不知也，吏因囚之。君使人问之曰："子非周人也，而自谓非客，何也？"对曰："臣少也诵《诗》曰：'普天之下，莫非王土；率⑤土之滨，莫非王臣。'今君，天子，则我天子之臣也。岂有为人之臣而为之客哉？故曰主人也。"君使出之。

[注释]

①罢：通"疲"，疲惫。 ②传：符信，相当于现在所说的通行证。③舍人：侍卫。 ④逆旅：客舍，旅店。 ⑤率：循，沿着。

[译文]

魏文侯向赵国借道攻击中山，赵肃侯不准备答应，赵刻说："您错了。魏国攻击中山国而不能攻下，魏国就会疲倦；魏国疲倦，它的地位就会弱小；魏国弱小了，赵国就重要了。魏国攻占了中山，必定不能越过赵国来拥有中山。发兵的是魏国，而获得土地的是赵国。您必定要答应他们。但假如答应他们时太高兴，他们就会知晓您能得到好处，必定会放弃行动。您不如借给他们道路，却显现出不得已的样子。"

鸱夷子皮伺候田成子。田成子离开齐国，逃离到燕国去，鸱夷子皮背着出入国境的文牒紧跟其后。抵达望邑，鸱夷子皮说："您难道没听说过干涸池塘里的蛇吗？池塘干涸了，蛇群打算搬迁。有一条小蛇对大蛇说：'您在前面走我跟着在后面，人们会以为是在行走的蛇，必定会有人杀了您。不如你我嘴叼着嘴，您载着我行走，人们必定会以为我是神君。'于是便互相用嘴叼着载负着在大道上行走。人们都让开这两条蛇，说：'这是神君。'如今您样子华美而我样子丑恶。把您当作我的上客，人家只会把您视为中等国家的君主；把您当作我的使者，人家会把您视为大国的卿相。您不如做我的舍人。"田成子因而背着出入国境的文牒随从在鸱夷子皮的后面。到了客店，店主人对待他们特别恭敬，并给他们进献酒肉。

温地人到东周国都去，周人不接受游客，问他说："你是游客吗？"他回复说："我是本地人。"查问他同巷居住的，答不出来，官吏就拘禁了他。周天子派人问他说："你并非周人，却说不是游客，这是什么原因？"他回复说："我年幼读《诗经》，里面说：'普天之下，莫非王土。率土之滨，莫非王臣。'如今您是天子，那我就是天子的臣民。怎么会做了天子的臣民，又是游客呢？因此说'我是主人'。"周天子就放了他。

韩宣王谓樛留曰："吾欲两用①公仲、公叔，其可乎？"对曰："不可。晋用六卿而国分，简公两用田成、阚止而简公杀，魏两用犀首、张仪而西河之外亡。今王两用之，其多力者树其党，寡力者借外权。群臣有内树党以骄主，有外为交以削地，则王之国危矣。"

绍绩昧醉寐而亡其裘。宋君曰："醉足以亡裘乎？"对曰："桀以醉亡天下，而《康诰》曰'毋彝酒'②者；彝酒，常酒也。常酒者，天子失天下，匹夫失其身。"

管仲、隰朋从于桓公而伐孤竹，春往冬反，迷惑失道。管仲曰："老马之智可用也。"乃放老马而随之，遂得道。行山中无水，隰朋曰："蚁冬居山之阳，夏居山之阴。蚁壤一寸而仞③有水。"乃掘地，遂得水。
以管仲之圣而隰朋之智，至其所不知，不难师于老马与蚁。今人不知
以其愚心而师圣人之智，不亦过乎？

有献不死之药于荆王者，谒者④操之以入。中射之士⑤问曰："可
食乎？"曰："可。"因夺而食之。王大怒，使人杀中射之士。中射
之士使人说王曰："臣问谒者，曰'可食'，臣故食之，是臣无罪而
罪在谒者也。且客献不死之药，臣食之而王杀臣，是死药也，是客欺
王也。夫杀无罪之臣而明人之欺王也，不如释臣。"王乃不杀。

田驷欺邹君，邹君将使人杀之。田驷恐，告惠子。惠子见邹君曰："今
有人见君，则眹⑥其一目，奚如？"君曰："我必杀之。"惠子曰："瞽，
两目眹，君奚为不杀？"君曰："不能勿眹。"惠子曰："田驷东慢⑦
齐侯，南欺荆王。驷之于欺人，瞽也，君奚怨焉？"邹君乃不杀。

[注释]

①两用：同时重用。　②毋彝酒：不要常常喝酒。　③仞（rèn）：古
代长度计算单位，八尺为一仞。　④谒者：古代宫廷中主管通报传达的官。
⑤中射之士：君主的武职侍从。　⑥眹（jiá）：闭着眼睛。　⑦慢：通"谩"，
欺骗。

[译文]

韩宣王对樛留说："我想要同时重用公仲朋和公叔伯婴，行吗？"
樛留回复说："不行。晋国任用六卿而国家分崩，齐简公一起任用田
成和阚止而简公被杀，魏国一起任用犀首和张仪而丧失了西河一带的
土地。现在大王想一起任用两个人，他们力量大的人就建立党羽，力

量小的就凭借外国的权力。群臣有的在国内建立党羽来轻视君主，有的在国外结交诸侯来减少本国土地，那么大王的国家就有难了。"

绍绩昧醉后睡觉而丢失了他的皮衣。宋君说："醉得足以将皮衣丢失吗？"回复说："桀因为醉将天下丢失了，而《康诰》说：'不要经常喝酒。'彝酒，就是经常喝酒的意思。经常喝酒的人，假如是君主就会失去天下，假如是一般民众就会失去性命。"

管仲、隰朋跟着齐桓公前去攻击孤竹国，春天去冬天回，迷失了道路。管仲说："老马的智慧能够利用。"便放开老马在前面走自己跟着在后面，后来找到了路。进了山里时没有了饮水，隰朋说："蚂蚁冬天居住山的南面，夏天居住山的北面。蚂蚁洞口的土堆高一寸而地下八尺就有水。"便沿蚂蚁洞挖地，最终找到了水。凭借管仲的聪明和隰朋的才智，碰到他们所不知道的问题，不以把老马和蚂蚁看作老师为难。现在的人不明白用他们愚蠢的心去学习圣人的智慧，不也是失误吗？

有人献长生不死的药给楚王，传达官拿着药进入宫廷，楚王的随从问说："能吃吗？"传达官说："可以。"随从夺过来就吃了。楚王大怒，派人杀随从。随从托人劝告楚王："我问传达官，他说'能吃'，我于是才吃，这样是我没有罪，传达官才有罪。况且献药人献的长生不死药，被我吃了，您杀了我，那就表明这药并不能让人不死，这是献药人在欺诈大王。杀了无罪的臣下来表明大王您被人欺诈，还不如放了臣下。"楚王就没杀他。

田驷欺诈了邹国的君主，邹国国君想要派人去杀他。田驷畏惧了，去告知惠子。惠子去见邹国国君说："如今有人来见您，假如闭着一只眼，您会如何做呢？"君主说："我一定杀了他。"惠子说："瞎子的双眼都闭着，您为何不杀他呢？"邹国国君说："因为他不可不闭着双眼。"
惠子说："田驷在东边蒙蔽过齐君，在南边蒙蔽过楚王。田驷的蒙蔽人，
就如同瞎子不能不闭双眼一样，您又为何要怨恨他呢？"邹国国君就
没杀田驷。

鲁穆公使众公子或宦于晋，或宦于荆。犁曰："假人于越而救溺子，
越人虽善游，子必不生矣。失火而取水于海，海水虽多，火必不灭矣，
远水不救近火也。今晋与荆虽强，而齐近，鲁患其不救乎！"

严遂不善周君，患之。冯沮曰："严遂相，而韩傀贵于君。个如
行贼①于韩傀，则君必以为严氏也。"

张谴相韩，病将死。公乘无正怀三十金而问其疾。居一日，自问
张谴曰："若子死，将谁使代子？"答曰："无正重法而畏上，虽然，
不如公子食我之得民也。"张谴死，因相公乘无正。

乐羊为魏将而攻中山，其子在中山。中山之君烹其子而遗之羹，
乐羊坐于幕下而啜之，尽一杯。文侯谓堵师赞曰："乐羊以我故而食
其子之肉。"答曰："其子而食之，且谁不食？"乐羊罢②中山，文侯
赏其功而疑其心。孟孙猎，得麑③。使秦西巴载之持归，其母随之而啼。
秦西巴弗忍而与之。孟孙归，至而求麑。答曰："余弗忍而与其母。"
孟孙大怒，逐之。居三月，复召以为其子傅。其御曰："曩将罪之，
今召以为子傅，何也？"孟孙曰："夫不忍麑，又且忍吾子乎？"故曰：
"巧诈不如拙诚。"乐羊以有功见疑。秦西巴以有罪益信。

[注释]

①行贼：行刺，暗杀。　②罢：归，回到。　③麑（ní）：幼鹿。

［译文］

鲁穆公派他的儿子有的到晋国去当官，有的到楚国去当官。犁锄说："从很远的越国借用会游泳的人来救助掉在水里的孩子，越国人虽擅长游泳，但孩子是必定活不了了。失去火而到东海去取水，海水尽管多，火一定灭不了，因为远水不能救近火。现在晋国和楚国尽管强大，但齐国离鲁国近，鲁国的患难（如果齐国攻鲁）害怕晋、楚是来不及援助的。"

严遂不喜爱西周君主，西周君主担忧这件事。冯沮说："严遂在任韩国的相，而韩傀被韩君欢喜，不如把韩傀杀害了，那么韩君一定怀疑是严遂干的。"

张谴在韩国为相，病重将死。公乘无正带着三十块金币去探望他的病。一天之后，君主问张谴说："假如你死了，请谁来替代你呢？"张谴答复说："公乘无正看重法治而敬畏君主，虽然这样但不如公子获得民心。"张谴死后，君主于是让公乘无正做了相。

乐羊作为魏国的大将去攻击中山国，他的儿子却在中山国。中山国的君主煮了他的儿子并把肉羹赠给乐羊，乐羊坐在军帐中吃着肉羹，吃尽了一杯。魏文侯对堵师赞说："乐羊由于我的原因而吃了他儿子的肉。"堵师赞回复说："他的儿子他都能吃，还有谁不能吃呢？"乐羊从中山国返回，魏文侯奖励他的功劳而猜疑他的忠心。鲁国的孟孙捕猎，获得一只小鹿，派秦西巴装到车上运送回去，而大母鹿跟随着直叫不停。秦西巴不忍，而把小鹿还给了母鹿。孟孙回来后，一到家就向秦西巴索取小鹿。秦西巴答复说："我不忍而把它还给了它的母亲。"孟孙非常生气，就把秦西巴驱走了。三个月之后，又召回秦西巴让他做自己儿子的老师。孟孙的车夫对孟孙说："以前您惩罚他，现在又召回他当您儿子的老师，什么原因呢？"孟孙说："他这个人不舍得伤害小鹿，又怎么会舍得伤害我的儿子呢？"因此常言说："巧妙的欺骗不如蠢笨的诚实。"乐羊由于有功劳而被怀疑，秦西巴由于有罪过而更加受信任。

　　曾从子，善相剑者也。卫君怨吴王。曾从子曰："吴王好剑，臣相剑者也。臣请为吴王相剑，拔而示之，因为君刺之。"卫君曰："子之为是也，非缘义也，为利也。吴强而富，卫弱而贫。子必往，吾恐子为吴王用之于我也。"乃逐之。

　　纣为象箸，箕子怖，以为象箸不盛羹于土簋①，则必犀玉之杯，玉杯象箸必不盛菽藿，则必旄象豹胎，旄象豹胎必不衣短褐而舍茅茨之下，则必锦衣九重，高台广室也。称此为求，则天下不足矣。圣人见微以知萌，见端以知末，故见象箸而怖，知天下不足也。

　　周公旦已胜殷，将攻商盖。辛公甲曰："大难攻，小易服。不如服众小以劫大。"乃攻九夷而商盖服矣。

　　纣为长夜之饮，惧以失日②，问其左右，尽不知也。乃使人问箕子。箕子谓其徒曰："为天下主而一国皆失日，天下其危矣。一国皆不知而我独知之，吾其危矣。"辞以醉而不知。

[注释]

①土簋（guǐ）：盛汤用的陶制器皿。　②失日：忘记了日期。

[译文]

曾从子是个善于鉴别宝剑的人。卫君憎恨吴王，曾从子说："吴王喜爱宝剑，我是个鉴别宝剑的人。臣请求去为吴王鉴别宝剑，拔出剑给他看，趁机为您杀了他。"卫君说："您做这件事不是由于道义，而是由于利益。吴国强盛而富有，卫国弱小而贫困，如果您必定要去，我害怕您会被吴王使用来刺杀我。"于是就驱走了他。

纣王制造象牙筷子而箕子深感害怕，认为使用象牙筷子必定不会再用陶罐来盛汤，而必定会用犀牛角和美玉制造的杯子；用美玉的杯子和象牙做的筷子，必定会用来吃旄牛、大象和豹的幼崽这类稀有的食物；吃旄牛、大象和豹的幼崽这类稀有的食物必定不会再穿粗布短衫、居住茅草屋里，而必定会穿上九层锦绣，居住在高大的台基、宽广的大厦之中。依据这个标准追究下去，那么普天下的东西也不够供他享用。圣人见到细小的现象就懂得它的萌芽，看到事情的开始就能预测它的结果，所以他见到纣王使用象牙筷子就感到害怕，懂得普天下的东西也不足以供他享用。

周公旦已经战胜了商朝，打算攻击商盖。辛公甲说："大国很难攻下，小国容易攻下。不如用先制服小国的办法来胁迫大国。"于是攻打居住在淮水流域的九夷，后来商盖也就臣服了。

纣王日夜喝酒，快乐得连日期都忘却了，问他身旁的人，都不知道。于是派人问箕子。箕子对他的侍从说："做天下的主子，而自身和左右的人都忘却了日期，国家就危险了。全部的人都不知道而唯有我知道，我也就危险了。"便推却说喝醉了而不知道日期。

鲁人身善织屦，妻善织缟^①，而欲徙于越。或谓之曰："子必穷矣。"鲁人曰："何也？"曰："屦为履之也，而越人跣行；缟为冠之也，而越人被发。以子之所长，游于不用之国，欲使无穷，其可得乎？"

陈轸贵于魏王。惠子曰："必善事左右。夫杨，横树之即生，倒树之即生，折而树之又生。然使十人树之而一人拔之，则毋生杨。至以十人之众，树易生之物而不胜一人者，何也？树之难而去之易也。子虽工自树于王，而欲去子者众，子必危矣。"

鲁季孙新弑其君，吴起仕焉。或谓起曰："夫死者，始死而血，已血而衄②，已衄而灰③，已灰而土。及其土也，无可为者矣。今季孙乃始血，其毋乃未可知也。"吴起因去之晋。

隰斯弥见田成子，田成子与登台四望。三面皆畅，南望，隰子家之树蔽之。田成子亦不言。隰子归，使人伐之。斧离④数创，隰子止之。其相室⑤曰："何变之数⑥也？"隰子曰："古者有谚曰：'知渊中之鱼者不祥。'夫田子将有大事，而我示之知微，我必危矣。不伐树，未有罪也；知人之所不言，其罪大矣。"乃不伐也。

[注释]

①缟：生绢，可做帽子。 ②衄（nǜ）：枯缩，这里指血流尽后皮肉枯缩。③灰：指残骸。 ④离：割，砍。 ⑤相室：家臣。⑥数：通"速"。

[译文]

有个鲁国人很会编草鞋，妻子会纺织生绢，准备迁到越国去。有人对他说："你一定会陷于窘迫。"鲁人说："什么原因呢？"这个人说："草鞋的用途是为了穿在脚上，但越国人却光着脚行走；生绢做的帽子是为了戴在头上，而越人却披散着头发。凭你的特长，到不用它的国家去活动，要想不窘迫，怎么可能呢？"

陈轸被魏王看重。惠子说："你必定要好好侍奉君主身旁的侍从。

那杨树，横着栽种它能种活，倒过来栽种也能种活，掰断了再栽种也能种活。但是让十个人来种却让一个人拔它，那就不会有存活的杨树了。用十个人去栽种容易生长的植物，却不如一个人的拔除，这是什么原因呢？是因为栽种很难，而拔除很简单。您尽管善于在大王面前树立自己，但想要除去你的人很多，你必定会很危险。"

鲁国季孙氏刚刚杀死了自己的君主，吴起当了官。有人对吴起说："去世的人，刚去世时流血停止，流血后皮肉就干枯了；皮肉干枯后就变成灰；成了灰后就变成土。等到变成土，就没有什么了。现在季孙氏才刚刚流血，其后的情况还不能够知道呢。"吴起所以离开了鲁国去了魏国。

隰斯弥觐见田成子，田成子和他共同登台四望，三个方向都很辽阔，南方被隰斯弥家的树遮着，田成子也没说话。隰斯弥回去后，让人去砍树，斧头才把树砍了几道口子，隰子就禁止再砍。隰子的家臣说："为何变得如此快呢？"隰子说："古代有谚语说：'看得见深渊中的鱼的人将有不测。'田成子即将干大事，而我向他表明我知道他心中的想法，我一定会危险了。不砍树，不会有罪；知道了别人不可告人的秘密，这个罪就大了。"就没有砍掉树。

杨子过于宋东之逆旅。有妾二人，其恶者贵，美者贱。杨子问其故。逆旅之父答曰："美者自美，吾不知其美也；恶者自恶，吾不知其恶也。"杨子谓弟子曰："行贤而去自贤之心，焉往而不美？"

卫人嫁其子而教之曰："必私积聚。为人妇而出[①]，常也；其成居，幸也。"其子因私积聚，其姑以为多私而出之。其子所以反者，倍其所以嫁。其父不自罪于教子非也，而自知其益富。今人臣之处官者，皆是类也。

鲁丹三说中山之君而不受也，因散五十金事其左右。复见，未语，而君与之食。鲁丹出，而不反舍，遂去中山。其御曰：“反见，乃始善我，何故去之？”鲁丹曰：“夫以人言善我，必以人言罪我。”未出境，而公子恶②之曰：“为赵来间中山。”君因索而罪之。

田伯鼎好士而存其君，白公好士而乱荆。其好士则同，其所以为则异。公孙友自刖而尊百里，竖刁自宫而谄桓公。其自刑则同，其所以自刑之为则异。慧子曰：“狂者东走，逐者亦东走。其东走则同，其所以东走之为则异。故曰：‘同事之人，不可不审察也。’”

[注释]

①出：休妻，把妻子赶出门，遣送回娘家。　②恶：中伤。

[译文]

杨朱路过宋国东部的一家客店。店主人有两个妾，那个长得丑的受尊敬，而长得美的被鄙视。杨朱查问其中的原因。客店的主人答复说：“长得美的自认为美，我不认为她漂亮；长得丑的自认为丑，我不认为她丑。”杨朱对他的弟子说：“做贤德的事而去除自认为贤德的念头，到哪里会不受赞赏？”

有个卫国人嫁女儿时教育她说：“必定要私下积存财物。做人家的妻子被休回娘家，是通常的事；而终生在一块，则是幸运的事。”他的女儿因而暗中积聚财物，她的婆婆因为她暗中积存很多财物而将她休了。这个卫人的女儿所拿回来的财物，比他给女儿的嫁妆多了好几倍。这个父亲不懊悔自己教导女儿的错误，而自认为增加财富很聪明。

现在居在官位上的臣子，全是这类人。

鲁丹三次劝告中山国的君主而不被接纳，因此拿五十两黄金分发给中山国君的侍从。又去见中山君，还没答应，中山君就请他一起吃饭。鲁丹从宫廷出来，没有回到居处，就离开了中山国。为他驾车的人说："返回去第二次见面，才开始对我们友善，为什么要离去呢？"鲁丹说："因为有人帮着说了话才对我友善，一定也会由于有人说话而责罚我。"还未离开中山国境，中山国的公子就毁谤说："鲁丹是为赵国来探察中山国的。"中山君因此搜查鲁丹，要降罪于他。

田伯鼎喜欢士人而保护了他的君主，白公胜喜欢士人而扰乱了楚国。他们喜好士人是一样的，但他们用士人来做的事却不一样。公孙友砍去自己的脚而使百里奚获得了重用，竖刁割去自己的睾丸而去讨好齐桓公。他们给自己用刑是一样的，但他们给自己用刑的目的是不一样的。惠施说："发狂的人往东跑，追赶他的人也往东跑，他们往东跑是相同的，但他们往东跑的目的不同。因此说：'对于做相同事情的人，不能不仔细地去加以审视。'"

说林下 第二十三

伯乐教二人相踶马[①]，相与之简子厩观马。一人举踶马。其一人从后而循之，三抚其尻而马不踶。此自以为失相。其一人曰："子非失相也。此其为马也，踒肩[②]而肿膝。夫踶马也者，举后而任前，肿膝不可任也，故后不举。子巧于相踶马而拙于任肿膝。"夫事有所必归，而以有所肿膝而不任，智者之所独知也。惠子曰："置猿于柙中，则与豚同。"故势不便，非所以逞能也。

卫将军文子见曾子，曾子不起而延于坐席，正身于奥[③]。文子谓其御曰："曾子，愚人也战！以我为君子也，君子安可毋敬也？以我为暴人也，暴人安可侮也？曾子不僇，命也。"

鸟有翢翢[④]者，重首而屈尾[⑤]，将欲饮于河，一则必颠[⑥]，乃衔其羽而饮之。人之所有饮不足者，不可不索其羽也。

鳣似蛇，蚕似蠋[⑦]。人见蛇则惊骇，见蠋则毛起。渔者持鳣，妇人拾蚕，利之所在，皆为贲、诸。

伯乐教其所憎者相千里之马，教其所爱者相驽马。千里之马时一[⑧]，其利缓；驽马日售，其利急。此《周书》所谓"下言而上用"者，惑也。

桓赫曰："刻削之道，鼻莫如大，目莫如小。鼻大可小，小不可大也；目小可大，大不可小也。"举事亦然。为其后可复者也，则事寡败矣。

崇侯、恶来知不适纣之诛也，而不见武王之灭之也。比干、子胥知其君之必亡也，而不知身之死也。故曰："崇侯、恶来知心而不知事，比干、子胥知事而不知心。"圣人其备矣。

宋太宰贵而主断。季子将见宋君，梁子闻之曰："语必可与太宰三坐⑨乎？不然，将不免。"季子因说以贵主而轻国。

[注释]

①蹄（dì）马：一种烈性的马，常用后蹄踢人，故称"蹄马"。蹄，踢。②踒（wō）肩：马前腿的筋骨跌伤。　③奥：正室的西南角，古时为坐席的尊位。　④鹃（zhōu）：古代的一种鸟名，羽毛青黑色。　⑤重首：头部大。屈尾：短尾，秃尾。　⑥颠：跌倒，栽跟斗。　⑦蠋（zhú）：青虫。⑧时一：多时才有一匹，指很少见。　⑨三坐：指君主、太宰、季子三人坐在一起。

[译文]

伯乐教两个人辨别惯用后蹄踢人的马，一起到赵简子的马棚中看马。一个人挑中了一匹用后蹄踢人的马，另一个人从后面去触摸它（检验是否踢人），触摸了三次马的屁股，而马不踢人，那个挑马的人自认为观看错了。另一人说："你没有观错，这匹马前腿摔伤，而膝部肿起来。凡是踢人的马，抬起后腿要依靠前腿去支撑身体的重量，这匹马因为前膝肿大不能支撑全身的重量，因此后腿抬不起来。你善于辨别踢马但不明白前膝肿大不能支撑全身重量的道理。"事情的产生都有一定的原因，由于前膝肿大而不能撑起身体重量，这只有聪明的人才能明白。惠子说："把猴子关在笼子中，和猪相同。"状况不利，就没有办法展示出自己的本领来。

公孙弥牟见曾参，曾参不起身请他坐下，自己端坐在尊位上。公孙弥牟对给自己的驾车人说："曾子，是一个愚笨的人啊！如以为我是君子，对君子怎么能够不尊敬呢？如认为我是暴虐的人，对暴虐的人怎么能够侮辱呢？曾参不被杀，算他幸运。"

有一种鸟名为翾翾，头重而尾短。想要在河里喝水，就一定会栽进河里，于是就衔着自己的羽毛喝水。人喝水喝不够的原因，不能够不寻找他的羽毛。

黄鳝像蛇，蚕像毛虫。人见到蛇，就很惊慌恐惧；见到毛虫，就会汗毛直竖。渔夫拿着黄鳝，妇女拾起蚕，由于涉及到个人利益，就全都成为孟贲、专诸那样的勇士。

伯乐教他所厌恶的人识别千里马，教他喜欢的人识别劣马。因千里马很少才能有一匹，从而得到利益很慢；劣马每天都在出售，获得利益很快。这即是《周书》中所说的"把很少有用的话常常说，这即是一种迷惑"。

桓赫说："雕刻的准则是：鼻子不如先雕琢得大些，眼睛不如先雕琢得小些。因为鼻子雕得大了，能够修改小些，雕小了就不能再改大了；眼睛雕琢小了，能够改大，如果眼睛雕琢大了，就不能改小了。"办事情也是相同的道理。一件事做了以后还能再弥补，这样做事就很少不成功的了。

商纣王的爱臣崇侯、近臣恶来知晓不听从商纣王会被杀害，却看不到周武王会灭除商纣王。商纣王的叔父比干、吴王夫差的谋臣伍子胥知晓他们的国君必定会灭亡，却不知晓自己会被杀害。因此说："崇侯、恶来只知晓君王心中的想法，却不知晓国家兴亡的大事；比干、子胥只知晓国家兴亡的大事，却不知晓君王心中的想法。"圣人是两种都具足的。

宋国的太宰地位显贵,处事专断。季子即将去见宋国国君,梁子听见了这件事就对季子说:"你跟宋君说的话一定要是君王、太宰和你自己三人当场时都能说的话,要不然将免除不了带来的祸患。"季子于是就对宋君说一些尊敬国君但愿君王保重身体少操劳国事之类的话。

杨朱之弟杨布衣素衣而出。天雨,解素衣,衣缁衣而反,其狗不知而吠之,杨布怒,将击之。杨朱曰:"子毋击也,子亦犹是。曩者使女狗白而往,黑而来,子岂能毋怪哉?"

惠子曰:"羿执决持扞^①,操弓关机,越人争为持的。弱子扞弓,慈母入室闭户。故曰:'可必^②,则越人不疑羿;不可必,则慈母逃弱子。'"

桓公问管仲:"富有涯乎?"答曰:"水之以涯,其无水者也;富之以涯,其富已足者也。人不能自止于足,而亡其富之涯乎!"

宋之富贾有监止子者,与人争买百金之璞玉,因佯失而毁之,负其百金,而理其毁瑕,得千溢^③焉。事有举之而有败,而贤其毋举之者,负之时也。

有欲以御见荆王者,众驺^④妒之,因曰:"臣能撽^⑤鹿。"见王,王为御,不及鹿;自御,及之。王善其御也,乃言众驺妒之。

荆令公子将伐陈。丈人送之曰:"晋强,不可不慎也。"公子曰:"丈人奚忧?吾为丈人破晋。"丈人曰:"可,吾方庐陈南门之外。"公子曰:"是何也?"曰:"我笑勾践也。为人之如是其易也,己独何为密密十年难乎?"

尧以天下让许由,许由逃之,舍于家人,家人藏其皮冠。夫弃天下而家人藏其皮冠,是不知许由者也。

三虱相与讼，一虱过之，曰："讼者奚说？"三虱曰："争肥饶之地。"
一虱曰："若亦不患脂，之至而茅之燥耳，若又奚患于是？"乃相与聚。
嘬其母⑥而食之。彘臞⑦，人乃弗杀。

虫有虺⑧者，一身两口，争食相龁也。遂相杀，因自杀。人臣之事
而亡其国者，皆虺类也。

[注释]

①决：古代射箭时戴在右手大拇指上的拉弦用具。扞（hàn）：古代射
箭时戴在左手臂上的一种皮质袖套。　②可必：一定射中目标。　③溢：
通"镒"。　④驺（zōu）：养马人。　⑤撽（qiào）：击，打。　⑥母：
指虱所寄生的母体——猪。　⑦彘（zhì）：彘本指大猪，后泛指一般的猪。
臞（qú）：消瘦。　⑧虺（huī）：毒蛇，俗称土虺蛇，大毒蛇。

[译文]

杨朱的弟弟杨布穿着白色衣服出去。天下雨了，他脱下白衣服，
穿着黑色衣服回来。他家的狗没识出他而向他叫。杨布很恼怒，准备
打它。杨朱说："你不要打它，你自己也会如此的。前些日子你如果
让狗白着出去而如今黑着回来，你难道不会觉得惊奇吗？"

惠子说："羿手持拉弦的用具，戴上射箭的袖套，拿出弓来，牵
动弓箭的扳手，越国人都抢着为他拿箭靶。小孩子拉开弓射箭，慈母
也会进屋关闭门来。"因此说："一定射中，就是关系很远的越国人
也不猜疑羿；不是一定射中，就是慈爱的母亲也会离开小孩。"

齐桓公问管仲："富有边界吗？"管仲答复说："水的边界，就
是无水的地方；富的边界，就是富到已经充足的地步了。人没有满意

于富足的时候，那富就没有边界了吧！"

宋国有个富商叫监止子的，和别人抢着购买一块价值百金的璞玉，装着失手摔坏了璞玉，赔了主人百金，回去后让修好破坏后留下的痕迹，卖出去得到了千镒黄金。事情有做了而失利的，因此认为不做的好，那是只见到了赔本的时候。

有一个想凭借自己会控制车马技能而求见楚王的人，好多马夫都妒忌他。他于是说："我能追赶奔跑的鹿。"因此见楚王，楚王驾起马车，赶不上跑鹿；而他自己控制马车，就追上了。楚王称颂他的掌控技巧，他才向楚王说那些马夫妒忌他。

楚国命令公子攻打陈国。老年人送他说："晋国强盛，不能不小心啊！"公子说："老人家有什么可担忧的？我去为老人家你击败晋国。"老人说："好！我将在陈国的南面外搭一座草房！"公子说："为什么呢？"老人说："我在嘲笑勾践呢，为人像这样简单，他自己为何要经受十年的苦难呢？"（意在讥笑楚国公子妄自为强而轻敌）

尧把天下让给许由来管理，许由不想接受，便逃亡了，住在一户百姓家，这户人家为了防范许由而将自家的皮帽收了起来。许由丢弃天下不要，而这百姓为防范许由而把皮帽子藏起来，这是不了解许由的原因啊。

有一天，三只虱子在猪身上吸血，彼此争吵起来。另一只虱子路过那里，说："你们在争闹什么？"三只虱子说："我们在夺占猪身上最肥的地方。"这只虱子说："你们不担心腊祭到来要杀猪并会用茅草烧毁你们，你们又忧虑什么事呢？"这些虱子于是停止争闹，聚集在一块吮吸猪身上的血。猪日渐消瘦，腊祭那天，人们也就不杀这只猪了。

有一种名为虺的蛇，一条身体上有两张嘴，为争着吃食物而彼此撕咬。后来因彼此撕咬，把自己咬死了。臣子中争取权势而使国家覆灭的，都属于虺这一类。

宫有垩^①，器有涤，则洁矣。行身亦然，无涤垩之地则寡非矣。

公子纠将为乱，桓公使使者视之。使者报曰："笑不乐，视不见，必为乱。"乃使鲁人杀之。

公孙弘断发而为越王骑，公孙喜使人绝之，曰："吾不与子为昆弟矣。"公孙弘曰："我断发，子断颈^②而为人用兵，我将谓子何？"周南之战，公孙喜死焉。

有与悍者邻，欲卖宅而避之，人曰："是其贯^③将满关，子姑待之。"答曰："吾恐其以我满贯也。"遂去之。故曰："物之几^④者，非所靡^⑤也"。

孔子谓弟子曰："孰能导子西之钓名也？"子贡曰："赐也能。"乃导之，不复疑也。孔子曰："宽哉，不被于利！洁战，民性有恒！曲为曲，直为直。"孔子曰："子西不免。"白公之难，子西死焉。故曰："直于行者曲于欲^⑥"。

[注释]

①垩：白土，引申为涂抹白色。　②断颈：比喻卖命。　③贯：穿钱的绳子。　④几：危险，紧要。　⑤靡：迟缓，拖拉。　⑥直于行：似指子西召回白公胜而言。屈于欲：似指子西被白公胜杀死而言。

[译文]

房屋涂成白色，器具用水清洗，就洁净了。修身也是如此，假如到了不需要涂白和清洗的境地，那就很少有过失了。

公子纠即将作乱，齐桓公派使者去观测他的动静。使者汇报说："公子纠笑得不欢乐，看见东西就像没看见，必定会作乱。"齐桓公便使鲁国人把公子纠杀了。

公孙弘剪掉了头发做了越王的随从，公孙喜派人和他绝交，说："我不与你做兄弟了。"公孙弘说："我剪掉头发，而你冒砍头的危险帮人带兵作战，我将如何说你呢？"周南那场战争中，公孙喜战死在战场。

有个与凶恶的人作邻居的人，想卖掉宅子而躲避他。有人对他说："这个残暴的人即将恶贯满盈了，你姑且等候一下。"这个人答复说："我忧虑他会用我来满他的恶贯。"于是避开了那个残暴的人。因此说："事情出现了危险的预兆，不是能够拖延的。"

孔子对弟子们说："谁能劝止子西的好大喜功呢？"子贡说："赐（子贡名，为自称）能。"于是子贡去劝导子西，不再怀疑子西好大喜功。孔子说："胸怀广阔的人，不被利益所吸引！性情纯洁的人，他的性情是不会变化的！曲的就是曲的，直的就是直的。"孔子还说："子西太率直，免不了要被害。"后来，白公发起政变，子西被杀。因此说："行为刚正的人会因欲望而变为不刚正。"

晋中行文子出亡，过于县邑。从者曰："此啬夫①，公之故人。公奚不休舍，且待后车？"文子曰："吾尝好音，此人遗我鸣琴；吾好佩，此人遗我玉环：是振我过者也。以求容于我者，吾恐其以我求容于人也。"乃去之。果收文子后车二乘而献之其君矣。

周趮谓宫他曰："为我谓齐王曰：以齐资我于魏，请以魏事王。"宫他曰："不可，是示之无魏也。齐王必不资于无魏者，而以怨有魏者。公不如曰：'以王之所欲，臣请以魏听王。'齐王必以公为有魏也，必因公。是公有齐也，因以有齐、魏矣。"

白圭谓宋令尹曰："君长自知政，公无事矣。今君少主也而务名，不如令荆贺君之孝也，则君不夺公位，而大敬重公，则公常用宋矣。"

管仲、鲍叔相谓曰："君乱甚矣，必失国。齐国之诸公子其可辅者，非公子纠，则小白也。与子人事一人焉，先达者相收。"管仲乃从公子纠，鲍叔从小白。国人果弑君。小白先入为君，鲁人拘管仲而效②之，鲍叔言而相之。故谚曰："巫咸虽善祝，不能自祓③；秦医虽善除，不能自弹④也。"以管仲之圣而待鲍叔之助，此鄙谚所谓"庹自卖裘而不售，士自誉辩而不信"者也。

[注释]

①啬夫：古代职官名，为约束官吏的官员。　②效：献。　③祓（fú）：除凶去灾的祭祀。　④弹：古代以玉石磨制成的石针刺穴治病。

[译文]

晋国的中行文子逃离，路过县城。他的侍从说："这里的啬夫，是您的故交。您为何不在他家里歇息一下，暂且等一下后面的车子？"文子说："我以前喜欢音乐，这个人就送给我很好的琴；我喜爱衣带上的佩饰，这个人就送给我玉环，这是滋长我的过失。求得我对他喜欢的人，我怕他会利用我去索求别人的好感。"于是离去了。啬夫真的把文子后面侍从的两辆车子没收下来，献给他的主子。

周趮对宫他说："你代我对齐王说：'假如用齐国的力量协助我在魏国谋得权位，那就请答应我拿魏国来侍奉大王。'"宫他说："不能够这样讲，这是显露你在魏国没有权势。齐王一定不会协助在魏国没有权势的而去得罪在魏国有权势的人。您不如说：'依据大王的要求，我请示让魏国听命于大王。'齐王一定认为您在魏国是有权势的，肯定会依靠你。这样，您有了齐国的协助。因而在齐国、魏国都有了权势。"

白圭对宋国的大尹说："国君长大后将自身管理政事，您就无事可干了。现在宋君年幼而追逐名声，不如叫楚国来庆贺宋君孝顺太后，宋君就不会夺取你的权位，并且会非常地敬重您，那么您就能够长期在宋国掌权了。"

管仲、鲍叔牙互相议论说："君主混乱到极致，一定会丧失国家的，齐国的各位公子中，可以辅佐成王的，不是公子纠，就是公子小白。我与你各辅佐一位，先成功的，就提拔另一个。"管仲就辅佐公子纠，鲍叔牙就辅佐公子小白。后来齐国人果真杀死了他们的君王。鲍叔牙辅佐的公子小白先回到齐国做了君王，叫作齐桓公。鲁国人见公子小白做了君王，就拘禁了管仲而献给齐国，鲍叔牙向齐桓公举荐，让管仲做了宰相。因此谚语说："巫咸尽管善于祷告，但不能为自己消灾；扁鹊尽管善于治病，但不能为自己扎针看病。"以管仲的英明，却还要依赖鲍叔牙，这就是俗语说的"奴隶自己售卖皮袍子而卖不出去，士人称颂自己善辩而别人不信任"的原因。

荆王伐吴，吴使沮卫、蹙融犒于荆师，而将军曰："缚之，杀以衅鼓①。"问之曰："女来，卜乎？"答曰："卜。""卜吉乎？"曰："吉。"荆人曰："今荆将欲女衅鼓，其何也？"答曰："是故其所以吉也。吴使臣来也，固视将军怒。将军怒，将深沟高垒；将军不怒，将懈怠。今也将军杀臣，则吴必警守矣。且国之卜，非为一臣卜。夫杀一臣而存一国，其不言吉，何也？且死者无知，则以臣衅鼓无益也；

死者有知也，臣将当战之时，臣使鼓不鸣。"荆人因不杀也。

知伯将伐仇由而道难不通，乃铸大钟遗仇由之君。仇由之君大说，除道将内②之。赤章曼枝曰："不可。此小之所以事大也，而今也大以来，卒必随之，不可内也。"仇由之君不听，遂内之。赤章曼枝因断毂③而驱，至于齐，七月而仇由亡矣。

越已胜吴，又索卒于荆而攻晋。左史倚相谓荆王曰："夫越破吴，豪士死，锐卒尽，大甲④伤。今又索卒以攻晋，不我不病也。不如起师与分吴。"荆王曰："善。"因起师而从越。越王怒，将击之。大夫种曰："不可。吾豪士尽，大甲伤。我与战，必不克，不如赂之。"乃割露山之阴五百里以赂之。

荆伐陈，吴救之，军问三十里。雨十日，夜星⑤。左史倚相谓子期曰："雨十日，甲辑而兵聚。吴人必至，不如备之。"乃为陈。陈未成也而吴人至，见荆陈而反。左史曰："吴反复六十里，其君子必体，小人必食。我行三十里击之，必可败也。"乃从之，遂破吴军。

[注释]

①衅鼓：把血涂在鼓上祭鼓。　②内："纳"的古字，接受。　③毂(gǔ)：车轮中心的圆木，中间有孔，可以穿轴。　④大甲：坚甲，此代指军队的武器装备。　⑤星：通"晴"。

[译文]

楚王攻击吴国，吴王派沮卫、蹶融到楚军中去用酒食来犒劳他们，而楚国的将军却说："把他们绑起来，杀了他们用他们的血来祭鼓。"楚国人问沮卫、蹶融说："你们来的时候占卜了吗？"他们回复说：

"占卜了。"楚国人又问："占卜的结果吉利吗？"回复说："吉利。"楚国人说："现在楚国即将用你们的血来祭鼓，知道是什么原因吗？"他们回复说："这正是吉利的原因啊。吴王派我们来，原本是要看将军是否愤怒的。如果将军愤怒，就会掘深壕沟高筑壁垒；如果将军不愤怒，就会放松怠慢了。现在将军要杀掉我们，那么吴国必然会谨慎守备了。何况国家的占卜，并非为一个臣子占卜。杀了一个臣子而保护一个国家，如果不叫吉祥，又叫什么呢？何况死人是没有知觉的，那么用我们的血来祭鼓也没有任何好处；死人如果有感觉的话，那么我们将在打仗的时候，使涂了我们的血的战鼓不响。"楚国人于是就不杀他们了。

智伯想征伐仇由，但是道路艰难不通，就铸了一口大钟赠给仇由君主。仇由君主非常高兴，修通了道路准备接受这口大钟。赤章曼枝说："不能够这样做。送礼这种行为原本是小国侍奉大国的做法，现在大国如此做，它的士兵一定尾随而来，不能够接受。"仇由君主不听，于是接纳了大钟。赤章曼枝于是截短了车毂赶路，躲避到齐国，七个月后，仇由被消灭了。

越国在击败吴国以后，又向楚国借兵去攻占晋国。左史倚相对楚王说："越国击败吴国后，勇武的人战死沙场，精良的部队死伤殆尽，锐甲等装备受到损害。现在又借兵攻击晋国，是向我们展示他们还有力量。不如起兵和越国分割吴国。"楚王说："说得好。"于是发兵跟在越军之后。越王发怒，将攻打他们。大夫文种说："不行。我们豪杰之士损耗尽了，甲装备受损害。我们和他们打仗，必定不能战胜他们，不如送东西给他们。"于是分割露山北边五百里的地方赠送给他们。

楚国征伐陈国，吴国前去援助，楚、吴两军相隔三十里。下了十天雨，夜里天晴了。左史倚相对子期说："下了十天雨，盔甲和兵器都集中堆放着。吴国人肯定来突袭，不如准备好。"于是摆好阵形。阵势还没有布成，吴国军队就来了，见到楚国的军阵便回去了。左史说："吴军来回六十里，当官的必定在休息，当兵的必定在吃饭。我们行军三十里去攻击它，一定能击败它。"听从了他，打败了吴军。

韩、赵相与为难①。韩子索兵于魏曰："愿借师以伐赵。"魏文侯曰："寡人与赵兄弟，不可以从。"赵又索兵攻韩，文侯曰："寡人与韩兄。弟，不敢从。"二国不得兵，怒而反。已乃知文侯以构于己②，乃皆朝魏。

齐伐鲁，索谗鼎，鲁以其雁③往。齐人曰："雁也。"鲁人曰："真也。"齐曰："使乐正子春来，吾将听子。"鲁君请乐正子春，乐正子春曰："胡不以其真往也？"君曰："我爱之。"答曰："臣亦爱臣之信。"

靖郭君将城薛，客多以谏者。靖郭君谓谒者曰："毋为客通。"齐人有请见者曰："臣请三言而已。过三言，臣请烹。"靖郭君因见之。客趋进曰："海大鱼。"因反走④。靖郭君曰："请闻其说。"客曰："臣不敢以死为戏。"靖郭君曰："愿为寡人言之。"答曰："君闻大鱼乎？网不能止，缴不能絓也⑤，荡而失水，蝼蚁得意焉。今夫齐亦君之海也。君长有齐，奚以薛为？君失齐，虽隆薛城至于天，犹无益也。"靖郭君曰："善。"乃辍，不城薛。

[注释]

①为难(nàn)：为敌。　②已：过后，事后。构：构和。　③雁：通"赝"(yàn)，假的。　④反走：与"趋进"的意思相似，都是一种对别人表示恭敬的礼貌走法。　⑤缴(zhuó)：绳子。絓(guà)：阻碍，绊住。

［译文］

韩国、赵国彼此为敌。韩国国君向魏国借兵，说："希望借兵给我们攻击赵国。"魏文侯说："我与赵国是兄弟，不能侵略它。"赵国又向魏国借兵以攻打韩国。魏文侯说："我与韩国是兄弟，不敢侵略它。"两国向魏国借兵没有借到，愤怒而归。后来才知晓魏文侯用这个方法使两国谈和，两国都去觐见魏君。

齐国征伐鲁国，索取谗鼎，鲁国就把赝品送去了。齐人说："这是赝品。"鲁人说："是真的。"齐人说："叫乐正子春来鉴定，我就信任你。"鲁君召来乐正子春，乐正子春说："为何不把真的送去？"鲁君说："我喜欢谗鼎。"乐正子春答复说："我也珍惜我的信誉。"

靖郭君将在薛地建城，门客中有很多人劝告。靖郭君对掌控传达的官员说："不要替客人通告。"齐国有人拜见说："我只要求说三个字。多余三个字，就把我煮死。"靖郭君于是接见了他。客人快步靠近说："海大鱼。"于是掉头便跑。靖郭君说："请让我听听你的解释。"客人说："我不敢拿死来开玩笑。"靖郭君说："但愿你能为我讲一讲。"答复道："您听说过大鱼吗？网逮不到它，生线绳也拉不动它，但是放任乱游而离了水，蝼蚁都能够在它身上为所欲为了。现在齐国也是您的'海'。您能很久掌控齐国政权，还要薛干什么？您失去了齐国，尽管把薛城筑得天那样高，也没有用。"靖郭君说："好。"于是终止了，不再在薛地建城。

荆王弟在秦，秦不出也。中射之士曰："资臣百金，臣能出之。"因载百金之晋，见叔向，曰："荆王弟在秦，秦不出也。请以百金委叔向。"叔向受金，而以见之晋平公曰："可以城壶丘矣。"平公曰："何也？"对曰："荆王弟在秦，秦不出也，是秦恶荆也，必不敢禁我城壶丘。若禁之，我曰：'为我出荆王之弟，吾不城也。'彼如出之，可以德荆①；彼不出，是卒恶也，必不敢禁我城壶丘矣。"公曰："善。"乃城壶丘。谓秦公曰："为我出荆王之弟，吾不城也。"秦因出之。荆王大说，以炼金②百镒遗晋。

韩咎立为君未定也。弟在周，周欲重之，而恐韩咎不立也。綦母恢曰："不若以车百乘送之。得立，因曰为戒；不立，则日来效贼也。"

阖庐攻郢，战三胜③，问子胥曰："可以退乎？"子胥对曰："溺人者一饮而止，则无溺者，以其休也。不如乘之以沉之。"

郑人有一子，将宦，谓其家曰："必筑坏墙，是不善，人将窃。"其巷人亦云。不时筑，而人果窃之。以其子为智，以巷人告者为盗。

[注释]

①德荆：使楚国感恩。　②炼金：纯金。　③战三胜：指多次取胜。

[译文]

楚王的弟弟在秦国，秦国不放他回去。侍卫武官说："借给我百金，我能让他回国。"于是带上百金前往晋国，拜见叔向后，说："楚王弟弟在秦国，秦国不放他回去。"并希望把百金送给叔向，委托他来办理这件事。叔向接受了百金，就把它拿给晋平公说："可以在壶丘筑城了。"平公说："为什么？"叔向回答说："楚王的弟弟在秦国，秦不放他走，这说明秦国憎恨楚国，秦国也就一定不敢阻拦我们在壶丘筑城。如果前来阻拦，我们就说：'看在我们的面上，放出楚王的弟弟，我们就不筑城了。'秦国如果放了楚王的弟弟，可以使楚国对我们感恩；如果不放，说明他们始终憎恨楚国，就一定不敢阻拦我们在壶丘筑城。"平公说："好。"于是就在壶丘筑城。晋平公对秦景公说："看在晋国面子上放了楚王的弟弟，我就不再筑城了。"秦因而放了楚王的弟弟。楚王非常高兴，把一百镒纯金赠送给晋国。

韩咎被立为国君的事还没有确定下来。韩咎的弟弟在周国，周国想重用他来巴结韩国，但又怕韩咎不能成为国君而冒犯了反对韩咎的韩国掌权派。大臣綦母恢对周国的国君说："不如用兵车一百辆送韩咎的弟弟返国。假如韩咎能立为国君，就说是给他弟弟做保卫的，以便巴结他；如果韩咎不能成为国君，就说是来向韩国献贼的，以便巴结反对韩咎的掌权派。"

吴王阖庐攻击楚国部都，战斗多次战胜，问伍子胥说："能够退兵了吗？"伍子胥答复说："要淹死别人的人只让被淹者喝一次水就停止，就不会成功，因为途中停止了。不如趁机将他淹没水底。"

郑国有个人的儿子，将要出去做官，对他的家里人说："必定要把坏了的墙修补起来，这个地方不修好，别人将会来偷盗。"这家人的街坊也这样说。因为没有及时修补，真的有人进来偷了这家的东西。这个郑国人认为他的儿子聪明，而把劝告他应修墙的街坊看成是盗贼。

观行 第二十四

古之人目短于自见，故以镜观面；智短于自知，故以道①正己。故镜无见疵之罪，道无明过之怨。目失镜，则无以正须眉；身失道，则无以知迷惑。西门豹之性急，故佩韦②缓己；董安于之心缓，故佩弦以自急。故以有余补不足、以长续短之谓明主。

天下有信数三：一曰智有所不能立，二曰力有所不能举，三曰强有所不能胜。故虽有尧之智而无众人之助，大功不立；有乌获之劲而不得人助，不能自举；有贲、育之强而无法术，不得长胜。故势有不可得，事有不可成。故乌获轻千钧而重其身，非其身重于千钧也，势不便也。离朱易百步而难眉睫，非百步近而眉睫远也，道不可也。故明主不穷乌获以其不能自举，不困离朱以其不能自见。因可势，求易道，故用力寡而功名立。时有满虚③，事有利害，物有生死，人主为三者发喜怒之色，则金石之士④离心焉。圣贤之测浅深矣。故明主观人，不使人观己。明于尧不能独成，乌获不能自举，贲、育之不能自胜，以法术则观行之道毕矣。

[注释]

①道：客观准则。　②韦：熟牛皮。　③时有满虚：指月亮有盈有亏。④金石之士：心坚如金石的忠贞之士。

[译文]

古代的人因为眼睛缺乏自见的能力，所以用镜子来观看面容；因为智慧缺乏自知的能力，因此用道来端正自己。所以镜子没有显示瑕疵的罪责，道没有导致显露过失的怨恨。眼睛丧失镜子，就没有办法用来修饰胡须和眉毛；人偏离道，就没有办法用来分辨是非。西门豹的性格急，因此他佩带柔软的熟皮带子，以便提醒自己应该从容镇定；董安于的性格慢，因此他佩带绷紧的弓弦，以便警惕自己应该明快敏捷。所以可以以有余补不足，以长补短，这才能称为明主。

世界上有三种必定的道理，第一，人的智慧总有做不成的事情。第二，人的力量总有抬不起的东西。第三，人的强大总有不能战胜的事物。所以尽管有尧的智慧，如果没有众人的协助，就不能建立这样大的功业；有乌获的强健，如果没有别人的协助，就不能举起自己；有孟贲、夏育的勇猛，如果没有法术的帮助，便不能长时期的获胜。形势总有还不具足的时候，事情总有做不成的。乌获以千钧的物体为轻，而以自身的重量为重，并非自身的重量重于千钧，而是局势不便于把自己的身体举起来。离朱可以轻易地看到百步以外，却很难看到自己的眉睫，并非百步的距离近而眉睫的距离远，而是客观上不可以啊。因此英明的君主不因乌获无法举起自己而使他狼狈，不因离朱无法看到自己的面容而使他窘迫。根据能够成功的形势，找出简便成功的法则，因此用力少而功名容易成就。月亮有圆有亏，事情有利有弊，万物有生有死，君主对三种变化显示出自己的喜怒感情，那么硬如金石的忠诚之士就会和他离心离德了。圣贤的道术是很幽深的，所以圣明的君主掌握"观行"的原则来审视人，而不使人审视自己。明确了尧不能单独建立功业，乌获不能举起自身，孟贲、夏育不能超越自己，只要君主用法术考核臣下，那么观行之道就全在其中了。

安危　第二十五

安术有七，危道有六。

安术：一曰赏罚随是非，二曰祸福随善恶，三曰死生随法度，四曰有贤不肖而无爱恶，五曰有愚智而无非①誉，六曰有尺寸而无意度②，七曰有信而无诈。

危道：一曰斫削于绳之内，二曰斫割于法之外，三曰利人之所害，四曰乐人之所祸，五曰危人于所安，六曰所爱不亲、所恶不疏。如此，则人失其所以乐生，而忘其所以重死。人不乐生，则人主不尊；不重死，则令不行也。

使天下皆极智能于仪表，尽力于权衡，以动则胜，以静则安。治世，使人乐生于为是，爱身于为非，小人少而君子多。故社稷长立，国家久安。奔车之上无仲尼，覆舟之下无伯夷。故号令者，国之舟车也。安则智廉生，危则争鄙起。故安国之法，若饥而食、寒而衣，不令而自然也。先王寄理于竹帛，其道顺，故后世服。令使人去饥寒，虽贲、育不能行；废自然，虽顺道而不立。强③勇之所不能行，则上不能安。上以无厌责己尽，则下对"无有"；无有，则轻法。法所以为国也，而轻之，则功不立，名不成。

[注释]

①非：通"诽"，诽谤。　②意度：主观猜想。　③强（qiǎng）：勉强，竭力。

[译文]

使国家稳定的方法有七种，造成国家危亡的方法有六种。

使国家稳定的方法：第一是臣民的是否赏罚要按他们行为的正确和错误来决定，第二是臣民的该遭灾该得福要依照他们行为的好坏来决定，第三是臣民的该存活该死亡要按法律来判定，第四是评定臣民只在乎德才方面好或不好的问题而不在乎感情上喜爱或不喜爱的问题，第五是使用臣民只看他是愚笨还是聪明而不管他是遭到了毁谤还是赞美，第六是权衡人事要有客观的原则而不要凭自己的主观猜测，第七是政治执行要有诚信而不欺瞒。

使国家危亡的方法：第一是像砍木板砍到墨线之内那样对遵纪守法的臣民乱加杀害，第二是对法律规定以外的行为都乱加裁定，第三是从别人的损害中获取利益，第四是把别人的灾难当成快乐，第五是损害别人的平安，第六是不接近自己喜爱的人、不远离自己憎恶的人。像这样的话，那么人们就会丧失他们乐于生存的条件，也丧失了他们看重死亡的条件。人们不喜欢活着，那么人民的君主就不能得到尊敬；人们不珍惜生命，那么法令就不能推行了。

使天下都在国家的法律之内用尽自己的智能，在法度之内用尽自己的力量，用来战争便能获得胜利，用来治国就能使国家稳定。治理得好的社会，使人乐于生活做合法之事，爱护自身不干坏事，坏人少而好人多。因此国家可以长久存在，永享太平。奔驰的车子上，不会显现孔子这样的智士；倾覆的船只下，不会显现伯夷这样的廉者。因此法令就是国家的船和车。安定的时候，智慧、清廉的人就会出现；混乱的时候，争夺、贪鄙的人就会出现。因此使国家安定的法令，如同人们饿了要吃饭、天冷要穿衣一样，是不用号令而自然需要的。古代帝王把法令写在竹帛之上，由于这些道理顺从自然要求，因此后人都信服。如果使人失去饥寒时吃饭穿衣的自然要求，尽管是孟贲、夏育这样的勇士也办不到；违反了客观需要，尽管沿用先王之道也行不通。强迫人们去做勇士也办不到的事情，那么君主就不得安宁。君主以无厌的欲望向一无所有的民众索取，民众就会答复说："没有了。"民众一无所有，就会鄙视法令。法令是用来管理国家的，被看轻了，君主的功绩就不能建立，名声也不能获得。

闻古扁鹊之治其病也，以刀刺骨；圣人之救危国也，以忠拂耳。刺骨，故小痛在体而长利在身；拂耳，故小逆在心而久福在国。故甚病之人利在忍痛，猛毅之君以福拂耳。忍痛，故扁鹊尽巧；拂耳，则子胥不失：寿安之术也。病而不忍痛，则失扁鹊之巧；危而不拂耳，则失圣人之意。如此，长利不远垂，功名不久立。

人主不自刻以尧而责人臣以子胥，是幸殷人之尽如比干；尽如比干，则上不失，下不亡。不权其力而有田成，而幸其身尽如比干，故国不得一安。废尧、舜而立桀、纣，则人不得乐所长而忧所短。失所长，则国家无功；守所短，则民不乐生。以无功御不乐生，不可行于齐民。如此，则上无以使下，下无以事上。

安危在是非，不在于强弱。存亡在虚实，不在于众寡。故齐，万乘也，而名实不称，上空虚于国，内不充满于名实，故臣得夺主。杀天子也，而无是非：赏于无功，使诪谀以诈伪为贵；诛于无罪，使伛^①以天性剖背。以诈伪为是，天性为非，小得胜大。

明主坚内，故不外失，失之近而不亡于远者无有。故周之夺殷也，拾遗于庭。使殷不遗于朝，则周不敢望秋毫于境，而况敢易位乎？

明主之道忠^②法，其法忠心，故临之而法，去之而思。尧无胶漆之约于当世而道行，舜无置锥之地于后世而德结。能立道于往古，而垂^③德于万世者之谓明主。

[注释]

①伛：驼背。　②忠：即"衷"，适合于。　③垂：流传。

[译文]

听说以前名医扁鹊治疗疾病时，用刀来刺骨头；德才卓著的人挽救危险的国家时，用忠言逆耳。用刀子刺骨，因此一时的疼痛在身体上而久远的利益在自身；忠言逆耳，因此短时间的不舒服在心上而长久的福祉在国家。因此病得很厉害的人得益于忍受一时的疼痛，勇猛坚毅的君主为得福而听逆耳的忠言。病人忍受痛苦，因此扁鹊才能用尽技巧；君主（此指吴王）愿听逆耳的忠言。就不会丧失像伍子胥那样效忠国家的人，这是人们长寿、国家安定的途径啊。病了却不能忍受治疗时的疼痛，那么扁鹊的技能就无法展示；国家处于危险之中却忍耐不了逆耳之言，就会丧失圣人的意图。像这样，久远的利益不能流于后世，功名不能长久建立。

人主不自己以尧为模范要求自身，而要求人臣要象子胥，那是但愿商朝人都像比干。尽如比干，那君主就不会有过失，臣下不会违背君主。不估计自己的力量，而臣下中又有田成那样的人，还想要这些人全都像比干，那么国家一刻也不能安宁。废止尧、舜而拥护了桀、纣，那么人们无法乐于进行自己能做到的事，而为自己所无法做到的事担心。失去了自己的长处，国家就没有功业，从事于自己所不擅长的事，民众就有不乐于生存的人。以没有功业来控制不乐于生活，这种方法是不能用来治理百姓的。这样，就是君主没有治理百姓的办法，臣下没有伺候君主的心思。

稳定与危险在于政令的正确与错误，不在于权力的强弱。国家生存和灭亡在于空虚和充实，不在于多少。以前的齐国是个万乘大国，但是名声和实际不相符，对上国家空虚，对内名望和实际都不充实，因此臣下可以夺得君主之位。杀害天子，而没有正误，对无功者行赏，让阿谀、毁谤别人的人，将欺骗虚伪当作可贵；对无罪者诛杀，让驼背顺从天性，却要剖开后背察看。将欺骗虚伪当作正确，把天然本性看成错误，小臣得以超过权大的国君。

圣明的君主稳固内部，所以他的国家不被外国倾覆。在国内管理上有错误而不被远方的他国倾覆的君主是没有的。所以周朝夺得商朝，是在商朝的庭院拾到的。如果商朝不在自己的朝廷上丧失了什么，那么周朝连商朝境内的一丝一毫也不敢观看，更何况获取商朝的天下？

英明的君主的统治原则符合于法，这法符合于民众的心，使用这法令国家就得到管理，丢弃了这法令，民众就会思念。尧和当时的人并没有订立如胶似漆的盟约而他的统治原则却能推行，舜没有留下一点点土地给后代而他的恩惠却能形成。能够根据古圣先贤的典范确立治国原则，又使德行流芳万代的人，就能够称为英明的君主。

守道 第二十六

圣王之立法也，其赏足以劝善，其威足以胜暴，其备①以必完法。治世之臣，功多者位尊，力极者赏厚，情尽者②立。善之生如春，恶之死如秋，故民劝极力而乐尽情。此之谓上下相得。上下相得，故能使用力者自极于权衡，而务至于任鄙；战士出死③，而愿为贲、育；守道者皆怀金石之心，以死子胥之节。用力者为任鄙，战如贲、育，中为金石，则君人者高枕而守己完矣。

古之善守者，以其所重禁其所轻，以其所难止其所易，故君子与小人俱正，盗跖与曾、史俱廉。何以知之？夫贪盗不赴溪而掇金，赴溪而掇金，则身不全。贲、育不量敌，则无勇名；盗跖不计可，则利不成。明主之守禁也，贲、育见侵于其所不能胜，盗跖见害于其所不能取，故能禁贲、育之所不能犯，守盗跖之所不能取，则暴者守愿④，邪者反正。大勇愿，巨盗贞，则天下公平，而齐民之情正矣。

[注释]

①备：措施。　②情尽者：竭尽忠诚的人。　③出死：拼死。　④愿：谨慎，老实，质朴。

[译文]

圣明的君主建立法治，他的赏赐足以激励人们做好事，他的威刑足以压制暴乱，他的措施足以保障法制完善。管理得好的社会的臣民，功劳多的地位显贵，竭尽能力的人得到丰厚的赏赐，尽心尽忠的人名望得以树立。好的东西就像春天的草木一样生长茂盛，坏的东西就像秋天的草木一样干枯死亡，所以民众互相勉励乐于尽力尽忠，这就称为君主和臣民互相适宜。君臣上下相互适宜，因此能使出力的人在法令的范围内尽力，尽力做到发挥出任鄙那样的力量；战斗之士拼死向前，而希望成为孟贲、夏育那样的勇士；维持法治的人都心如金石一样坚定，愿像伍子胥那样效忠守节。出力的都愿作为任鄙那样的力士，战士都愿作为孟贲、夏育，心中坚如金石，做君主的就能够高枕无忧而保证国家政权的原则也就完善了。

古代善于守卫国家的君主，用法律中的重刑来制止轻罪，用人们不敢违背的法令禁止人们容易犯的罪行。因此君子和小人都安分守法，盗跖和曾参、史鱼都一样廉正。怎样知道会是这样呢？因为尽管再贪婪的强盗也不可能去深涧捡金子，去深涧捡金子生命就不能确保。孟贲、夏育不预先估量敌人的力量，就不能得到勇武的名声；盗跖不预测盗事的可行性，就不能得到利益。英明的君主掌控了禁令，孟贲、夏育在不能获胜的地方去取胜，就要受到裁定；盗跖在不该夺取的地方去窃取，就要得到惩罚。所以可以禁止孟贲、夏育在不能获胜的地方去取胜，防备盗跖在不该取得的地方去窃取。如此一来，凶恶暴虐的人就老实了，邪恶的人就改邪归正了。勇武的人老实了，大盗贼也正直了，社会就会公正安定，民众的思想也回到正道了。

人主离法失人，则危于伯夷不妄取，而不免于田成、盗跖之耳。可也？今天下无一伯夷，而奸人不绝世。故立法度量。度量信，则伯夷不失是，而盗跖不得非。法分明，则贤不得夺不肖，强不得侵弱，众不得暴寡。托天下于尧之法，则贞士不失分，奸人不侥幸。寄千金于羿之矢，则伯夷不得亡，而盗跖不敢取。尧明于不失奸，故天下无邪；羿巧于不失发，故千金不亡。邪人不寿而盗跖止。如此，故图不载宰予，不举六卿；书不著子胥，不明夫差。孙、吴之略废，盗跖之心伏。人主甘服于玉堂①之中，而无瞋目切齿倾取之患；人臣垂拱于金城之内，而无扼腕聚唇嗟嗜之祸②。服虎而不以柙，禁奸而不以法，塞伪而不以符，此贲、育之所患，尧、舜之所难也。故设柙，非所以备鼠也，所以使怯弱能服虎也；立法，非所以备曾、史也，所以使庸主能止盗跖也；为符，非所以豫尾生也，所以使众人不相谩也。不独恃比干之死节，不幸乱臣之无诈也；恃怯之所能服，据庸主之所易守。当今之世，为人主忠计，为天下结德者，利莫长于此。故君人者无亡国之图，而忠臣无失身之画。明于尊位必赏，故能使人尽力于权衡，死节于官职。通贲、育之情，不以死易生；惑于盗跖之贪，不以财易身；则守国之道毕备矣。

[注释]

①玉堂：指王宫。　②扼腕聚唇：左手扼住右腕，噘起嘴唇，愤怒怨恨的样子。嗟嗜（jiè）：哀怨叹息。

[译文]

君主违背法治失去人心，遇到像伯夷一样廉正的人都会出现危险，更难于免除田成、盗跖这样的人的祸患了。什么原因呢？现在天下没有一个伯夷，可是奸人却不停出现。所以要树立法度标准。坚决依据法度标准办事，那么伯夷不会变化他好的行为，盗跖也不能为所欲为了。

法度严明，那么德才好的不能够侵夺德才不好的，力量强盛的不能欺凌弱小的，人数多的不能欺负人数少的。把天下置在尧的法令的治理之下，那么清白的人不会丧失本分，奸恶的人不会存侥幸的心理。把千金置于后羿的箭矢保卫之下，那么伯夷不会将千金失去，盗跖也不敢偷取。尧的明察可以不放过一个坏人，因此天下没有邪恶；羿的技能，在于箭无空发，所以千金不会流失。这样奸邪就不能长存，盗匪也会停止。这样，图书里就不会记录宰予和六卿，也不会谈到子胥和夫差了。孙武、吴起的兵法能够废弃，盗跖的贪心自然消除。君主在王宫里过着安逸的生活，而不会遭到怒目切齿的对待和篡权颠覆的灾祸；臣下端正镇定地在都城里办事，不会受到意外的灾祸而产生强烈的憎恨。归服老虎不用笼子，制止奸邪不用刑法，禁止虚假不用符信，这是孟贲、夏育感到担忧，尧、舜也感觉为难的事情。所以设立笼子，并不是防范老鼠，乃是使懦弱的人可以制服猛虎；设立法度，并不是防范曾参、史鱼，而是使无能的君主能够禁绝盗跖；制造符节，不用来防范尾生，而是用来使众人不彼此欺骗。不依靠比干那样的死于尽忠，不侥幸希望乱臣不欺诈；依靠的是懦弱所能用来降服的手段，把握的是无能的君主所能用来防备的方法。如今之世，为人主忠心思虑、为天下带来恩德的，利益没有比这更久远的。因此统治者没有亡国的图画，而忠臣没有杀身的描写。明白了尊重君位的人一定给予赏赐，因此可以使人尽力执行法律，以死尽忠于官职。与孟贲、夏育那样的人性格相通，但不会用死来交换生命；像盗跖那样迷恋于贪婪，但不会用贪财去替换身体，守护国家的原则就都完备了。

用人 第二十七

闻古之善用人者必循天顺人而明赏罚。循天，则用力寡而功立；顺人，则刑罚省而令行；明赏罚，则伯夷、盗跖不乱。如此，则白黑分矣。治国之臣，效功于国以履位，见能于官以受职，尽力于权衡以任事。人臣皆宜其能，胜其官，轻其任，而莫怀余力于心，莫负兼官之责于君。故内无伏怨之乱，外无马服之患。明君使事不相干，故莫讼；使士不兼官，故技长；使人不同功，故莫争。争讼止，技长立，则强弱不觳①力，冰炭不合形②，天下莫得相伤，治之至也。

释法术而心治，尧不能正一国。去规矩而妄意度，奚仲不能成一轮。废尺寸而差短长，王尔不能半中。使中主守法术，拙匠守规矩尺寸，则万不失矣。君人者，能去贤巧之所不能，守中拙之所万不失，则人力尽而功名立。

[注释]

①觳（hú）：角力。 ②形：通“型”。型，模具。

[译文]

听说古代善于用人的人，必定是遵从法度、顺从民心并且赏罚分明的。遵从法度，那么不费很大的力就能做好事情；顺从民心，那么免除刑罚却能使禁令通畅；奖罚分明，就不会有伯夷、盗跖的叛变。假如是这样的话，是非黑白就清楚了。掌管国家事务的大臣，对国家应尽力，履行自己的职责，看见有才智的官，就给予他权力和职位，尽力思考来处理事务。臣子们都发挥自己的才智，胜任自己的官位，轻视自己的权力，并且心中不思考保留，对君主要不亏负当官的责任。这样，在国内不会有隐蔽怨恨的动乱，对外不会有像赵括那样的祸害。圣明的君主使每一件事情分明，不彼此干涉，因此不会有是非之争；使士兵不当官，因而他们的技能增长；使百姓发挥不同的作用，因此不会有争斗。争斗辩论没有了，技能长处发挥了，那么强弱不去与角斗相比，冰和炭不放置一起。这样，天下的国家都不能侵占，这是管理国家的最高境界了。

丢弃法治而凭主观想法办事，尧也不能管理好一个国家；去掉标准而胡乱猜测，奚仲也不能造出一个轮子；废止尺寸来比较长短，王尔也不能做到一半合乎标准。让中等才能的君主掌控着法术，本事很差的匠人掌控着规矩尺寸，那就万无一失了。君主假如能除去贤人、巧匠也不可办成事情的做法，推行中主、拙匠都能万无一失的方法，就会使人用尽自己的力量而建立起功绩和名望。

明主立可为之赏，设可避之罚。故贤者劝赏而不见子胥之祸，不肖者少罪而不见偃剖背，盲者处平而不遇深溪，愚者守静而不陷险危。如此，则上下之恩结矣。古之人曰："其心难知，喜怒难中也。"故以表①示目，以鼓语耳②，以法教心。君人者释三易之数而行一难知之心，如此，则怨积于上而怨积于下。以积怒而御积怨，则两危矣。明主之表易见，故约立；其教易知，故言用；其法易为，故令行。三者立而上无私心，则下得循法而治，望表而动，随绳而研，因攒③而缝。如此，则上无私威之毒，而下无愚拙之诛。故上居明而少怒，下尽忠而少罪。

闻之曰："举事无患者，尧不得也。"而世未尝无事也。君人者不轻爵禄，不易富贵，不可与救危国。故明主厉廉耻，招仁义。昔者介子推无爵禄而义随文公，不忍口腹而仁割其肌，故人主结其德，书图著其名。人主乐乎使人以公尽力，而苦乎以私夺威；人臣安乎以能受职，而苦乎以一负二。故明主除人臣之所苦，而立人主之所乐。上下之利，莫长于此。不察私门之内，轻虑重事，厚诛薄罪，久怨细过，长侮偷快，数以德追祸，是断手而续以玉也，故世有易身④之患。

人主立难为而罪不及，则私怨生；人臣失所长而奉难给，则伏怨结。劳苦不抚循，忧悲不哀怜；喜则誉小人，贤不肖俱赏；怒则毁君子，使伯夷与盗跖俱辱；故臣有叛主。

使燕王内憎其民而外爱鲁人，则燕不用而鲁不附。民见憎，不能尽力而务功；鲁见说，而不能离死命而亲他主。如此，则人臣为隙穴⑤，而人主独立。以隙穴之臣而事独立之主，此之谓危殆。

[注释]

①表：用木树立的标志，表示高低远近。　②以鼓语耳：用鼓来校正乐律，使人能听到准确的乐音。　③攒：通"钻"，指锥孔。　④易身：即易位，指君位被篡夺。　⑤隙穴：比喻隐患。

[译文]

英明君主设置臣民通过努力能够得到的奖赏，设立百姓能够避开的惩罚。因此有德才的人激励立功受赏而不会遭受伍子胥那样的灾祸，无德才的人能够少犯罪而不会像驼背人那样受冤枉的刑罚，眼瞎的人居在平坦的地方而不会遇到深涧，愚蠢的人维持安静的生活而不会陷入危险的境况。像这样，君主和臣下之间的恩情就结成了。古代的人说："人的心是很难了解的，人的喜怒是很难猜中的。"因此用表来给眼睛做标记，用鼓来给耳朵定音，用法令来给心作训导。人君舍弃三种易行的方法而用一种很难让人了解的心来做事，这样，就会愤怒存积于君主而怨恨存积于臣下。用积怒来控制积怨，那就彼此都危险了。英明君主的标示容易看到，因此条约能建立；他的教导容易明白，因此说话管用；他的法制容易遵从，因此命令得以实行。这三者树立而君主没有私欲，就臣下得以遵从法律而管理政事，看着准则而行动，就像跟随绳墨而挥动斧子，依照锥孔而缝线。这样，君主就没有个人淫威的恶毒，臣下没有因愚痴笨拙而受刑罚的。因此君主办事英明而少发怒，臣下效忠而少罪行。

因此说有这样的说法："办事不出差错，尧也办不到。"而世上总是不稳定的。君主不随便地赏给臣下爵禄，不简单地赐给臣下富贵，不能够拯救危难中的国家。因此英明的君主对于懂得廉耻的给予勉励，对于推行仁义的给予提倡。以前介子推没有爵禄而凭借臣子的本分追逐文公，饥饿难忍却凭借仁而割下自身的肉给文公，因此君主牢记他的德行，典籍和图册记录着他的名字。君主乐于使人为公家尽忠，而苦于被臣下以私利夺取权威；人臣安于凭借才能承担职务，而苦于以一身而承担两职。因此英明的君主免除人臣所苦恼的，而建立人主所乐于看到的。君臣上下的利益，没有比这更恒久的了。不观察大臣私下的活动，草率地考虑重大事情，对微小的罪行实行重重的惩罚，长远地怨恨臣下小的过失，经常羞辱人取得一时的快乐，多次用恩惠来弥补给人造成的灾难，这就如同砍下手又用玉接上去一样。因此世上有君主被颠覆的灾难。

君主树立难以实现的目标而惩罚臣下不能实现，就会形成私下的怨恨；人臣丧失施展特长的机会而从事很难做到的事，就会产生潜伏的怨恨。君主对臣下的劳苦不安慰，对臣下的忧愁悲痛不怜爱；高兴的时候连小人也称颂，有无德才都授予赏赐；发怒的时候连君子也诋毁，伯夷和盗跖都受到羞辱。因此，有臣子会叛离君主。

假如燕王对内憎恨他的民众而对外喜欢鲁国人，就会燕国人不被他所用而鲁国人也不会依附。民众被怨恨，就不能尽力而进行于立功；鲁人被喜欢，也不能冒着丧命来亲近其他国家的君主。这样，臣子就成了君主的隐患，而君主居于孤立状态，用成了隐患的臣下伺候孤立的君主，这就称为危险。

释仪的①而妄发，虽中小不巧；释法制而妄怒，虽杀戮而奸人不恐。罪生甲，祸归乙，伏怨乃结。故至治之国，有赏罚而无喜怒，故圣人极；有刑法而死，无螫②毒，故奸人服。发矢中的，赏罚当符，故尧复生，羿复立。如此，则上无殷、夏之患，下无比干之祸，君高枕而臣乐业，道蔽天地，德极万世矣。

夫人主不塞隙穴而劳力于赭垩，暴雨疾风必坏。不去眉睫之祸而慕贲、育之死，不谨萧墙③之患而固金城于远境，不用近贤之谋而外结万乘之交于千里，飘风一旦起，则贲、育不及救，而外交不及至，祸莫大于此。当今之世，为人主忠计者，必无使燕王说鲁人，无使近世慕贤于古，无思越人以救中国溺者。如此，则上下亲，内功立，外名成。

[注释]

①仪的：箭靶子。　②螫（shì）：怒，忿怒。　③萧墙：宫室门内用以分隔内外的当门小墙。

[译文]

失掉箭靶而胡乱射箭，尽管射中了很小的东西也不能算技巧高超；失去法制而胡乱发怒，尽管杀了人但奸邪的人也不会畏惧。罪行来自于甲，却把灾祸归于乙，那么积怨也就出现了。因此管理得很好的国家，有赏罚的准则而没有君主主观的喜怒，这就是圣人可以达到治国最高境界的原因；有刑法而没有依据私情来怨恨人，那么奸邪的人也会归服。发出的箭射中靶心，赏罚恰当，因此尧又存活了，羿又再现了。这样，那么君主就没有了殷、夏被灭的灾难，臣下也没有了比干那样的灾祸，君主没有担忧而臣下乐于功业，将原则推行于天下，恩惠流传万代。

屋子有空隙，主人不去填补，却用赭垩去涂刷，屋子遭遇暴雨大风，必定会被损坏。不处理迫在眉睫的灾祸，却想象孟贲、夏育那奋勇而死；不慎重地对待门屏的问题，却在遥远的边境上修固城墙；不采用临近贤人的谋略，却结交千里之外的大国，一旦政治事务突变，尽管是孟贲、夏育那样的勇士也来不及救助了，对外结交的强国来不及赶到救助，灾难就不会有比这更严重的了。当今世界，对自己的国君忠心献策的人，必定不能像燕王取悦鲁国人那样，不能不采用现在贤才而去敬仰古代的伟人，不可希望越国人来救助国内的溺水者。这样，君臣上下关系紧密，对内可树立功业，对外能够名扬天下。

功名　第二十八

　　明君之所以立功成名者四：一曰天时，二曰人心，三曰技能，四曰势位。非天时，虽十尧不能冬生一穗；逆人心，虽贲、育不能尽人力。故得天时，则不务而自生；得人心，则不趣而自劝；因技能，则不急而自疾；得势位，则不推进而名成。若水之流，若船之浮。守自然之道，行毋穷之令，故曰明主。

　　夫有材而无势，虽贤不能制不肖。故立尺材于高山之上，则临千仞之溪，材非长也，位高也。桀为天子，能制天下，非贤也，势重也；尧为匹夫，不能正三家，非不肖也，位卑也。千钧得船则浮，锱铢失船则沉，非千钧轻锱铢重也，有势之与无势也。故短之临高也以位，不肖之制贤也以势。人主者，天下一力以共载之，故安；众同心以共立，故尊。人臣守所长，尽所能，故忠。以尊主主御忠臣，则长乐生而功名成。名实相持而成，形影相应而立，故臣主同欲而异使。人主之患在莫之应，故曰：一手独拍，虽疾无声。人臣之忧在不得一，故曰：右手画圆，左手画方，不能两成。故曰：至治之国，君若枰①，臣若鼓，技若车，事若马。故人有余力易于应，而技有余巧便于事。立功者不足于力，亲近者不足于信，成名者不足于势，近者不亲，而远者不结，则名不称实者也。圣人德若尧、舜，行若伯夷，而位不载于世，则功不立，名不遂。故古之能致功名者，众人助之以力，近者结之以成，远者誉之以名，尊者载之以势。如此，故太山之功长立于国家，而日月之名久著于天地。此尧之所以南面而守名，舜之所以北面而效功也。

[注释]

①枹（fú）：鼓槌。

[译文]

英明君主建功立业的条件有四个：一是天时，二是人心，三是技艺，四是权势地位。不顺天时，尽管十个尧也不能让庄稼在冬天里长出一个穗子；背离人心，尽管孟贲、夏育也不能用尽人力。因此得天时，就是不出力而自生；得人心，不监督，人们也会自己激励自己；依赖技艺，就不紧迫，事情自己也进展得快；得权势，就不上进，也会有名望。像水的流动，像船的航行。掌握着自然的规律，推行畅通无阻的法令，因此称作英明的君主。

有贤能而没有权势，尽管有德才也不能归服无德才的。因此把高高的树立在高山之上，下面就靠着千仞的溪涧，树并没有长高，而是它处的位置很高。夏桀做了天子，能掌控天下，不是他的德才好，是他的权位重；尧做一个平常的百姓，不能治理好三户人家，不是他的德才不好，是他的地位太卑下了。千斤的重物有船载就能浮起来，很轻的东西没有船载就会沉下去，不是千斤的东西轻锱铢重，而是由于有船这个"势"和没有船这个"势"是不相同的。所以短的东西由于地位高而俯视千仞，无德无才的人由于权势能够控制贤德的人。君主，全天下的人合力来拥护他，所以地位稳固；大众同心且共同拥护他，所以他显贵。臣子坚守自己的长处，尽自己的所能，因此称为忠。以显贵的君主驱使忠臣，那么君主就能够长久安乐地生存而功名也可树立。名和实相互依靠而形成，形和影相互对立而出现，所以臣子和君主目标相同而使命不同。君主的忧患在于没有人回应，因此说一只手独拍，尽管迅疾却没有响声。人臣的忧患在于不能专攻一职，因此说：右手画圆形，左手画方形，不能同时画成两种形状。因此说：管理得很好的国家，君主就如同鼓槌，臣子就如同鼓，技能就如同车子，事情就如同马。因此人有富余的力量就容易响应君主的号召，而有了高超的技能就容易办成事。想为君主建功的人力量不足，和君主亲近的人诚信不足，要拥护君主成名的人没有权势，身旁的人不亲近，而关系远的人不来结交，那么君主的名声和实际就不相配了。圣人的道德就像尧、舜，行为就像伯夷，但他的权势不被世上的人所拥戴，就会功不成、名不就。古代可以立功成名的人，是因为大家用力量协助他，周围的人真诚和他结交，关系远的人给他以好的名声，地位高的人用权势拥护他。像这样，君主的功绩就会如同泰山一样长期屹立在国家之中，君主的名声就如同日月一样永远昭著于天地之间。这是尧可以南面称君而掌握住名位，舜可以北面称臣而做出功绩的原因啊。

大体 第二十九

古之全大体者：望天地，观江海，因①山谷，日月所照，四时所行，云布风动；不以智累心，不以私累己；寄治乱于法术，托是非于赏罚，属②轻重于权衡；不逆天理，不伤情性；不吹毛而求小疵，不洗垢而察难知；不引绳之外，不推绳之内；不急法之外，不缓法之内；守成理，因自然；祸福生乎道法，而不出乎爱恶；荣辱之责在乎己，而不在乎人。故至安之世，法如朝露，纯朴不散，心无结怨，口无烦言。故车马不疲弊于远路，旌旗不乱于大泽，万民不失命于寇戎，雄骏不创寿于旗幢；豪杰不著名于图书，不录功于盘盂，记年之牒③空虚。故曰：利莫长于简，福莫久于安。

使匠石以千岁之寿操钩，视规矩，举绳墨，而正太山；使贲、育带干将而齐万民；虽尽力于巧，极盛于寿，太山不正，民不能齐。故曰：古之牧天下者，不使匠石极巧以败太山之体，不使贲、育尽威以伤万民之性，因道全法，君子乐而大奸止；澹然闲静，因天命，持大体，故使人无离法之罪，鱼无失水之祸。如此，故天下少不可④。

上不天，则下不遍覆；心不地，则物不毕载。太山不立好恶，故能成其高；江海不择小助，故能成其富。故大人寄形于天地而万物备，历心于山海而国家富。上无忿怒之毒，下无伏怨之患，上下交⑤朴，以道为舍。故长利积，大功立，名成于前，德垂于后，治之至也。

[注释]

①因：顺应。　②属：托付。　③牒：古代的书板。　④少不可：很少有行不通的。　⑤交：俱，都。

[译文]

古代能顾全大局的人：遥望天地，观察江海，顺从山谷起伏、日月照耀、四时交替、云层分布、风向变化的自然规则；不以智巧干扰心境，不以私利劳累自身；把国家管理的结果寄托在法术上，把事物的对错寄托在赏罚上，把物体的轻重寄托在衡量上；不违反自然的法则，不损害人的本性；不吹毛求疵，不洗垢索瘢；不偏离到法的外面，也不偏离到法的里面；在法禁之外的事不可苛刻，在法禁之内的事不可松缓；坚持不变的道理，顺从客观自然；祸和福全部由宇宙的普遍法则和国家的法制决定，而不出自个人的主观好恶；荣和辱的责任在于自身，而不在于他人。因此最安定的社会，法像早上的露水一样，纯净而不浊乱，人们对它心中没有怨恨，口中没有愤懑不平的言论。因此没有远途奔跑的劳累，旌旗不会战败后扔弃在水泽，民众不会在敌人的侵略中丧命，勇士不会战死于将军的旗帜之下；藏书里不留下豪杰的名字，盘盂上不雕刻立下的战功，国家编年的史书中一片空白。因此说：没有比政令简便的利更大，没有比天下安定的福更久。

让匠石凭借活一千岁的寿命拿着钩子，根据规矩，拿起墨斗弹线，而治理泰山；让孟贲、夏育带着利剑而去治理万民。尽管在技巧上用尽力气，年岁长到极致，但也不能整治好泰山，也不能管理好人民。因此说：古代治理天下的人，没有让匠石竭尽技巧来损坏泰山山体的，没有让孟贲、夏育用尽威风来损害人民性情的。顺从自然法则完善法律，君子安乐而巨奸不作恶。清净安闲，顺从自然的法则，掌握事物的整体。因此让人没有违反法律的罪，让鱼没有丧失水的灾难。这样，天下就少有不能做的事情了。

君主不像天，地就不能全部被覆盖；心胸不像地，万物就不能被包容。泰山不树立善恶的标准，因此可以积成它的高；江海不选择协助的大小，因此可以汇成它的丰富。所以君主与天地合为一体而万物都具备，心胸如大山江海而国家富裕。君主没有忿怒的恶毒，臣下没有内藏怨恨的忧虑，君臣上下都归于朴实，以自然规则为归宿。这样长久的利益蓄积，巨大的功业建立，名望先声夺人，恩德流传百世，达到管理的最高境界。

内储说上 七术 第三十

主之所用也七术，所察也六微。七术：一曰众端参观，二曰必罚明威①，三曰信赏尽能，四曰一听责下，五曰疑诏诡使②，六曰挟知而问③，七曰倒言反事④。此七者，主之所用也。

参观一

观听不参则诚不闻，听有门户⑤则臣壅塞。其说在侏儒之梦见灶，哀公之称"莫众而迷"。故齐人见河伯，与惠子之言"亡其半"也。其患在竖牛之饿叔孙，而江乙之说荆俗也。嗣公欲治不知，故使有敌。是以明主推积铁之类，而察一市之患。

必罚二

爱多者，则法不立；威寡者，则下侵上。是以刑罚不必，则禁令不行。其说在董子之行石邑，与子产之教游吉也。故仲尼说陨霜，而殷法刑弃灰；将行去乐池，而公孙鞅重轻罪。是以丽水之金不守，而积泽⑥之火不救。成欢以太仁弱齐国，卜皮以慈惠亡魏王。管仲知之，故断死人；嗣公知之，故买胥靡。

赏誉三

赏誉薄而谩者，下不用也；赏誉厚而信者，下轻死。其说在文子称"若兽鹿"。故越王焚宫室，而吴起倚车辕，李悝断讼以射⑦，宋崇门以毁死。勾践知之，故式⑧怒蛙；昭侯知之，故藏弊绔。厚赏之使人为贲、诸也，妇人之拾蚕，渔者之握鳝，是以效之。

听四

一听则愚智不纷，责下则人臣不参。其说在"索郑"与"吹竽"。其患在申子之以赵绍、韩沓为尝试。故公子氾议割河东，而应侯谋弛上党。

诡使五

数见久待而不任，奸则鹿散。使人问他则不鬻私。是以庞敬还公大夫，而戴欢诏视辒车，周主亡玉簪，商太宰论牛矢。

挟智六

挟智而问，则不智者至；深智一物，众隐皆变⑨。其说在昭侯之握一爪也。故必南门而三乡得。周主索曲杖而群臣惧，卜皮事庶子，西门豹详⑩遗辖。

倒言七

倒言反事以尝所疑，则奸情得。故阳山谩樛竖，淖齿为秦使，齐人欲为乱，子之以白马，子产离讼者，嗣公过关市。

右⑪经

[注释]

①必罚明威：对犯罪者坚决惩罚以显示君主的威严。　②疑诏诡使：传出可疑的命令，使用诡诈的手段，来考察臣下是否忠诚。　③挟知而问：拿已经了解的事情询问臣下，测试他们言行的真伪。　④倒言反事：说与本意相反的话和做与本意相反的事，刺探臣下的阴谋。　⑤门户：这里比喻君主消息来源只限于一门一户，即偏听偏信之意。　⑥积泽：大泽。　⑦射：猜度。　⑧式：致敬。　⑨变：通"辨"。　⑩详：通"佯"。　⑪右：古书从右

向左竖排书写，"右"即指上文。

[译文]

君主所运用的统治方法有七种，需要考察的隐私情况有六种。

七种方法：一是多方面地验证，观察；二是必须惩罚以展示君主的威严；三是对尽力效忠的必定进行奖赏；四是一一听从臣下意见，催促他们行动；五是发出惑乱人的诏令和捉摸不透的使命；六是明白了事实反过来询问臣下；七是说反话做反事。这七种方法，是君主所利用的。

第一，验证观察臣子言行

对臣子的观察和听取假如不与事实检验，就不能了解实际情况，听取意见只有一个结果，就被臣子蒙蔽。其说在侏儒梦到灶，鲁哀公称"莫众而迷"。因此齐人让君主看见河伯，而惠施说"亡一半"。它的祸患在于竖牛饿死了叔孙，江乙解说楚国的风俗。卫嗣公想管理好国家，可是不知道方法，所以让臣子彼此对立。因此明主由积铁防箭推导出治国之道，来明察市人说谎话的弊端。

第二，对犯罪必定惩罚

仁爱过多，法令就不能建立；威势少的，下级就冒犯上级。所以刑罚不能坚决执行，禁令就不能实行。其说在董安于巡察石邑和子产教导游吉。因此孔子解释落霜，殷商的法令惩罚在路上倒灰；领队离开了乐池，而公孙鞅对轻罪进行重罚。因此丽水的金子不能保住，积泽的大火也不能被灭掉。成欢认为齐王太过仁慈削弱了齐国，卜皮认为魏王太仁爱使他灭亡。管仲懂得这个道理，因此惩罚死人；卫嗣公懂得这个道理，因此重价收买逃亡的奴隶。

经三，赏赐必讲诚信

奖赏轻微而又不能实现，臣下便不愿用命；奖赏优厚而又信守承诺，臣下便乐于效死。这种道理表明，就在文子把人比作兽鹿的故事之中。因此越王试焚宫室，吴起徙车辕，李悝用射箭裁决狱讼，宋君以居丧毁瘠拔擢崇门的巷人。勾践懂得这种道理，因此在车上向愤怒的青蛙行礼；昭侯懂得这种作用，因此把破裤子收藏起来打算送给有功之人。厚赏可以使人变得如孟贲、专诸一样勇武，妇人用手捡蚕，渔夫用手捕黄鳝，都足以表明这点。

第四，一一听从臣下的意见

君主对于臣下的意见一一听从，臣下的智愚就立刻分明；君主责求臣下进谏，臣下便不可混淆视听。这种道理表明，就在魏王索要郑国，齐宣王一一听竽的故事之中。不能一一督责的祸福，在申侯用赵绍、韩沓探察昭侯的态度中能够得到说明。因此公子汜建议割让河东的土地，应侯建议转让上党的兵力。

第五，发出让臣下怀疑的命令、使用诡诈的派遣

君主多次召见一些人，让他们长时间地待在自己身旁而又不调派他们做什么事，但其他的人却认为他们必定受到了君主的秘密命令，那么邪恶之人就会畏惧得像鹿受惊了那样到处逃奔。派人去做事的时候，先用其他自己已经知晓的事情去询问，那么被派去办事的人就不敢再卖弄自己的小聪明来故弄玄虚了。因此庞敬请回了管理市场的公大夫，而戴欢命令人去视察卧车，周国的君主故意丢掉了玉簪，宋国的太宰断定有牛屎。

第六，挟智

特意拿自己已经知晓的事情去问臣下，那么那些不知晓的事情也

就知晓了；详细地了解一件事情，那么许多隐秘不明的事情就都会变得清晰明白了。这个道理的具体说明表现在韩昭侯假装丢失了一个指套，以检验近臣是否忠诚的故事中。因此，确实知道了南门的情况而其他三门的情况也就知道了。东周的国君暗地里搜查头部弯曲的拐杖，群臣就都感到害怕；卜皮当县令时调派侍者假装去喜欢御史的小老婆，结果就打探到了御史的隐情；西门豹为了要得到廉正的名声，于是就假装丢掉了车辖而命令官吏去找寻。

第七，把话反过来说、把事反过来做

把话反过来说、把事反过来做以探察自己所怀疑的事，那么奸恶的情况就能知道。所以山阳君假装毁谤樛竖，淖齿派自己的人佯装成秦国的使者，齐国有个想叛乱的人假装驱赶自己所爱的人，子之佯装说有白马跑出了门，子产把诉讼双方分隔开来，卫嗣公派人假装客商通过关口上的集市。

上面是经文

一

卫灵公之时，弥子瑕有宠，专于卫国。侏儒有见公者曰："臣之梦践①矣。"公曰："何梦？"对曰："梦见灶，为②见公也。"公怒曰："吾闻见人主者梦见日，奚为见寡人而梦见灶？"对曰："夫日兼烛天下，一物不能当也；人君兼烛一国人，一人不能拥也。故将见人主者梦见日，夫灶，一人炀焉，则后人无从见矣。今或者一人有炀君者乎？则臣虽梦见灶，不亦可乎？"

鲁哀公问于孔子曰："鄙谚曰：'莫众而迷。'今寡人举事与群臣虑之，而国愈乱，其故何也？"孔子对曰："明主之问臣，一人知之，一人不知也。如是者，明主在上，群臣直议于下。今群臣无不一辞同轨乎季孙者，举鲁国尽化为一，君虽问境内之人，犹之人不免于乱也。"

一曰：晏婴子聘鲁，哀公问曰："语曰：'莫三人而迷。'今寡人与一国虑之，鲁不免于乱，何也？"晏子曰："古之所谓'莫三人而迷'者，一人失之，二人得之，三人足以为众矣，故曰'莫三人而迷'。今鲁国之群臣以千百数，一言于季氏之私，人数非不众，所言者一人也，安得三哉？"

[注释]

①践：应验。　②为：将，就要。

[译文]

对第一条经文的解说

卫灵公在位的时候，弥子瑕获得了他的恩宠，在卫国独断专行。有一个碰到卫灵公的侏儒说："我的梦灵验了。"卫灵公说："什么梦？"侏儒回复说："我梦到灶，因此就遇见您了。"卫灵公愤怒说："我听说要见君主的人会梦到太阳，为何你要见到我却梦到灶呢？"侏儒回复说："那太阳照耀天下，没有一样东西能够把它挡住；君主照亮一国的人，一个人是不能够遮掩得住他的。因此将要见到君主的人会梦到太阳。对于那灶，只要有一个人在灶门烤火，那么后边的人是没有办法看到火光的。现在或许有一个人在烤您的火而把您的火光挡住了吧？那么我尽管梦见了灶，不也行吗？"

鲁哀公问孔子说："谚语说：'没有人合计就会惑乱。'现在我要做一件事，和群臣商量，但是国家更混乱，这是什么原因呢？"孔子说："英明的君主问臣下，假如有人知道，就会有人不知道。如此的话，英明的君主在上，群臣能够在下直率地议论。现在群臣众口一词赞许季孙，整个鲁国都变成一个人一样，君主尽管问了国内所有的人，也免不了混乱。"

还有一种说法：晏婴到鲁国去巡察，鲁哀公问他说："常语说：'没有三个人就会迷茫。'现在我和全国的人来一起谋划事情，鲁国还难免混乱，这是为什么？"晏婴说："古代所谓'没有三个人就会迷茫'，是说一个人会失策，两个人就会思考对，三个人足以成为多数人的意见，因此说'没有三个人就会迷茫'。现在鲁国的群臣尽管数以千计，却都统一于季氏的私利，人数不是不多，但所说的却像来自一人之口，怎么称得上有很多人？"

齐人有谓齐王曰："河伯，大神也。王何不试与之遇乎？臣请使王遇之。"乃为坛场大水之上，而与王立①之焉。有间，大鱼动，因曰："此河伯。"

张仪欲以秦、韩与魏之势伐齐、荆，而惠施欲以齐、荆偃兵。二人争之。群臣左右皆为张子言，而以攻齐、荆为利，而莫为惠子言。王果听张子，而以惠子言为不可。攻齐、荆事已定，惠子入见。王言曰："先生毋言矣。攻齐、荆之事果利矣，一国尽以为然。"惠子因说："不可不察也。夫齐、荆之事也诚利，一国尽以为利，是何智者之众也？攻齐、荆之事诚不可利，一国尽以为利，何愚者之众也？凡谋者，疑也。疑也者，诚疑：以为可者半，以为不可者半。今一国尽以为可，是王亡半也。劫主者固亡其半者也。"

叔孙相鲁，贵而主断。其所爱者曰竖牛，亦擅用叔孙之令。叔孙有子曰壬，竖牛妒而欲杀之，因与壬游于鲁君所。鲁君赐之玉环，壬拜受之而不敢佩，使竖牛请之叔孙。竖牛欺之曰："吾已为尔请之矣，使尔佩之。"壬因佩之。竖牛因谓叔孙："何不见壬于君乎？"叔孙曰："孺子何足见也。""壬固已数见于君矣。君赐之玉环，壬已佩之矣。"叔孙召壬见之，而果佩之，叔孙怒而杀壬。壬兄曰丙，竖牛又妒而欲杀。叔孙为丙铸钟，钟成，丙不敢击，使竖牛请之叔孙。竖牛不为请，又欺之曰："吾已为尔请之矣，使尔击之。"丙因击之。叔孙闻之曰："丙不请而擅击钟。"怒而逐之。丙出走齐。居一年，竖牛为谢叔孙，叔孙使竖牛召之，又不召而报之曰："吾已召之矣，丙怒甚，不肯来。"叔孙大怒，使人杀之。二子已死，叔孙有病，竖牛因独养之而去左右，不内人，曰："叔孙不欲闻人声。"不食而饿杀。叔孙已死，竖牛因不发丧也，徙其府库重宝空之而奔齐。夫听所信之言而子父为人僇^②，此不参之患也。

[注释]

①立：通"莅"。 ②僇（lù）：通"戮"。

[译文]

有个齐人对齐王说："河伯是大神，大王为何不尝试和他会见一下呢？我请求让大王能和他见面。"于是在大水边上修建了祭祀的场所，而和齐王立在水边上。一会儿之后，有条大鱼在水中动，齐人说："这就是河伯。"

张仪想以秦国、韩国和魏国友好的形势征伐齐国、楚国，而惠施想对齐国、楚国退兵。两个人争议这事。群臣和君主身旁的人都为张仪说话，认为攻打齐国、楚国有利，而没有为惠施说话的。秦王真的听张仪的意见，而认为惠施的意见不能行。攻打齐国、楚国的事已经决定了，惠施进宫去见秦王。秦王说："先生别说了！攻打齐国、楚国的确有好处，一国都认为是如此。"惠施因此进谏说："不能够不对这事加以考察。攻打齐国、楚国这件事的确有好处，一个国家都认为有益处，如此的话，为何聪明人如此多？攻打齐国、楚国的事的确没有好处，而一个国家都认为有益处，如此的话，为何愚蠢的人这样多？凡是需计划的事，是因为有疑问。疑问，的确是有疑惑，以为可行的人会有一半，以为不可行的人会有一半。现在一个国家都以为可以，这就是大王已经丧失一半了。劫持君主的人原本正是使那一半人丧失的人。"

叔孙豹在鲁国为宰相，禄位高而又独断专行。他最爱的一个仆人叫竖牛，这个人也常常私自盗用叔孙的名义发布命令。叔孙有个儿子叫仲壬，竖牛妒忌他，并且想要谋害他，于是特意同仲壬到国君那里去游玩。国君赠送仲壬一个玉环，仲壬拜谢国君接纳了玉环，但不敢佩带，便让竖牛向叔孙豹请示允许他佩带玉环。竖牛欺诈仲壬说："我已经替你请示老人家，他答应你佩带玉环。"仲壬便把玉环佩带在身上。后来竖牛就对叔孙豹说："您为何不让仲壬去拜见君主呢？"叔孙豹说："小孩子有何值得引见呢？"竖牛说："仲壬以前已经多次觐见过君主了。君主送赠送他一个玉环，仲壬已经佩带在身上了。"叔孙豹派人把仲壬召来，看见仲壬真的佩着玉环。叔孙豹愤然大怒，马上杀了仲壬。仲壬的哥哥孟丙，竖牛也妒忌他，并且想要谋害他。叔孙豹为孟丙铸造一口大钟，大钟铸好后，孟丙不敢敲打，让竖牛向叔孙豹请准许他敲击，竖牛没有替他请示，又欺诈他说："我已经替你请示老人家，他准许你敲击大钟。"孟丙便敲打起大钟。叔孙豹听到钟声，说："孟丙不经请求就私自敲钟。"叔孙豹又愤然大怒，把孟丙从家里驱赶出去。孟丙离家逃去齐国，过了一年，竖牛佯装替孟丙向叔孙豹谢罪，叔孙豹派竖牛召孟丙返国。竖牛又没有去唤孟丙，却汇报叔孙说："我已经去召他了，孟丙很愤怒，不肯回来。"叔孙豹一听非常愤怒，就派人杀了孟丙。两个儿子死了以后，叔孙豹患了病，竖牛就单独一人侍奉他，遣走叔孙豹身旁的其他侍从，不让任何人进入见叔孙豹，并说："叔孙豹不想听见人声。"竖牛不给叔孙豹食物吃，活活饿死了他。叔孙豹死后，竖牛则不发讣告，暗暗地转移叔孙府库里的珍宝，直把府库掠夺一空，便逃离到齐国去了。听取自己信任的人的话，导致父子被人杀害，这就是对事实不知道验证导致的祸害啊！

江乙为魏王使荆，谓荆王曰："臣入王之境内，闻王之国俗曰：'君子不蔽人之美，不言人之恶。'诚有之乎？"王曰："有之。""然则若白公之乱，得庶无危乎！诚得如此，臣免死罪矣。"

卫嗣君重如耳，爱世姬①，而恐其皆因其爱重以壅己也，乃贵薄疑以敌如耳，尊魏姬以耦世姬，曰："以是相参也。"嗣君知欲无壅，而未得其术也。夫不使贱议贵，下必坐上②，而必待势重之钓也，而后敢相议，则是益树壅塞之臣也。嗣君之壅乃始。

夫矢来有乡，则积铁以备一乡；矢来无乡，则为铁室以尽备之。备之则体不伤。故彼以尽备之不伤，此以尽敌之无奸也。

庞恭与太子质于邯郸，谓魏王曰："今一人言市有虎，王信之乎？"曰："不信。""二人言市有虎，王信之乎？"曰："不信。""三人言市有虎，王信之乎？"王曰："寡人信之。"庞恭曰："夫市之无虎也明矣，然而三人言而成虎。今邯郸之去魏也远于市，议臣者过于三人，愿王察之。"庞恭从邯郸反，竟不得见③。

[注释]

①世姬：魏嗣公的宠姬。　　②下必坐上：上司有罪，下级不告发，那就一定给下级判处与上司相同的罪。　　③竟不得见：终于不能进见魏王。

[译文]

江乙为魏王出使楚国，对楚王说："我来到大王的境内，听说贵国的风俗是'君子不遮蔽人之美，不说人之恶'。的确有这样的风俗吗？"楚王回复说："有。""既然如此，那么像白公之乱这样的事，不是很危险吗？确实如此，臣子就能免去死罪了。"

卫嗣君器重如耳，恩宠世姬，但又怕他们自恃受宠来欺骗自己，于是推崇薄疑来和如耳抗衡，推崇魏姬来和世姬相对，说："我用这种方法使他们互相对立。"卫嗣君知道不受欺骗的重要性，却不懂得使自己不受欺骗的方法。假如不使贱者谈论贵者，不使下级检举上级，而一定要等到双方的势力、权威相同，然后才敢互相谈论，这就更多地培植起欺骗自己的臣子了。卫嗣君受欺骗也就从此开始了。

假如箭射过来时有一定的方向，就堆叠铁器成铁壁来防范这个方向；假如箭射过来时没有一定的方向，就建筑铁室来全面地防范它。防范了，身体就不会受到损害。所以人们凭着全面防范而不会受伤，君主依靠全面地应对奸臣而不发生奸邪之事。

魏国的臣子庞恭将与魏太子共同到赵国的邯郸做人质，庞恭对魏王说："如果现在有一个人说集市上有老虎，大王相信吗？"魏王说："不信。"庞恭说："如果两个人说集市上有老虎，大王相信吗？"魏王说："不信。"庞恭又说："如果有三个人说集市上有老虎，大王相信吗？"魏王说："我相信。"庞恭说："集市上没有老虎是很清楚的，但是三个人一说就变成了有老虎。如今邯郸离魏国比集市远得多，而议论我的又多于三个人，但愿大王明察他们的话。"庞恭从邯郸回来以后，终究不能再见到魏王。

二

董阏于为赵上地守。行石邑山中，涧深，峭如墙，深百仞，因问其旁乡左右①曰："人尝有入此者乎？"对曰："无有。"曰："婴儿、痴聋、狂悖之人尝有入此者乎？"对曰："无有。""牛马犬彘尝有入此者乎？"对曰："无有。"董阏于喟然太息曰："吾能治矣。使吾治之无赦，犹入涧之必死也，则人莫之敢犯也，何为不治之？"

子产相郑，病将死，谓游吉曰："我死后，子必用郑，必以严莅人。夫火形严，故人鲜灼；水形懦，人多溺。子必严子之形②，无令溺子之懦故。"子产死。游吉不肯严形，郑少年相率为盗，处于萑泽，将遂以为郑祸。游吉率车骑与战，一日一夜，仅能克之。游吉喟然叹曰："吾蚤行夫子之教，必不悔至于此矣。"

鲁哀公问于仲尼曰："《春秋》之记曰：'冬十二月霣③霜不杀菽。'何为记此？"仲尼对曰："此言可以杀而不杀也。夫宜杀而不杀，桃李冬实。天失道，草木犹犯干之，而况于人君乎！"

[注释]

①旁乡左右：居住在深涧附近的人。　②形：通"刑"。　③貟（yǔn）：
坠落。

[译文]

对第二条经文的解说

董阏于为赵国上郡的郡守，巡察石邑的山里，山涧很深，峭壁像墙
一样陡峭，有百人之深。于是问相邻山涧居住的人："以前有人掉进去
吗？"答复说："没有。"又问："以前有婴儿、傻子、聋子、疯子掉
进去吗？"回复说："没有。""以前有牛马狗猪之类掉进去的吗？"
回复说："没有。"董阏于感叹道："我能管理了。假如我的法令坚决，
不能被免除，就像掉进这深涧就必定会死一样，那么就没人敢违抗了。
怎么能管理不好呢？"

子产做郑相，病重将死，对游吉说："我死后，您必定会在郑国掌
政，一定要用威严管理民众。火的样子是酷热的，因此人们很少被烧伤；
水的样子是随和的，因此很多人被淹死。您一定要严厉地执行刑罚，不
要让人们因您的柔和而违犯法令。"子产死后，游吉不愿严厉执行刑罚，
郑国青年拉帮结派成为强盗，盘踞在藋苻之泽中，即将给郑国造成危害。
游吉率车骑和他们作战，打了一天一夜，才算击败了他们。游吉感慨地
说："我早按子产的教训去做的话，一定不会后悔到这般地步了！"

鲁哀公询问孔子说："《春秋》记载：'冬季十二月下霜不摧残豆
类作物。'为何记这个？"孔子说："这是说本应当摧残的倒不加摧残，
那么桃李也就能够在冬天结果实了。自然丧失常规，草木的生长况且要
背逆它，更何况是君主呢？"

殷之法，刑弃灰于街者。子贡以为重，问之仲尼。仲尼曰："知治之道也。夫弃灰于街必掩人，掩人，人必怒，怒则斗，斗必三族相残也。此残三族之道也，虽刑之可也。且夫重罚者，人之所恶也；而无弃灰，人之所易也。使人行之所易，而无离所恶，此治之道也。"

一曰：殷之法，弃灰于公道者断其手。子贡曰："弃灰之罪轻，断手之罚重，古人何太毅[1]也？"曰："无弃灰，所易也；断手，所恶也。行所易，不关所恶，古人以为易，故行之。"

中山之相乐池以车百乘使赵，选其客之有智能者以为将行[2]，中道而乱。乐池曰："吾以公为有智，而使公为将行，今中道而乱，何也？"客因辞而去，曰："公不知治。有威足以服人，而利足以劝之，故能治之。今臣，君之少客[3]也。夫从少正长，从贱治贵，而不得操其利害之柄以制之，此所以乱也。尝试使臣：彼之善者我能以为卿相，彼不善者我得以斩其首，何故而不治？"

公孙鞅之法也重轻罪[4]。重罪者，人之所难犯也；而小过者，人之所易去也。使人去其所易，无离其所难，此治之道。夫小过不生，大罪不至，是人无罪而乱不生也。

[注释]

①毅：残酷。　②将行：带领队伍的人。　③少客：下等门客，客中年少位卑的人。　④重轻罪：对轻罪加以重罚。

[译文]

商朝的法令规定，对在大路上倒灰的人要判处刑罚。子贡认为这种刑罚太重，便向孔子求教。孔子说："这是知道治理百姓的办法呀。把灰烬倒在大路上必定会到处飞扬而扑面盖人，灰烬扑面盖人，人们必定会发怒，愤怒就要争斗，争斗一定进展到三族的人互相残杀，这是残害三族的行为，即使惩处它也是可以的。何况重刑，是人们所讨厌的；而不倒灰，是人所容易办到的。让人们做容易办到的事，而不去受到他们所厌恶的刑罚，这就是管理百姓的办法呀。"

另一种说法：商朝的法令规定，把灰烬倒在公共道路上的，斩手。子贡说："倒灰的罪行轻，砍手的刑很重。古人怎么这样乱用刑罚呢？"孔子说："不倒灰是容易的，砍手是人所害怕的。使人很容易办到的事而不受到他们所害怕的刑罚，古人认为是容易做到的，所以才实行这种法律。"

中山国的宰相乐池带了一百辆马车去往赵国，他选择一位有智谋的门客当作领队，走到一半，秩序便混乱了。乐池说："我认为你有智能，才派你做领队，如今走到一半秩序便混乱了，这是为什么？"这位门客便告辞要离去，说："您不知道治人的道理。有威力足以归服人，有利益足以激励人，所以能将人管理好。现在我是您这儿一位年幼低贱的客人。由年幼的管理年长的，由卑下的管理尊贵的，却不让他掌控利害的权柄，这就是混乱的原因啊！如果您能使我有这样的权力：表现好的我能让他做卿相，表现差的我能砍他的头，那还有什么原因不能管理好他们呢？"

公孙鞅对轻罪进行重罚。重罪，是人们很难犯的；而小过错，是人们容易除去的。使人们改掉容易犯的小过错，而不去犯不容易犯的重罪，这是管理好国家的原则。假如小过错不发生，那么重大的罪行也就不会发生了，这样，人们就没有犯罪的，而动乱也就不会发生了。

一曰：公孙鞅曰："行刑重其轻者，轻者不至，重者不来，是谓以刑去刑也。"

荆南之地，丽水之中生金，人多窃采金。采金之禁：得而辄辜磔[①]于市。甚众，壅离[②]其水也，而人窃金不止。大罪莫重辜磔于市，犹不止者，不必得也。故今有于此，曰："予汝天下而杀汝身。"庸人不为也。夫有天下，大利也，犹不为者，知必死。故不必得也，则虽辜磔，窃金不止；知必死，则虽予之天下不为也。

鲁人烧积泽。天北风，火南倚，恐烧国。哀公惧，自将众趣救火。左右无人，尽逐兽而火不救，乃召问仲尼。仲尼曰："夫逐兽者乐而无罚，救火者苦而无赏，此火之所以无救也。"哀公曰："善。"仲尼曰："事急，不及以赏；救火者尽赏之，则国不足以赏于人。请徒行罚。"哀公曰："善。"于是仲尼乃下令曰："不救火者，比降北[③]之罪；逐兽者，比入禁之罪。"令下未遍而火已救矣。

[注释]

①辜：示众，在闹市处死并将尸首暴露街头。磔（zhé）：车裂。　②离：遮遏，阻断。　③降北：投降和败逃。

[译文]

另一种说法：公孙鞅说："推行刑罚对轻罪进行重罚，轻罪不会产生，重罪不会产生，这就称为用刑罚去掉刑罚。"

楚国南部，丽水里出产黄金，很多人暗地采金子。采金的禁令是，捕获就立刻在街头分尸示众。杀死的人很多，尸体使河水阻塞断流，而偷采金子的人还是不能禁止。罪过没有比当街分尸示众更严酷的，还是不能制止，是由于不一定会被抓住。因此现在有人说："给你整个天下，然后杀了你。"尽管是平常的人也不会去干。占有天下是很大的利益，还是不愿去干，是因为知道必定会死。因此不一定会被抓到，那尽管是分尸，也不会终止偷金子；知道必死，尽管是拥有天下也不干。

鲁人烧毁积泽。天刮北风，火势向南扩展，可能会烧到国都。鲁哀公畏惧了，亲自率领众人监督救火。旁边没有人，大家都去追赶野兽却不去救火，于是把孔子请来询问。孔子说："追赶野兽的人快乐又不受罚，救火的人劳累又不得赏，这即是大火之所以不能被熄灭的原因。"哀公说："说得好。"孔子说："事情紧迫，来不及论功行赏；假如救火的人都进行奖赏，那么国家的财富还不足用来奖赏救火的人。请只用刑罚。"哀公说："好。"于是孔子就命令说："不去救火的，与投降逃亡同罪；追赶野兽的，与私自进入禁地同罪。"命令下发后还没有传遍，大火已经被熄灭了。

成欢谓齐王曰："王太仁，太不忍人①。"王曰："太仁，太不忍人，非善名邪？"对曰："此人臣之善也，非人主之所行也。夫人臣必仁而后可与谋，不忍人而后可近也；不仁则不可与谋，忍人则不可近也。"王曰："然则寡人安所太仁？安不忍人？"对曰："王太仁于薛公，而太不忍于诸田。太仁薛公，则大臣无重；太不忍诸田，则父兄犯法。大臣无重，则兵弱于外；父兄犯法，则政乱于内。兵弱于外，政乱于内，此亡国之本也。"

魏惠王谓卜皮曰："子闻寡人之声闻亦何如焉？"对曰："臣闻王之慈惠也。"王欣然喜曰："然则功且安至？"对曰："王之功至于亡。"

王曰："慈惠，行善也。行之而亡，何也？"卜皮对曰："夫慈者不忍，而惠者好与也。不忍则不诛有过，好予则不待有功而赏。有过不罪，无功受赏，虽亡，不亦可乎？"

[注释]

①忍人：对人狠心。

[译文]

成欢对齐王说："大王太仁爱，对人不残忍。"齐王说："太仁爱，不残忍，这不是盛名吗？"成欢回复说："这只是作为人臣的长处，而不是君主所应做的。人臣必定要仁慈而后才能与他商量谋划，不残忍才好亲近；假如不仁爱就不能与他商量谋划，假如残忍就不好亲近。"齐王说："那么我什么地方太仁爱，什么地方太宽让人？"成欢说："大王对薛公太仁爱，太宽让田氏宗族。对薛公太仁爱，则大臣就没有权；太宽让田氏宗族，他们家族就要违法。大臣无权，军队就没有战斗力：田氏家族违法，国家政治就杂乱。军队对外没有战斗力，国家政治杂乱，这是亡国的根基。"

魏惠王对卜皮说："您听说我的名声如何呢？"卜皮回复说："我听说大王的仁爱恩惠。"魏王很欢喜地说："如此的话，效果将会从什么地方体现出来呢？"卜皮回复说："大王的功效将体现为亡国。"魏王说："仁爱恩惠，是做好事。推行它会亡国，是什么原因呢？"卜皮回复说："仁爱的人不狠心，而恩惠就是好喜欢给与。不狠心就不会诛杀有过失的人，喜欢给予就不等有功劳即给予赏赐。有过错不惩罚，没有功劳受奖赏，即使亡国，不也是应当的吗？"

齐国好厚葬，布帛尽于衣衾，材木尽于棺椁。桓公患之，以告管仲曰："布帛尽则无以为蔽，材木尽则无以为守备，而人厚葬之不休，禁之奈何？"管仲对曰："凡人之有为也，非名之，则利之也。"于是乃下令曰："棺椁过度者戮其尸，罪夫当丧者。"夫戮死，无名；罪当丧者，无利：人何故为之也？

卫嗣君之时，有胥靡①逃之魏，因为襄王之后治病。卫嗣君闻之，使人请以五十金买之，五反而魏王不予，乃以左氏易之。群臣左右谏曰："夫以一都买一胥靡，可乎？"王曰："非子之所知也。夫治无小而乱无大。法不立而诛不必，虽有十左氏无益也；法立而诛必，虽失十左氏无害也。"魏王闻之曰："主欲治而不听之，不祥。"因载而往，徒献之。

[注释]

①胥靡：犯轻罪服劳役的囚犯。

[译文]

齐国喜爱厚葬，布帛都用以做葬衣和尸被，好木料都做成棺材。齐桓公对此十分担忧，告诉管仲说："布帛用尽了就没有任何东西能够用来做蔽体的衣裳，木材用尽了就没有任何东西可以用来构筑防御工事，可是人们还是厚葬个没停，怎么制止这种行为呢？"管仲回复说："凡是人的一切行为，不是为了名，就是为了利。"于是就下命令说："棺材违反了制度的斩死者的尸体，并惩罚那个操办丧事的人。"死者被斩，不是名誉的事；操办丧事的受惩罚，他无利可图。人为何还厚葬呢？

卫嗣君的年代，有个服劳役的囚犯逃往魏国去了，趁机给魏襄王的王后看病。卫嗣君听说后，让人去魏国请求用五十金把他赎回来，往返了五次但魏襄王也不答应，因此卫嗣君就用左氏城邑去换这名囚犯。卫嗣君身边的群臣劝告说："您用一座城邑去买一名囚犯，这样可以吗？"卫嗣君说："这事你们就不明白了。治理不可不管小事，乱世不一定由大事导致。法度不能建立，惩罚不坚决实行，尽管有十座左氏城都没有好处；法度建立起来了，惩罚实行了，尽管失去十座左氏城也没有坏处。"魏王听到了这话，说："卫君想管理好国家而我不听从他的要求，是不吉祥的。"于是用车装载了这名囚犯，不计报酬地进献给了卫国。

三

齐王问于文子曰："治国何如？"对曰："夫赏罚之为道，利器也。君固握之，不可以示人。若如臣者，犹兽鹿也，唯荐^①草而就。"

越王问于大夫文种曰："吾欲伐吴，可乎？"对曰："可矣。吾赏厚而信，罚严而必。君欲知之，何不试焚宫室？"于是遂焚宫室，人莫救之。乃下令曰："人之救火者死，比死敌之赏；救火而不死者，比胜敌之赏；不救火者，此降北之罪。"人涂其体被^②濡衣而走火者，左三千人，右三千人。此知必胜之势也。

[注释]

① 荐：茂盛的草。　② 被：通"披"。

［译文］

对第三条经文的解说

齐王问文子说："应该如何治国？"文子回复说："赏罚当作治国的原则，是锋利的武器。君主要牢固地掌控，不能显露给人。至于那些臣下，就如同兽鹿，只要有肥美的草它们就会奔跑过去。"

越王问大夫文种说："我想攻击吴国，行吗？"文种回复说："行。我们国家奖赏重而且实行，惩罚严而且坚决。君主您如果想明白这一点，为何不尝试放一把火点燃宫室？"因此勾践就放火烧毁宫室，没有一个人来救火。便命令说："人们假如救火而死，相当于为国家平定动乱而死的奖赏；假如救火而不死，相当于战胜敌人的奖赏；不愿去救火的人，相当于战场上投降和败逃者的罪行。"人们用防火材料涂身、披着湿衣裳奔去火场的，左边有三千人，右边也有三千人。从这件事上能够知道攻打吴国必定能取胜的形势。

吴起为魏武侯西河之守。秦有小亭①临境，吴起欲攻之。不去，则甚害田者；去之，则不足以征甲兵。于是乃倚一车辕于北门之外而令之曰："有能徙此南门之外者，赐之上田、上宅。"人莫之徙也。及有徙之者，还②赐之如令。俄又置一石赤菽东门之外而令之曰："有能徙此于西门之外者，赐之如初。"人争徙之。乃下令曰："明日且攻亭，有能先登者，仕之国大夫，赐之上田宅。"人争趋之。于是攻亭，一朝而拔之。

李悝为魏文侯上地之守，而欲人之善射也，乃下令曰："人之有狐疑之讼者，令之射的，中之者胜，不中者负。"令下而人皆疾习射，日夜不休。及与秦人战，大败之，以人之善战射也。

宋崇门之巷人服丧而毁甚瘠，上以为慈爱于亲，举以为官师。明年，人之所以毁死者岁十余人。子之服亲丧者，为爱之也，而尚可以赏劝也，况君上之于民乎！

[注释]

①亭：边境上侦察和防敌用的一种军事建筑。　②还：通"旋"，旋即。

[译文]

吴起担负魏武侯的西河郡守。秦国在魏国边界上建有守望的小亭，吴起想攻取它。不拔掉它，对魏国的种田人损害很大；去除它，又不值得这样而调兵遣将。于是就在北门外面斜靠了一根车辕命令说："假如有谁能把它搬到南门外面去，就奖赏给他上等的田地和上等的住宅。"没有人去搬它。等待有搬它的人，马上如当初命令所说的那样奖赏了他。没过多久又放了一石赤豆在东门外面并命令说："假如有人搬动这一石赤豆到西门之外，给他的奖赏和以前一样。"人们争着去搬赤豆。于是命令说："明天将要攻击秦国边境上的小亭，假如有谁先登上小亭，让他做国大夫，奖赏给他上等的田地、住宅。"人们争着往前冲。因此攻击小亭，一早晨就攻取了。

李悝担任魏文侯的上地守，希望人民善于射箭，于是命令说："假如有是非不决的案件，让他们射箭靶，射中的胜，射不中的负。"吩咐人们都抓紧练习射箭，昼夜不停。等到和秦国人作战时，大败他们，因为人们都善于战射的原因。

宋国首都崇门的居民中有人服丧而伤害了身体，很羸弱。君主认为这是对自己的亲人充满仁慈的结果，提拔他为官长。第二年，人们由于这个原因而伤害身体而死的，一年就有十多人。子女给父母服丧的缘故，是由于对父母的爱，这种感情尚且能够用赏赐来激励，况且是君主对于民众呢！

越王虑伐吴，欲人之轻死也。出见怒蛙①，乃为之式。从者曰："冤敬于此？"王曰："为其有气故也。"明年之请以头献王者岁十余人。由此观之，誉之足以杀人矣。

一曰，越王勾践见怒蛙而式之。御者曰："何为式？"王曰："蛙有气如此，可无为式乎？"士人闻之，曰："蛙有气，王犹为式，况士人有勇者乎！"是岁，人有自到死以其头献者。故越王将复吴②而试其教：燔台而鼓之，使民赴火者，赏在火也；临江而鼓之，使人赴水者，赏在水也；临战而使人绝头到腹而无顾心者，赏在兵也。又况据法而进贤，其助甚此矣。

韩昭侯使人藏弊裤，侍者曰："君亦不仁矣，弊裤不以赐左右而藏之。"昭侯曰："非子之所知也。吾闻明主之爱一嚬③一笑，有为，而笑有为笑。今夫裤，岂特嚬笑战！裤之与笑相去远一。吾必待有功者，故收藏之未有予也。"

鳝似蛇，蚕似蠋④。人见蛇则惊骇，见蠋则毛起。然而妇人拾蚕，渔者握鳝，利之所在，则忘其所恶，皆为孟贲。

[注释]

①怒蛙：鼓着腮帮子的青蛙，因为它看上去好像有怒气，所以，称为"怒蛙"。　②复吴：向吴国复仇。　③：嚬通"颦"，皱眉，表示担忧。

④蝎（zhú）：一种毛虫。豆叶上的大青虫。

[译文]

越王勾践图谋征伐吴国，想要人们轻视死亡而去拼命作战。他出去时看见了鼓着腮帮子似乎含着愤怒之气的青蛙，因此就低头靠在车前的横木上对它表示尊敬。他的侍从说："您为何对青蛙这种东西表示尊敬呢？"越王说："是因为它有勇气的原因。"第二年，愿意拿自己的脑袋进献给越王的人一年有十多个人。从这件事情上看，赞颂足够用来杀人了。

另一种说法，越王勾践看到一只怒蛙，就向它凭轼致敬。车夫说："为何要凭轼致敬？"越王说："青蛙这般愤怒，怎么能够不向它凭轼致敬呢？"武士们听到后说："青蛙愤怒，身为王尚且向它致敬，况且是勇敢的武士呢！"这一年，有人自铡后将头进献给越王。因此越王打算向吴国复仇，就尝试这样的教育，放火烧毁高台后，击鼓令人前进，令人冲到火里的原因，是进火有赏；接近江边后，击鼓令人前进，令人冲向水中的原因，是进水有赏；临近作战时，使人断头剖腹而无所顾忌的原因，是作战有赏。又何况依据法制任用贤人，它的鼓励作用就比这些更深一步了。

韩昭侯让人把旧裤子储藏起来，侍从说："您太不仁厚了，旧裤子不赏赐给左右的人，却储藏起来。"韩昭侯说："这不是你所知晓的。我听说英明的君主的行为，一皱眉一微笑，皱眉是有缘故的，微笑也是有缘故的。现在一条裤子何止是皱眉和微笑？裤子和皱眉微笑相距得远了，我必定要等到有功劳的人，因此收藏起来没有给别人。"

鳝鱼如同蛇，蚕如同毛虫。人见到蛇就恐惧，见到毛虫就汗毛直竖。可是妇女用手拾蚕，渔人抓鳝鱼，由于这是有利益的，就忘却了它们让人讨厌的地方，都成了如同孟贲那样的勇士。

四

魏王谓郑王①曰："始郑、梁一国也，已而别，今愿复得郑而合之梁。"郑君患之，召群臣而与之谋所以对魏。公子谓郑君曰："此甚易应也。君对魏曰：'以郑为故魏而可合也，则弊邑亦愿得梁而合之郑。'"魏王乃止。

齐宣王使人吹竽，必三百人。南郭处士请为王吹竽，宣王说之，廪②食以数百人。宣王死，湣王立，好一一听之，处士逃。

一曰：韩昭侯曰："吹竽者众，吾无以知其善者。"田严对曰："一一而听之。"

[注释]

①郑王：即韩王。　②廪：米仓。

[译文]

对第四条经文的解说

魏王对韩王说："韩国和魏国原本是一个国家，后来才分离，现在魏国希望重新把韩国合并于魏国。"韩国君主十分担心，召集群臣和他们商议怎么应对魏国。公子对韩王说："这很容易答复。您对魏国说：'以为韩国与魏国原为一国而能够合并到魏国，那么敝国也很愿意把魏国合并于韩国。'"魏王于是中止行动。

齐宣王让人吹竽，必定要三百个人在一块吹。南郭先生请求为齐宣王吹竽，宣王很欢喜，打开粮仓给了他足够数百人吃的粮食。齐宣王死后，齐湣王继承了王位，他喜欢一个一个地吹给他听，于是南郭先生就逃亡了。

另一种说法：韩昭侯说："吹竽的人很多，我就不知道谁吹得好。"田严回复说："那就一个个地来听他们吹。"

赵令人因申子于韩请兵，将以攻魏。申子欲言之君，而恐君之疑己外市也，不则恐恶于赵，乃令赵绍、韩沓尝试君之动貌而后言之。内则知昭侯之意，外则有得赵之功。

三国兵至韩，王谓楼缓曰："三国之兵深矣！寡人欲割河东而讲，何如？"对曰："夫割河东，大费也；免国于患，大功也。此父兄之任也，王何不召公子氾而问焉？"王召公子氾而告之，对曰："讲亦悔，不讲亦悔，王今割河东而讲，三国归，王必曰：'三国固且去矣，吾特以三城送之。'不讲，三国也入韩，则国必大举矣，王必大悔。王曰：'不献三城也。'臣故曰：'王讲亦悔，不讲亦悔。'"王曰："为我悔也，宁亡三城而悔，无危乃悔。寡人断讲矣。"

应侯谓秦王曰："王得宛、叶、蓝田、阳夏，断河内，困梁、郑，所以未王①者，赵未服也。弛上党在一而已，以临东阳，则邯郸口中虱也。王拱而朝天下，后者以兵中之。然上党之安乐，其处甚剧，臣恐弛之而不听，奈何？"王曰："必弛易之矣。"

[注释]

①王（wàng）：做王，统治。

[译文]

赵国让人凭借申不害向韩国借兵，准备攻击魏国。申不害想对韩王说这件事，但害怕韩王怀疑自己与外国私通，不答应又害怕得罪赵国，便让赵绍、韩沓探听韩王的意向然后再向韩王说这件事。对内则能够知道韩昭侯的心意，对外能够收到使赵国满意的效果。

三国军队到了函谷关，秦王对楼缓说："三国的军队进入了，我想分割黄河以东土地和他们谈和，怎么样？"楼缓回复说："分割黄河以东，危害太大了；但可以使国家免除灾患，是很大的功劳。这是王室父兄的任务，大王为何不召集公子汜来问一下呢？"秦王召来公子汜而告知他这事，公子汜回复说："和解也懊悔，不和解也后悔。大王现在分割黄河以东而和解，三国军队回来后，大王必定会说：'三国的军队原本就将回去，我只是白白赠送了三座城市。'不和解，三国军队到了函谷关，那么国家一定大动起来，大王一定大大后悔，大王会说：'这就是没有献上三座城市的结果。'因此我说：'大王和解也懊悔，不和解也懊悔。'"秦王说："如果懊悔，我宁愿丧失三座城市而懊悔，而不要国家危险了而懊悔，我决定和解。"

应侯对秦王说："大王获得宛、叶、蓝田、阳夏，隔断了河内，围困了魏国、韩国，还没有称王的原因，就是赵国还没臣服。放弃上党，只不过一个地方，用兵临近东阳，邯郸就如同是口中的虱子。大王拱手而让天下来朝拜，迟到的国家就发兵攻击它。但是，上党如今安定和乐，它的地势又很重要，我怕抛弃它的主张您不会听从，如何做呢？"秦王说："我决定放弃上党地区而把它的兵力迁移到东阳。"

五

庞敬,县令也。遣市者^①行,而召公大夫而还之。立以间,无以诏之,卒遣行。市者以为令与公大夫有言,不相信,以至无奸。

戴欢,宋太宰,夜使人曰:"吾闻数夜有乘辒辌车^②至李史门者,谨为我伺之。"使人报曰:"不见辒车,见有奉笥而与李史语者,有间,李史受笥。"

周主亡玉簪,令吏求之,三日不能得也。周主令人求而得之家人之屋间。周主曰:"吾之吏之不事事也。求簪,三日不得之,吾令人求之,不移日而得之。"于是吏皆耸^③惧,以为君神明也。

商太宰使少庶子^④之市,顾反而问之曰:"何见于市?"对曰:"无见也。"太宰曰:"虽然,何见也?"对曰:"市南门之外甚众牛车,仅可以行耳。"太宰因诫使者:"无敢告人吾所问于女。"因召市吏而诮^⑤之曰:"市门之外何多牛屎?"市吏甚怪太宰知之疾也,乃悚惧其所也。

[注释]

①市者:管理市场的人。 ②辒(wēn)车:古代的一种卧车。李史:人名。 ③耸:通"悚"。 ④少庶子:年轻的侍从小吏。 ⑤诮(qiào):责备,责骂。

[译文]

对第五条经文的解说

庞敬是县令。他派市场的管理人员去巡察,而叫管理市场的官员中途回来。站立一会儿,没有什么事交付给管理市场的官员,庞敬最后叫他走了。市场的管理人员以为县令与管理市场的官员有什么交代，对市场的管理人员们不信任，因此他们不敢做好恶的事了。

戴欢是宋国的太宰，晚上派人说："我听说有几天夜里有人乘卧车到李史家门口，要慎重地为我监视他。"派去的人汇报说："没有看到卧车，只见到有捧着竹筐的人在和李史说话，过一会儿，李史接纳了竹筐。"

东周君丢失了玉簪，让官吏们去找，三天也没寻到。东周君又派别人去找，后来在居民的屋里找到了。东周君说："我的官吏不尽力办事。让他们找根玉簪，三天都没有找到；我派别人去找，没多久就找到了。"于是，官吏都很害怕，以为君主神明。

商太宰派年轻的侍从去市场，等他返回后便问道："你在市场上看到了什么？"侍从答复说："没有看到什么。"太宰说："尽管这样，你到底见到了什么呢？"侍从答复说："市场南门外牛车繁多，挤得只能步行。"太宰就告诉他说："不许告诉别人我问你的话。"于是太宰召唤管理市场的官吏并责备说："市场门外为何有那么多的牛屎？"管理市场的官吏很诧异太宰为何知道得如此快，于是恐惧小心地对待职责了。

六

韩昭侯握爪，而佯亡一爪，求之甚急，左右因割其爪而效之。昭侯以此察左右之诚不。

韩昭侯使骑于县①。使者报，昭侯问曰："何见也？"对曰："无所见也。"昭侯曰："虽然，何见？"曰："南门之外，有黄犊食苗道左者。"昭侯谓使者："毋敢泄吾所问于女。"乃下令曰："当苗时，禁牛马入人田中固有令，而吏不以为事，牛马甚多入人田中。亟举其数上之②；不得，将重其罪。"于是三乡③举而上之。昭侯曰："未尽也。"复往审之，乃得南门之外黄犊。吏以昭侯为明察，皆悚惧其所而不敢为非。

周主下令索曲杖，吏求之数日不能得。周主私使人求之，不移日而得之。乃谓吏曰："吾知吏不事事也。曲杖甚易也，而吏不能得，我令人求之，不移日而得之，岂可谓忠哉！"吏乃皆悚惧其所，以君为神明。

卜皮为县令，其御史污秽而有爱妾，卜皮乃使少庶子佯爱之，以知御史阴情。

西门豹为邺令，佯亡其车辖④，令吏求之不能得，使人求之而得之家人屋间。

[注释]

①使骑于县：派骑马的人巡视县城。　②亟举其数之上：赶快把进入农田的牛车数目报上来。　③乡：三个方向，指东门外、西门外、北门外。④辖：插在车轴两端防止车轮滑落的插销。

[译文]

对第六条经文的解说

韩昭侯手中拿着指套，佯装掉了一个，找得十分急迫，他的左右侍从就割下自己的一个指套献上去。昭侯用这个来考察臣下是否忠诚。

韩昭侯派骑士到县中去巡察。使者回来汇报，韩昭侯问他说："你见到了些什么？"使者回复说："没有见到什么。"韩昭侯说："尽管如此，你也要说到底看到了什么？"使者说："我见到县城南门外面，有头小黄牛在吃路左边的禾苗。"韩昭侯对使者说："不许把我问你的话泄露出去。"因此下令说："当禾苗生长的时候，制止牛马进入他人的田地，原本已有惩罚条例，而地方官吏却不把这件事当回事。马上将牛马进入农田的数目报上来；假如调查不到，将从重治负责官吏的罪。"于是县城三个城门方向都调查而汇报了。韩昭侯说："还没有全部汇报上来。"再次去详细核查了这件事，才调查了南门外面小黄牛进入农田的事。地方官吏认为韩昭侯明察秋毫，个个都惶恐不安地谨守职责而不敢为所欲为。

周国君主下令搜查一根头部弯曲的拐杖，官吏们搜查了几天没有找到。周国君主暗中派人去找，没过多久就找到了。因此他对官吏们说："我知道你们这些官吏都不尽力办事。一根曲杖很简单就可找到，而你们却找不到，我派别人寻找，没多久就找到了，你们难道能够算得上对国君忠诚吗？"官吏们都畏惧地谨守自己的职责，认为周君像神君一样。

卜皮做县令，而那位御史（权监县令的监察官）行为龌龊并有一爱妾，卜皮于是派他的年轻的家臣假装爱其妾而引诱她，从其妾那里获得御史的隐私恶行。

西门豹做邺令，假装失掉了车辖，命令属吏寻找，很久没找到。自己又派人去找，在一位居民的家中找到了。

七

阳山君相卫，闻王之疑己也，乃伪谤樛竖以知之。

淖齿闻齐王之恶己也，乃矫为秦使以知之。

齐人有欲为乱者，恐王知之，因诈逐所爱者，令走王^①知之。

子之相燕，坐而佯言曰："走出门者何，白马也？"左右皆言不见。有一人走追之，报曰："有。"子之以此知左右之不诚信。

有相与讼者，子产离之而无使得通辞，倒其言以告而知之。

卫嗣公使人为客过关市^②，关市苛难之，因事^③关市以金与关吏乃舍之。嗣公为关吏曰："某时有客过而所，与汝金，而汝因遣之。"关市乃大恐，而以嗣公为明察。

[注释]

①走王：跑到那齐王那里。　②关市：管理关市的小吏。　③事：奉承。这里指贿赂。

[译文]

对第七条经文的解说

阳山君做卫的相国，听说卫王猜疑自己，于是假装毁谤卫王的近臣樛竖，让卫王愤怒，以此来验证他是否真的怀疑自己。

淖齿听说齐王讨厌自己，于是派人假装成秦国的使臣来打探实际情况。

齐国有个人想谋乱，怕齐王知道，就假装驱赶自己喜爱的人，以此除去齐王对他心怀作乱意图的防备。

子之做燕的相国，坐在那里佯装说："跑出去的是什么？是白马吗？"随从都说没看见。有一个人跑出去追逐，报告说："有。"子之用这种方法知道侍从当中那些不忠诚的人。

有两个彼此诉讼的人，子产把他们分离开来，使他们无法彼此通话，然后把他们的话反过来告知对方，从而知道了实情。

卫嗣公派人假装成客商路过关口上的集市。管理关市的官吏为难他，他便用金钱收买他们，于是，关吏就放他过去了。卫嗣公对关吏说："某时有个客商路过你的地方，给了你金钱，你才放他过去的。"关吏因此十分害怕，以为卫嗣公能明察秋毫。

内储说下　六微　第三十一

六微：一曰权借在下，二曰利异外借①，三曰托于似类②，四曰利害相反，五曰参③疑内争，六日敌国废置④。此六者，主之所察也。

权借一

权势不可以借人。上失其一，臣以为百。故臣得借则力多；力多，则内外为用；内外为用，则人主壅。其说在老聃之言失鱼也。是以人主久语，而左右鬻怀刷。其患在胥僮之谏厉公，与州侯之一言，而燕人浴矢⑤也。

利异二

君臣之利异，故人臣莫忠，故臣利立而主利灭。是以奸臣者，召敌兵以内除，举外事以眩主，苟成其私利，不顾国患。其说在卫人之妻夫祷祝也。故戴歇议子弟，而三桓⑥攻昭公；公叔内齐军，而翟璜召韩兵；太宰嚭说大夫种，大成牛教申不害，司马喜告赵王，吕仓规秦、楚；宋石遗卫君书，白圭教暴谴。

似类三

似类之事，人主之所以失诛，而大臣之所以成私也。是以门人捐水而夷射诛，济阳自矫而二人罪，司马喜杀爰骞而季辛诛，郑袖言恶臭而新人劓，费无忌教郄宛而令尹诛，陈需杀张寿而犀首走。故烧刍厑⑦而中山罪，杀老儒而济阳赏也。

有反四

事起而有所利，其尸主⑧之；有所害，必反察之。是以明主之论也，国害则省其利者，臣害则察其反者。其说在楚兵至而陈需相，黍种贵而廪吏覆。是以昭奚恤执贩茅，而僖侯谯其次；文公发绕炙，而穰侯请立帝。

参疑五

参疑之势，乱之所由生也，故明主慎之。是以晋骊姬杀太子申生，而郑夫人用毒药，卫州吁杀其君完，公子根取东周，王子职甚有宠而商臣果作乱，严遂、韩廆争而哀侯果遇贼，田常、阚止、戴欢、皇喜敌而宋君、简公杀。其说在狐突之称"二好"，与郑昭之对"未生"也。

废置六

敌之所务在淫⑨察而就靡，人主不察则敌废置矣。故文王资费仲，而秦王患楚使；黎且⑩去仲尼，而干象沮甘茂。是以子胥宣言而子常用，内美人而虞、虢亡，佯遗书而苌弘死，用鸡猳⑪而郐桀尽。

庙攻七

"参疑""废置"之事，明主绝之于内而施之于外。资其轻者，辅其弱者，此谓"庙攻"。参伍⑫既用于内，观听又行于外，则敌伪得。其说在秦侏儒之告惠文君也。故襄疵言袭邺，而嗣公赐令席。

[注释]

①利异外借：君臣利益不同，臣下就会借助外来势力谋取私利。　②托于似类：臣下假托类似的事情欺骗君主以求个人目的。　③参：并列。疑：通"拟"，比拟，类似。　④敌国废置：按照敌对国家的意图废黜和任用大

臣。⑤矢：通"屎"。　⑥三桓：春秋后期掌握鲁国的三家贵族，即孟孙氏、叔孙氏、季孙氏。　⑦刍（chú）廥（kuài）：存放马草的仓库。　⑧尸主：主持。"尸"与"主"同义。　⑨淫：扰乱。⑩黎且：应为"犁且"。⑪豭（jiā）：公猪。　⑫参伍：三与五，表示错综复杂，引申为反复比较检验。

[译文]

有六种隐藏微妙的情况：一是君主把权势借给臣下；二是君臣利益不一样而臣下借用外力谋私；三是臣下假托相似的事欺骗君主；四是君臣利害关系彼此相反；五是等级名分上下紊乱而造成内部争权夺利；六是敌国设想按他们的意图任免大臣。这六种现象，是君主一定要明察的。

第一，君主的权势不可借给别人。

君主的权势不能够转借给臣下。君主丧失一份权势，臣下就把他当作百倍的权势利用。因此臣下能借助君主的权势，力量就强盛；力量强大，朝廷内外就被他使用；朝廷内外被他使用，那么君主就会受欺骗。这个道理具体的说明表现在老聃讲鱼不能离开深渊的比喻中。因此君主与臣下谈话很久，左右侍从就炫耀君主的权势。这种做法的坏处表现在胥僮劝告晋厉公，和楚王左右的人众口一词为州侯说话的故事中，以及燕人受骗居然用狗屎浴身的事例中。

第二，君臣的利益不一样，而臣下借用外国势力谋求私利。

君臣的利益不同，所以臣下多数不愿尽忠。臣下获得利益，君主的利益就丧失了。因此奸臣招致外国的军队以除去国内的政敌，以外交事务迷惑君主。假如能成就他的私利，就不顾国家的祸患。这种道理的说明，就在卫人夫妻向神祈求的故事当中。因此戴歇反对楚王把子弟送到四邻当官，鲁国三桓联合攻击昭公，韩相公叔请齐兵以固位，魏臣翟璜召韩兵以自重，吴国太宰嚭劝谏大夫种，赵国大成牛教导申不害，中山国的司马喜把情报秘密报告赵王，魏国吕仓劝说秦楚攻击魏国，魏将宋石给卫君写信，而魏相白圭教育韩相暴谴等案例中。

第三，臣下依靠相似的事来欺诈君主。

"似类"这一类事情，是君主处罚不妥的原因，也是大臣实现自己私利的原因。所以守门人泼水而夷射被杀，济阳自己假冒命令而两人受罪，司马喜杀了爱骞而季辛被杀害，郑袖说恶臭而新人的鼻子被割，费无忌唆使郤宛使他被令尹杀，陈需杀张寿而犀首逃离。因此烧毁柴草仓库而中山降罪，杀了老儒而获得济阳君的奖赏。

第四，臣下的利害关系有对立的情况。

假如事情发生有好处，就是幕后的获利者在主使；假如有危害，必定要向相反的方向考察。所以圣明的君主判定问题，国家有危害就思虑从中能得利的人，臣子有危害就考察和他对立的人。其说在楚兵攻击魏国，陈需就在魏国做了相国；黍的种子很贵，就要考察管仓库的官吏。于是昭奚恤抓贩卖茅草的人，韩昭侯责令厨师的副手；晋文公查到在烤肉上绕头发的人，而穰侯请立齐王为帝。

第五，臣下的势力互相匹敌而在内部争夺权利。

等级名分混乱的形势，这是造成祸乱的根源。所以英明的君主应当谨慎地对待这一问题。这表现在下面的例子之中：晋献公的爱妃骊姬想要自己的儿子奚齐替代太子申生的位子，而怂恿晋献公杀掉太子申生；而郑君的夫人用毒药毒死郑君是由于怕郑君改立太子；卫桓公的弟弟州吁杀害卫桓公而夺其位；周公子根自立东周为帝；楚成王要改立公子职为太子，造成楚太子商臣起兵谋反；韩哀侯的圣相韩廆与宠臣严遂争取权势，严遂派刺客刺杀韩廆但也杀害了哀侯；齐相田常与重臣阚止、宋太宰戴驩与大臣皇喜为了争夺权势而牵连了齐君、宋君。这种说法就像是孤突议论内宠姬、妾和外宠近臣的危害，郑昭议论"太子虽立而地位不稳相当于没生下来"的道理是同样的。

第六，敌对的国家干涉对大臣的罢黜与作用。

敌国所力求做到的是使君主惑乱而观看错乱，因此做出错误的决定。君主假如不能明察就会依据敌国的意思来任免大臣。正因这样，周文王帮助商朝的奸臣费仲以打乱商朝的政事；秦王以见到楚国有贤臣而担心，便想方设法诬陷他；齐国臣子黎且为齐景公出主意让鲁国驱赶仲尼；而楚国的臣子干象之所以阻隔楚王把甘茂举荐给秦王是由于怕甘茂的贤能有利于秦国的发展；之所以吴国的伍子胥可以打败楚军就在于传播舆论使楚王任命不会作战的子常；虞、虢两国灭亡的原因就在于接纳了晋国献的美女；苌弘被杀就因为大夫叔向把假造的信给周王；邻国残害他的豪杰就因郑桓公制作了订立盟约的假象。

第七，朝廷所制定的战胜敌人的谋略。

"臣下的势力互相匹敌而出现争斗""敌对的国家干涉对大臣的罢黜和任用"这种事情，英明的君主努力禁止它们在国内出现而设法把它们施加到外国去以干扰敌国。帮助敌国中那些权势还轻微的臣子，协助敌国中那些权势还微小的官员，这就称为"朝廷所制定的战胜敌人的谋略"。用各方面的事实加以对比检验的方法已经在国内加以利用，观察打探的手段又在国外加以实行，那么敌国的虚伪阴谋就能够识破了。这种论点的解释在秦国的侏儒把楚国的计谋告知给秦惠文君这件事中。所以襄疵说赵国将要攻击邺城，而卫嗣公把席子赐给县令。

一

势重者，人主之渊也；臣者，势重之鱼也。鱼失于渊而不可复得也，人主失其势重于臣而不可复收也。古之人①难正言，故托之于鱼。

赏罚者，利器也。君操之以制臣，臣得之以拥主。故君先见所赏，则臣鬻之以为德；君先见所罚，则臣鬻之以为威。故曰："国之利器，不可以示人。"

靖郭君相齐，与故人久语，则故人富；怀左右刷②，则左右重。久语、怀刷，小资也，犹以成富，况于吏势乎？

晋厉公之时，六卿贵。胥僮、长鱼矫谏曰："大臣贵重，敌主争事，外市树党，下乱国法，上以劫主，而国不危者，未尝有也。"公曰："善。"乃诛三卿。胥僮、长鱼矫又谏曰："夫同罪之人偏诛而不尽，是怀怨而借之间也。"公曰："吾一朝而夷三卿，予不忍尽也。"长鱼矫对曰："公不忍之，彼将忍公。"公不听。居三月，诸卿作难，遂杀厉公而分其地。

州侯相荆，贵而主断。荆王疑之，因问左右，左右对曰"无有"，如出一口也。

燕人无惑，故浴狗矢。燕人，其妻有私通于士，其夫早自外而来，士适出。夫曰："何客也？"其妻曰："无客。"问左右，左右言"无有"，如出一口。其妻曰："公惑易③也。"因浴之以狗矢。

一曰：燕人李季好远出，其妻私有通于士，季突至，士在内中，妻患之。其室妇④曰："令公子裸而解发，直出门，吾属佯不见也。"于是公子从其计，疾走出门。季曰："是何人也？"家室皆曰："无有。"季曰："吾见鬼乎？"妇人曰："然。""为之奈何？"曰："取五牲⑤之矢浴之。"季曰："诺。"乃浴以矢。一曰，浴以兰汤。

[注释]

①古之人: 指老子。　②刷: 布巾之类的小物品。　③易: 通"瘱(yì)"，瘱，狂。　④室妇: 女仆。　⑤五牲: 指牛、羊、猪、狗、鸡。

[译文]

对第一条经文的解说

权势就像君主的水潭，臣下如同水潭中的鱼。鱼离开潭，就不易再次得到；君主如果失去权势重位而为臣下所得到，那么就很难重新收回了。老子很难明言，所以将这种意思借用鱼来表述出来。

赏罚，是一种管理手段。君主掌握了赏罚大权，就能够用来制服臣下；臣下获得了赏罚大权，就能够用来壅塞君主。所以君主预先暴露出所要奖赏的对象，那么臣下就会炫耀它来作为自己的恩德；君主预先暴露出所要处罚的对象，那么臣下就会炫耀它来树立自己的威势。因此《老子》说："国家的治理手段，不能够把它拿出来给别人看。"

靖郭君田婴任齐国相国的时候，与老相识作了一次长时间的谈话，这老相识就富有起来了；赠给了随从一些布巾，随从就贵重起来了。长时间地谈话、赠送一些布巾，是很小的帮助，而臣下尚且能够靠它来致富，况且是给官吏以权势呢？

晋厉公的时候，六卿位子高而权势大。胥僮、长鱼矫劝告说："大臣位子高而权力大，和君主相抗争而争夺政事的决策处置权，和外国搞交易而树立私党，对下干扰国家的法制，对上依赖私党来劫持君主，像这样而国家不危险的，还从没有听说过啊。"晋厉公说："好。"于是杀害了三卿。胥僮、长鱼矫又劝告说："一起犯罪的人只杀害一部分而不全部根除，这是使留下的人怨恨在心而又给他们供给了复仇作乱的机会。"晋厉公说:"我一天就杀了三卿,我不舍得斩尽杀绝啊。"长鱼矫回复说:"您不忍心杀他们,他们将忍心伤害您。"晋厉公不听从长鱼矫的劝谏。过了三个月。其他几个卿谋乱,便杀了晋厉公而分割了他的领土。

州侯做楚国的令尹,地位显贵而专制独断。楚王猜疑他有野心,便问身旁的侍从,侍从们都回复说"没有",如同是从一张嘴巴里说出来的那样。

燕国有个人并没有中邪,却被用狗屎洗了身。燕人的妻子和一个年轻人私通,她丈夫一早从外面回来,年轻人正巧走出他的家门。丈夫说:"这是什么客人哪?"他的妻子说:"没有客人哪。"问身边的人,身边的人都说没有,就像一张嘴说的。他的妻子说:"先生中邪神经错乱了吧!"便用狗屎给他洗身。

另外一种说法:燕国人李季喜爱出远门,他的妻子暗地里与一位少男通奸,李季突然回家,这位少男还在房间里,他的妻子为这件事担忧。她的女仆说:"让公子赤身裸体,并解散发鬓披头散发,直奔出门去,我们这帮人都装着没看见。"于是这位公子听从了她们的谋略,飞快地奔出门去。李季说:"这是何人哪?"家中的人都说:"没有什么人啊。"李季说:"难道我见到了鬼吗?"他妻子说:"是的。"李季说:"对此该如何做呢?"妻子说:"拿五牲的屎来给你洗身。"李季说:"可以。"因此就用五牲的屎来洗身。另一种说法是用兰草煮的热水来洗身。

二

卫人有夫妻祷者,而祝曰:"使我无故,得百束①布。"其夫曰:"何少也？"对曰："益是，子将以买妾。"

荆王欲宦诸公子于四邻，戴歇曰："不可。""宦公子于四邻，四邻必重之。"曰："子出者重，重则必为所重之国党，则是教子于外市②也，不便。"

鲁孟孙、叔孙、季孙相勠力劫昭公，遂夺其国而擅其制。鲁三桓公逼，昭公攻季孙氏，而孟孙氏、叔孙氏相与谋曰："救之乎？"叔孙氏之御者曰："我，家臣也，安知公家？凡有季孙与无季孙于我孰利？"皆曰："无季孙必无叔孙。""然则救之。"于是撞西北隅而入。孟孙见叔孙之旗入，亦救之。三桓为一，昭公不胜。逐之，死于乾侯。

公叔相韩而有攻齐，公仲甚重于王，公叔恐王之相公仲也，使齐、韩约而攻魏。公叔因内齐军于郑。以劫其君，以固其位，而信③两国之约。

翟璜，魏王之臣也，而善于韩。乃召韩兵令之攻魏，因请为魏王构之以自重也。

越王攻吴王，吴王谢而告服，越王欲许之。范蠡、大夫种曰："不可。昔天以越与吴，吴不受，今天反夫差，亦天祸也。以吴予越，再拜受之，不可许也。"太宰嚭遗大夫种书曰："狡兔尽则良犬烹，敌国灭则谋臣亡。大夫何不释吴而患越乎？"大夫种受书读之，太息④而叹曰："杀之，越与吴同命。"

大成牛从赵谓申不害于韩曰："以韩重我于赵，请以赵重子于韩，是子有两韩，我有两赵。"

司马喜，中山君之臣也，而善于赵，尝以中山之谋微告⑤赵王。

吕仓，魏王之臣也，而善于秦、荆。微讽秦、荆，令之攻魏，因请行和以自重也。

宋石，魏将也；卫君，荆将也。两国构难，二子皆将。宋石遗卫君书，曰："二军相当，两旗相望，唯毋一战，战必不两存。此乃两主之事也，与子无有私怨，善者相避也。"

白圭相魏，暴谴相韩。白圭谓暴谴曰："子以韩辅我于魏，我以魏待⑥子于韩。臣长用魏，子长用韩。"

[注释]

①束：古代布匹单位，五匹为一束。　②教子于外市：在外市方面教子。③信：通"伸"。　④太息：深深地叹气。　⑤微告：密告。　⑥待：通"持"，扶助。

[译文]

对第二条经文的解说

卫国人有一对夫妻向神灵祈祷求福，妻子祈求说："让我无灾无病，获得一百捆布。"她的丈夫说："怎么这么少？"妻子回复说："多于这个数字你会用它来买妾。"

楚王想要让几个儿子到四周邻国去为官，戴歇说："不可以。"楚王说："让我的儿子到四周邻国去为官，四周邻国一定看重他们。"戴歇说："公子出国做官受到重视，受到重视就必定会成为这些国家的朋党，这是教您的儿子与外国串通。如此做不利于楚国。"

鲁国的孟孙、叔孙、季孙彼此联合起来挟制了鲁昭公，于是就占领了他的国家，掌控了他的权势。鲁国的三桓威吓公室，鲁昭公攻击季孙，孟孙、叔孙互相商议说："去援助吗？"叔孙的车夫说："我只是个家臣，怎么知道公室大事？总体来说，有季孙和无季孙哪个更有利于我们？"都回复说："没有季孙就没有叔孙。"车夫说：

"既然如此，那么就去援助他。"因此他们就从西北角冲了进去。孟孙见叔孙的军队已经冲进去了，于是也去援助。三桓兵合一处，鲁昭公没能获胜。鲁昭公被三桓驱赶出境，最终死在晋国的乾侯。

公叔伯婴任韩国的相又与齐国相好，公仲朋很受韩王重视，公叔害怕韩王要任用公仲成为相，让齐国、韩国约定攻击魏国。公叔趁机把齐国军队引进韩国都城，用来挟持韩王，稳固自己的地位，而外表上则是在忠诚地重申齐、韩两国的和约。

翟璜是魏王的大臣，但和韩国相好。便招来韩国军队让他们攻击魏国，趁机请示替魏王去与韩国谈和而提高自己的地位。

越王勾践攻击吴王夫差，吴王夫差谢罪表示归服，越王勾践准备准许他的请求。范蠡、大夫文种说："不行。以前上天把越国给了吴国，吴国不接纳，现在却反过来不协助夫差了，这是天祸。上天把吴国赐给越国，越国应再三拜谢接纳它，不能准许吴国投降。"吴国的太宰嚭给文种写信说："狡猾的兔子捕光了那么猎犬就要被杀害，敌国被歼灭了，谋臣就会死亡。大夫您为何不放开吴国而让它成为越国的祸害呢？"大夫文种收到信读完，长叹一声说："杀了我这样的谋臣，越国将会有和吴国相同的命运。"

大成牛从赵国到韩国时对申不害说："您用韩国来增强我在赵国的势力，我请求用赵国让您在韩国显贵，这样您如同有了两个韩国，我有了两个赵国。"

司马喜是中山君的大臣，却与赵国交好。他曾经将中山国的秘密擅自告知了赵王。

吕仓是魏王的臣子，又和秦国、楚国相好。他暗示秦国、楚国攻击魏国，又请示替魏王去与秦、楚两国谈和，以此来提升自己的地位。

宋石是魏国的首领；卫君是楚国的首领。楚魏两国打仗，两人都是军队的统领。宋石写信给卫君说："两国军队的力量一般，双方的军旗遥遥相望，但愿不要打仗。仗打起来必定不能双方共存。这不过是两国君王的事，我和你没有私人仇恨，最好的做法是相互避开。"

白圭为魏国的宰相，暴谴在韩国为宰相。白圭对暴谴说："您用韩国的力量协助我在魏国任职，我用魏国的力量帮助您在韩国任职，这样，我能够在魏国长期被任用，您能够在韩国长期被任用。"

三

齐中大夫有夷射者，御饮于王，醉甚而出，倚于郎门。门者——刖跪①请曰："足下无意赐之余沥乎？"夷射曰："叱去！刑余之人，何事乃敢乞饮长者！"刖跪走退。及夷射去，刖跪因捐水郎门霤下②，类溺者之状。明日，王出而诃之，曰："谁溺于是？"刖跪对曰："臣不见也。虽然，昨日中大夫夷射立于此。"王因诛夷射而杀之。

魏王臣二人不善济阳君，济阳君因伪令人矫王命而谋攻己。王使人问济阳君曰："谁与恨？"对曰："无敢与恨。虽然，尝与二人不善，不足以至于此。"王问左右，左右曰："固然。"王因诛二人者。

季辛与爰骞相怨。司马喜新与季辛恶，因微令人杀爰骞，中山之君以为季辛也，因诛之。

荆王所爱妾有郑袖者。荆王新得美女，郑袖因教之曰："王甚喜人之掩口也，为近王，必掩口。"美女入见，近王，因掩口。王问其故，郑袖曰："此固言恶王之臭③。"及王与郑袖、美女三人坐，袖因先诫御者曰："王适有言，必亟听从王言。"美女前近王甚，数掩口。王勃然怒曰："劓之。"御因揄刀而劓美人。

一曰：魏王遗荆王美人，荆王甚悦之。夫人郑袖知王悦爱之也，亦悦爱之，甚于王。衣服玩好，择其所欲为之。王曰："夫人知我爱新人也，其悦爱之甚于寡人，此孝子所以养亲，忠臣之所以事君也。"夫人知王之不以己为妒也，因为新人曰："王甚悦爱子，然恶子之鼻，子见王，常掩鼻，则王长幸子矣。"于是新人从之，每见王，常掩鼻。王谓夫人曰："新人见寡人常掩鼻，何也？"对曰："不知也。"王强问之，对曰："顷尝言恶闻王臭。"王怒曰："劓之！"夫人先诫御者曰："王适有言，必可从命。"御者因揄刀而劓美人。

[注释]

①刖跪：受过砍脚刑的人。 ②雷（liù）下：屋檐下承接雨水的地方。③此固言恶王之臭：这个女人本来就说过厌恶大王的气味。

[译文]

对第三条经文的解说

齐国有个大夫叫夷射，和齐王一块喝酒，喝醉了走出门，靠在宫门上。被砍断脚的守门人说："你不能将剩余的酒赏赐给我喝吗？"夷射喊道："滚开！一个受过刑的人还敢向长官要酒喝？"守门人赶紧退到一旁。等待夷射走了，守门人就把水泼在宫门和屋檐下，看起来像撒的尿一样。第二天齐王走出门来吼道："是谁在此地撒尿？"守门人回复说："我没有看见。但是，我昨天看到大夫夷射站在此地。"齐王于是就处罚夷射，把他杀死。

魏王有两个大臣对济阳君不好，济阳君就让人假借王命来攻打自己。魏王派人问济阳君说:"谁和你有怨呢?"济阳君回复说:"没有人和我有怨。尽管只是和两个人不和,也不至于弄成这样。"魏王问左右随从,左右随从说:"确实是如此。"魏王因此惩罚了这两个大臣。

季辛与爰骞彼此怨恨。司马喜近来与季辛有怨,因此私下派人杀死了爰骞,中山国的君王认为是季辛干的,因此就把季辛杀了。

楚王有一个宠妾叫郑袖。楚王最近又得到一个美女,郑袖教她说:"楚王非常喜欢人掩着嘴,如果你靠近楚王,必定要掩着嘴。"美女进去拜见时,每次靠近楚王时就掩着嘴。楚王问这是什么原因,郑袖说:"这女人从前就说讨厌大王的气味。"等到楚王、郑袖、美女三人坐在一块时,郑袖预先告诫两旁的侍从说:"楚王假如有话,必须马上按照楚王的话做。"美女上去,走到离大王很近的地方,多次掩住嘴。楚王愤然大怒说:"把她鼻子割下来。"左右侍从便拿出刀来,把美女的鼻子割掉了。

另有一种说法:魏王送给楚怀王一个美女,楚怀王非常喜欢她。楚王的夫人郑袖得知楚王很宠爱她,所以也很喜欢她,而且比楚王还喜欢。她自己的衣服和玩物珍宝,都让美女来选择然后送给她。楚王说:"夫人知道我喜欢新来的美人,你喜欢她甚过于我,这是孝子用以供养父母亲,忠臣之所以侍奉君主的品德啊。"夫人郑袖明白了大王不认为自己是妒忌了,便对新来的美人说:"大王非常喜欢你,但不喜爱你的鼻子,你去见大王的时候,假如能够常常遮住鼻子,那么大王就会长久地宠爱你了。"因此新来的美人听从郑袖的话,每次见楚王,她都遮住鼻子。楚王对郑袖说:"新美人来见我时常常掩住鼻子,这是什么原因呢?"郑袖回复说:"我不知晓其中的原因。"楚王尽力追问她，郑袖回复说："她本来就说过厌恶闻到大王的气味。"
楚王大怒地说："把她的鼻子割掉！"郑袖曾经预先告诫侍卫说："大
王假如有什么命令，你一定要服从命令。"侍卫于是抽刀就把美人的
鼻子割掉了。

费无极，荆令尹之近者也。郤宛新事令尹，令尹甚爱之。无极因
谓令尹曰："君爱宛甚，何不一为酒其家？"令尹曰："善。"因令
之为具于郤宛之家。无级教宛曰："令尹甚傲而好兵，子必谨敬，先
返陈兵堂下及门庭。"宛因为之。令尹往而大惊，曰："此何也？"
无极曰："君殆，去之！事未可知也。"令尹大怒，举兵而诛郤宛，
遂杀之。

犀首与张寿为怨，陈需新入，不善犀首，因使人微杀张寿。魏王
以为犀首也，乃诛之。

中山有贱公子，马甚瘦，车甚弊。左右有私不善者，乃为之请王曰：
"公子甚贫，马甚瘦，王何不益之马食？"王不许。左右因微令夜烧
刍厩①。王以为贱公子也，乃诛之。

魏有老儒而不善济阳君。客有与老儒私怨者，因攻老儒杀之，以
德②于济阳君，曰："臣为其不善君也，故为君杀之。"济阳君因不察
而赏之。

一曰：济阳君有少庶子，有不见知欲入爱于君者。齐使老儒掘药
于马梨之山，济阳少庶子欲以为功，入见于君曰："齐使老儒掘药于
马梨之山，名掘药也，实间君之国。君不杀之，是将以济阳君抵罪于
齐矣。臣请刺之。"君曰："可。"于是明日得之城阴而刺之，济阳
君还③益亲之。

[注释]

①刍厩：草库和马棚。刍，喂牲畜的草。厩，马棚。　②德：感激，用作被动词。　③还：通"旋"，随即。

[译文]

费无极是楚国令尹的亲信。郤宛刚来侍奉令尹没多久，令尹很喜爱他。费无极便对令尹说："您很喜爱郤宛，为何不到郤宛家去办一次酒宴？"令尹说："好的。"便让费无极在郤宛家里操办酒席。费无极教导郤宛说："令尹很高傲且喜欢兵器，你一定要谨慎遵从，先赶紧在厅堂下面和院子门口把兵器摆设好。"郤宛便依他说的去做。令尹到了郤宛家，惊恐失色，说："这些是什么？"费无极说："您危险了，快走！事情不可预测。"令尹十分愤怒，发兵向郤宛问罪，结果杀了他。

犀首和张寿结下怨恨，陈需到魏国不久，与犀首的关系不好，就派人暗杀了张寿。魏王认为是犀首干的，就处罚了他。

中山国有个地位卑下的公子，他的马很瘦，车也很破。国君身旁的侍从中有个和他私下关系不好的，就替他向国君请示说："公子很贫穷，他的马很瘦，大王为何不给他增加一些马料？"国君没有准许。侍从就私下派人在夜里烧了储存草料的马棚。国君认为这是地位卑下的公子干的，于是就处罚了他。

魏国有老儒与济阳君的关系不好。济阳君的门客中有一位与老儒有私人怨恨。因此，这位门客便杀了老儒用以巴结济阳君，说："我知道他与您关系不好，因此就把他杀了。"济阳君因为不知道这件事情而赏赐他。

　　另一种说法:济阳君的年轻家臣有一个没被赏识而想获得济阳君的重用。齐国有一位老儒在马犁山上采草药。济阳君的家臣希望以此为功劳。于是进言济阳君说:"齐国命令老儒在马犁山上采草药,实际上是打探您的国家。您若不除掉他,他就会用您在封地上泄密而受到魏王的处罚的事情去齐国领功。我请求去杀了他。"济阳君说:"去吧。"于是在城北碰到老儒而杀害了他,济阳君随后便和他比较亲近。

四

　　陈需,魏王之臣也,善于荆王,而令荆攻魏。荆攻魏,陈需因请为魏王行解①之,因以荆势相魏。

　　韩昭侯之时,黍种尝贵甚。昭侯令人覆廪,吏果窃黍种而粜之甚多。

　　昭奚恤之用荆也,有烧仓廥窌②者而不知其人。昭奚恤令吏执贩茅者而问之,果烧也。

　　昭僖侯之时,宰人上食而羹中有生肝焉,昭侯召宰人之次而诮之曰:"若何为置生肝寡人羹中?"宰人顿首服死罪,曰:"窃欲去尚宰人也。"

　　一曰:僖侯浴,汤中有砾。僖侯曰:"尚浴③免,则有当代者乎?"左右对曰:"有。"僖侯曰:"召而来。"谁之曰:"何为置砾汤中?"对曰:"尚浴免,则臣得代之,是以置砾汤中。"

　　文公之时,宰臣上炙而发绕之。文公召宰人而谯之曰:"女欲寡人之哽耶,奚为以发绕炙?"宰人顿首再拜请曰:"臣有死罪三:援硕砥刀,利犹干将也,切肉肉断而发不断,臣之罪一也;援木而贯脔而不见发,臣之罪二也;奉炽炉,炭火尽赤红,而炙熟而发不烧,臣之罪三也。堂下④得无微有疾臣者乎?"公曰:"善。"乃召其堂下而谯之，果然，乃诛之。

一曰：晋平公觞客，少庶子进炙而发绕之，平公趣杀炮人，毋有反⑤令。炮人呼天曰："嗟乎！臣有三罪，死而不自知乎！"平公曰："何谓也？"对曰："臣刀之利，风靡骨断而发不断，是臣之一死也；桑炭炙之，肉红白而发不焦，是臣之二死也；炙熟，又重睫而视之，发绕炙而目不见，是臣之三死也。意者堂下其有翳憎臣者乎？杀臣不亦蚤乎！"

穰侯相秦而齐强。穰侯欲立秦为帝而齐不听，因请立齐为东帝，而不能成也。

[注释]

①行解：调解、讲和。 ②窌（jiào）：通"窖"，地窖。 ③尚浴：官中主管君主沐浴的官吏。 ④堂下：平时立于堂下的地位低贱的侍从。 ⑤反：平反，引申为赦免。

[译文]

对第四条经文的解说

陈需是魏王的大臣，与楚王相好，要楚国攻击魏国。楚国攻击魏国后，陈需因此请示去替魏王求和解除祸患，于是借助楚国的势力做了魏国的宰相。韩昭侯的时候，黍的种子非常昂贵。韩昭侯就派人去考察粮库的管理员，发现粮库的人确实偷了很多种子去卖。

昭奚恤在楚国掌政，有人放火烧了柴草仓库、地窖，而不知晓烧的人。昭奚恤吩咐官吏抓住贩卖茅草的人拷问他，确实是他烧的。

昭僖侯在位时，厨师送饭上来，而汤中有一块未煮熟的肝。昭僖侯就把厨师的助手叫来，责备他说："你为何把一块未煮熟的肝放在我的汤中？"厨师的助手马上叩首认罪，说："是我想暗中把厨师赶走。"

另一种说法：韩昭僖侯沐浴，热水中有小石子。韩僖侯说："把掌管沐浴的人罢了职，有代替他的人吗？"左右侍从回复说："有。"韩僖侯说："把他召来。"召来后责备这人说："你为何把小石子放在热水中？"这人回复说："主管沐浴的人免了职，我就可以代替他，于是把小石子放在热水中。"

晋文公的时候，厨师端来烤肉，上面有头发缠绕。晋文公召厨师责骂说："你想要我噎住吗？为何把头发缠到烤肉上？"厨师磕头再拜请示说："我有三条死罪：手持磨刀石磨刀，锐利犹如干将，用来切肉，肉切断了头发却不断，这是我的第一条死罪；手持木条穿肉片，却没有看见头发，这是我的第二条死罪；放在很热的火炉上，炭火都是红色的，肉已经烤熟了，头发却没有烧去，这是我的第三条死罪。堂下的随从中难道没有暗地恨我的人吗？"晋文公说："说得对。"于是召堂下的随从责问，确实是这样，于是处罚了他们。

另一种说法：晋平公请客人吃饭，年轻的侍从官端上的烤肉上有头发缠着，晋平公催促杀了厨师，不得免除。厨师大喊冤枉说："唉呀！我尽管有三条罪状，至死都不知道为何被处死啊。"晋平公说："你的话是什么意思？"厨师回复说："我的刀尖锐的程度，顺风切下能切断骨头但头发却没被切断，这是我的第一条罪状；用桑树木炭来烤肉，肉烤得精肉红肥肉白而头发却没烧焦，这是我的第二条罪状；肉烤熟了，我又用眼睛细看了一遍，头发缠绕在烤肉上但我却没有看到，这是我的第三条死罪。我猜想堂下可能有怨恨我的人吧？

杀我不是太早了吗？”

穰侯做秦国的相国而齐国强盛，穰侯想立秦王为帝，但是齐国不答应，于是请示把齐王立为东帝，但是还是不能如愿。

五

晋献公之时，骊姬贵，拟于后妻，而欲以其子奚齐代太子申生，因患申生于君而杀之，遂立奚齐为太子。

郑君已立太子矣，而有所爱美女欲以其子为后①，夫人恐，因用毒药贼君杀之。

卫州吁重于卫，拟于君，群臣百姓尽畏其势重。州吁果杀其君而夺之政。

公子朝，周太子也，弟公子根甚有宠于君。君死，遂以东周叛，分为两国。

楚成王商臣为太子，既而又欲置公子职。商臣作乱，遂攻杀成王。

一曰：楚成王商臣为太子，既欲置公子职。商臣闻之，未察也，乃为其傅潘崇曰：“奈何察之也？”潘崇曰：“飨江芈而芈勿敬也。”太子听之，江芈曰：“呼，役夫！宜君王之欲废女而立职也。”商臣曰：“信矣。”潘崇曰：“能事之乎？”曰：“不能。”“能为之诸侯乎？”曰：“不能。”“能举大事乎？”曰：“能。”于是乃起宿营之甲②而攻成王。成王请食熊蹯③而死，不许，遂自杀。

[注释]

①后：继承人，即太子。　②宿营之甲：守卫宫殿的军队。　③熊蹯（fán）：烤熟的熊掌。

[译文]

对第五条经文的解说

晋献公在位的时候，骊姬十分受宠，能够与王的正妻匹敌。她希望让她的儿子奚齐替代申生的太子地位。因此，在晋献公的面前诬陷申生使他被杀，因此便立了奚齐为太子。

郑国国君已经立了太子之位，而所受宠的妃子设法要立她的儿子为太子。王后感到非常恐惧，于是就用毒药把国君暗害了。

卫国的州吁在卫国权势很盛，和卫君匹敌，群臣百姓都畏惧他的权势。州吁果然杀了他的国君并取得了政权。

公子朝是周国的太子，他的弟弟公子根很得国君周威公的宠爱。周威公死后，公子根就在东周发动叛变，周分割为两个小国。

楚成王立商臣为太子，没过多久又想立公子职为太子。商臣便发动叛变，发兵杀了楚成王。

另一种说法：楚成王立商臣为太子，没过多久又想立公子职为太子。商臣听到了这件事，但没有弄明白，因此就对他的师傅潘崇说："如何查清这件事呢？"潘崇说："摆宴招待江芈，但不要尊重他。"太子接受了潘崇的意见。江芈说："呸，卑贱的东西！难怪君主想废除你而立职为太子。"商臣说："这件事情是的确无疑的了。"潘崇说："你能伺候职吗？"商臣说："不能。""可以做职的诸侯吗？"商臣说："不可以。""能发起大事吗？"商臣说："能。"因此商臣就发动了守卫皇宫的军队去攻击楚成王。楚成王请示吃了烤熟的熊掌再死，商臣不准许，于是楚成王就自杀了。

韩傀相韩哀侯，严遂重于君，二人甚相害也。严遂乃令人刺韩傀于朝，韩廆走君而抱之，遂刺韩廆而兼^①哀侯。

田恒相齐，阚止重于简公，二人相憎而欲相贼也。田恒因行私惠以取其国，遂杀简公而夺之政。

戴欢为宋太宰，皇喜重于君，二人争事而相害也，皇喜遂杀宋君而夺其政。

狐突曰："国君好内则太子危，好外则相室危。"

郑君问郑昭曰："太子亦何如？"对曰："太子未生也。"君曰："太子已置而曰'未生'，何也？"对曰："太子虽置，然而君之好色不已，所爱有子，君必爱之，爱之则必欲以为后，臣故曰'太子未生'也。"

[注释]

①兼：同时刺中。

[译文]

对第六条经文的解说

韩廆做韩哀侯的相国，严遂很受哀侯重视，而韩廆、严遂两个人互相怨恨。严遂就派刺客在朝堂上刺杀韩廆，韩廆跑到哀侯身旁抱住哀侯，刺客刺死韩廆而一起刺中了哀侯。

田恒做齐国的相国，阚止在齐简公那里很受重视，两个人互相怨恨，都想残害对方。田恒于是施行私人的恩惠来拉拢人心，接着就杀害了齐简公而取得了齐国的政权。

戴欢做宋的太宰，而皇喜受到君主的重视，两个人争权夺利而互相残害，皇喜就杀了宋君，取得了政权。

狐突说："国君恩宠姬妾，太子就会危险；恩宠近臣，相室就会危险。"

郑君问郑昭说："太子如何？"郑昭回复说："太子还没有出生。"郑君说："太子已经确立了，你却说没有出生，这是什么原因？"郑昭回复说："太子尽管确立了，但您喜欢女色贪得无厌，如果您宠爱的姬妾有了儿子，您一定会喜欢他，喜欢他，就必定想把他立为继位人，因此我说'太子还没有出生'啊。"

六

文王资费仲而游于纣之旁，令之谏纣而乱其心。

荆王使人之秦，秦王甚礼之。王曰："敌国有贤者，国之忧也。今荆王之使者甚贤，寡人患之。"群臣谏曰："以王之贤圣与国之资厚，愿荆王之贤人，王何不深知之而阴有之。荆以为外用也，则必诛之。"

仲尼为政于鲁，道不拾遗，齐景公患之。黎且谓景公曰："去仲尼犹吹毛耳。君何不迎之以重禄高位，遗哀公女乐以骄荣其意。哀公新乐之，必怠于政，仲尼必谏，谏必轻绝于鲁。"景公曰："善。"乃令黎且以女乐二八遗哀公，哀公乐之，果怠于政。仲尼谏，不听，去而之楚。

楚王谓干象曰："吾欲以楚扶甘茂而相之秦，可乎？"干象对曰："不可也。"王曰："何也？"曰："甘茂少而事史举先生。史举，上蔡之监门也，大不事君，小不事家，以苛刻闻天下。茂事之，顺焉。惠王之明，张仪之辨也，茂事之，取十官而免于罪，是茂贤也。"王曰："相人敌国而相贤，其不可何也？"干象曰："前时王使邵滑之越，五年而能亡越。所以然者，越乱而楚治也。日者知用之越，今亡之秦，不亦太亟亡乎！"王曰："然则为之奈何？"
干象对曰："不如相共立。"王曰："共立可相，何也？"对曰：
"共立少见爱幸，长为贵卿，被①王衣，含杜若，握玉环，以听于朝，
且利以乱秦矣。"

[注释]
①被：通"披"。

[译文]
　　周文王帮助费仲追随商纣王的身边，让他给商纣王出主意，从
而扰乱商纣王的心思。

　　楚王派人到秦国去，秦王待他十分有礼貌。秦王说："敌对国
家有贤能的人，便是我国的祸患。如今楚王的使者很有才德，我为
这事感到很担忧。"群臣劝告说："凭借君王您的贤德圣明和国家
资财的雄厚，而爱慕楚王的贤人，还不如君王深深地结交他、暗中
拉拢他。这样楚国会认为他替外国办事，就必定会杀掉他。"

　　孔子在鲁国掌政之时，遗失在路上的东西也没有人去捡，齐景
公对此很忧虑。黎且对齐景公说："要除掉孔子，就像吹毛一样简单。
您为何不用优厚的俸禄和高贵的职位把他引到齐国来，赠给鲁哀公
美女歌舞乐队，增长他的高傲？鲁哀公必定会喜欢这些，一定放松
政事。孔子必定会规劝，规劝就会使他们关系不好。"齐景公说："好
主意。"因此派黎且送了十六个善于歌舞的美女给鲁哀公。鲁哀公
很喜爱，真的松懈了朝政。孔子劝谏他，他不接受，于是孔子离开

了鲁国去了楚国。

楚王对干象说:"我想用楚国的力量帮助甘茂做秦国的宰相,行吗?"干象回复说:"不行。"楚王说:"什么原因呢?"干象说:"甘茂年幼向史举先生学习。史举是上蔡的一个守门人,从大的方面说不能伺候君主,从小的方面说不能为家庭办事,因为刻薄而天下闻名。甘茂侍奉他,对他很顺服。秦惠王很明智,张仪善于区别是非,甘茂侍奉他们,得到十个职位而从没冒犯他们,这是由于甘茂有才能。"楚王说:"替和我国差不多的国家选了一个好的相,这有何不行的呢?"干象说:"从前大王您让邵滑到越国去,五年以后越国就灭亡了。之所以会如此,是由于越国乱而楚国管理得好。从前您知道用不贤的邵滑到越国去扰乱敌国,如今却忘了而用贤德的人到秦国去,不也是太健忘了吗?"楚王说:"那么如何处置这件事好呢?"干象回复说:"不如让共立去做秦国的相。"楚王说:"共立能够去任秦国的相,这是什么原因?"干象回复说:"共立小时候被秦王恩宠,长大之后被封为贵卿,穿着秦王的衣服,口含杜若这样的香草,手持玉环,在朝堂上处置政事,这将有利于扰乱秦国。"

吴攻荆,子胥使人宣言于荆曰:"子期用,将击之;子常用,将去之。"荆人闻之,因用子常而退子期也,吴人击之,遂胜之。

晋献公伐虞、虢,乃遗之屈产之乘,垂棘之璧,女乐二八,以荣其意而乱其政。

叔向之谗苌弘也,为书曰:"苌弘谓叔向曰:'子为我谓晋君,所与君期者,时可矣,何不返以兵来?'"因详遗其书周君之庭而急去行。周以苌弘为卖周也，乃诛苌弘而杀之。

郑桓公将欲袭郐，先问郐之豪杰、良臣、辨智果敢之士，尽与姓名，择郐之良田赂之，为官爵之名而书之。因为设坛场①郭门之外而埋之，衅之以鸡豭，若盟状。郐君以为内难也而尽杀其良臣。桓公袭郐，遂取之。

[注释]

①坛场：古代祭祀、会盟的场地。堆土为坛，辟地为场。

[译文]

吴国讨伐楚国时，伍子胥派人到楚国散布谣言说："如果楚国用子期统兵，我们将攻击楚国；如果用子常统兵，我们将撤退。"楚国人听到这话，就举用子常而撤换了子期，吴国人攻打楚军，就战胜了楚军。

晋献公想要攻击虞国和虢国，就先赠与虞公屈产的良马，垂棘的璧玉，以及歌舞伎十六人，来扰乱他的思想，扰乱他的政治。

晋国的叔向诬陷周王朝大夫苌弘的时候，伪作了一封书信说："苌弘对叔向说：'你替我告知晋君，和他约定的事，时机已经成熟了，为何不快点带兵来呢？'于是假装把信弄丢在周君的朝廷上而赶紧离去。周君认为苌弘是出卖周国，就诛杀了苌弘。

郑桓公打算偷袭郐国，先问明白郐国有哪些豪杰、良臣、明察有才及坚定敢作为的士人，把他们的姓名全部登记下来，挑选郐国的良田写在他们的名下表示行贿了他们，在他们的名下记上官爵名称表示其已被收买。在邻国国都的城门外设置坛场将这些名册藏在地下，洒上鸡和猪的血作为祭礼，如同举行过盟誓的样子。邻国的君主认为是国内发生了叛变就把他的良臣全杀了。郑桓公突袭邻国，于是就攻占了它。

七

秦侏儒善于荆王，而阴有善荆王左右而内重于惠文君。荆适有谋，侏儒常先闻之以告惠文君。

郖令襄疵，阴善赵王左右。赵王谋袭郖，襄疵常辄闻而先言之魏王。魏王备之，赵乃辄还。

卫嗣君时，有人于令之左右。县令有发蓐^①而席弊甚，嗣公还令人遗之席，曰："吾闻汝今者发蓐而席弊甚，赐汝席。"县令大惊，以君为神也。

[注释]

①蓐：通"褥"，床单。

[译文]

对第七条经文的解说

秦国的侏儒和楚王关系很好，而私下又和楚王身边的臣子关系相好，因而在秦国国内受秦惠文王重视。楚国如有什么计划，侏儒总是先知晓消息并把它告知秦惠文王。

魏国的郖县县令襄疵，私下和赵王身边的大臣关系很好。赵王计划偷袭邺县，襄疵总是立刻就听说而预先告诉魏王。魏王防范赵军，赵国就立即撤退。

卫嗣君的时候，有人受卫嗣君的命令在县令身旁监视县令。县令有一次掀起褥子露出了很破旧的席子，卫嗣君马上派人送给他席子，说："我听说你今天掀开褥子以后席子很破旧，因此赐给你席子。"县令十分吃惊，认为卫嗣君是神明。

外储说左上　第三十二

一、明主之道，如有若之应宓子也，明主之听言也，美其辩；其观行也，贤其远①。故群臣士民之道言者迂弘②，其行身也离世。其说在田鸠对荆王也。故墨子为木鸢，讴癸③筑武宫。夫药酒用言，明君圣主之以独知也。

二、人主之听言也，不以功用为的，则说者多"棘刺""白马"之说；不以仪的为关，则射者皆如羿也。人主于说也，皆如燕王学道也；而长说者，皆如郑人争年也。是以言有纤察微难而非务也，故季、惠、宋、墨皆画策也；论有迂深闳大非用也，故魏、长、瞻、庄状皆鬼魅也；行有拂难坚确，非功也，故务、卞、鲍、介、甲仲皆坚瓠也。且虞庆诎④匠也而屋坏，范且穷工而弓折。故求其诚者，非归饷也不可。

三、挟夫相为则责望，自为则事行。故父子或怨噪，取庸作者进美羹。说在文公之先宣言与勾践之称如皇也。故桓公藏蔡怒而攻楚，吴起怀瘳实而吮伤。先王之赋颂、钟鼎之铭，皆播吾之迹、华山之博也。然先王所期者利也，所用者力也；筑社之谚，自辞说也。请许学者⑤而行宛曼于先王，或者不宜今乎！如是，不能更也。郑县人得车轭也，卫人佐弋也，卜子妻写弊裤也，而其少者侍长者饮也。先王之言，有其所为小而世意之大者，有其所为大而世意之小者，未可必知也。说在宋人之解书与梁人之读记也。故先王有郢书，而后世多燕说。夫不适国事而谋先王，皆归取度者也。

[注释]

①远：远离实际。　②迂：远。弘：大。　③讴癸（guǐ）：名叫癸的歌手。
④诎（qū）：屈服。　⑤学者：指儒家。

[译文]

经一

英明君主治国的标准，就如有若回复宓子所说的那样。君主听从言论，以巧辩为好；视察品行，以高远为好。因此群臣、士人、百姓的谈话就迂阔，行动就不符实际。这个道理的说明在田鸠与楚王的谈话中。因此墨子做木鸢巧而无用，讴癸用歌声鼓励修筑武宫。药酒忠言的道理，只有明君、圣主才懂得。

经二

君主听从言论，假如不以功用为目的，那么劝说的人多半会说些能在棘刺尖端刻猴、白马非马之说之类的话；不以箭靶为目的，那么射箭的人都变成像羿这样的射箭能手了。君主对于进言，大都像燕王派人从事不死之道那样；而善于辩说的人，大都像两个郑人争哪个年长一样无趣。因此语言有精辟、微妙但不是必然需要的，因此季良、惠施、宋钘、墨子的言语都像画过的策，尽管微妙艰辛但并不值得倡导。言语深远宏大而没有作用的，因此魏牟、长卢子、詹阿、陈骈、庄周的学说都如同图画中的鬼魅一样，能够任意杜撰。行为有违反常规、坚定固执并无真实用处的，因此务光、卞随、鲍焦、介子推、田仲都和坚硬的实心葫芦一样毫无用处。而且虞庆驳倒工匠，房屋却倒了；

范睢难倒工匠，做出的弓却断了。因此追求真诚的人必定知道游戏用的泥土不能当饭吃，非得回去吃饭不可。

经三

抱有那种人要为别人着想的想法，就会彼此责备和怨恨，抱有那种人都为自己着想的想法，那么事情就能做成。因此父子之间有时也会相互埋怨和责备，而争取雇工来耕作的雇主却给雇工进献美餐。这种论点的解释还在：文公攻打宋国之前先进行宋君淫荡无道而攻打宋国会有利于宋国人的宣扬，以及勾践攻打吴国之前先宣扬吴王修建如皇台对人民犯下的罪行。因此齐桓公隐藏着对蔡国的愤恨而以攻击楚国为借口去消灭蔡国，吴起抱着士兵病好之后可使他们为自己拼命战斗的真实目的而为他们吮吸伤口。再有先代帝王那歌颂功德的诗赋、雕刻在钟鼎上的铭文，全是和播吾山上的脚印、华山上的棋子一样的东西，全都是骗人的。但是先代帝王所希望的自己获利，所利用的是别人的力量；为土地神修建祭坛的谚语，便是用来解释这种道理的。假如称赞那些读书人而向先代的帝王效仿那深奥玄妙的治国之道，也许不适用于今天吧！假如像这样效仿先代而不能变通，那就愚蠢得如同：郑县的人获得了车辄来询问人，卫国那管理射鸟的小官佐弋在射鸟前先挥动头巾，卜先生的妻子根据破裤子的样子来做裤子而把新裤子给扯破了，以及那尽力模仿大人喝酒的年轻人。先代帝王的言论，有些话在说的时候那针对的事情很细微而如今社会上却把它的意义想象得非常大，有些话在说的时候针对的事情非常大而如今社会上却把它的意义想象得很微小，这些情况如今的人并不一定能全部懂得啊。这种论点的解释在宋国的解释书意与魏国人的阅读史籍。因此先代的帝王遗留的言论有时如同郢都人写的书信，而后代的人多半如同燕国的宰相来作解释。那种不去思考是否适用于自己国家的政务而只求效仿先代的帝王，全是不根据自己的脚来买鞋而只懂得回家拿尺码的人啊！

四、利之所在，民归之；名之所彰，士死之。是以功外于法而赏加焉，则上不能得所利于下；名外于法而誉加焉，则士劝名而不畜之于君。故中章、胥己仕，而中牟之民弃田圃而随文学者邑之半；平公腓痛足痹而不敢坏坐，晋国之辞仕托者国之锤。此三士者，言袭法，则官府之籍①也；行中事，则如令之民也：二君之礼太甚。若言离法而行远功，则绳外民也，二君又何礼之？当亡。且居学之士②，国无事不用力，有难不被甲。礼之，则惰修耕战之功；不礼，则周主上之法。国安则尊显，危则为屈公之威，人主奚得于居学之士哉？故明主论李疵视中山也。

五、《诗》曰："不躬不亲，庶民不信。"傅说之以"无衣紫"援之以郑简、宋襄，责之以尊厚耕战。夫不明分、不责诚，而以"躬亲"位③下，且为"下走""睡卧"，与夫"撙弊""微服"。孔丘不知，故称"犹孟"；邹君不知，故先自僇。明主之道，如叔向赋猎与昭侯之"奚听"也。

六、小信成则大信立，故明主积于信。赏罚不信，则禁令不行。说在文公之攻原与箕郑救饿也。是以吴起须④故人而食，文侯会虞人而猎。故明主表信，如曾子杀彘也。患在尊厉王击警鼓与李悝谩两和也。

[注释]

①籍：国家法令文件。　②居学之士：隐居而从事私学的人。　③位：通"莅"，临，到。　④须：等待。

[译文]

经四

有利可图的地方老百姓就会前去归附，可以彰显名声的事情士人就肯为之献出生命。因此，对于法律规定奖赏以外的事情进行奖励，君主就不能实际从老百姓那里获得什么回报；对于法律规定的名声进行赞誉，读书人尽管心中高兴但却不喜欢受君主派遣。因此中章、胥己获得官位，中牟县会有一半的人抛弃农业生产去读书以求禄位；晋文公尽管腿脚酸痛，但为了表示对叔向的尊敬，他都不敢变化一下坐姿，为此晋国许多人都丢弃了原来的投机取巧以谋取官位和寄食权贵的做法去仿效叔向的人品和学识。中章、胥己和叔向这三位读书人，尽管他们的言论合乎国家的法律，也不过是对官府法律的因袭；尽管他们的所作所为符合礼制，他们也只是个守法的公民而已。两位国君对他们的礼遇过重了。如果他们的言论违反了法律、行为毫无价值。那他们就是不守法的公民，两位国君又有什么必要礼遇他们呢？也根本没必要对他们施礼。而且，这些读书人，国家平安无事的时候他们整天无所作为，当国家有难的时候他们也不会披上战甲上阵杀敌。假如对他们以礼相待，他们就会损害农民和士兵的劳动成果。因此，只有对他们不客气才能保护君主的法规。国家安定的时候他们地位高贵显赫，国家有危难的时候他们就如同屈谷那样吓得昏死过去。君主能从读书人那里获得什么呢？因此英明的君主会赞同李疵考察中山国后得出的结果。

经五

《诗经》上说："君主不以身作则、不亲自挂帅，民众就不会信任。"齐桓公的太傅用"君主自身不要穿紫色的衣服"的劝告来解释这两句诗，但我们能够用郑简公放手让臣下去管理政事而终身无祸以及宋襄公自己参加战斗而受伤致死的事实来轻视这两句诗，更能够用君主重视亲自参加耕种战斗而陷于劳苦危险境况的道理来指责这两句诗。君主假如不去明确君臣各自的职责名分，不用法令去督促臣下完成自己的本职工作，反而用"以身作则、亲自挂帅"的办法来治理臣民，那就会去做"齐景公下车快跑""魏昭王困得打瞌睡"之类的蠢事，以及那"隐蔽自己的身份而穿着普通百姓的衣服亲自到民间巡防"的事。孔丘不懂得君主不必以身作则的道理，因此说"君主好像盂"；邹国的君主不懂得这个道理，因此先羞辱了自己。英明君主的治国标准，就得像叔向分发俸禄和韩昭侯知道"如何来听取意见"一样。

经六

小的真诚成就了，那么大的真诚才能树立，所以英明的君主不断累积在遵守信用方面的美誉。赏罚不守信用，那么禁令就不能推行施行。这种论点的解释在晋文公攻击原邑和箕郑救助饥荒的事件中。因此吴起必定要等到老朋友来了才吃饭，魏文侯必定要会见虞侯才去打猎。因此英明的君主体现自己守信用，就像曾子杀猪那样。不守信用的危害在楚厉王乱敲报警用的战鼓和李悝欺诈左右两个营垒中的军队所导致的恶果。

一

宓子贱治单父。有若见之曰："子何臞也？"宓子曰："君不知贱不肖，使治单父，官事急，心忧之，故臞也。"有若曰："昔者舜鼓五弦、歌《南风》之诗而天下治。今以单父之细也，治之而忧，治天下将奈何乎？故有术而御之，身坐于庙堂之上，有处女子之色，无害于治；无术而御之，身虽瘁①臞，犹未有益。"

　　楚王谓田鸠曰："墨子者，显学②也。其身体③则可，其言多而不辩，何也？"曰："昔秦伯嫁其女于晋公子令晋为之饰装，从衣文之媵④生七十人。至晋，晋人爱其妾而贱公女。此可谓善嫁妾，而未可谓善嫁女也。楚人有卖其珠于郑者，为木兰柜，薰于桂椒，缀以珠玉，饰以玫瑰，辑以翡翠。郑人买其椟而还其珠。此可谓善卖椟矣，未可谓善鬻珠也。今世之谈也，皆道辩说文辞之言，人主览其文而忘有用。墨子之说，传先王之道，论圣人之言，以宣告人。若辩其辞，则恐人怀其文忘其直，以文害用也。此与楚人鬻珠、秦伯嫁女同类，故其言多不辩。"

　　墨子为木鸢，三年而成，蜚一日而败。弟子曰："先生之巧，至能使木鸢飞。"墨子曰："吾不如为车輗⑤者巧也。用咫尺之木，不费一朝之事，而引三十石之任，致远力多，久于岁数。今我为鸢，三年成，蜚一日而败。"惠子闻之曰："墨子大巧，巧为輗，拙为鸢。"

　　宋王与齐仇也，筑武宫，讴癸倡，行者止观，筑者不倦。王闻，召而赐之。对曰："臣师射稽之讴又贤于癸。"王召射稽使之讴，行者不止，筑者知倦。王曰："行者不止，筑者知倦，其讴不胜如癸美，何也？"对曰："王试度其功。"癸四板，射稽八板；擿⑥其坚，癸五寸，射稽二寸。

　　夫良药苦于口，而智者劝而饮之，知其入而已己疾也。忠言拂于耳，而明主听之，知其可以致功也。

[注释]

①瘁：憔悴。　　②显学：声名显赫的学者。　　③身体：亲自实践。④媵（yǐng）：陪嫁的妾。　　⑤輗（ní）：连接车辕和车衡的一个部件。

⑥擿（zhì）：同"掷"，引申为戳捣。

[译文]

对第一条经文的解说

宓子贱管理单父这个地方，有若去拜见他时对他说："您为何如此瘦弱啊？"宓子贱回复道："君主不明白我无德无能，让我来管理单父。现在官衙里事务紧急，我心里非常忧虑，因此才这般瘦弱啊。"有若说："从前舜帝只是通过弹五弦琴、唱《南风》歌就把天下治理得井然有序。如今让你管理区区如弹丸的单父之地，就担忧成这般模样，假如让你去治理整个天下你又该怎么办呢？因此说，只要有了有效的治国之术，尽管终日端坐在朝堂之中，把面色保护得如处女的脸色一样柔美，也丝毫不妨害对国家的治理；反之，假如没有有效的方法去管理国家，尽管心力交瘁、形容枯槁，也还是于事无补。"

楚王对田鸠说："墨子是声名远扬的学者。他亲自实践是可以的，但是他的言论却多而不动听，这是什么原因？"田鸠说："以前秦伯把女儿嫁给晋国公子，让晋国装饰打扮他的女儿，随着陪嫁去的衣着华美的女子有七十人。到了晋国，晋国人喜爱陪嫁的妾而看不起秦伯女儿。这能够说是善于嫁妾，不可说是善于嫁女。楚国有个人到郑国去卖珠子，做了一个木兰的匣子，匣子又用肉桂和花椒熏过，用珠子和宝玉打扮，用红色的玫瑰来修饰，累积起绿色的翡翠。郑国人买了他的匣子却退回了他的珠子。能够说是善于卖匣子，不能够说是善于卖珠子。如今世上的言论，都说一些悦耳动听的话，君主只看到他的文采华丽却忘记了它是否有用。墨子的学说，传扬先生之道，论述圣人之言，以宣告人们。假如修饰他的言辞，担忧人们就会流连于文采而忘却了它的价值，因为文采而损害了实用。这和楚国人卖珠子、秦伯嫁女儿是相似的事，因此他的言论虽多却并不动听。"

墨子做木鸢，三年才做成，飞了一天就坏。他的学生说："您的手艺真好，竟然能让木鸢飞起来。"墨子说："我比不上制造车的人手艺巧。他们用微细的木头，用不了一天的工夫，就能牵拉三十石的重量，走很远的路，力量很大，又能用很多年。如今我做木鸢，三年才做好，飞一天就坏了。"惠施听说这事，说："墨子真聪明，懂得做车是巧的，做木鸢是蠢笨的。"

宋王与齐王有怨恨，他为此修建了一座武宫。在修建时，他让癸来喊号子。癸的号子喊得十分好，让过路的人都忍不住停下来观看，让劳动的人忘记了疲倦。宋王听说之后，召唤了癸，并给他以奖赏。癸回复宋王说："我的老师射稽的劳动号子喊得比我好。"于是宋王召唤了射稽，让他喊号子。结果路过的人并没有停下来观看，劳动的人都觉得疲惫。宋王说："路过的人没有停下来观看，劳动的人觉得疲惫。可见射稽的号子没有癸喊得好，但是癸为何说射稽比他善于喊号子呢？"癸回复说："请大王试验一下我们的真实成效。"结果，在相同的时间里，癸只筑四板，而射稽却筑了八板。测试墙的牢固程度，癸筑的墙一会儿就戳进去五寸深，而射稽的墙则仅戳进去二寸深。因此，良药苦口，而聪明的人懂得尽力去喝它，因为懂得它到了肚子里就能治好自己的疾病。忠言逆耳，可是贤明的君主自会听从，因为他们知道忠言能够产生真实功效。

二

宋人有请为燕王以棘刺之端为母猴者，必三月斋然后能观之。燕王因以三乘养之。右御冶工言王曰：“臣闻人主无十日不燕之斋。今知王不能久斋以观无用之器也，故以三月为期。凡刻削者，以其所以削①必小。今臣冶人也，无以为之削，此不然物也，王必察之。”王因囚而问之。果妄，乃杀之。冶人谓王曰：“计无度量，言谈之士多‘棘刺’之说也。”

一曰：燕王好微巧。卫人曰：“能以棘刺之端为母猴。”燕王说之，养之以五乘之奉。王曰：“吾试观客为棘刺之母猴。”客曰：“人主欲观之，必半岁不入宫，不饮酒食肉。雨霁日出，视之晏②阴之间，而棘刺之母猴乃可见也。”燕王因养卫人，不能观其母猴。郑有台下之冶者谓燕王曰：“臣，为削者也。诸微物必以削削之，而所削必大于削。今棘刺之端不容削锋，难以治棘刺之端。王试观客之削，能与不能可知也。”王曰：“善。”谓卫人曰：“客为棘，削刺之母猴也，何以理之？”曰：“以削。”王曰：“吾欲观见之。”客曰：“臣请之舍取之。”因逃。

[注释]

①所以削：所用来刻削的东西，指刻刀。　②晏：阳，引申为晴。

[译文]

对第二条经文的解说

有一个宋国人，请求为燕王在棘树刺尖上雕刻一个猕猴，但是提出一个条件：燕王一定要斋戒三个月之后，才可观看他的作品。因此燕王便用方圆十八里地的收入作俸禄奉养他。给燕王驾车的人是个铁匠，他对燕王说：“我听说君王没有接连斋戒十天而不举办宴会的，如今这个宋国人明知晓大王不会斋戒如此长的时间来观看那无用的玩意儿，因此故意以三个月为期限。平常从事雕刻工艺的人，雕刻的工具一定要比雕刻的器物小，作为一个铁匠，我没有办法打出如此小的刻刀。看来这是没有结果的东西，君士一定要明察它。"听了这话，燕王于是把这个宋国人拘禁起拷问，确实是假的，就把他杀了。铁匠对燕王说："从没办法度量因而多虚假这个角度来推断，世上那些进谏巧言，多数都是能在棘树刺尖上刻猴之类的话。"

另外一种说法是：燕王征集有巧术的人，有一个卫国人说自己能够在棘针尖上刻一个猴子。燕王听后十分高兴，用方圆三十里土地上的收入作俸禄来奉养他。一天，燕王对那个卫国人说："我想看一下您如何在棘针尖上刻小猴子，行吗？"那个卫国人回复说："大王您假如想观看我怎样雕猴，一定要做到半年不进后宫、不喝酒、不吃肉。等到雨过天晴的时候，在半明半暗的位置观看，才能看到棘针尖上的小猴子。"于是燕王只好供养着那个卫国人，却又一时无法看到他雕刻的猴子。有一个郑国台下这个地方的铁匠对燕王说："臣下是做刻刀的。我知道凡是微小的雕刻作品都是用刻刀刻出来的，所以被刻的东西必定比刻刀大。现在那个卫国人要在棘针尖上刻猴子，而棘针尖根本就不能容下刻刀的刀锋。刻刀也就无法雕琢棘针的尖端。大王试着察看一下那个卫国人的刻刀，到时自然就会知道他可不可以在棘针尖上刻猴子了。"燕王说："好办法！"于是他便召唤那个卫国人说："先生你用什么工具雕刻猴子啊？"那人回复说："用刻刀。"燕王说："我想看一下你的刻刀，行不行啊？"卫国人说："请让我回宾舍去为您取来。"说完便趁机逃跑了。

儿说，宋人，善辩者也，持"白马非马也"服齐稷下之辩者。乘白马而过关，则顾①白马之赋。故籍之虚辞，则能胜一国；考实按形，不能谩于一人。

夫新砥砺杀矢，彀弩②而射，虽冥而妄发，其端未尝不中秋毫也，然而莫能复其处，不可谓善射，无常仪的也。设五寸之的，引十步之远，非羿、逢蒙不能必全者，有常仪的也。有度难而无度易也。有常仪的，则羿、蒙以五寸为巧；无常仪的，则以妄发而中秋毫为拙。故无度而应之，则辩士繁说；设度而持之，虽知者犹畏失也，不敢妄言。今人主听说，不应之以度而说其辩；不度以功，誉其行而不入关③。此人主所以长欺，而说者所以长养也。

客有教燕王为不死之道者，王使人学之，所使学者未及学而客死。王大怒，诛之。王不知客之欺己，而诛学者之晚也。夫信不然之物而诛无罪之臣，不察之患也。且人所急无如其身，不能自使其无死，安能使王长生哉？

郑人有相与争年者。一人曰："吾与尧同年。"其一人曰："我与黄帝之兄同年。"讼此而不决，以后息者为胜耳。

［注释］

①顾：通"雇"，酬报，交纳。　②彀：张弓。弩：一种利用机械力量发射的箭。　③入关：符合一定准则的意思。

［译文］

儿说，是宋国的巧辩者，也主张"白马非马"的学说并劝服了齐国稷下的辩论者。但是，他乘白马路过关卡，却还要交纳白马的税。因此凭借空话，能胜过整个国家；但要按真实情形考察，就一个人也欺诈不了。

刚刚磨好打猎用的利箭，拉满弓来发出，尽管是闭着眼睛而胡乱发射，其箭尖也不一定就可以射中那微细得像秋毫似的东西，然而不能重复射中原来射中的地方，就不能称作善于射箭，这是由于没有固定的箭靶子来当作目标。设立一个五寸大的箭靶，尽管在十步远的地方拉弓发箭，假如不是羿、逢蒙这样的射箭能手，也就不一定能全部射中，这是由于有了稳定的箭靶作为目标。有了一定的原则来做事就很困难，而没有一定的原则来做事就容易。因此有了固定的箭靶做目标，那么羿、逢蒙就能够因为射中直径五寸的箭靶而被称为是射技高超；没有稳固的箭靶做目标，那么人们就会把胡乱地发箭而射中秋毫似的小东西看成是射技低下。因此没有一定的标准去对比游说者的言论，那么能言善辩的人就会吹得不着边际；如果设置了固定的标准来把握住它，那么尽管是很聪明的人也还会怕有失误而害怕乱说。如今的君主听从游说者的游说，不用固定的标准来比照而喜欢他们能言善辩的口才；不用实际的功绩来权衡，却赞美他们的行为而不把它们归入一定的规范来考察。这就是君主长久被欺骗，而游说的人长期被供养的原因。

有位客人教燕王永远不死的道术，燕王派人去学习这种道术，派出去学习的人还没有学会客人就死了。燕王大怒，把这位去学习的人杀死了。燕王不懂得客人是在欺骗自己，而杀死了去学习的人，理由是他学得太晚了。相信没有依据的东西而杀害了根本没有罪的臣子，这是不明察的祸患。况且人所重视的无过于自己的生命，那个客人无法使自己不死，又如何能使燕王永远不死呢？

郑国有两个互争年龄大小的人。一个人说："我和尧年龄相同。"另一个人说："我和黄帝的哥哥同岁。"两人为此争辩而不能决断，只好以后停嘴的人为胜利者。

客有为周君画荚者，三年而成。君观之，与髹①荚者同状。周君大怒。画荚者曰："筑十版之墙，凿八尺之牖，而以日始出时加之其上而观。"周君为之，望见其状，尽成龙蛇、禽兽、车马，万物之状备具。周君大悦。此荚之功非不微难也，然其用与素髹荚同。

客有为齐王画者，齐王问曰："画，孰最难者？"曰："犬马难。""孰易者？"曰："鬼魅最易。"夫犬马，人所知也，旦暮罄于前，不可类之，故难。鬼魅，无形者，不罄于前，故易之也。

齐有居士田仲者，宋人屈谷见之，曰："谷闻先生之义，不恃仰人而食。今谷有树瓠之道，坚如石，厚而无窍，献之。"仲曰："夫瓠所贵者，谓其可以盛也。今厚而无窍，则不可剖以盛物而任②重如坚石，则不可以剖而以斟。吞无以瓠为也。"曰："然，谷将以欲弃之。"今田仲不恃仰人而食，亦无益人之国，亦坚瓠之类也。

[注释]

①髹（xiū）：用漆漆物。　②任：通"妊"，包藏。

[译文]

有个为周国的君主画竹笱的人，画了三年才画成。周国君主观察竹笱，和用漆漆过的竹笱形状相同。周国君主十分愤怒。画竹笱的人说：

"建一座十板高的墙，在墙上掘一个八尺的窗户，等太阳刚升起的时候将竹箸放在上面观看。"周国的君主如此做了，看见竹箸的形状，都是龙蛇禽兽车马之类，万物的形状都具足了。周国君主十分高兴。这个画过的竹箸上面的功夫并不是不微妙难得，但是它的作用却和没有画过、没有漆过的竹箸相同。

客人中有为齐王绘画的，齐王问："什么东西最难画？"客人说："狗马最难。"齐王问："什么最简单？"客人说："鬼怪最简单。"狗和马，是人们所熟悉的，常常出现在人们面前，不可能画得很像，因此难。鬼怪没有形状，不出现在人们面前，因此容易画。

齐国有一个叫田仲的居士，宋国一位叫屈谷的人去拜访他，对他说："我听说先生大义，不依靠他人生活。现在，我有种葫芦的技能，我种的瓠瓜坚硬如石，中心厚实而不空。请让我把亲自种的瓜献给你。"田仲说："葫芦之所以有价值，是因为能够盛东西。现在你的葫芦中心厚实而无空缺，就不能剖开装东西。同时它又坚硬如石，就不可剖开来舀水。我拿这葫芦毫无用处。"屈谷说："既然这样，我把它扔了。"这里，田仲不依靠他人生活，也正是对他人的国家无益的人，他也是和坚硬的葫芦同样的东西啊！

虞庆为屋，谓匠人曰："屋太尊。"匠人对曰："此新屋也，涂濡而椽生①。"虞庆曰："不然。夫濡涂重而生椽挠，以挠椽任重涂，此宜卑。更日久，则涂干而椽燥。涂干则轻，椽燥则直，以直椽任轻涂，此益尊。"匠人诎②为之而屋坏。

一曰：虞庆将为屋，匠人曰："材生而涂濡。夫材生则挠，涂濡则重，以挠任重，今虽成，久必坏。"虞庆曰："材干则直，涂干则轻。今诚得干，日以轻直，虽久，必不坏。"匠人诎，作之成，有间，屋果坏。

范且曰："弓之折，必于其尽也，不于其始也。夫工人张弓也，伏檠三旬而蹈弦③，一日犯机，是节之其始而暴之其尽也，焉得无折？且张弓不然：伏檠一日而蹈弦，三旬而犯机，是暴之其始而节之其尽也。"工人穷也，为之，弓折。

范且、虞庆之言，皆文辩辞胜而反事之情。人主说而不禁，此所以败也。夫不谋治强之功，而艳乎辩说文丽之声，是却有术之士而任"坏屋""折弓"也。故人主之于国事也，皆不达乎工匠之构屋张弓也。然而士穷乎范且、虞庆者：为虚辞，其无用而胜；实事，其无易而穷也。人主多无用之辩，而少无易之言，此所以乱也。今世之为范且、虞庆者不辍，而人主说之不止，是贵"败""折"之类而以知术之人为工匠也。不得施其技巧，故屋坏弓折；知治之人不得行其方术，故国乱而主危。

夫婴儿相与戏也，以尘为饭，以涂为羹，以木为胾④，然至日晚必归饷者，尘饭涂羹可以戏而不可食也。夫称上古之传颂，辩而不悫，道先王仁义而不能正国者，此亦可以戏而不可以为治也。夫慕仁义而弱乱者，三晋也；不慕而治强者，秦也，然而未帝者，治未毕也。

［注释］

①橡生：橡木没有干透。　②诎（qū）：屈服，无话可说。　③檠（qíng）：校正弓弩的工具。蹈：装上。　④胾（zì）：大块肉。

［译文］

虞庆修建房子，对匠人说："屋顶的坡度太陡了。"匠人回复说：

"这是刚修的房子，泥是湿的而橡木也没有完全干。"虞庆说："不对。湿泥巴重而没完全干的橡木是弯曲的，用弯曲的橡木担负很重的湿泥，屋顶应该建得低。经过长时间以后，泥就干了而橡木也干燥了。泥巴干了就能轻，树木干了就会直，用直橡木担负变轻了的泥巴，房顶应该日益变陡。"匠人没话可说，照他说的去造，结果房子坏了。

另一种说法：虞庆即将造房子，匠人说："木材没完全干，泥巴是湿的。木材没完全干就会翘，泥巴湿就重，用翘的木材承担重的泥巴，现在尽管建成了，时间久了必定会倒塌。"虞庆说："木材完全干了就会伸直，泥巴干了就会变轻。如果真的能变干，木材日渐变干伸直，泥土日渐变轻，尽管时间久了，必定不会倒塌。"匠人辩不赢，给他把房子建成了，一段时间之后，房子真的倒塌了。

范且说："弓之所以被折断，必定是在快做完的时候，而不是在开始制造的时候。工匠张开，安装在校正器上三十天以后才装上弦，一天后触到扳机射箭，这是在开始时轻缓有节，在完成时太急迫了，怎么会不折断呢？我范且张弓就不是如此，安装在校正器上一天就装上弦，三十天之后才触动扳机射箭，这是在开始时紧急一点，在完成时却松缓有节。"工匠没话可说，照他说的造弓，弓被折断了。

范且、虞庆的言辞都是善辩却和事物的道理相反，君主欢喜这些说法而不加以制止，这就是失败的原因。不去寻找使国家安定强盛的实际效用，却沉溺于辩论中那些华丽的辞藻，这是排斥明白方法的人而任由房屋破坏、弓弩折断。因此君主对于国家大事，都不能达到工匠建房子、张弓弩的地步。但是士人却被范且、虞庆这样的人搞得无可对答，这是由于说一些空洞的言辞，尽管没用也能取胜；做实事，尽管合乎事实不能改变，也要被搞得无言以对。君主赞同没有用的辩论，却不喜欢说明必然结果的言论，这就是混乱的原因。如今社会上像范且、虞庆这样的人不断涌现，而君主不停地喜爱他们，这是喜欢房子倒塌、弓弩折断之类的事，却把知晓治国方法的人看成了工匠。工匠不能展示他们的技巧，因此房屋毁坏、弓弩折断。知晓治国方法的人不能施展他的方法，因此国家混乱，君主陷于危险。

孩子在一块做游戏的时候，用土当饭，用稀泥当汤，用木头当肉块，玩得很高兴，可是到天黑的时候照样一定要回家吃饭。土饭泥汤只能用来做游戏却不能真吃。嘴里谈着上古流传下来的美好事物，言辞美好动听而心里却不真诚。那些满口先王的仁义道德却不能将国家导入正道的君主，也只能够当作游戏而不能真正地管理国家。因追逐虚妄的仁义之辞而造成国家衰弱动乱的，韩赵魏三国就是例子；不追求无用的仁义之辞而使国家获得管理、从而国力强盛的，秦国就是例子，而它之所以还没有称帝，是因为治理还没完备的原因。

三

人为婴儿也，父母养之简，子长而怨；子盛壮成人，其供养薄，父母怒而诮之。子、父，至亲也，而或诮或怨者，皆挟相为而不周于为己也。夫卖庸而播耕者，主人费家而美食，调布而求易钱者，非爱庸客也，曰：如是，耕者且深，耨者熟耘也。庸客致力而疾耘耕者，尽巧而正畦陌①者，非爱主人也，曰：如是，羹且美，钱布且易云也。此其养功力，有父子之泽矣，而心调于用者，皆挟自为心也。故人行事施予，以利之为心，则越人和；以害之为心，则父子离且怨。

文公伐宋，乃先宣言曰："吾闻宋君无道，蔑侮长老，分财不中，教令不信，余来为民诛之。"

越伐吴，乃先宣言曰："我闻吴王筑如皇之台，掘深池，罢苦百姓，煎靡财货，以尽民力，余来为民诛之。"

蔡女为桓公妻，桓公与之乘舟，夫人荡舟，桓公大惧，禁之不止，怒而出之。乃且复召之，因复更嫁之。桓公大怒，将伐蔡。仲父谏曰："夫以寝席②之戏，不足以伐人之国，功业不可冀也，请无以此为稽也。"桓公不听。仲父曰："必不得已，楚之菁茅不贡于天子三年矣，君不如举兵为天子伐楚。楚服，因还袭蔡，曰：'余为天子伐楚，而蔡不以兵听从。'遂灭之。此义于名而利于实，故必有为天子诛之名，而有报仇之实。"

吴起为魏将而攻中山。军人有病疽者，吴起跪而自吮其脓。伤者之母立泣，人问曰："将军于若子如是，尚何为而泣？"对曰："吴起吮其父之创而父死，今是子又将死也，今吾是以泣。"

[注释]

①陌：田间东西方向的道路，这里泛指田埂。　②寝席：比喻夫妻之间的亲密关系。

[译文]

对第三条经文的解说

人还是婴儿的时候，父母对他抚养得粗心，孩子长大了就要怨恨父母；孩子长大成人，他对父母的供养轻薄，父母就会发怒而且责备他。孩子、父母，是最亲密的，然而有时候责骂，有时候埋怨，这都是由于怀有人要为别人着想的想法而不符合别人都为自己着想的世道人情。出钱请雇工来播种耕作，主人耗费家产给他们丰富的饭菜，拿了布币去索取成色足的钱币作为他们的工资，这并不是爱雇工，而是认为：像这样，耕作的人才会耕得深，锄草的人才能精耕细作地耘田。雇工用尽力气而快速地耘田耕地，用尽技巧来端正畦亩田埂，也并不是热爱主人，而是以为：像这样，吃的饭菜才会丰足，得到的钱币才能满足啊。主人这样来奉养雇工，几乎就有父子之间的恩泽了，而雇工的精力都放在工作上，都是怀着为自己着想的心思。因此人们办事和给人好处，假如把利人利己作为思考问题的出发点，那么就如同是越国人那样关系疏离的也容易和好；假如把危害了自己也得危害别人作为思考问题的出发点，那么就是父子也会离心离德而且彼此埋怨。

文公要征伐宋国，便先宣示说："我听说宋君无道，怠慢长者，分配财物不公平，发布教令不守信用，我来为民消灭他。"

越国讨伐吴国便先宣告说："我听说吴王修建如皇台，掘开深河，使百姓疲劳困苦，损耗浪费财货，用尽了人力物力，我来为人民消灭他。"

蔡侯的女儿嫁给齐桓公做妻子，齐桓公同她一起乘船，这位夫人摇晃着船，齐桓公非常恐惧，吩咐她停下来她却不听，齐桓公恼怒地休了她。后来又想召回她，蔡国已把她改嫁了。齐桓公十分恼怒，将要攻打蔡国。管仲劝告说："由于夫妻之间的游戏，不值得去攻打别人的国家，不能想要通过这个来建功立业，请不要在乎这件事。"齐桓公不听从管仲的劝告。管仲说："一定不能消除这个念头的话，楚国给天子上贡的苞茅草已经三年没交了，您不如发兵为周天子攻击楚国。楚国臣服了，趁机回兵攻击蔡国，说：'我为周天子攻伐楚国，而蔡国却不派兵来服从调遣。'于是消灭它。如此做在名义上是正直的而实际上是有利的。因此一定要有替天子攻打的名义，而后有报仇的实利。"

吴起担任魏国的将军攻击中山国。有一个士兵长了毒疮，吴起跪着自己为他吸脓。长毒疮军士的母亲看见马上哭起来。别人问道："将军对你的儿子如此好，还为何要哭呢？"她回复说："吴起给他父亲的伤口吸脓，他的父亲就战死了；现在我儿子又即将战死，所以现在要哭。"

赵主令工施钩梯而缘播吾，刻疏①人迹其上，广三尺，长五尺，而勒之曰："主义常游于此。"

秦昭王令工施钩梯而上华山，以松柏之心为博，箭长八尺，棋长八寸，而勒之曰："昭王尝与天神博于此矣。"

文公反国，至河，令笾豆捐之，席蓐捐之，手足胼胝面目黧黑②者后之。舅犯闻之而夜哭。公曰："寡人出亡二十年，乃今得反国。舅犯闻之不喜而哭，意不欲寡人反国郁？"犯对曰："笾豆，所以食也，席蓐，所以卧也，而君捐之；手足胼胝，面目黧黑，劳有功者也，而君后之。今臣有与在后，中不胜其哀，故哭。且臣为君行诈伪以反国者众矣，臣尚自恶也，而况于君？"再拜而辞。文公止之曰："谚曰：'筑社者，攘③撅而置之，端冕④而祀之。'今子与我取之，而不与我治之；与我置之，而不与我祀之；焉可？"解左骖而盟于河。

郑县人卜子使其妻为裤，其妻问曰："今裤何如？"夫曰："象吾故裤。"妻子因毁新，令如故裤。

郑县人有得车轭者，而不知其名，问人曰："此何种也？"对曰："此车轭也。"俄又复得一，问人曰："此是何种也？"对曰："此车轭也。"问者大怒曰："曩者曰车轭，今又曰车轭，是何众也？此女欺我也！"遂与之斗。

卫人有佐弋者，鸟至，因先以其褑⑤麾之，鸟惊而不射也。

郑县人卜子妻之市，买鳖以归。过颍水，以为渴也，因纵而饮之，遂亡其鳖。

夫少者侍长者饮，长者饮，亦自饮也。

一曰：鲁人有自喜者，见长年饮酒不能釂⑥则唾之，亦效唾之。

一曰：宋人有少者亦欲效善，见长者饮无余，非堪酒饮也而欲尽之。

[注释]

①疏：与"刻"同义。　②手足胼胝（piánzhī）：指手脚因劳累被磨硬变粗。鼜黑：黑色。　③搴（qiān）：通"褰"，揭起衣裙等。摅：揭衣。④端冕：玄端和玄冕，古代的礼衣和礼帽。　⑤褑（yuān）：通"帣"，头巾。麾：通"挥"，挥动。　⑥釂（jiào）：把杯中的酒喝光。

[译文]

赵主父吩咐工人用带钩子的梯子爬上播吾山，在上边刻上人的脚印，宽三尺，长五尺，在旁边刻字："主父曾到这里游览。"

秦昭王吩咐工人用带钩子的梯子爬上华山，用松树柏树的心做成棋，骰子长八尺，棋子长八寸，并雕上字说："秦昭王曾和天神在此地下棋。"

晋文公回到晋国，到了黄河边，吩咐把用旧的食具、睡觉用具都扔掉，叫手脚都磨出茧子和脸色黑的人退回后面去。狐偃（舅犯）听说这件事后，夜晚就哭起来。文公说："我在外流亡二十年，现在才得以返回晋国。您听说这个消息不欢喜反而哭起来，您的意思是不愿我回国吗？"狐偃回复说："笾豆，是用来进食的；席蓐，是用以睡觉的，可您却扔弃了它们。手脚磨出茧子，脸色黧黑，是劳苦功高的人，而您却让他们退到后面。如今我也加入其中，心中有不尽的哀痛，因此哭起来。况且我为您能回国曾多次采取欺骗手段，我自己都讨厌自己，更何况您呢？"拜了两拜就要离开。文公制止他说："谚语说：'为土地神建坛，掀起衣服树立社神，穿上礼服、戴上礼帽去祭祀它。'现在您为我夺取了国家，而不和我一起管理它，就如同和我一起树立社神，却不和我祭祀它。怎么行呢？"放开左边的骏马沉入河中而对着河神立誓。

郑县有一位叫卜子的人，他让妻子为他缝制裤子。妻子问他："你想要新裤像什么样子？"他回复说："如同我的旧裤子一样。"因此妻子把新裤子撕破，使它如同旧裤子一样。

郑县有个人，捡到了一个车轭，不知叫何名字，他问旁人："这是什么？"旁人答说："这是车轭。"没多久他又得到一个车轭，他又问旁人："这是什么？"旁人回复说："这是车轭。"这个郑县人立刻火冒三丈，说："前两天你说是车轭，这次你又说是车轭。哪来如此多车轭，必定是你在欺弄我。"说完便与那位回复他的人打斗起来。

卫国有一个帮助别人射鸟的人，鸟来了，他用头巾把鸟赶走。鸟受惊飞走，射鸟的人一直没法射中。

郑县卜子的妻子去集市，买了一只鳖，回家经过颍水时，以为鳖渴了，便把它放入河里饮水，结果鳖跑掉了。

年轻人侍奉老年人喝酒，老年人喝了，年轻人也随着喝。

还有一种说法：鲁国有一个人喜欢自命清高，他看到老年人喝酒时假如不能喝干，就把口里的酒吐出来，便也学着吐酒。

再一种说法是：宋国有一位年轻人希望向别人学着做善事。他看见老年人喝酒的时候总是把酒喝干，没有剩下，于是把酒杯里添满水，也想一饮而尽。

书曰："绅①之束之。"宋人有治者②，因重带自绅束也。人曰："是何也？"对曰："书言之，固然。"

书曰："既雕既琢，还归其朴③。"梁人有治者，动作言学，举事于文④，曰："难之。"顾⑤失其实。人曰："是何也？"对曰："书言之，固然。"

部人有遗燕相国书者，夜书，火不明，因谓持烛者曰："举烛。"云而过书"举烛"。"举烛"，非书意也。燕相受书而说之，曰："举烛者，尚明也之尚明也者，举贤而任之。"燕相白王，王大说，国以治。治则治矣，非书意也。今世举学者多似此类。

郑人有且置履者，先自度其足而置之其坐，至之市而忘操之。已得履，乃曰："吾忘持度。"反归取之。及反，市罢，遂不得履。人曰："何不试之以足？"曰："宁信度，无自信也。"

[注释]

①绅：古代士大夫束在衣外的大带子。　②治者：研究这部书的人。
③朴：没有加工的木材，指事物的原始状态。　④举事于文：做任何事都讲究修饰。　⑤顾：反而。

[译文]

古书上说："反复限制自己。"宋国有个研习这部书的人，用带子把自己牢固地绑起来。有人问他："这是什么原因？"这个人回复说：

"书上这么说，当然应当这样做。"

古书上说："又雕又琢，回到它的本来面目。"魏国有个研习这部书的人，到处都学习这句话，办事样样都讲究文饰，说："真是艰难呀。"有人问他说："这是什么原因？"这个人回复说："书上是这样说的，当然应该如此。"

郹都有个人给燕国的相国写书信，晚上书写，灯火不透亮，因而对拿蜡烛的人说："举烛。"说完后在信上错写上"举烛"二字。"举烛"，不是信的本意。燕国的相国收到了信后解释说："'举烛'的意思，是推崇光明；推崇光明，就是要选举有德才的人加以任用。"燕国的相国把这个意思告知燕王，燕王十分高兴，燕国因此管理好了。国家是管理好了，但这不是书信里的本意。现在社会上提拔的学者大多都像这样。

郑国有一个想要购买鞋子的人，先量好自己的脚并把尺寸置于他的座位上，去集市时却忘了拿上它。已经挑到鞋子，才说："我忘了拿尺码了。"便回去取尺码。等到返回时，集市已经散了，因此没有买到鞋。有人说："为何不用脚试一试呢？"他说："我宁愿信任尺码，也不信任自己的脚。"

四

王登为中牟令，上言于襄主曰："中牟有士曰中章、胥己者，其身甚修，其学甚博，君何不举之？"主曰："子见之，我将为中大夫。"相室①谏曰："中大夫，晋重列也，今无功而受，非晋臣之意。君其耳而未之目邪！"襄主曰："我取登，既耳而目之矣；登之所取，又耳而目之。是耳目人绝无已也。"王登一日而见二中大夫，予之田宅。中牟之人弃其田耘、卖宅圃而随文学者，邑之半。

叔向御坐，平公请事，公腓^②痛足痹转筋而不敢坏坐。晋国闻之，皆曰："叔向贤者，平公礼之，转筋而不敢坏坐。"晋国之辞仕托慕叔向者，国之锤矣。

郑县人有屈公者，闻敌，恐，因死；恐已，因生。

赵主父使李疵视中山可攻不也。还报曰："中山可伐也。君不返伐，将后齐、燕。"主父曰："何故可攻？"李疵对曰："其君见好岩穴之士，所倾盖^③与车以见穷闾隘巷之士以十数，伉礼^④下布衣之士以百数矣。"君曰："以子言论，是贤君也，安可攻？"疵曰："不然。夫好显岩穴之士而朝之，则战士怠于行阵；上尊学者，下士居朝，则农夫惰于田。战士怠于行阵者，则兵弱也；农夫惰于田者，则国贫也。兵弱于敌，国贫于内，而不亡者，未之有也。伐之不亦可乎？"主父曰："善！"举兵而伐中山，遂灭也。

[注释]

①相室：这里指家臣的头目。　②腓：小腿肚子。　③倾盖：把车盖斜张。　④伉礼：以平等礼节相待。

[译文]

对第四条经文的解说

王登为中牟县令，给赵襄主上书说："中牟地区有士人叫中章、胥己的，他们的德行很好，他们的学问很渊博，君主您为何不提拔选用他们？"赵襄主说："你让他们来见我，我将举用他们为中大夫。"赵襄主的家臣首领说："中大夫，是晋国重要的官职，如今他们没有功劳而接纳这个官位，不合乎晋国选拔大臣的原意。您可能只是耳闻其名而没有亲自看到他们的真实情况吧！"赵襄主说："我选择王登，是既耳闻又亲眼见过的；王登所选择的人，又是既耳闻又亲眼见过的。如此亲自耳闻目见去考核人就永远没有止境了。"王登很快就让这两个人拜见赵襄主，这两个人被任命为中大夫，赵襄主给予了他们土地房屋。中牟的民众丢弃了耕种田地、卖掉土地园圃去追逐搞私学的人，占了这个地方的一半。

叔向陪晋平公坐，向晋平公请教国事，平公的小腿因风湿感觉疼痛，他只是不停地揉着小腿而不敢随便改变端坐姿势。晋国的人听闻这件事情，都说："叔向是个贤人，晋平公对他那样有礼，尽管腿疼痛都不敢变化端坐的姿势。"因此晋国辞去请求高官厚禄效法叔向的人，占全国的一半。

郑县有一个名为屈公的人，听说敌人来了，就非常恐惧，以致死了过去；等畏惧一过，他又苏醒存活过来。

赵国主父武灵王派李疵看一下是否可以去打中山国。李疵返回说："能够攻打。假如不趁早打，也许就会落在齐国、燕国之后了。"赵武灵王问："为何可以攻打呢？"李疵回复说："中山国的君王喜爱接近那些隐居山林的人，他乘车驾前往拜见穷村陋巷的隐士有几十位，他用相同的礼节，结交的平民数以百计。"赵武灵王说："依照你的话判断，这是个贤君，如何能够攻打呢？"李疵说："不对。尊敬隐士，亲自前去造访，战士便不肯打仗；重视书生优礼接待并让他们在朝为官，农夫便不尽力耕作。战士不肯打仗，那么兵力就衰微了；农夫不尽力耕作，国家就会贫困。兵力比敌人弱，国家又穷困，像这样而不灭亡的，是以前没有过的。攻打它，不也行吗？"赵武灵王说："好！"于是发兵攻打中山国，把它歼灭了。

五

齐桓公好服紫，一国尽服紫。当是时也，五素①不得一紫。桓公患之，谓管仲曰："寡人好服紫，紫贵甚，一国百姓好服紫不已，寡人奈何？"管仲曰："君欲止之，何不试勿衣紫也？谓左右曰：'吾甚恶紫之臭。'于是左右适有衣紫而进者，公必曰：'少却②，吾恶紫臭。'"公曰："诺。"于是日，郎中莫衣紫；其明日，国中莫衣紫；三曰，境内莫衣紫也。

一曰：齐王好衣紫，齐人皆好也，齐国五素不得一紫，齐王患紫贵。傅说王，曰："《诗》云：'不躬不亲，庶民不信。'今王欲民无衣紫者，王请自解紫衣而朝，群臣有紫衣进者，曰：'益远。寡人恶臭。'"是日也，郎中莫衣紫；是月也，国中莫衣紫；是岁也，境内莫衣紫。

郑简公谓子产曰："国小，迫于荆、晋之间，今城郭不完，兵甲不备，不可以待不虞。"子产曰："臣闭其外也已远矣，而守其内也已固矣，虽国小，犹不危之也，君其勿忧。"是以没简公身无患。

子产相郑，简公谓子产曰："饮酒不乐也。俎豆不大，钟鼓竽瑟不鸣，寡人之事不一，国家不定，百姓不治，耕战不辑睦，亦子之罪。子有职，寡人亦有职，各守其职。"子产退而为政五年，国无盗贼，道不拾遗，桃枣荫于街者莫有援也，锥刀遗道三日可反③，三年不变，民无饥也。

[注释]

①素：没有染色的布。　②少却：稍微退后一点。　③反：同"返"，返回。

[译文]

对第五条经文的解说

齐桓公喜爱穿紫色的衣服，后来整个齐国的人都跟着穿紫衣服。当时，紫衣服变得十分贵，五匹素丝都换不到一匹紫丝。桓公对这种情况十分忧虑，他对管仲说："我喜爱穿紫色的衣服，紫衣服如此贵，而全国的老百姓却都跟着穿紫衣服，无法禁止，我该怎么办呢？"管仲回复说："大王为何不尝试自己不穿紫衣服呢？到时您就对侍从说：'我十分讨厌紫色的气味。'"齐桓公说："行，就照你说的办吧。"这时正好有一个穿紫衣服的侍从走进来，桓公就说："往后退退，我厌恶紫色的气味。"这一天，朝廷中就没有人再穿紫衣服了；第二天，都城中再无人穿紫衣服了；第三天，齐国的人全部都不穿紫衣服了。

另一种说法：齐王喜爱穿紫衣服，齐国人也都喜爱。齐国五匹染色的布才可换来一匹紫色的布，齐王担心紫色的布太贵。太傅劝谏齐王说："《诗经》说：'君主不亲自来做，百姓就不会信任。'现在大王希望百姓不穿紫衣服，您就自己脱下紫衣服上朝，大臣中有穿紫衣服拜见的，就说：'离我远一点，我厌恶紫衣服的味道。'"当天，朝中就无人穿紫衣服了；不到一个月，都城里就无人穿紫衣服了；不到一年，整个国家都没有人穿紫衣服了。

郑简公对子产说："国家很小，又被楚、晋两个大国包围。现在城墙不完整，兵甲不齐备，不能够应对意外的情况。"子产说："我国防守郑国的边境已经很久了，防守内部也已经很牢靠了，尽管国家很小，尚不认为它有危险，请您不要担忧。"因此郑简公终身没有担忧。

子产为郑国的相国，郑简公对子产说："我喝酒都感觉不快乐啊。由于祭品不丰富而俎豆等祭器不能制造得大一些，而礼乐不兴使得钟、鼓、竽、瑟等乐器也不能常常弹奏，我的事情忙碌得不一而足。然而，国家不安稳，百姓没有治理好，农民与战士的关系不团结，这也就是你的过错了。你有你的事情，我也有我的事情，我们各人管好自己的事情吧。"子产退下来不再管祭祀等君主管的事而专门管理政务，五年之后，国内没有了小偷强盗，在路上人们都不去拾人家丢失的东西，桃树枣树都遮到了大路边也没有人伸手采摘，锥刀丢失在路上就是过了三天也还是会送回到失主那里。这样的状况一连三年没有变化，老百姓便没有忍饥挨饿的了。

宋襄公与楚人战于涿谷上。宋人既成列矣，楚人未及济。右司马购强趋而谏曰："楚人众而宋人寡，请使楚人半涉未成列而击之，必败。"襄公曰："寡人闻君子曰：'不重伤，不擒二毛①，不推人于险，不迫人于陌，不鼓不成列。'今楚未济而击之，害义。请使楚人毕涉成阵而后鼓士进之。"右司马曰："君不爱宋民，腹心②不完，特为义耳。"公曰："不反列，且行法。"右司马反列，楚人已成列撰阵矣，公乃鼓之。宋人大败，公伤股，三日而死。此乃慕自亲仁义之祸。未必恃人主之自躬亲而后民听从，是则将令人主耕以为上、服战雁行也民乃肯耕战，则人主不泰危乎而人臣不泰安乎？

齐景公游少海，传骑从中来谒曰："婴疾甚，且死，恐公后之。"景公遽起，传骑又至。景公曰："趋驾烦且之乘，使驺子韩枢御之。"行数百步，以驺为不疾，夺辔代之御；可数百步，以马为不进，尽释车而走。以烦且之良而驺子韩枢之巧，而以为不如下走也。

魏昭王欲与官事，谓孟尝君曰："寡人欲与官事。"君曰："王欲与官事，则何不试习读法？"昭王读法十余简而睡卧矣。王曰："寡人不能读此法。"夫不躬亲其势柄，而欲为人臣所宜为者也，睡不亦宜乎？

[注释]

①二毛：黑白两种颜色的毛发，指头发和胡子花白年纪大的人。　②腹心：比喻国家的根本。

[译文]

宋襄公和楚人在涿谷上打仗，宋人已经摆设好阵势，楚人还没有全部过河。宋右司马购强快步上前谏言道："敌众我寡，请在楚人半渡、还没摆好阵势时攻击，必定能把他们打垮。"宋襄公说："我听君子说过：'不要危害已经受了伤的人，不要俘获年纪已高的人，不要在别人危难时再推一把，不要在别人窘迫时再逼他，不要攻击没有摆好阵势的敌军。'现在楚军没有全部过河就去攻打，是有失仁义的。还是等到楚人全都过河，摆好阵势，然后再击鼓让战士们攻击吧。"右司马说："君王不怜惜宋国民众，不保护国家根本，只是为了仁义的空名罢了。"襄公说："不快回到队伍去，将按军法处罚！"右司马回到队伍时，楚人已经排好列队、摆好阵势了，襄公这才击鼓攻击。宋人大败，宋襄公伤到大腿，三天后就死了。这就是追逐亲行仁义招致的祸害。必定要领先君主自己去干，然后民众才服从，这就是要君主亲自种田吃饭，亲自排在队伍里打仗，然后民众才愿意从事耕战。如此一来，君主不是太危险了吗？而臣子不是太安闲了吗？

齐景公在少海这个地方游览，信使从国都来汇报说："晏婴病情严重，气息奄奄，请大王赶紧回去，否则就见不到他了。"景公听后急忙打算启程，这时信使又一次前来督促，景公说："快套上那匹叫烦且的快马，让马官韩子为我驾车。"走了几百步以后，景公感觉马官赶车不够快，就夺过缰绳来自己控制；走了几百步，他感觉马跑得也不够快，因此，便跳下车来自己跑。借助烦且这样的快马和韩子这样的驾车高手，景公竟然以为他们比不上自己下车跑得快。

魏昭王想亲身参与治理国家的事务，对孟尝君说："我想亲身参与管理国家的事务。"孟尝君说："您想亲身参与管理国家的事务，那么为何不尝试着读官府的法令呢？"昭王读法读了十几根竹简就睡着了。昭王说："我不能读这些法。"君主不亲自掌控权柄，却要做臣子应当做的事，打瞌睡不也是很平常的吗？

孔子曰："为人君者，犹盂也；民，犹水也。盂方水方，盂圆水圆。"

邹君好服长缨，左右皆服长缨，甚贵。邹君患之，问左右，左右曰："君好服，百姓亦多服，是以贵。"君因先自断其缨而出，国中皆不服长缨。君不能下令为百姓服度以禁之长缨，出以示先民，是先戮[1]以莅民也。

叔向赋猎，功多者受多，功少者受少。

韩昭侯谓申子曰："法度甚不易行也。"申子曰："法者，见功而与赏，因能而受官。今君设法度而听左右之请，此所以难行也。"昭侯曰："吾自今以来知行法矣，寡人奚听矣。"一日，申子请仕其从兄官。昭侯曰："非所学于子也。听子之谒，败子之道乎，亡[2]其用子之术而废子之谒？"申子辟舍[3]请罪。

[注释]

①戮：通"僇"，羞辱。　②亡：抑，还是。　③辟舍：不敢住在正屋里，

表示惶恐。辟，通"避"，退避。

[译文]

孔子说："做君主的人如同盂，民众就如同水。盂是方的，民众就是方的；盂是圆的，民众就是圆的。"

邹君喜爱佩戴长帽带，身旁的侍从都佩戴长帽带，帽带的价格昂贵。邹君为此忧虑，问侍从，侍从说："您喜爱佩戴，百姓也多佩戴，因此昂贵。"邹君便带头把帽带剪断了然后出去，因此国内都不佩长帽带。君主不可下令规定百姓的服制，却先剪断帽带出去给百姓看，这是先处罚自己然后管理民众啊。

叔向分发猎物，功劳多的人分发得多，功劳少的分发得少。

韩昭侯对申不害说："法令制度很不容易推行。"申不害说："所谓法，就是做出了功劳要进行奖赏，依据才能而给予官职。现在君主设置了法令制度而又听取身边近侍的请托，这就是法制难以推行的原因。"韩昭侯说："我从今往后知道如何推行法治了，知道该怎样来听取意见了。"一天，申不害请示委任他的堂兄做官。韩昭侯说："这不是我从你那里学习的做法。我是听取你的请求，破坏了你的原则呢，还是不采纳你的请求呢？"申不害于是赶紧离开座位请求治罪。

六

晋文公攻原，裹①十日粮，遂与大夫期十日。至原十日而原不下，击金②而退，罢兵而去。士有从原中出者，曰："原三日即下矣。"群臣左右谏曰："夫原之食竭力尽矣，君姑待之。"公曰："吾与士期十日，不去，是亡吾信也。得原失信，吾不为也。"遂罢兵而去。原人闻曰："有君如彼其信也，可无归乎？"乃降公。卫人闻曰："有君如彼其信也，可无从乎？"乃降公。孔子闻而记之曰："攻原得卫者，信也。"

文公问箕郑曰："救饿奈何？"对曰："信。"公曰："安信？"曰："信名。信名，则群臣守职，善恶不逾，百事不怠；信事，则不失天时，百姓不逾；信义，则近亲劝勉而远者归之矣。"

吴起出，遇故人而止之食。故人曰："诺，今返而御。"吴子曰："待公而食。"故人至暮不来，起不食待之。明日早，令人求故人。故人来，方与之食。

魏文侯与虞人③期猎。明日，会天疾风，左右止文侯，不听，曰："不可以风疾之故而失信，吾不为也。"遂自驱车往犯风而罢虞人。

曾子之妻之市，其子随之而泣。其母曰："女还，顾反为女杀彘。"适市来，曾子欲捕彘杀之。妻止之曰："特与婴儿戏耳。"曾子曰："婴儿非与戏也。婴儿非有知也，待父母而学者也，听父母之教。今子欺之，是教子欺也。母欺子，子而不信其母，非以成教也。"遂烹彘也。

楚厉王有警，为鼓以与百姓为戍。饮酒醉，过而击之也，民大惊。使人止曰："吾醉而与左右戏，过击之也。"民皆罢。居数月，有警，击鼓而民不赴。乃更令明号而民信之。

李悝警其两和④，曰"谨警敌人，旦暮且至击汝。"如是者再三而敌不至。两和懈怠，不信李悝。居数月，秦人来袭之，至几夺其军。此不信患也。

一曰：李悝与秦人战，谓左和曰："速上！右和已上矣。"又驰而至右和曰："左和已上矣。"左右和曰："上矣。"于是皆争上。其明年，与秦人战。秦人袭之，至几夺其军。此不信之患。

[注释]

①裹：包裹，携带。　②击金：敲钟，古代打仗时退兵的信号。③虞人：管理山林河池的官。　④两和：左右两边营垒里的军队。

[译文]

对第六条经文的解说

晋文公攻击原邑这个地方，带了十天的粮食，于是就和大夫们约好以十天为期限。到了原邑十天了还没有攻取原邑，晋文公就鸣锣金兵，打算撤退军队回去了。原邑的士兵有从城中逃离的，说："原邑再攻打三天就被攻取了。"左右的群臣以及身边的亲信都劝告说："那原邑城内已粮食用尽、兵力衰竭了，君主暂且再等几天吧。"晋文公说："我与战士们约好的攻打期限是十天，假如现在不回去，这就丧失了我的信用，我是不干的。"于是接着收兵离开了原邑。原邑城中的人们听闻后说："有这样的国君这样守信，我们能够不归附他吗？"于是就投靠了晋文公。卫国人听闻后说："有这样的国君这样守信，我们能够不顺从他吗？"于是就投靠了晋文公。孔子听说后记载这件事说："攻击原邑而获得卫国的原因，是守信用。"

晋文公问箕郑说："救济饥荒该如何做？"箕郑说："守信用。"晋文公说："如何个守信用法？"箕郑说："在名位、政务、道义上讲信用。在名位讲信用，就能使群臣忠于职守，政绩的好坏界线分明，不超越名分，各种事务都不会轻慢；在事情上讲信用，就能不违反自然的规律，百姓不会超越；在道义上讲信用，就能使亲近的人尽力工作而远方的人归服你。"

吴起外出，碰到老朋友就留他吃饭，老朋友说："好的，等一下回来吃饭。"吴起说："我等着你一块吃。"老朋友到夜晚也没有来，吴起就不吃饭一直等候。第二天早晨，让人去请这个朋友，朋友来了，吴起才和他一块吃饭。

魏文侯和虞人约好了打猎的时间。第二天，正好碰到天刮大风。随从劝魏文侯不要去了，魏文侯不听，说："不行。由于风大就失信，我是不干的。"于是就自己赶着车去了，顶着风去让虞人中止打猎。

曾子的妻子将要到集市上去，她的孩子跟在后面哭闹，她便对孩子说："你回家去，我回来之后给你杀猪吃。"妻子从集市上返回时，发现曾子正打算把猪抓住杀了，便急忙阻止他说："我只是跟小孩子说着玩儿的。"曾子说："小孩子是不能和他随意开玩笑的。他们没有知识，全靠向父母学习，听从父母的教导，假如你骗他，这就等于教他骗人啊。当母亲的欺骗自己的孩子，孩子就不会信任自己的母亲。这不是对的教子之方啊。"于是便把猪蒸了。

楚厉王遇到紧急事情，就敲鼓来和百姓共同防守。有一次喝醉了酒，误敲了鼓，人民很恐惧。楚王派人去禁止说："我喝醉了酒和左右随从开玩笑，误敲了鼓。"人民都散开了。几个月之后，有了急迫事件，再次击鼓而民众都不来援助，于是改变申明号令，人民才又信任了他。

李悝训导军营左右的守卫队时说："你们谨慎地警戒敌人，敌人很快就会来攻打你们了。"他这样说了两三次而敌军还没有出现过，左右卫队因此松懈下来，他们不再信任相信李悝的话。几个月之后，秦国军队真的前来袭击，魏国军队差不多全军覆没，这就是不讲信用导致的恶果。

另一种说法：李悝与秦国打仗，对左营垒的将士说："快上，右营垒已经冲上去了。"又奔马来到右营垒说："左营垒已经冲上去了。"

左右营垒的两个将士都回复说："我们冲上去。"因此都争着冲上去。第二年，又与秦国人交战。秦国人攻击一到，几乎覆灭了他的军队。这是不讲信用的祸患。

有相与讼者，子产离之而毋得使通辞，到^①其言以告而知也。

卫嗣公使人伪客过关市，关市呵难之，因事关市以金，关市乃舍之。嗣公谓关市曰："某时有客过而予汝金，因谴^②之。"关市大恐，以嗣公为明察。

[注释]

①到：通"倒"。　②谴：通"遣"。

[译文]

有相互诉讼的人，子产把他们隔离开使得他们不能对话，然后把他们的话倒过来告诉对方而获得实情。

卫嗣公派人装扮成客商通过关口上的集市，集市管理员责难他，便拿金子贿赂他们，集市管理员才放了他。卫嗣公对集市管理员说："某某时间有客商经过时送给了你们金子，你们便放了他。"集市管理员十分恐惧，认为卫嗣公能明察秋毫。

外储说左下 第三十三

一、以罪受诛，人不怨上，跀危①坐子皋；以功受赏，臣不德君，翟璜操右契而乘轩。襄王不知，故昭卯五乘而履属②。上不过任，臣不诬能，即臣将为失少室周。

二、恃势而不恃信，故东郭牙议管仲；恃术而不恃信，故浑轩非文公。故有术之主，信赏以尽能，必罚以禁邪。虽有驳③行，必得所利。简主之相阳虎，哀公问"一足"。

三、失臣主之理，则文王自履而矜。不易朝燕之处，则季孙终身庄而遇贼。

四、利所禁，禁所利，虽神不行；誉所罪，毁所赏，虽尧不治。夫为门而不使入，委④利而不使进，乱之所以产也。齐侯不听左右，魏主不听誉者，而明察照群臣，则钜不费金钱，屠不用玉璧。西门豹请复治邺，足以知之。犹盗婴儿之矜裘与跀危子荣衣。子绰左右画，去蚁驱蝇。安得无桓公之忧索官与宣主之患腊马也？

五、臣以卑俭为行，则爵不足以观赏⑤；宠光无节，则臣下侵逼。说在苗贲皇非献伯，孔子议晏婴。故仲尼论管仲与孙叔敖。而出入之容变，阳虎之言见⑥其臣也。而简主之应人臣也失主术，朋党相和，臣下得欲，则人主孤；群臣公举，下不相和，则人主明。阳虎将为赵武之贤、解狐之公，而简主以为枳棘，非所以教国也。

六、公室卑则忌直言，私行胜⑦则少公功。说在文子之直言，武子之用杖；子产忠谏，子国谯怒；梁车用法而成侯收玺；管仲以公而国人谤怨。

[注释]

①跀（yuè）危：受过刖刑的人。 ②屩（jué）：草鞋。 ③驳：马的毛色不纯，引申为混杂。 ④委：聚集。 ⑤观赏：示赏，用赏来鼓励。 ⑥见：荐举，推荐。 ⑦胜：盛行，占优势。

[译文]

一、因为犯罪而受惩罚，受惩罚的人对上没有憎恨，被砍脚的人保护了子皋；因功劳受奖赏，臣下不用感谢君主，翟璜拿着还贷的证据而乘坐高贵的轩车。魏襄王不清楚这个道理，因此昭卯有享受五乘的食封就像赚了很多钱的人穿草鞋之叹。君主正确地任用臣子，臣子不隐蔽有能力的人，那么臣子将会变成少室周那样忠诚的人。

二、君主依赖权势而不依赖臣下的诚实，因此东郭牙反对立管仲为仲父；君主依赖权术而不依赖臣下恪守信用，所以浑轩毁谤文公对箕郑的断定。因此有术之君主，奖赏讲信用以完全发挥臣下的才能，坚决惩罚禁止侥幸以制止邪恶。尽管臣下有乱七八糟的行为，一定有能够利用的地方。赵简子让阳虎任宰相，鲁哀公问"夔一足"的故事就表明了这个道理。

三、无视君臣上下的关系，周文王就自己系鞋带而且以此自诩。不改变为朝堂与闲居时的装扮，季孙一生庄重却在偶然的一次疏忽中受害。

四、应当制止的，反而让其得利，对于有利的，反而加以制止，尽管是神人也不能做好事情；该惩罚的，反而加以称颂，该赏赐的，反而加以毁谤，尽管是尧也管理不好。造了门又不让人进去，积蓄财物又不让人上前去取，这就是祸患产生的原因。假如齐侯不听亲信的谗言，魏君不听逢迎者的话，而观察臣下的一切，那么钜和屛就不会耗费钱财宝玉去找官做了。从西门豹请示再次管理邺地这件事，就足以懂得这个道理。如同狗盗的孩子以他父亲的皮衣有尾巴而自视，犯罪断腿的人的孩子为他父亲冬天不花费裤子而感觉荣耀。如同子绰说的那样，人不能左手画方右手画圆，拿肉去驱蚂蚁，拿鱼去驱苍蝇。假如不依法治国，怎么能不出现齐桓公为臣下要求做官而担心和韩宣子为马的瘦弱而忧虑之类的事情呢？

五、臣下的行为假如谦恭节俭，那么爵位就不足以激励他们；君主的尊宠和表扬假如没有节制，那么臣下就会伤害、威胁君主。这种论点的解释在苗贲皇非难孟献伯、孔子谈论晏婴这两则故事中。因此孔子要谈论管仲和叔孙敖的行为。而在职和出逃的时候态度彻底改变，阳虎的这番话说的是他推荐的那些臣子。而赵简子回复阳虎的谈话就丧失了君主应该掌控的权术。结成朋党而彼此唱和，臣下得以达到他们的私欲，君主就会孤立；群臣出以公心而举荐人才，下面不互相勾结，君主就能明察。阳虎希望做到赵武那样贤良、解狐那样正直，而赵简子却认为是栽了多刺的枳棘，这不是用来教导国人的道理。

六、皇家的实力衰微，就会忌说直话；夺取私利的行为流行了，为国建功的人就会减少。这种论点的解释在范文子喜欢直抒己见，他父亲武子就用手杖打他；子产忠诚地劝谏君主，他父亲子国对他加以责备；梁军执法正直无私而赵成侯没收了他的官印；管仲公正对待私恩结果却受到了边防官的怨恨责罚。

一

　　孔子相卫，弟子子皋为狱吏，刖人足，所跀者守门。人有恶①孔子于卫君者，曰："尼欲作乱。"卫君欲执孔子。孔子走，弟子皆逃。子皋从出门，跀危引之而逃之门下室中，吏追不得。夜半，子皋问跀危曰："吾不能亏主之法令而亲刖子之足，是子报仇之时也，而子何故乃肯逃我？我何以得此于子？"跀危曰："吾断足也，固吾罪当之，不可奈何。然方公之狱治臣也，公倾侧法令，先后臣以言，欲臣之免也甚，而臣知之。及狱决罪定，公愀②然不悦，形于颜色，臣见又知之。非私臣而然也，夫天性仁心固然也。此臣之所以悦而德公也。"

　　田子方从齐之魏，望翟璜乘轩骑驾出，方以为文侯也，移车异路而避之，则徒翟璜也。方问曰："子奚乘是车也？"曰："君谋欲伐中山，臣荐翟角而谋得果；且伐之，臣荐乐羊而中山拔；得中山，忧欲治之，臣荐李克而中山治。是以君赐此车。"方曰："宠之称功尚薄。"

　　秦、韩攻魏，昭卯西说而秦、韩罢；齐、荆攻魏，卯东说而齐、荆罢。魏襄王养之以五乘，将军。卯曰："伯夷以将军葬于首阳山之下，而天下曰：'夫以伯夷之贤与其称仁，而以将军葬，是手足不掩也。'今臣罢四国之兵，而王乃与臣五乘，此其称功，犹赢③胜而履屩。"

　　孔子曰："善为吏者树德，不能为吏者树怨。概④者，平量者也；吏者，平法者也。治国者，不可失平也。"

　　少室周者，古之贞廉洁悫者也，为赵襄主力士。与中牟徐子角力，不若也，入言之襄主以自代也。襄主曰："子之处，人之所欲也，何为言徐子以自代？"曰："臣以力事君者也。今徐子力多臣，臣不以自代，恐他人言之而为罪也。"

一曰：少室周为襄主骖乘⑤，至晋阳，有力士牛子耕，与角力而不胜。周言于主曰："主之所以使臣骑乘者，以臣多力也。今有多力于臣者，愿进之。"

[注释]

①恶（wù）：使孔子受讨厌，引申为中伤。　②慼（cù）：通"蹙"。③赢：通"嬴"，赚钱，获利。　④概：古代量粮食时刮平斗斛的短木。⑤骖（cān）乘：站在驾车人右侧的卫士。

[译文]

对第一条经文的解说

孔子为卫国的宰相，他的弟子子皋为狱吏，曾砍断犯人的脚，被砍脚的人被遣去看城门。有人在卫国的国君面前诋毁孔子说："孔丘想谋反。"卫君想擒拿孔子，孔子逃亡，弟子都逃走。子皋跟随逃出城门，被砍断脚的人把子皋带到大门旁自己的屋子里，官吏没有逮到他。半夜，子皋问他："我不能违抗君主的法令而亲自砍断了你的脚，正是你报仇之时，你为何反而带我逃走？我为何得到你这样的报答呢？"被砍脚者说："我被砍脚，原是我罪有应得，是没有办法的事。但是当您审查我这案子时，您在法令规定范围内尽可能争取从轻处理，先后多次为我说话，很想使我免除处罚，这我是知晓的。等到案子已有结果、我的罪已经断定，您闷闷不乐，心情体现在脸色上，我见了之后又知晓您的心情，您并不是对我有私心才如此，而是您本性中的仁爱使您自然而然如此的，这就是我对您心悦诚服又感谢您的原因。"

田子方从齐国到魏国去，看见翟璜乘着有骑队护卫的轩车出行，以为是文侯，于是便把自己的车转向到另一条路上避开，可是走近了看只是翟璜。田子方问道："您为何乘坐这么好的车呢？"翟璜回复说："国君计划着即将攻打中山国，我向他举荐了翟角，使他的谋划成功了；将要攻击中山国时，我又举荐了乐羊从而拿下了中山；获得中山国以后，国君担忧不知如何治理它，我举荐了李克，于是中山国得以管理。因此，国君奖赏给我这些车驾。"田子方说："这些奖赏与你的功绩相比，说明国君对你的宠幸还是不够。"

秦国和韩国攻击魏国，昭卯向西游说，秦国和韩国就撤兵了。齐国和楚国攻击魏国，昭卯向东游说，齐国和楚国就撤兵了。魏襄王用五乘奉养他，使他为将军，昭卯说："伯夷以将军的名分葬在首阳山下，天下人都说：'以伯夷的贤能和与他相符的仁德，却以将军的名分安葬，这是连他的手脚也没有遮住的薄葬啊！'现在我使四个国家的军队退兵，而大王只是任我为五乘将军，和我的功绩比较，就如同给我打绑腿、穿草鞋。"

孔子说："会做官的人会留意在百姓当中建立德行，不会建立德行的人就在百姓当中建立怨恨。概，是计量粮食时刮平斗升的器具；官吏，也如同它一样是持平法律政令的人员，管理国家的人员要维持公正。"

少室周，是古代忠良廉洁诚实的人，为赵襄子的卫士。他与中牟的徐子比力量，不如徐子，就进去对赵襄子说，让徐子替代自己做赵襄子的侍卫。襄主说："你的职位，是人们所向往的，为何推荐徐子来替代你呢？"少室周说："我是凭力量来侍奉君主的，现在徐子的力量比我大，我不用他来取代自己，怕别人说到这事而责怪我。"

关于这事的另一种说法：少室周是赵襄主车乘的保驾卫士，一天，车驾到了晋阳，晋阳有一位叫牛子耕的力士，少室周与他争斗而不能战胜他。于是少室周向赵襄王报告说："君主之所以让我为您的车乘保驾，是由于我富有勇力，现在有一个比我更富有勇力的人，我希望能把他举荐给您。"

二

齐桓公将立管仲，令群臣曰："寡人将立管仲为仲父。善者入门而左，不善者入门而右。"东郭牙中门而立。公曰："寡人立管仲为仲父，令曰：'善者左，不善者右。'今子何为中门而立？"牙曰："以管仲之智，为能谋天下乎？"公曰："能。""以断，为敢行大事乎？"公曰："敢。"牙曰："君知能谋天下，断敢行大事，君因专属①之国柄焉。以管仲之能，乘公之势以治齐国，得无危乎？"公曰："善。"乃令隰朋治内、管仲治外以相参。

晋文公出亡，箕郑挈壶餐而从，迷而失道，与公相失，饥而道泣，寝②饿而不敢食。及文公反国，举兵攻原，克而拔之。文公曰："夫轻忍饥馁之患而必全壶餐，是将不以原叛。"乃举以为原令。大夫浑轩闻而非之，曰："以不动壶餐之故，怙③其不以原叛也，不亦无术乎？"故明主者，不恃其不我叛也，恃吾不可叛也；不恃其不我欺也，恃吾不可欺也。

阳虎议曰："主贤明，则悉心以事之；不肖，则饰奸而试之。"逐于鲁，疑于齐，走而之赵，赵简主迎而相之。左右曰："虎善窃人国政，何故相也？"简主曰："阳虎务取之，我务守之。"遂执术而御之。

阳虎不敢为非，以善事简主，兴主之强，几至于霸也。

鲁哀公问于孔子曰："吾闻古者有夔一足，其果信有一足乎？"孔子对曰："不也，夔非一足也。夔者忿戾恶心，人多不说喜也。虽然，其所以得免于人害者，以其信也。人皆曰：'独此一，足矣。'夔非一足也，一而足也。"哀公曰："审④而是，固足矣。"

一曰：哀公问于孔子曰："吾闻夔一足，信乎？"曰："夔，人也，何故一足？彼其无他异，而独通于声。尧曰：'夔一而足矣。'使为乐正。故君子曰：'夔有一，足。'非一足也。"

[注释]

①属：委托。　②寖：通"寖（jìn）"，逐渐。　③怙（hù）：依靠。
④审：确实，当真。

[译文]

对第二条经文的解说

齐桓公希望立管仲为仲父，吩咐群臣说："我即将立管仲为仲父，同意的人进门站在左边，不同意的人进门站在右边。"东郭牙站在门中间，齐桓公说："我想立管仲为仲父，命令同意的站在左边，不同意的站在右边，现在你为何站在中间？"东郭牙说："您认为管仲的智慧能夺取天下吗？"齐桓公说："能。""您认为他的果断敢于做大事吗？"齐桓公说："敢。"东郭牙说："您懂得他的智慧能够谋取天下，他的果断敢于做大事，您把国家的权力都托付给他。以管仲的才能，凭借您的权势来管理齐国，能没有害处吗？"齐桓公说："说得好。"于是命令隰朋管理内政，管仲管理外务，以彼此牵制。

晋文公逃亡，流亡在外，箕郑拿着食物跟随着。箕郑迷了路，和文公走散了，饿得在路上哭，越来越饿，却不敢吃掉食物。等到文公回到晋国，发兵攻原国，攻取并占领了它。文公说："能不顾忍耐饥饿的痛苦而坚持保护食物，这样的人将来一定不会借助原城而背叛我。"于是任用箕郑为原地的行政长官。大夫浑轩听说这件事后毁谤说："因为不动食物的原因，相信他不会借助原地背叛，这不也是没有术吗？"因此，英明的君主不依赖他人不叛离自己，依赖的是自己不会被他人叛变；不依赖他人不蒙蔽自己，依靠的是自己不被蒙蔽。

阳虎表述议论说："君主贤明，就用心侍奉他；君主不贤，就掩藏起邪念去打探他。"阳虎在鲁国被赶走，在齐国受怀疑，逃亡到赵国，赵简子接见他并让他为相室。赵简子身旁的近侍说："阳虎很会谋取别人的国家政权，为何还用他做相室？"赵简子说："阳虎竭尽心思夺取政权，我用心来守卫政权。"于是便掌控权术来使用他。阳虎害怕做坏事，尽心地侍奉赵简子，使赵简子强大起来，几乎成了霸主。

鲁哀公问孔子说："我听说以前夔只有一只脚，真的只有一只脚吗？"孔子回复说："不是这样的。夔不是唯有一只脚。夔暴戾狠毒，人们都不喜爱他。即便这样，可以免于被别人伤害，是很诚信，人们都说：'就这么一点，就够了。'夔不是唯有一只脚，是有一点就足够了。"鲁哀公说："当真是这样的话，当然就足够了。"

另一种说法：哀公问鲁子："我听说夔只有一只脚，真是如此吗？"孔子说："夔是人，怎么会唯有一只脚呢？他没有别的地方与众不同，只是他精通音乐。尧说：'夔有这样一个长处就足够了，让他担任掌管音乐的大臣。'因此人们说：'夔有一个长处，足够了。'并不是说他只有一只脚。"

三

文王伐崇，至凤黄虚，袜系解，因自结。太公望曰："何为也？"
王曰："君与处上，君其师；中，皆其友；下，尽其使也。今皆先君之臣，
故无可使也。"

一曰：晋文公与楚战，至黄凤之陵，履系解，因自结之。左右曰：
"不可以使人乎？"公曰："吾闻：上，君所与居，皆其所畏也；中，
君之所与居，皆其所爱也；下，君之所与居，皆其所侮也。寡人虽不肖，
先君之人皆在，是以难之也。"

季孙好士，终身庄，居处衣服常如朝廷。而季孙适懈，有过失，
而不能长为也。故客以为厌易己，相与怨之，遂杀季孙。故君子去泰去甚。

南宫敬子问颜涿聚曰："季孙养孔子之徒，所朝服与坐者以十数
而遇贼，何也？"曰："昔周成王近优侏儒①以逞其意，而与君子断事，
是能成其欲于天下。今季孙养孔子之徒，所朝服而与坐者以十数，而
与近优侏儒断事，是以遇贼。故曰：不在所与居，在所与谋也。"

[注释]
①侏儒：身材矮小的人，古代以诙谐歌舞取悦于人的人。

[译文]
对第三条经文的解说

周文王攻击崇国，来到凤黄墟，袜带松开了，于是亲手把它系好。

太公望说："为何要自己动手呢？"文王说："国君和人交往时，把上等的人都视为自己的老师；把中等的人，都视为是自己的朋友；把下等的人，都视为是自己的仆人。如今都是先父的大臣，没有谁能够使唤的。"

另一说法是：晋文公与楚国交战，到了一个叫黄凤陵的地方，鞋带松了，他便亲手把鞋带系好。左右近臣说："难道不能够让人为您系鞋带吗？"晋文公说："我听说，和君主在一块的上等人都是君主所敬畏的；中等人都是君主所爱护的；下等人才是君主所轻视的。我尽管无能，但是先父的侍臣们都还在我身旁，都是上等人，因此，命令这些人为我做事，我感觉为难。"

季孙喜爱结交士人，他的为人是一辈子端庄严肃，在家里的衣着通常如同在朝见国君时一样。某天他偶尔有所懈怠，出现过错，因而没能长久保持这种端庄的容貌。为此，门客认为季孙厌烦和轻视自己，他们在一块怨恨季孙，最终谋杀了季孙。从这个故事得知，聪明人任何事不该做得太过分。

南宫敬子问颜涿聚说："季孙蓄养孔子的门徒，穿着朝服与他坐在一块的人要以十为单位来计量，却仍被杀害，是什么原因呢？"颜涿聚说："以前周成王亲近徘优侏儒来放任私欲，而和君子商议事情，因此能达到统一天下的欲望。如今季孙养着孔子的门徒，穿着朝服与他坐在一块的人要以十为单位来计量，却和侏儒商议事情，因此被害。因此说：不在于通常和什么人相处，而在于和什么人商议国家大事。"

孔子御坐于鲁哀公，哀公赐之桃与黍。哀公请用。仲尼先饭黍而后啖桃，左右皆掩口而笑。哀公曰："黍者，非饭之也，以雪桃也。"

仲尼对曰："丘知之矣。夫黍者，五谷①之长也。先王为上盛②。果蓏有六，而桃为下，祭先王不得入庙。丘之闻也，君子以贱雪贵，不闻以贵雪贱。今以五谷之长雪果蓏之下，是从上雪下也，丘以为妨义，故不敢以先于宗庙之盛也。"

简主谓左右："车席泰美。夫冠虽贱，头必戴之；屦虽贵，足必履之。今车席如此，太美，吾将何屦以履之？夫美下而耗上，妨义之本也。"

费仲说纣曰："西伯昌贤，百姓悦之，诸侯附焉，不可不诛；不诛，必为殷祸。"纣曰："子言，义主，何可诛？"费仲曰："冠虽穿弊，必戴于头；屦虽五采，必践之于地。今西伯昌，人臣也，修义而人向之，卒为天下患，其必昌乎？人人不以其贤为其主，非可不诛也。且主而诛臣，焉有过？"纣曰："夫仁义者，上所以劝下也，今昌好仁义，诛之不可。"三说不用，故亡。

[注释]

①五谷：黍、稷、稻、麦、菽。　②上盛（chéng）：盛在祭器里的上等谷物，即上等祭品。

[译文]

孔子陪鲁哀公在一块坐着，哀公奖赏给他桃子和黍子。哀公说："请吃吧！"孔子先吃了黍子然后吃桃子，身边的人都捂着嘴笑。哀公说："黍子不是用以吃的，是用以擦桃子的。"孔子说："我明白。黍子是粮食中的上品，是祭奠先王的上等祭品。瓜果有六种，而桃为下品，祭奠先王时是不可以进入庙堂的。我听说，君子用低下的东西来擦拭高贵的东西，却没有听说过用高贵的东西来擦拭低下的东西。如今用粮食中最好的黍子来擦拭瓜果中最不好的桃子，是用上品来擦拭下品，我认为这有害于礼节，因此不敢把桃子放在宗庙上品黍子的前面吃。"

赵简子对身旁的侍从说："车上的席很华丽。帽子尽管不好，一定是戴在头上；鞋子即使华美，也是穿在脚上。如今车席这个样子，太华丽了，我该穿什么样的鞋来踩它呢？为了使下边的东西华美就耗费了上面的东西，这是妨碍礼义的根本啊。"

费仲劝告纣王道："西伯姬昌贤明，百姓都喜爱他，各路诸侯都依靠他，这不能不征伐他，若不铲除他一定成为殷朝的祸害。"商纣说："真的像你说的如此的话，那姬昌真的是一个仁义之人了，怎么能够诛杀他呢？"费仲说："帽子尽管破旧了，一定被戴在头上；鞋子尽管色彩华丽，一定被踩在地下。现在西伯姬昌，是君王的臣子，修行仁义，百姓归附与他，最后成为天下祸患的人，那必定是姬昌了！臣子不用他的贤能为君主尽力，不能不消除他。何况是君主杀害臣子，哪里会有什么过失呢？"商纣说："仁义是君主用来激励臣民的，现在姬昌爱好仁义，铲除他是不能够的。"费仲再三劝说，纣王还是没有采纳他的意见，所以殷商灭亡了。

齐宣王问匡倩曰："儒者博乎？"曰："不也。"王曰："何也？"匡倩对曰："博贵枭，胜者必杀枭。杀枭者，是杀所贵也。儒者以为害义，故不博也。"又问曰："儒者弋①乎？"曰："不也。弋者从下害上者也，是从下伤君也。儒者以为害义，故不弋。"又问儒者鼓瑟乎？曰："不也。夫瑟以小弦为大声，以大弦为小声，是大小易序，贵贱易位，儒者以为害义，故不鼓也。"宣王曰："善。"仲尼曰："与其使民谄下也，宁使民谄上。"

［注释］
①弋：用带细绳的箭射鸟。

［译文］

齐宣王问匡倩："儒家的人下棋吗？"回答说："不下。"齐宣王问："什么原因呢？"匡倩回复说："棋中枭是高贵的东西，赢的人一定杀枭。杀枭，是杀高贵的东西。儒家的人认为这有伤礼义，所以不下棋。"齐宣王又问："儒家的人用箭射鸟吗？"回复说："不射。射鸟，是从下面损害上面，就像臣下伤害君主。儒家的人认为有伤礼义，因此不射鸟。"齐宣王又问："儒家的人弹奏瑟吗？"回复说："不弹奏。瑟是弹小弦发出大的响声，弹大弦发出小的响声，这是大小倒转了秩序，贵贱变化了位置。儒家的人认为这有伤了礼义，因此不弹奏。"齐宣王说："好。"孔子说："与其使人们向下级逢迎，不如使他们逢迎上级。"

四

钜者，齐之居士；屦者，魏之居士。齐、魏之君不明，不能亲照境内而听左右之言，故二子费金璧而求入仕也。

西门豹为邺令，清克洁悫，秋毫之端无私利也，而甚简左右。左右因相与比周而恶之。居期年，上计①，君收其玺。豹自请曰："臣昔者不知所以治邺，今臣得矣，愿请玺，复以治邺。不当，请伏斧锧之罪。"文侯不忍而复与之。豹因重敛百姓，急事左右②。期年，上计，文侯迎而拜之。豹对曰："往年臣为君治邺，而君夺臣玺；今臣为左右治邺，而君拜臣。臣不能治矣。"遂纳玺而去。文侯不受，曰："寡人曩不知子，今知矣。愿子勉为寡人治之。"遂不受。

齐有狗盗之子与刖危子戏而相夸。盗子曰："吾父之裘独有尾。"危子曰："吾父独冬不失裤。"

[注释]

①上计：向君主上缴税收，汇报一年内的政治经济情况。　②急事左右：极力奉承君主的近侍。

[译文]

对第四条经文的解说

有个名为钜的人，是齐国的隐士，有个名为屏的人，是魏国的隐士。齐、魏两国的君主很昏庸，不能自己视察国内的情况，却乱听亲信的话，所以两个人耗费金钱玉璧求官做。

西门豹为邺县的县令，廉正克己、洁身端庄、正直无私，丝毫不谋私利，但却非常怠慢君主身旁的侍从。那些侍从于是就彼此勾结起来诋毁他。过了一年后，西门豹向君主上报邺县全年的政治经济状况，魏文侯没收了他的官印把他罢黜了。西门豹积极请求说："我以前不知道如何治理邺县，现在我懂得了，但愿能得到官印，重新管理邺县。假如治理不好，我愿意遭受腰斩的刑罚。"魏文侯不忍心推辞他又把官印给了他。西门豹于是就增重向老百姓搜刮钱财，并赶紧去侍奉君主身边的人。一年之后，他向君主报告邺县全年的政治经济状况，魏文侯亲自接见西门豹回京并拜谢他。西门豹说："以前我为君主管理邺县，而君主没收了我的官印；现在我为您身边的人管理邺县，而君主却拜谢我。我不能管理邺县了。"接着交还官印而要离去。魏文侯不接纳官印，说："我以前不了解先生，现在了解了。希望您尽力为我治理邺县。"随后没有接受西门豹的官印。

齐国有个狗盗的儿子与一个遭受刖刑的人的儿子在一块开玩笑而且相互夸赞。小偷的儿子说："唯有我的父亲皮衣上有尾巴。"遭受刖刑人的儿子说："唯有我父亲冬天不耗费裤子。"

子绰曰："人莫能左画方而右画圆也。以肉去蚁，蚁愈多；以鱼驱蝇，蝇愈至。"

桓公谓管仲曰："官少而索者众，寡人忧之。"管仲曰："君无听左右之请，因能而受禄，录功而与官，则莫敢索官。君何患焉？"

韩宣子曰："吾马菽粟多矣，甚臞①，何也？寡人患之。"周市对曰："使驺尽粟以食，虽无肥，不可得也。名为多与之，其实少，虽无臞，亦不可得也。主不审其情实，坐而患之，马犹不肥也。"

桓公问置吏于管仲，管仲曰："辨察于辞，清洁于货，习人情，夷吾不如弦商，请立以为大理。登降肃让，以明礼待宾，臣不如隰朋，请立以为大行。垦草刈邑，僻地生粟，臣不如宁武，请以为大田。三军既成陈，使士视死如归，臣不如公子成父，请以为大司马。犯颜极谏臣不如东郭牙，请立以为谏臣。治齐，此五子足矣；将欲霸王，夷吾在此。"

[注释]

①臞（qú）：消瘦。

[译文]

子绰说："无人能同时左手画方而右手画圆。拿肉驱赶蚂蚁，蚂蚁越多；用鱼驱除苍蝇，苍蝇硬是要来。"

齐桓公对管仲说："官职少而求官的人多，我为此担心。"管仲说："君主您不要听取身边近侍的请求，依据人的才能而给予俸禄，依照记录的功劳而授予官职，那么就无人敢求官了。您还担心什么呢？"

韩宣子说："我喂马的饲料很多马却很瘦，是什么原因呢？对此我很担心！"周市回复说："假如养马的人把主人给的饲料全用来喂马的话，尽管不想让马肥，那也是不可能的。表面上是给马很多饲料，实际上喂得少，尽管不想让马瘦那也是不可能的，主人不去仔细考察真实情况，坐在那里担心，马还是不可能肥起来的。"

齐桓公问管仲有关设立官吏的事情，管仲说："对言辞能分辨清楚，对财物可以公正廉洁，熟悉人们的真实情况，这方面我比不上弦商，请立他为管理刑狱的官吏。用庄严的礼节对待上下朝廷，用恭谨的态度对待君臣，用明确的礼仪接待外宾，在这方面，我比不上隰朋，请任用他为掌管礼仪的官吏。开辟荒地，上缴赋税，生产粮食，这方面我比不上宁武，请任用他为大田之职。三军已经摆好阵势，使战士视死如归，我比不上公子成父，请求安置他任大司马之职。尽管君主脸色已变仍极力劝告，我比不上东郭牙，请求安置他任谏臣之职。管理好齐国，这五个人就够了；假如想要成为霸王，我管仲在这里。"

五

孟献伯相鲁，堂下生藿藜，门外长荆棘，食不二味，坐不重席，晋[①]无衣帛之妾，居不粟马，出不从车。叔向闻之，以告苗贲皇。贲皇非之曰："是出主之爵禄以附下也。"

一曰：孟献伯拜上卿，叔向往贺，门有御，马不食禾。向曰："子无二马二舆，何也？"献伯曰："吾观国人尚有饥色，是以不秣马；班白者多以徒行，故不二舆。"向曰："吾始贺子之拜卿，今贺子之俭也。"向出，语苗贲皇曰："助吾贺献伯之俭也。"苗子曰："何贺焉？夫爵禄旗章，所以异功伐别贤不肖也。故晋国之法，上大夫二舆二乘，中大夫二舆一乘，下大夫专乘，此明等级也。且夫卿必有军事，是故循车马，比卒乘，以备戎事。有难则以备不虞，平夷则以给朝事。今乱晋国之政，乏不虞之备，以成节俭，以絜②私名，献伯之俭也可与？又何贺？"

管仲相齐，曰："臣贵矣，然而臣贫。"桓公曰："使子有三归之家。"曰："臣富矣，然而臣卑。"桓公使立于高、国之上。曰："臣尊矣，然而臣疏。"乃立为仲父。孔子闻而非之曰："泰侈逼上。"

一曰：管仲父出，朱盖青衣，置鼓而归，庭有陈鼎，家有三归。孔子曰："良大夫也，其侈逼上。"

孙叔敖相楚，栈车牝马，粝饼菜羹，枯鱼之膳，冬羔裘，夏葛衣，面有饥色，则良大夫也。其俭逼下。

[注释]

①晋：通"进"，引申为内。　②絜（jié）：通"洁"，清白，光耀。

[译文]

对第五条经文的解说

孟献伯担任晋国的相，院子里长出了藿香和蒺藜，门外长出了荆棘，吃饭时不足两样菜，坐下时不垫双层席，室内无穿丝织品的妾，家中不用粮食喂马，出门从不用副车跟从。叔向听到后，告知了楚国的宰相苗贲皇。苗贲皇谈论说："这是舍弃君主赐予的爵禄，用来巴结臣民啊！"

另一种说法：孟献伯被任用为上卿，叔向前去祝贺，看到他门前拉车的马没有粮食吃。叔向说："先生你没有两辆车两匹马，这是什么原因呢？"献伯说："我看到都城里的人还有饥饿的神情，因此我不用粮食喂马。还有很多头发花白的老人在徒步行走，因此我不用两辆车。"叔向说："刚才我庆祝您被封为上卿，现在我庆祝您节约的美德。"叔向走出后，告知苗贲皇说："帮我去庆祝献伯的节俭。"苗贲皇说："祝贺什么呀！你懂的，官位、俸禄、旗帜、图章之类，是用来区分功过或区分贤能或无能的标志。因此晋国有明文规定：上大夫二车八马，中大夫二车四马，下大夫一车四马。这是用来表示社会等级的。何况担任卿大夫职位的人，必定有军务要承担，因此要修整车马，配置士卒，用来准备打仗。假如国家有难，能够防备意外，平常这些车马就用来供朝廷工作。如今，孟献伯扰乱了晋国的既定法令，使防范意外的物质变得缺乏，借此来成全自身的好品德，来让自身获得节俭的名声。献伯这种节约正确可行吗？有什么可祝贺的呢？"

管仲任齐国的相，说："我尽管很尊贵了，但是我还很穷困。"齐桓公说："让你拥有和市税的十分之三同等的食邑。"管仲说："我很富裕了，但我的地位还很卑下。"齐桓公把管仲的位子立于高、国二氏之上。管仲说："我地位很高贵了，但是和您的关系还很疏离。"齐桓公就立管仲为仲父。孔子知道后非难道："管仲的豪华浪费的排场胁迫到了君主。"

　另一种说法：管仲出去时，乘坐着用朱红车盖和青色车衣装扮的车，回来时，用鼓乐引路。庭院有陈设的大鼎，家里有"三归"的收入。孔子说："管仲是个好大夫，但他豪华浪费的排场胁迫到了君主。"

　孙叔敖辅助楚国时，乘坐的是母马拉的柴车，吃的只是粗饼菜汤，只用干鱼下饭，冬天穿羊皮衣，夏天穿麻布衣，脸上常有饥饿的神情，他是一个好的大夫，他的节约迫使下人不敢浪费。

　阳虎去齐走赵，简主问曰："吾闻子善树人。"虎曰："臣居鲁，树三人，皆为令尹；及虎抵罪①于鲁，皆搜索于虎也。臣居齐，荐三人，一人得近王，一人为县令，一人为候吏；及臣得罪，近王者不见臣，县令者迎臣执缚，候吏者追臣至境上，不及而止。虎不善树人。"主俯而笑曰："树橘柚者，食之则甘，嗅之则香；树枳棘者，成而刺人。故君子慎所树。"

　中牟无令。晋平公问赵武曰："中牟，吾国之股肱，邯郸之肩髀。寡人欲得其良令也，谁使而可？"武曰："邢伯子可。"公曰："非子之仇也？"曰："私仇不入公门。"公又问曰："中府之令，谁使而可？"曰："臣子可。"故曰："外举不避仇，内举不避子。"赵武所荐四十六人，及武死，各就宾位，其无私德若此也。

　平公问叔向曰："群臣孰贤？"曰"赵武。"公曰："子党于师人。""武立如不胜衣，言如不出口，然所举士也数十人，皆得其意，而公家甚赖之。及武子之生也不利于家，死不托于孤，臣敢以为贤也。"

　解狐荐其仇于简主以为相。其仇以为且幸释己也，乃因往拜谢。狐乃引弓迎而射之，曰："夫荐汝，公也，以汝能当之也。夫雠汝，吾私怨也，不以私怨汝之故拥汝于吾君。"故私怨不入公门。

一曰：解狐举邢伯柳为上党守，柳往谢之，曰："子释罪，敢不再拜？"曰："举子，公也；怨子，私也。子往矣，怨子如初也。"

郑县人卖豚，人问其价。曰："道远日暮，安暇语汝。"

[注释]

①抵罪：得罪。

[译文]

阳虎离开齐国逃亡到赵国，赵简主问他说："我听说先生善于培育人才。"阳虎说："我在鲁国时，培育了三个人，他们都当上了县令；等到我阳虎在鲁国被判了刑，他们都来逮捕我。我在齐国时，举荐了三个人，一个人能靠近齐王，一个人当了县令，一个人当了驻守边疆的官吏；等到我在齐国被判了刑，接近齐王的那个人避开我，当县令的那个人打算抓住我把我捆绑起来，驻守边疆的那个人追逐我一直追到边疆上，没有追上才罢休了。所以说我阳虎根本就不善于培育人才。"赵简主低下头笑着说："栽培橘树和柚树，吃它们的果实时就会感觉很甘甜，闻起它们的气味时就会感觉很香；栽培枳树和酸枣树的，树长成后反过来会刺人。因此君子十分谨慎地考虑自己所要培育的人选。"

中牟县还没有县令。晋平公问赵武说："中牟，就像是我国的大腿和胳膊，邯郸的臂膀和髀骨。我想要中牟得到一个好县令，谁能够去担任此职？"赵武说："邢伯子能行。"晋平公说："他不是你的仇人吗？"赵武说："私人的仇怨不带到公事中来。"晋平公又问："中府令这个职务，谁能够来担任？"赵武说："我的儿子能行。"因此说："对外推荐不避开仇人，对内推荐不避开儿子。"赵武所举荐的四十六个人，到他死后，都坐在吊唁的位置上，他就是这样不培育私人的恩德。

晋平公问叔向说："群臣中谁是最贤德的？"叔向说："赵武。"
晋平公说："赵武是你的老上级，你和他勾结了。"叔向说："赵武
站着似乎连衣服都担负不了，讲话时木训木讷得似乎说不出话来，但
他所举荐的士人有好几十个，都符合他的本意，而国家很信任这些人。
当赵武在世的时候不使用他们为赵家谋利，死去的时候不将孤儿托付
给他们照顾，我敢认为他贤德。"

解狐把自己的仇人推荐给赵简主为相。他的仇人以为得到幸免仇
怨，于是去拜谢。解狐拉着弓迎着射他，说："我推荐你，是为公，
因为你能担当这个职务。仇恨你，是我的私怨，我不能因为私怨而在
我的君主那里埋没你。"所以私怨是不能带入公门的。

另一种说法：解狐举荐邢伯柳做上党的太守，伯柳前往拜谢他，说：
"你免除了我的罪过，我哪会不来拜谢？"解狐说："我举荐你，是公事；
仇恨你，是私事。你走吧，我还像以前那样怨恨你。"

郑县有个人去卖猪，有人问他价格。这个人说："路远，而太阳
又落山了，我哪有空告知你。"

六

范文子喜直言，武子击之以杖："夫直议者不为人所容，无所容
则危身。非徒危身，又将危父。"

子产者，子国之子也。子产忠于郑君，子国谯怒之曰："夫介异
于人臣，而独忠于主。主贤明，能听汝；不明，将不汝听。听与不听，
未可必知，而汝已离于群臣。离于群臣，则必危汝身矣。非徒危己也，
又且危父也。"

梁车新为邺令，其姊往看之，暮而后，门闭，因逾郭而入。车遂
刖其足。赵成侯以为不慈，夺之玺而免之令。

管仲束缚①，自鲁之齐，道而饥渴，过绮乌封人而乞食。乌封人跪
而食之，甚敬。封人因窃谓仲曰："适幸，及齐不死而用齐，将何报
我？"曰："如子之言，我且贤之用，能之使，劳之论。我何以报子？"
封人怨之。

[注释]

①管仲束缚：管仲起初帮助公子纠争夺齐国君位，反对公
子小白即位，他和公子纠逃到鲁国，鲁国就把他捆绑囚禁起来，送到齐国。

[译文]

对第六条经文的解说

范文子喜欢直谏，范武子用手杖打他："说直话的人不被别人所
包容，没有人包容就会危害你自身。不只是危害你自身，还将危害你
的父亲。"

子产是子国的儿子。子产忠于郑国的君主，子国斥责他说："你
奇特得不像一般的臣子，而只是忠于君主。君主贤明，还能听取你的
劝谏；假如不贤明，将不会听取你的劝谏。听不听取你的劝谏，还不
一定能懂得，而你已经疏离了群臣。疏离了群臣，一定会危害你自身。
不只是危害你自己，而且会危害你的父亲。"

梁车刚担任邺县县令不久，他的姐姐来探望他，天黑来迟，城门
关闭了，她便翻过外城进去城中。梁车于是处罚她砍断了她的脚。赵

成侯认为梁车太不仁爱，夺了梁车的官印罢免了他的职务。

　　管仲被绑起来着从鲁国到齐国去，在路上感觉又饿又渴，路过绮乌，向当地驻守边界的官吏乞讨食物。官吏跪着喂他食物，十分恭敬。官吏于是暗地对管仲说："假如您到了齐国侥幸不死而在齐国掌政，将如何报答我？"管仲说："真的如您所说的那样，我将举用贤人，任用有才能的人，奖励有功劳的人。我凭什么来回报您呢？"官吏于是怨恨管仲。

外储说右上　第三十四

君所以治臣者有三：

一、势不足以化则除之。师旷之对，晏子之说，皆合势之易也，而道行之难，是与兽逐走也，未知除患。患之可除，在子夏之说《春秋》也："善持势者，蚤绝其奸萌。"故季孙让仲尼以遇①势，而况错之于君乎？是以太公望杀狂矞，而臧获不乘骥。嗣公知之，故不驾鹿；薛公知之，故与二栾博。此皆知同异之反也。故明主之牧臣也，说在畜乌。

二、人主者，利害之轺②毂也，射者③众，故人主共矣。是以好恶见，则下有因，而人主惑矣；辞言通，则臣难言，而主不神矣。说在申子之言"六慎"与唐易之言弋也。患在国羊之请变与宣王之太息也。明之以靖郭氏之献十珥也与犀首、甘茂之道穴闻也。堂谿公知术，故问玉卮；昭侯能术，故以听独寝。明主之道，在申子之劝"独断"也。

三、术之不行，有故。不杀其狗，则酒酸。夫国亦有狗，且左右皆社鼠也。人主无尧之再诛，与庄王之应太子，而皆有薄媪之决蔡妪也。知贵、不能，以教歌之法先揆④之。吴起之出爱妻，文公之斩颠颉，皆违其情者也。故能使人弹疽⑤者，必其忍痛者也。

右经

［注释］

①遇：通"耦"，对等。　②轺（yáo）：古代的一种轻便的小马车。③射者：射向车毂的东西，即车辐。　④揆（kuí）：测试。　⑤弹：刺。疽：毒疮。

［译文］

君主用来治理臣下的方法有三种：

一、假如权势还不足以用来劝导改变他，那么就灭掉他。师旷的回答、晏婴的谈论，都是抛弃了利用权势来制服臣民这种简单的方法而遵从了利用德行来教化臣民这种很难奏效的方法，这就如同是丢弃了车马而和野兽赛跑，他们还不知道如何除去祸患。祸患能够被除掉，这个道理蕴含在了子夏解说《春秋》的话中："善于保持权势的君主，都尽早地消灭臣下的邪恶念头。"因此，季康子由于子路使用了和自己同等的权势而拿它来责备孔子，更何况这些措施放到君主的手中来推行，祸患怎么会不能除去呢？因此太公望杀害了不受权势限制的狂矞，并解释说："卑下的奴婢也不会去乘坐那种尽管健壮但不听使唤的骏马。"卫嗣公明白了臣下要可以为君主效劳的这个道理，因此用"人们不用鹿来驾车"来表明自己为何不用如耳为相；薛公明白了这个道理，因此和两个孪生子博弈，趁此机会恐吓他们来使他们为自己效劳。上面这些人都明白了君臣之间利害的不同。因此英明的君主治理臣下，其方法的说明就蕴含在畜养乌鸦的故事当中。

二、君主，就如同是利害积聚的车毂，众人追逐利益的欲望都如同辐条射向车毂一样投靠他，因此君主成了群臣共同攻击的目标。因此，君主假如表现出爱憎，就会被臣下利用而投其所好，这样君主就被迷惑了；君主假如把听到的话暴露出去，臣下就很难向君主进言，君主就不会神明了。上面论点的说明体现在申不害讲君主应该在六个方面慎重小心，以及唐易鞠议论射飞禽必须小心两则故事中。祸患表现于国羊用表示悔改来打探君主对他的态度，以及韩宣王的侍从从宣王的叹息中打探到他的态度两则故事中。靖郭君用献十个玉珥的方法试探齐威王喜欢哪个妾，甘茂派人从小洞偷听到秦惠王的话因而诬陷公孙衍，通过这两个例子就表明了这种观点。堂谿公知晓术，因此通过问韩昭侯没有底的玉杯是否可用来表明君主不能把臣下的话暴露出去；韩昭侯能用术，因此才听取堂谿公的话而独自睡觉。圣明君主的治国原则，体现在申不害劝告君主遇事要能独断的议论中。

　　三、术的不能实行，总是有原因的。卖酒的人，不杀害他的恶狗，人家就害怕进门买酒，酒因而发酸。国家也有恶狗，何况君主左右的侍从就如同躲在社坛里的老鼠。普通的君主都不能像尧那样，因决定传位给舜而一再杀害反对他的人，不能像楚庄王答应太子那样，把坚决执法的臣子视为最好的臣子；而都像薄媪那样，自家的主张却要由蔡姬来决定。要分别贤能的人和无能的人，就用教歌那样的办法先对他们进行测试。吴起休去爱妻，晋文公斩杀害颠颉都是违背他们自己的感情的。因此能让人给自己治愈毒疮的人，必定是能忍受疼痛的人。

　　以上是经文

一

　　赏之誉之不劝，罚之毁之不畏，四者加焉不变，则其除之。

　　齐景公之晋，从平公饮，师旷侍坐。景公问政于师旷曰："太师将奚以教寡人？"师旷曰："君必惠民而已。"中坐，酒酣，将出，又复问政于师旷曰："太师奚以教寡人？"曰："君必惠民而已矣。"景公出之舍，师旷送之，又问政于师旷。师旷曰："君必惠民而已矣。"景公归，思，未醒，而得师旷之所谓——公子尾、公子夏者，景公之二弟也，甚得齐民，家富贵而民说之，拟于公室，此危吾位者也。今谓我惠民者，使我与二弟争民耶？——于是反国，发廪粟以赋众贫，散府余财以赐孤寡，仓无陈粟，府无余财，宫妇不御者出嫁之，七十受禄米。鬻德惠施于民也，已与二弟争。居二年，二弟出走，公子夏逃楚，公子尾走晋。

景公与晏子游于少海，登柏寝之台而还望其国，曰："美战！泱泱乎，堂堂乎！后世将孰有此？"晏子对曰："其田成氏乎！"景公曰："寡人有此国也，而曰田成氏有之，何也？"晏子对曰："夫田成氏甚得齐民。其于民也，上之请爵禄行诸大臣，下之私大斗斛区釜①以出贷，小斗斛区釜以收之。杀一牛，取一豆②肉，余以食士。终岁，布帛取二制焉，余以衣士。故市木之价，不加贵于山；泽之鱼盐龟鳖蠃③蚌，不贵于海。君重敛，而田成氏厚施。齐尝大饥，道旁饿死者不可胜数也，父子相牵而趋田成氏者不闻不生。故周秦之民相与歌之曰：'讴乎，其已乎！苞乎，其往归田成子乎！'《诗》曰：'虽无德与女，式歌且舞。'今田成氏之德而民之歌舞，民德归之矣。故曰：'其田成氏乎！'"公泫然出涕曰："不亦悲乎！寡人有国而田成氏有之。今为之奈何？"晏子对曰："君何患焉？若君欲夺之，则近贤而远不肖，治其烦乱，缓其刑罚，振贫穷而恤孤寡，行恩惠而给不足，民将归君，则虽有十田成氏，其如君何？"

[注释]

①斗斛（hú）区（ōu）釜（fǔ）：都是齐国量器的名称，十升为一斗，十斗为一斛，一斗六升为一区，六斗四升为一釜。　②豆：古代盛肉的器皿，形似后代的高脚盘。　③蠃（luǒ）：通"螺"。

[译文]

对第一条经文的解说

奖赏和赞誉不能激励他，惩罚和馋毁不能让他觉得恐惧，这四个手段加在他身上，也不能改变他，那就杀害他。

齐景公到了晋国，和晋平公一块饮酒，师旷陪坐。齐景公向师旷求教如何管理国家，说："太师您将用什么教我呢？"师旷说："您必定对百姓施恩德就行了。"喝到一半，大家都喝够了酒将要出来的时候，齐景公又向师旷求教如何管理国家。说："太师您用什么教我呢？"师旷说："您必定对百姓施恩德就行了。"景公出来回住处时，师旷送他，他又向师旷求教如何治理国家。师旷说："您必定对百姓施恩德就行了。"景公回到住处，思考这个问题，酒还没有醒，就懂得了师旷的意思：原来，师旷所说的公子尾和公子夏，是齐景公的两个弟弟，很得齐国的民心，他们的家里很富足，百姓很欢乐，其名声和财势几乎可以和公室相比，景公想，这会令我的君位受到胁迫。现在他让我对百姓施恩德，是让我和两个弟弟争取民心吗？于是，景公返回齐国后，把米仓中的粮食分发给广大贫民，把府库中多余的财物分发给孤儿寡妇。粮仓中没有积存的粮食，府库中没有富余的财物。没被君主宠爱过的宫女就把她嫁出去，七十岁的老人享受国家提供的粮食。这样，景公通过对百姓施恩德和他的两个弟弟夺取民心。两年之后，他两个弟弟逃亡了，公子夏逃去楚国，公子尾逃去晋国。

　　齐景公和晏子到渤海游玩，他们爬上一个叫柏寝的高台，回头遥望齐国的都城，景公说："真壮观啊！多么富丽堂皇！后世谁将能占有它呢？"晏子回复说："可能是田成子吧！"景公说："这是我的国家，你却说田成子将占有它，是什么原因呢？"晏子回复说："田成子很得齐国民心。他对民众的办法是：向上请示官位俸禄给予各个大臣，向下则自制大斗大斛等量器借贷粮食给民众，而用小斗小斛收回偿还的粮食。他杀一条牛，就只取一大碗肉，剩下的全部分给士人。年末，他自己只要收缴来的两匹丝绸，剩下的都给士人做衣裳。他在集市做买卖时，卖出木材的价格不比山中贵，卖出的盐、鱼、蚌之类，不比海边的贵。国君您对民众重征厚税，而田成子却无私施舍。有一次齐国出现大饥荒，路边饿死的人不计其数，但扶老携幼投靠田氏的没听说有饿死的。于是齐国广大民众都共同歌唱：'歌唱吧，无尽地歌唱。丰富啊，归附田成子吧。'他们还用《诗经》上的话说：'尽管没有什么恩惠给你们，你们却又唱又跳。'如今田成氏有恩惠，百姓已在为他歌舞，百姓都要归附田成氏了。因此我说：'可能是田成氏即将拥有这个国家了吧。'"景公听完眼泪汪汪地说："这不是很可悲吗？我拥有的国家即将为田成氏所占有，现在我该如何做呢？"晏子回应说："您有什么值得担忧的呢？假如您想夺回来，您就亲贤人远小人，管理杂乱，放缓刑罚，救助贫穷，推行恩惠，提供急需的东西，百姓将归附您，尽管有十个田成氏，那又如何呢？"

　　或曰：景公不知用势，而师旷、晏子不知除患。夫猎者，托车舆之安，用六马之足，使王良佐骖，则身不劳而易及轻兽①矣。今释车舆之利，捐六马之足与王良之御，而下走逐兽，则虽楼季之足无时及兽矣。托良马固车，则臧获有余。国者，君之车也；势者，君之马也。夫不处势以禁诛擅爱之臣，而必德厚以与天下齐行以争民，是皆不乘君之车，不因马之利，舍车而下走者也。故曰：景公不知用势之主也，而师旷、晏子不知除患之臣也。

子夏曰："《春秋》之记臣杀君、子杀父者，以十数矣。皆非一日之积也，有渐而以至矣。"凡奸者，行久而成积，积成而力多，力多而能杀，故明主蚤绝之。今田常之为乱，有渐见矣，而君不诛。晏子不使其君禁侵陵之臣，而使其主行惠，故简公受其祸。故子夏曰："善持势者，蚤绝奸之萌。"

季孙相鲁，子路为郈令。浍鲁以五月起众为长沟，当此之为，子路以其私秩粟为浆饭，要作沟者于五父之衢②而浍之。孔子闻之，使子贡往覆其饭，击毁其器，曰："鲁君有民，子奚为乃浍之？"子路怫然怒，攘肱而入，请曰："夫子疾由之为仁义乎？所学于夫子者，仁义也；仁义者，与天下共其所有而同其利者也。今以由之秩粟而浍民，不可何也？"孔子曰："由之野也！吾以女知之，女徒未及也。女故如是之不知礼也！女之浍之，为爱之也。夫礼，天子爱天下，诸侯爱境内，大夫爱官职，士爱其家，过其所爱曰侵。今鲁君有民而子擅爱之，是子侵也，不亦诬乎！"言未卒，而季孙使者至，让曰："肥③也起民而使之，先生使弟子令徒役而餐之，将夺肥之民耶？"孔子驾而去鲁。以孔子之贤，而季孙非鲁君也，以人臣之资，假人主之术，蚤禁于未形，而子路不得行其私惠，而害不得生，况人主乎！以景公之势而禁田常之侵也，则必无劫弑之患矣。

[注释]

①轻兽：动作敏捷的野兽。　②五父之衢：一条交通大道，在鲁国都城曲阜东南。　③肥：季孙自称。

[译文]

有人说：齐景公不懂得利用君主的权势，而师旷、晏子不了解消除祸患的方法。以打猎人做例子吧：如果猎人根据车辆的安稳，使用六匹马的足力，再用王良那样的高手驾马，那么，他不亲自劳累便能够轻易获得禽兽。如今却放着车辆不用，放弃六匹马不用，放弃王良那样的驾马高手不用，却要跳下车来跑着去追野兽，那么，尽管具有象楼季那样的快腿也不知什么时候才能追上野兽啊。反之，如果凭借好马和坚固的车辆，尽管普通奴隶也能够获得大量禽兽。因此，国家即是君主的车辆，权势即是君主的快马。如果不借助权势来限制和诛灭任意向民众施恩的大臣，却偏要去用淳厚的仁德与世人共同争夺民心，这些都是不乘国君的车辆，不借助快马的长处，放置车辆跳下来奔跑的人。因此说：景公是一个不懂得利用权势的君主，而师旷、晏婴都是不懂得用正确方法消除祸患的大臣。

子夏说："《春秋》中记录臣杀君、子杀父的事件，有几十件，都不是一天积怨的结果，都有一个缓慢发展的过程。干坏事的人常常都是长期那样干因而形成了力量的存积，积存到一定程度力量就大起来，力量大起来就有能力残杀，因此聪明的君主应趁早禁止杜绝他们。"现在田常作乱，已经有苗头显露出来了，可是君主还不消灭他。晏子不教他的君主制止犯上作乱之臣，却让君主对人民布施恩惠，这就是后来齐简公遇害的原因。因此，子夏说："善于利用君主威势的人，趁早禁止坏事萌发。”

季孙在鲁国任相国，子路任郈县的县令。鲁国在五月发起民众挖掘长河，这项工作进行的时候，子路用自己个人的禄粮做成稀饭，请掘河的人到五父大道上吃饭。孔子听闻了，令子贡去打翻了他的饭，打破了盛饭的器具，说：“鲁国君主拥有民众，你为何要给他们吃的？”子路愤然大怒，撸起袖子进入孔子家，询问说：“老师恨我布施仁义吗？我从老师那里学到的就是仁义；仁义即是和天下人共享自己的东西，共享利益。如今用我的禄粮来给百姓吃，有什么不可以的呢？”孔子说：“仲由这么粗野啊！我认为你懂道理，你却什么也不懂。你原来就是这样不懂得礼啊！你给他们吃东西是由于爱他们。礼，就是天子爱天下人，诸侯爱境内的人，大夫爱自己职务内的人，士爱自身的家，超过应当爱的范围就是侵犯。如今鲁国君主拥有民众，你却私自去爱他们，你就是侵犯，这不是胆大妄为吗？”话还没有说尽，季孙的使者就到了，责备说：“我发起民众使用他们，先生却让弟子招待他们并给他们吃的，想要夺得我的人民吗？”孔子驾车离去了鲁国。以孔子的贤能，而季孙并不是鲁君，借助臣子的地位，借助君主的权术，尽早地在祸患未形成时就制止了它，于是子路不能推行私人的恩惠，而危害也不能出现了，更何况是君主呢？用齐景公的权势制止田常的侵犯，就必定没有劫杀君主的祸害了。

太公望东封于齐，齐东海上有居士曰狂矞、华士昆弟二人者立议曰：“吾不臣天子①，不友诸侯，耕作而食之，掘井而饮之，吾无求于人也。无上之名，无君之禄，不事仕而事力。”太公望至于营丘，使使执杀之以为首诛。周公旦从鲁闻之，发急传②而问之曰：“夫二子，贤者也。

今日飨国而杀贤者，何也？”太公望曰：“是昆弟二人立议曰：‘吾不臣天子，不友诸侯，耕作而食之，掘井而饮之，吾无求于人也。无上之名，无君之禄，不事仕而事力。’彼不臣天子者，是望不得而臣也；不友诸侯者，是望不得而使也；耕作而食之，掘井而饮之，无求于人者，是望不得以赏罚劝禁也。且无上名，虽知，不为望用；不仰君禄，虽贤，不为望功。不仕，则不治；不任，则不忠。且先王之所以使其臣民者，非爵禄则刑罚也。今四者③不足以使之，则望当谁为君乎？不服兵革而显，不亲耕耨而名，又非所以教于国也。今有马于此，如骥之状者，天下之至良也。然而驱之不前，却之不止，左之不左，右之不右，则臧获虽贱，不托其足。臧获之所愿托其足于骥者，以骥之可以追利辟害也。今不为人用，臧获虽贱，不托其足焉。已自谓以为世之贤士而不为主用，行极贤而不用于君，此非明主之所臣也，亦骥之不可左右矣，是以诛之。”

一曰：太公望东封于齐。海上有贤者狂矞，太公望闻之往请焉，三却马于门，而狂矞不报见也，太公望诛之。当是时也，周公旦在鲁，驰往止之，比至④，已诛之矣。周公旦曰：“狂矞，天下贤者也，夫子何为诛之？”太公望曰：“狂矞也议不臣天子，不友诸侯，吾恐其乱法易⑤教也，故以为首诛。今有马于此，形容似骥也，然驱之不往，引之不前，虽臧获不托足于其轸⑥也。”

[注释]

①不臣天子：不做天子的臣子。　②发急传：派出特快的传递紧急公文的使者。　③四者：指爵、禄、刑、罚。　④比至：等到，赶到。　⑤易：违反。　⑥轸：车子底板，这里指车子。

[译文]

太公望被封在东面的齐国，齐国东边的海边有隐居的士人狂矞、华士兄弟二人，两人下定主意说："我们不做天子的臣子，不结交诸侯，凭借种田吃饭，凭借挖井饮水，我们对别人没有需要。吃自身耕种出来的粮食，喝自己掘出的井水，我们没有什么要求助于他人的。不要君主给的名位，不要君给的俸禄，不做官而进行体力劳动。"吕尚到达营丘，就把他们视为首先惩办的对象，派官吏擒拿并杀掉了。周公从鲁国听闻了这件事，派出传达紧急公文的信使去询问说："狂矞、华士二人，是有贤才的人，现在您享有封国杀害他们，是什么原因呢？"

太公望说："这兄弟二人坚定宗旨声称：'我们不归服于天子，不结交诸侯，吃自己耕作出来的粮食，喝自己掘出的井水，我们没有什么要求助于人。不要君主给的权位，不要君主给的俸禄，不做官而进行体力劳动。'他们不臣服于天子，这样我就不可以让他们臣服；不结交诸侯，这样我就不能役使他们；吃自己耕作出来的粮食，喝自己掘出的井水，没有什么求助于人，这样我就不能用奖赏、惩罚来激励和限制他们。而且他们不要君主给的名位，尽管聪慧，也不能为我所用；不依靠君主授予的俸禄，尽管贤明，也不能为我立功。不肯做官，就无法管教；不接纳任用，就对上不忠。何况古代君王用来役使臣民的，不是爵禄就是刑罚。如今爵、禄、刑、罚都不能用来役使他们，那么我将做谁的主人呢？不打仗立功而尊贵，不耕田种地而出名，也不是用来教导国人的办法。如今这里有一匹马，样子像匹好马，像天下最好的马。但是赶它不前进，拉它又不停下来，让它向左它不向左，让它向右它不向右，那么奴婢尽管卑贱，也不会依靠它的足力。奴婢希望把足力寄托于良马的原因在于凭借良马能够趋利避害。如今它不听人使唤，奴婢尽管卑贱，也不会依靠它的足力。这样，狂矞、华士自以为是世上的贤人却不肯为君主所用，自认为行为好到了极点，却不愿意为君主效劳，这不是英明的君主能够用来做臣子的人，也就像良马不听使唤一样，因此要杀掉他们。"

另一种说法：太公望被分封在东面的齐国。海上有个贤士叫狂矞，太公望听闻他之后就前去请他，三次把车停在他的门前，而狂矞不愿出来相见，太公望诛杀了他。正在这个时候，周公旦在鲁国，快马加鞭赶来禁止，等到他到的时候，狂矞已经被杀了。周公旦说："狂矞，是天下的贤者，先生为何要杀掉他啊？"太公望说："狂矞主张不归服天子，不与诸侯结交，我恐怕他干扰法制违反命令，因此将他作为首先诛杀的对象。如果现在有匹马在这儿，样子长得像骏马，但是赶它它不愿走，拉它它不愿前进，就是奴婢也不会把脚力依靠在它拉的车子上。"

如耳说卫嗣公，卫嗣公说而太息。左右曰："公何为不相也？"公曰："夫马似鹿者而题之千金，然而有百金之马而无百金之鹿者，马为人用而鹿不为人用也。今如耳，万乘之相也，外有大国之意，其心不在卫，虽辨智，亦不为寡人用，吾是以不相也。"

薛公之相魏昭侯也，左右有栾子者曰阳胡、潘其，于王甚重，而不为薛公。薛公患之，于是乃召与之博，予之人百金，令之昆弟博；俄又益之人二百金。方博有间，谒者言客张季之子在门，公怫然怒，抚兵而授谒者曰："杀之！吾闻季之不为文也。"立有间，时季羽在侧，曰："不然。窃闻季为公甚，顾其人阴未闻耳。"乃辍不杀客，大礼之，曰："曩者闻季之不为文也，故欲杀之；今诚为文也，岂忘季哉！"告廪献千石之粟，告府献五百金，告驺私厩献良马固车二乘，因令奄①将宫人之美妾二十人并遗季也。栾子因相谓曰："为公者必利，不为

公者必害，吾曹何爱不为公？"因私竞劝而遂为之。薛公以人臣之势，
假人主之术也，而害不得生，况错之人主乎！

夫驯乌者断其下翎焉。断其下翎，则必恃人而食，焉得不驯乎？
夫明主畜臣亦然，令臣不得不利君之禄，不得无服上之名。夫利君之禄，
服上之名，焉得不服？

[注释]
①奄：通"阉"，宦官。

[译文]

如耳游说卫嗣公，卫嗣公很欢喜却又叹息。左右侍从问："您为
何不用他做相国呢？"卫嗣公说："像鹿的马能够标价千金，但是有
价值百金的马，却没有价值一金的鹿，是因为马能够被人使用而鹿不
能被人使用。现在如耳能够做拥有万辆兵车大国的相国，他对外有服
务大国的想法，他的心不在卫国，尽管能言善辩有智慧，也不能为我
使用，所以我不让他做相国。"

薛公田文任魏昭侯的相，昭侯的随从中有孪生兄弟叫阳胡、潘其，
在昭侯那里很被看重，却不为薛公尽力，薛公对此很担忧。于是叫他
们来赌博。给他们每人一百金，让他们兄弟赌博，然后又每人增加
二百金。正在赌博时，谒者汇报说张季的儿子在大门口，薛公怫然大怒，
拿兵器对谒者说："去杀了他！我听闻张季不为我田文尽力。"站了
一会儿，张季的朋友在身旁说："不是这样的。我私下听闻张季很为
您尽力，只不过由于他是暗中出力而没有让您知晓罢了。"于是就停
止命令，不再去他，对客人大加礼遇，说："从前听说张季不为我田

文尽力，所以想杀你，现在真的为我尽力，我怎敢忘却他呢？"告诉仓库拿出一千石粮食，告诉金库拿出五百金，告诉马夫从自己的马厩里取出好马和两辆坚固的车，又让宦官从宫女中挑选二十个漂亮的姬妾，都赠给张季。孪生兄弟互相商议说："为薛公效力一定会有利益，不为薛公效力一定有危害，我们为何不为薛公效力呢？"因此私下互相勉励，就为薛公尽力了。薛公用臣子的权势，凭借君主的权术，就能够使祸害不发生，况且是让君主来使用这种方法呢？

驯养乌鸦的人剪下它翅膀下面的翎毛，剪下下面的翎毛，就必定要靠人喂食，乌鸦怎么能不驯服呢？圣明的君主蓄养群臣也是如此，让臣子不得不贪求君主赐给的俸禄，必须服务君主赐给的名位。贪求君主赐给的俸禄，服务于君主赐给的名位，臣子怎么能不驯服？

二

申子曰："上明见，人备之；其不明见，人惑之。其知见，人饰之；不知见，人匿之。其无欲见，人司①之其有欲见，人饵之。故曰：吾无从知之，惟无为可以规②之。"

一曰：申子曰："慎而言也，人且知女；慎而行也，人且随女。而有知见也，人且匿女；而无知见也，人且意女。女有知也，人且臧③女；女无知也，人且行女。故曰：惟无为可以规之。"

田子方问唐易鞠曰："弋者何慎？"对曰："鸟以数百目视子，子以二目御之，子谨周子廪。"田子方曰："善，子加之弋，我加之国。"郑长者闻之曰："田子方知欲为廪，而未得所以为廪，夫虚无无见者，廪也。"

一口：齐宣王问弋于唐易子曰："弋者奚贵？"唐易子曰："在

于谨廪。"王曰："何谓谨廪？"对曰："鸟以数十目视人，人以二目视鸟，奈何不谨廪也？故曰'在于谨廪'也。"王曰："然则为天下何以为此廪？今人主以二目视一国，一国以万目视人主，将何以自为廪乎？"对曰："郑长者有言曰：'夫虚静无为而无见也。'其可以为此廪乎！"

国羊重于郑君，闻君之恶己也，侍饮，因先谓君曰："臣适不幸而有过，愿君幸而告之。臣请变更，则臣免死罪矣。"

客有说韩宣王，宣王说④而太息，左右引王之说之以先告客以为德。

靖郭君之相齐也，王后死，未知所置，乃献玉珥以知之。

一曰：薛公相齐，齐威王夫人死，中⑤有十孺子皆贵于王，薛公欲知王所欲立而请置一人以为夫人，王听之，则是说行于王，而重于置夫人也；王不听，是说不行，而轻于置夫人也。欲先知王之所欲置以劝王置之，于是为十玉珥而美其一而献之，王以赋⑥十孺子。明日坐，视美珥之所在而劝王以为夫人。

[注释]

①司：通"伺"，侦察，探测。　②规：通"窥"，窥测。　③臧：通"藏"，躲避。　④说：通"悦"，满意。　⑤中：宫内。孺子：姬妾。　⑥赋：授给。

[译文]

对第二条经文的解说

申子说："君主的明察显示出来，人们就会防范他；君主的糊涂显示出来，人们就会迷惑他。君主的智慧显示出来，人们就会装饰他；

君主的愚蠢显示出来，人们就会蒙蔽他。君主没有什么欲望显示出来，人们就会窥视他；君主有欲望显示出来，人们就要诱惑他。因此说：'我没有办法知晓它，只有无为能够窥测它。'"

另一种说法：申不害说："你的言论小心，人们将会打探你；你的行为小心，人们将会跟随你。你的智慧显示出来，人们将避开你；你的愚蠢显示出来，人们将谋算你。你有智慧，人们将避开你；你没有智慧，人们将对你采用行动。所以说：只有无为能够窥测它。"

田子方问唐易鞠说："射飞鸟的人要对什么加以留意？"唐易鞠回复说："鸟用几百只眼睛观看你，而你只用两只眼睛防范它们，所以你要小心地严密封上你的谷仓。"田子方说："好。你把这个道理用在射鸟方面，我把它用在治国上。"郑国有位长者听闻此事后说："田子方只懂得想要守护谷仓，却不懂得如何守护它。谷仓里什么也不放，或者不让人们知晓谷仓在哪里，才可以守护谷仓。"

另一种说法：齐宣王向唐易鞠询问射鸟的事说："射鸟的人认为什么是最关键的？"唐易鞠说："谨慎守护粮仓是最重要的。"齐宣王问："何为谨慎地守护粮仓？"唐易鞠回复说："鸟用几百只眼睛看人，人只用两只眼睛看鸟，怎么能不谨慎地守护粮仓呢？因此说'最关键的在于谨慎地守护粮仓'。"齐宣王说："那么怎样像守护粮仓那样来守卫国家呢？如今君主用两只眼睛看全国，而全国的人用上万只眼睛观看君主，我该怎样守护我这个大粮仓呢？"唐易鞠回复说："郑国有位长者说：'平和心气，顺其自然，不要让人们看到你粮仓里装的东西。'这大概能够守护国家这个粮仓了吧？"

国羊被郑君所重用，听说郑君厌恶自己，于是陪郑君喝酒，主动对郑君说："我假如不幸有了过错，但愿您能告诉我错在哪里。让我改正，那么我就能够免除死罪了。"

有说客游说韩宣王，韩宣王很满意却深深地叹气。韩宣王身旁的近侍将王对说客表示满意的态度事先告诉说客以做人情。

靖郭君任齐威王宰相，王后去世，不知齐威王要让谁接替夫人位子，于是通过献宝玉的办法来打探威王的心思。

另一种说法：薛公做齐国宰相，齐威王的夫人去世，有十位妾都得到威王的宠幸。薛公想知道威王心里打算立哪一位妾为夫人。然后好向威王提名，请示立那个妾为夫人。问题在于，如果提名对了，那么齐王一定会接受他的话，并且以后他就会被新夫人所器重；假如提名错了，威王就不会接纳，而且以后会被新夫人所轻视。为了事先知晓齐王想立哪位妾为夫人从而劝王立她，薛公便制造了十个玉饵，当中一个玉珥特别漂亮，他把这十个玉珥进献给齐王。齐王便把这十个玉珥分赠给十个妾。第二天，薛公陪齐王坐谈时，看到戴着最漂亮玉珥的那个妾，于是劝齐王立她做夫人。

甘茂相秦惠王，惠王爱公孙衍，与之间有所言，曰："寡人将相子。"甘茂之吏道穴闻之，以告甘茂。甘茂入见王，曰："王得贤相，臣敢再拜贺。"王曰："寡人托国于子，安更得贤相？"对曰："将相犀首。"王曰："子安闻之？"对曰："犀首告臣。"王怒犀首之泄，乃逐之。

一曰：犀首，天下之善将也，梁王之臣也。秦王欲得之与治天下，犀首曰："衍其人臣者也，不敢离主之国。"居期年，犀首抵罪于梁王，逃而入秦，秦王甚善之。樗里疾①，秦之将也，恐犀首之代之将也，凿穴于王之所常隐语者。俄而王果与犀首计，曰："吾欲攻韩，奚如？"

犀首曰："秋可矣。"王曰："吾欲以国累子，子必勿泄也。"犀首反走再拜曰："受命。"于是樗里疾也道穴听之矣。郎中皆曰："兵秋起攻韩，犀首为将。"于是日也，郎中尽知之；于是月也，境内尽知之。王召樗里疾曰："是何匈匈也，何道出？"樗里疾曰："似犀首也。"王曰："吾无与犀首言也，其犀首何哉？"樗里疾曰："犀首也羁旅，新抵罪，其心孤，是言自嫁于众。"王曰："然。"使人召犀首，已逃诸侯矣。

堂谿公谓昭侯曰："今有千金之玉卮，通而无当，可以盛水乎？"昭侯曰："不可。""有瓦器而不漏，可以盛酒乎？"昭侯曰："可。"对曰："夫瓦器，至贱也，不漏，可以盛酒。虽有乎千金之玉卮，至贵而无当，漏，不可盛水，则人孰注浆哉？今为人之主而漏其群臣之语，是犹无当之玉卮也。虽有圣智，莫尽其术，为其漏也。"昭侯曰："然。"昭侯闻堂谿之言，自此之后，欲发天下之大事，未尝不独寝，恐梦言而使人知其谋也。

一曰：堂谿公见昭侯曰："今有白玉之卮而无当②，有瓦卮而有当。君渴，将何以饮？"君曰："以瓦卮。"堂谿公曰："白玉之卮美而君不以饮者，以其无当耶？"君曰："然。"堂谿公曰："为人主而漏泄其群臣之语，譬犹玉卮之无当。"堂谿公每见而出，昭侯必独卧，惟恐梦言泄于妻妾。

申子曰："独视者谓明，独听者谓聪。能独断者，故可以为天下主。"

[注释]

①樗（chū）里疾：秦惠文王的异母兄弟，受重用，后任秦武王的相。
②当（dǎng）：底。

[译文]

甘茂任秦惠王的相国，秦惠王喜欢公孙衍，和他暗中有过谈话，说："我即将任命您为相国。"甘茂属下的官吏通过墙洞听到了，告知甘茂，甘茂来见秦惠王，说："大王获得了贤能的相国，我冒犯地再次来行礼表示庆祝。"秦惠王说："我把国家托付给你，怎么会有更贤能的相国呢？"回复说："您即将任命犀首为相国。"秦惠王说："你如何听说的？"甘茂回复说："是犀首告知我的。"秦惠王对犀首泄密的事很愤怒，就赶走了他。

另一种说法：公孙衍是天下的良将，梁王的臣子。秦惠王希望得到他和他共同治理天下。公孙衍说："我是做人臣子的，不敢离开魏国。"一年之后，公孙衍因犯罪而遭到梁王的处罚，逃往秦国，秦王对他很好。樗里疾，秦国的大将，担忧公孙衍将要替代自己为将，在秦惠王常常说秘密话的地方掘了一个小洞。不久，惠王果真和公孙衍商议，说："我想要攻打韩国，如何？"公孙衍说："秋天能行。"惠王说："我想把国家的大事拜托您，您必定不要泄露。"公孙衍倒退着走，拜了两拜说："遵命。"于是樗里疾也从小洞中听到了这事。郎中们都说："军队秋天一到就攻击韩国，公孙衍为将。"一天之内，郎中们都知晓了此事。一个月之内，国境内的人都知晓了此事。惠王召见樗里疾说："为何这么喧哗，议论是从哪里传开的？"樗里疾说："似乎是从公孙衍那里。"惠王说："我没跟公孙衍说过，为何说是公孙衍讲的呢？"樗里疾说："公孙衍寄居在秦国，刚受过处罚不久，心里孤独，想通过这样的话让众人高兴。"惠王说："对。"派人召公孙衍，公孙衍已逃到其他诸侯国了。

堂谿公对韩昭侯说："如今有价值千金的玉杯，横通却没有底，能够用它来装水吗？"昭侯说："不行。""有瓦器却不漏，能够用它装酒吗？"韩昭侯说："行。"堂谿公说："瓦器，最不值钱，由于它不漏，就能够用它装酒。尽管玉杯价值千金，最珍贵却没有底，由于漏，不能用来装水，那么还有什么人向里面倒饮料呢？现在身为人们的君主却泄密群臣的言论，这就如同没有底的玉杯一样。臣下虽有很高的智慧，也不愿充分献出自己的谋略，因为担忧它会被泄露出去。"韩昭侯说："对。"韩昭侯听了堂谿公的话，从今往后，想对天下进行大的行动，没有不是独自睡觉的，恐怕讲梦话而让别人知晓了他的计谋。

另一种说法：堂谿公接见韩昭侯说："如今有白玉做的酒杯却没有底，有瓦制成的酒杯而有底。您渴了，会用哪一个来喝酒？"韩昭侯说："用瓦杯。"堂谿公说："白玉杯很漂亮但您不用它喝酒，是由于它没有底吗？"韩昭侯说："是的。"堂谿公说："身为人们的君主而泄密群臣的言论，就如同玉杯没有底一样。"堂谿公每次接见韩昭侯出来，韩昭侯一定要单独睡觉，恐怕讲梦话把他们的谋略泄露给妻妾。

申不害说："能单独观察问题叫明，能单独听取意见叫聪。能单独决断的，就能够做天下的君主。"

三

宋人有酤酒者，升概甚平，遇客甚谨，为酒甚美，县帜甚高著，然不售，酒酸。怪其故，问其所知。问长者杨倩，倩曰："汝狗猛耶？"曰："狗猛则酒何故而不售？"曰："人畏焉。或令孺子怀钱挈壶瓮而往酤，而狗迓而龁之，此酒所以酸而不售也。"夫国亦有狗，有道之士怀其术而欲以明万乘之主，大臣为猛狗迎而龁人，此人主之所以蔽胁，而有道之士所以不用也。故桓公问管仲曰："治国最奚患？"对曰："最患社鼠矣。"公曰："何患社鼠哉？"对曰："君亦见夫为社者乎？树木而涂之，鼠穿其间，掘穴托其中。熏之，则恐焚木；灌之，则恐涂阤①：此社鼠之所以不得也。今人君之左右，出则为势重而收利于民，入则比周而蔽恶于君。内间主之情以告外，外内为重，诸臣百吏以为富。吏不诛则乱法，诛之则君不安，据而有之，此亦国之社鼠也。"故人臣执柄而擅禁，明为己者必利，而不为己者必害，此亦猛狗也。夫大臣为猛狗而龁有道之士矣，左右又为社鼠而间主之情，人主不觉。如此，主焉得无壅，国焉得无亡乎？

一曰：宋之酤酒者有庄氏者，其酒常美。或使仆往酤庄氏之酒，其狗龁人，使者不敢往，乃酤佗②家之酒。问曰："何为不酤庄氏之酒？"对曰："今日庄氏之酒酸。"故曰：不杀其狗则酒酸。桓公问管仲曰："治国何患？"对曰："最苦社鼠。夫社，木而涂之，鼠因自托也。熏之则木焚，灌之则涂阤，此所以苦于社鼠也。今人君左右，出则为势重以收利于民，入则比周谩侮蔽恶以欺于君，不诛则乱法，诛之则人主危，据而有之，此亦社鼠也。"故人臣执柄擅禁，明为己者必利，不为己者必害，亦猛狗也。故左右为社鼠，用事者为猛狗，则术不行矣。

[注释]

①阤（zhì）：毁坏，败坏。　②佗：通"他"，其他。

[译文]

对第三条经文的解说

宋国有一个卖酒的人，用提子打酒时很盈满，对待顾客很恭敬小心，他做的酒很好，酒旗悬挂得很高很明显，但就是卖不掉，酒都变酸了。他纳闷是什么原因，就去询问他所熟悉的有知识的人。他问德高望重的长者杨倩，杨倩说："你家的狗很凶恶吗？"他说："我家的狗是凶恶，可是为何酒就是卖不出去呢？"杨倩说："是因为人们畏惧你家的猛狗呀。有人叫小孩子拿着钱提着壶去你家买酒，而你家的狗却跑过去咬他，这即是酒之所以变酸而卖不出去的原因。"国家也有如此的恶狗，法术之士怀有治国的谋略想用它来使拥有万辆兵车的大国君主英明起来，而大臣却像恶狗一样跑过去咬他们，这就是君主被欺骗被挟持的原因，而且也是掌控了统治术的人之所以不被任用的原因。所以齐桓公问管仲说："治理国家最担心什么？"管仲回复说："最忧虑钻在土地神神像中的老鼠了。"齐桓公说："为何担忧钻在土地神神像中的老鼠呢？"管仲回复说："君主看见过建造土地神神像的情形么？建设土地神神像时，把木头竖起来，把烂泥抹在它上面，而老鼠就钻进了那空隙，挖个洞藏身于当中。用火熏它们，就唯恐烧坏了木料；用水灌它们，就唯恐泥土会脱落。这就是钻在土地神神像里的老鼠之所以抓不到的原因。现在君主身旁的侍从，出外就凭着君主的权势耀武扬威地到老百姓那里搜取钱财，到了宫中就紧密勾结起来而在君主面前隐蔽罪恶。他们在宫内打探君主的内情去告知朝外的同党，内外勾结来增重权势，群臣百官靠他们获取了富贵。法官不惩罚他们，就会扰乱法制；假如惩处他们，君主又不得安宁。他们依赖并且控制了君主，这些人也即是国家的'社鼠'。"因此臣下掌握了权势而操控了法令，向人显示：为他们出力的人必定会有好处，而不为他们出力的人就必定会有祸害，这种人就是凶狠的狗。大臣如同恶狗一样去撕咬法术之士，左右的随从又像钻在土地神神像中的老鼠那样打探君主的内情，而君主却还没有发觉。像这样下去，君主哪能不被蒙蔽，国家哪能不灭亡呢？

另一种说法：宋国有个卖酒的庄氏，他的酒味道很好。有个人命令仆人到庄氏那里买酒，庄氏的狗咬人，仆人不敢进去，因此就买了别家的酒。主人问他说："为何不买庄氏的酒？"仆人回复说："今天庄氏的酒有点酸。"因此说，不杀了他的狗，酒就变酸。齐桓公问管仲说："管理国家最怕什么？"回复道："最让人担心的是社鼠。社神，用一根木头抹上泥，老鼠便藏在其中。用火熏它，木头就会毁坏；用水灌它，泥土就要掉落，这就是社鼠让人烦恼的原因。现在君主左右的随从，在外就用权势剥削百姓，进宫就紧密勾结，对君主隐藏他们的罪恶。不诛杀他们就干扰法纪，诛杀他们，君主就会有危险。他们支配了君主，这些人也是社鼠啊。"所以臣下掌控权势，操控法令，对人表示能为他卖力就必定会有好处，不肯为他卖力就必定会遭殃，这也是猛狗啊。左右随从如社鼠，掌政的大臣如猛狗，治国的法术就不能实行了。

尧欲传天下于舜。鲧谏曰："不祥哉！孰以天下而传之于匹夫乎？"尧不听，举兵而诛杀鲧于羽山之郊。共工又谏曰："孰以天下而传之于匹夫乎？"尧不听，又举兵而诛共工于幽州之都。于是天下莫敢言无传天下于舜。仲尼闻之曰："尧之知舜之贤，非其难者也。夫至乎诛谏者必传之舜，乃其难也。"一曰："不以其所疑败其所察则难也。"

荆庄王有茅门①之法曰："群臣大夫诸公子入朝，马蹄践溜②者，廷理斩其辀，戮其御。"于是太子入朝，马蹄践溜，廷理斩其辀，戮其御。太子怒，入为王泣曰："为我诛戮廷理。"王曰："法者，所以敬宗庙，尊社稷。故能立法从令尊敬社稷者，社稷之臣也，焉可诛也？夫犯法废令不尊敬社稷者，是臣乘君而下尚校也。臣乘君，则主失威；下尚校，则上位危。威失位危，社稷不守，吾将何以遗子孙？"于是太子乃还走，避舍露宿三日，北面再拜请死罪。

一曰：楚王急召太子。楚国之法，车不得至于茅门。天雨，廷中有潦，太子遂驱车至于茅门。廷理曰："车不得至茅门。非法也。"太子曰："王召急，不得须无潦。"遂驱之。廷理举殳③而击其马，败其驾。太子入为王泣曰："廷中多潦，驱车至茅门，廷理曰'非法也'，举殳击臣马，败臣驾。王必诛之。"王曰："前有老主而不逾，后有储主而不属，矜④矣！是真吾守法之臣也。"乃益爵二级，而开后门出太子。"勿复过。"

[注释]

①茅门：即雉门。古代诸侯宫室有三道大门，即库门、雉门、路门。②潦（liù）：屋檐下滴水的地方。　③殳（shū）：竹柄上装八角圆球的长兵器。　④矜：通"贤"。

[译文]

尧想把天下承传给舜，鲧劝告说："不祥啊！谁会把天下承传给平民呢？"尧不听他的，发兵去攻击他，在羽山的郊外杀了鲧。共工又劝告说："谁会把天下传给平民呢？"尧不听他的，又发兵攻击他，在幽州的都城杀了共工。于是天下没有人敢说不能把天下传给舜。孔子听后说："尧明白舜的贤能，这并不困难。对于诛杀劝谏的人，必定把天下传给舜，这才是艰难的。"另一种说法："不因为别人的怀疑来损害自己的明察，是很艰难的啊！"

楚庄王有关茅门的法令是："群臣大夫及公子们进入朝廷，马蹄到达屋檐下滴水的地方的人，执法官要砍去他的车辕，杀掉驾车的人。"这时太子进入朝廷，马蹄到达屋檐下滴水的地方，执法官就砍去他的车辕，杀了驾车的人。太子很气愤，进去对着庄王哭诉："请替我杀了廷理。"庄王说："法令，是用来守护宗庙、保卫国家的。所以制定法令、遵守法令、尊重国家的人，是国家的重臣，怎么能够杀掉呢？那些违反法令、废止命令、不尊敬国家政权的行为，是臣下违背君主。臣下违背君主，君主就会丧失威严，臣下违背君主，君主的君位就会受到危害。威严丧失君位受到危胁，国家也守不住，我将拿什么留给子孙？"于是太子回头跑开，离开住宿的房屋露宿三天，面朝北方拜了两拜请示给予死罪。

另一种说法：楚庄王急着召见太子。楚国有条法令：大臣的车不能抵达茆门。因为下雨，庭院中有积水，太子便把车赶往茆门。执法官说："车辆不许进入茆门。太子如此做，是违法的。"太子说："大王急着召见我，来不及等到没有积水的时候。"于是还是驱赶马车进了茆门。执法官举起手中的兵器刺杀了太子的马，毁坏了他的马车。太子向楚庄王哭诉说："庭院中有很多积水，我把车赶往茆门，执法官说'这是违法的'，他用兵器杀了我的马，毁坏了我的车。您必定要杀了他。"楚庄王说："前有老君主，但他没有超越规章办事，后有未来的君主，却没有枉法趋从，贤明啊！执法官确实是我守法的臣子。"于是，把执法官升了两级，而敞开后门让太子出去。楚庄王告诫太子说："以后不要再犯相似的错误。"

卫嗣君谓薄疑曰："子小寡人之国以为不足仕，则募人力能仕子，请进爵以子为上卿。"乃进田万顷。薄子曰："疑之母亲疑，以疑为能相万乘所不窥也。然疑家巫有蔡妪者，疑母甚爱信之，属之家事焉。疑智足以信言家事，疑母尽以听疑也，然已与疑言者，亦必复决之于蔡妪也。故论疑之智能，以疑为能相万乘而不窥也；论其亲，则子母之间也；然犹不免议之于蔡妪也。今疑之于人主也，非子母之亲也，而人主皆有蔡妪。人主之蔡妪，必其重人也。重人者，能行私者也。夫行私者，绳之外也；而疑之所言，法之内也。绳之外与法之内，仇也，不相受也。"

一曰，卫君之晋，谓薄疑曰："吾欲与子皆行。"薄疑曰："媪[①]也在中，请归与媪计之。"卫君自请薄媪。薄媪曰："疑，君之臣也，君有意从之，甚善。"卫君曰："吾以请之媪，媪许我矣。"薄疑归，言之媪也，曰："卫君之爱疑奚与媪？"媪曰："不如吾爱子也。""卫君之贤疑奚与媪也？"曰："不如吾贤子也。""媪与疑计家事，已决矣，乃请决之于卜者蔡妪。今卫君从疑而行，虽与疑决计，必与他蔡妪败之。如是，则疑不得长为臣矣。"

夫教歌者，使先呼而训之，其声反清徵者乃教之。

一曰：教歌者，先揆以法，疾呼中宫，徐呼中徵。疾不中宫，徐不中徵，不可谓教。

吴起，卫左氏中人也，使其妻织组[②]而幅狭于度。吴子使更之，其妻曰："诺。"及成，复度之，果不中度，吴子大怒。其妻对曰："吾始经之而不可更也。"吴子出之。其妻请其兄而索入。其兄曰："吴子，为法者也。其为法也，且欲以与万乘致功，必先践之妻妾然后行之，子毋几索入矣。"其妻之弟又重于卫君，乃因以卫君之重请吴子。

吴子不听，遂去卫而入荆也。

一曰：吴起示其妻以组曰："子为我织组，令之如是。"组已就而效之，其组异善。起曰："使子为组，令之如是，而今也异善，何也？"其妻曰"用财③若一也，加务善之。"吴起曰："非语也。"使之衣归。其父往请之，吴起曰："起家无虚言。"

[注释]

①媪：老太太。　　②组：丝织的带。　　③财：通"材"，材料。

[译文]

卫嗣君对薄疑说："你看不起我的国家，以为不值得做官，但我有能力达到你做官的要求，让你提升爵位，任命你为上卿。"于是赐给他良田万顷。薄疑说："我的母亲疼我，认为我是有才能的人，做大国的相还有余力。但是我家巫师中有一个姓蔡的老妇人，我的母亲十分爱信任她，把家事托付给她。我的智慧足以使人信任我会办好家事，我的母亲也完全信任我，但是已经和我商议过的事，也必定会再次和蔡巫婆商议决定。所以凭借我的智慧能力，认为我能担任大国的相还有余力；论我们之间的密切关系，则是母子关系；可是还不能避开和蔡巫婆再次商量。现在我和君主，没有母子之间的密切关系，但君主身旁都有同蔡巫婆相似的人。君主的蔡巫婆，必定是那些握有权势的人。握有权势的人，是能行私的人。那些行私的人做的是违法的事；而我讲的，是照法办事。非法与合法是相对的，不能相容。"

另一种说法：卫君到晋国，对薄疑说："我想和你一块走。"薄疑说："我母亲也在家，请准许我回去和她商议一下。"卫君就亲自去请示薄母。薄母说："薄疑是您的大臣,您愿意让他随行,那太好了。"
卫君对薄疑说:"我已经请求过你的母亲,你母亲已经应允我了。"
薄疑回去,对母亲说:"卫君和您谁更爱我?"母亲说:"卫君比不
上我爱你。""卫君和您谁更看重我?"母亲说:"比不上我器重你。""您
和我商议家事,已经决定了,却还要让占卜的蔡婆来决定。现在卫君
让我随他一起走,尽管和我决定计策,也必定会和别的蔡婆来破坏它。
像这样,我就不能长期做大臣了。"

教唱歌的人,首先使学唱歌的人放声直喊,然后让他转音变调,
直到他的声调是五音中清亮的徵音时才教他。

另一种说法:教唱歌的人,首先用一定的方法考核学唱歌的人,
急呼时要合乎"宫"调,缓慢唱要合乎"徵"调。如果急呼不合乎"宫"
调,慢唱不合乎"徵"调,就是不能够学唱歌的人。

吴起,是卫国左氏看中的人。他让妻子织丝带,妻子织的丝带,
宽度比标准的窄了一点。吴起要她修改一下,妻子说:"好。"织成后,
吴起又测了一遍,结果还是不合乎尺度,吴起为此非常愤怒。他的妻
子说:"我已把它编织好,不能再改了。"吴起就把妻子休了。他的
妻子请她的哥哥请求再进入吴家。她哥哥说:"吴起是制定法令的人,
他制定法令,是想用以为万乘大国建功立业,必定要先在妻妾身上检验,
然后才能推行。你不要再想重回吴家了。"妻子的弟弟又被卫君重用,
于是借助被卫君重用,去请求吴起。吴起不听从,于是离去卫国,去
楚国了。

另一种说法:吴起拿一条丝带给他的妻子看,说:"你帮我织条
丝带,让它和这条相同。"丝带织好后献给吴起,这条丝带织得非常美。
吴起说:"要你织丝带,让它和这条相同,现在却非常美,什么原因?"

他的妻子说："用的材料和原来的相同，只是特意用了功夫使它更美。"吴起说："这不是我的命令。"让她穿戴好把她休了。他妻子的父亲前来请示让他女儿复婚，吴起说："我家没有白说的话。"

晋文公问于狐偃曰："寡人甘肥周于堂，厄酒豆肉集于宫，壶酒不清，生肉不布，杀一牛遍于国中，一岁之功尽以衣士卒，其足以战民乎？"狐子曰："不足。"文公曰："吾弛关市之征而缓刑罚，其足以战民乎？"狐子曰："不足。"文公曰："吾民之有丧资者，寡人亲使郎中视事，有罪者赦之，贫穷不足者与之，其足以战民乎？"狐子对曰："不足。此皆所以慎①产也；而战之者，杀之也。民之从公也，为慎产也，公因而迎杀之，失所以为从公矣。"曰："然则何如足以战民乎？"狐子对曰："令无得不战。"公曰："无得不战奈何？"狐子对曰："信赏必罚，其足以战。"公曰："刑罚之极安至？"对曰："不辟亲贵，法行所爱。"文公曰："善。"明日令田于圃陆，期以日中为期，后期者行军法焉。于是公有所爱者曰颠颉后期，吏请其罪，文公陨涕而忧。吏曰："请用事焉。"遂斩颠颉之脊，以徇百姓，以明法之信也。而后百姓皆惧曰："君于颠颉之贵重如彼甚也，而君犹行法焉，况于我则何有矣。"文公见民之可战也，于是遂兴兵伐原，克之。伐卫，东其亩，取五鹿。攻阳。胜虢。伐曹。南围郑，反之陴。罢宋围。还与荆人战城濮，大败荆人，返为践土之盟，遂成衡雍之义。一举而八有功。所以然者，无他故异物，从狐偃之谋，假颠颉之脊也。

夫痤疽之痛也，非刺骨髓，则烦心不可支也；非如是，不能使人以半寸砥石②弹之。今人主之于治亦然：非不知有苦则安；欲治其国，非如是不能听圣知而诛乱臣。乱臣者，必重人；重人者，必人主所甚亲爱也。人主所甚亲爱也者，是同坚白也。夫以布衣之资，欲以离人主之坚白、所爱，是以解左髀说右髀者，是身必死而说不行者也。

[注释]

①慎：通"顺"。　②半寸砥石：磨成半寸的石针。

[译文]

晋文公向狐偃询问道："我把美味甘食广赐朝中臣子，只留很少的酒肉放在官内。酒酿成后还没澄清就给大家饮，鲜肉还没存放就煮给大家吃，杀一头牛也要全部分给国人，一年织成的布都给士兵做衣服穿，这足以使民众为我作战了吧？"狐偃说："还不行。"文公说："我的民众有失去财产的，我亲自派遣郎中去寻查；对有罪的人予以免除，对贫穷的人布施恩惠。这足以使民众为我作战了吧？"狐偃回复说："还不行。这些都是满足民众生活要求的办法。而要他们作战，等于要杀死他们。民众跟从您，是为了好好地活着，您却违背他们的意愿让他们去战场上送死，也就丧失了民众跟从您的理由。"文公说："那么，要如何做才足以使民众为我作战呢？"狐偃说："使他们必须去打伐。"文公说："不得不去打伐如何讲呢？"狐偃回复说："有功必赏，有罪必罚，大概足以使他们作战了。"文公说："如何达到刑罚的最高境界呢？"狐偃回复说："刑罚不宽纵亲近和显贵的人，法治实施到你恩宠的人。"文公说："好。"第二天，文公下令在囿陆狩猎，约好以中午为期限，迟到的按军法处理。这时有个文公器重、名叫颠颉的人迟到了，执法官吏请君主判他的罪，文公流着眼泪，很是难过。执法官吏说："请让我对他用刑。"因此腰斩了颠颉，并向百姓陈尸，用来显示有法必依。此后百姓都十分害怕，说："国君对颠颉的器重是那么深切，尚且按法治罪，况且是对我们，有什么值得留情的呢？"文公见百姓可用以作战了，于是就起兵攻击原国，战胜了对方。攻击卫国，让卫国的田间小路方向改为东西向，以便通畅顺利，占领了五鹿地区。攻占阳樊。战胜虢国。征伐曹国。向南围困郑国，毁坏了郑国的城垛。解开对宋国的包围。回兵和楚军在城濮作战，大败楚军。班师北上，操持了在践土举行的盟会；接下来又完成了衡雍的结盟。一下子就建立了八项功业。之所以可以这样，没有其他原因，是听从了狐偃意见，借用了颠颉的脊梁的原因。

毒疮的疼痛，不是针刺骨髓，就是心里很烦不能支撑；不如此就不能让医生用半寸的石针去刺破它。现在君主对于管理国家也是如此，不是不懂得经历艰苦才能安稳；想要管理国家，不如此就不能听从圣明智慧的人来惩治乱臣。乱臣一定是掌握了权势的重要人物；重要的人物，一定是君主所亲信喜爱的。君主所亲信喜爱的，就是和君主不能分离的人。以普通百姓的身份，希望让君主和他喜爱的人分离，这是用除去左腿的建议来说服右腿，这是必定会导致自己身死而建议不能推行的。

外储说右下　第三十五

一、赏罚共则禁令不行。何以明之？明之以造父、于期。子罕为出彘，田恒为囿池，故宋君、简公弑。患在王良、造父之共车，田连、成窍之共琴也。

二、治强生于法，弱乱生于阿①，君明于此，则正赏罚而非仁下也。爵禄生于功，诛罚生于罪，臣明于此，则尽死力而非忠君也。君通于不仁，臣通于不忠，则可以王矣。昭襄知主情而不发五苑，田鲔知臣情故教田章，而公仪辞鱼。

三、明主者，鉴于外也，而外事②不得不成，故苏代非齐王。人主鉴于上也，而居者不适③不显，故潘寿言禹情。人主无所觉悟，方吾知之，故恐同衣于族，而况借于权乎！吴章知之，故说以伴，而况借于诚乎！赵王恶虎目而雍。明主之道，如周行人之却卫侯也。

四、人主者，守法责成以立功者也。闻有吏虽乱而有独善之民，不闻有乱民而有独治之吏，故明主治吏不治民。说在摇木之本与引网之纲。故失火之啬夫④，不可不论也。救火者，吏操壶走火，则一人之用也；操鞭使人，则役万夫。故所遇术者，如造父之遇惊马，牵马推车则不能进，代御，执辔持策则马咸骛矣。是以说在椎锻平夷，榜檠⑤矫直。不然，败在淖齿用齐戮闵王，李兑用赵饿主父也。

五、因事之理，则不劳而成。故兹郑之踞辕而歌以上高梁也。其患在赵简主税吏请轻重，薄疑之言"国中饱"，简主喜而府库虚，百姓饿而奸吏富也。故桓公巡民而管仲省腐财⑥怨女。不然，则在延陵乘马不得进，造父过之而为之泣也。

右经

[注释]

①阿：以私爱而枉法。　②外事：外国的使者。　③适：迎合。　④啬夫：一种督责民众的官吏。　⑤檠栠（bēngqíng）：矫正弓弩的器具。　⑥腐财：官府中因积滞过多而朽腐的财物。

[译文]

一、君主和大臣一起掌握赏罚大权，法令就不能实行。用什么来表明这个道理呢？用造父和王子于期的事来表明。子罕如同窜出的猪，田恒如同圃池中的水草，宋君和简公的权势被他们分割，因此免不了被杀。祸患显示在王良、造父一起驾一辆车，田连、成窍一起弹一张琴。

二、国家的安定和强盛出自依法办事，国家的衰亡和动乱出自以私爱而枉法，君主懂得这个道理，就要信赏必罚，而不要对臣民讲仁慈。爵位和俸禄出自所立的功劳，杀戮和惩罚出自所犯的罪行，臣民懂得这个道理，就会卖命出力而不讲对君主个人尽忠。君主懂得不讲仁爱的道理，臣民懂得不讲私忠的道理，那么就能够称王于天下了。秦昭襄王知道做君主的道理而不分发五苑的菜果以救济饥民，田鲔知道做臣民的道理因此教育田章要从利害出发，公仪休虽爱吃鱼却不接纳别人送的鱼。

三、所谓明智的君主，常常善于参考外国的事物，但道说外事的外国使者不巴结权贵就办不成事情，所以苏代会诽谤齐宣王不相信大臣。可见参考外国的事情靠不住。君主参考上古的事情，而陈说上古之事的隐士不逢迎权贵就不可以使自己名声显扬，因此潘寿大谈夏禹传位给益的事情，可见参考上古的事情也靠不住。君主对这种权贵的祸患还没有发觉领悟，方吾却已经意识到了这种情况，因此他说古代的君主畏惧和穿一样的衣裳的人、同一家族的人在一块，况且是把君主的大权借给臣下呢！吴章意识到了这种情况，因此他说君主不能把假的爱憎泄露给臣下，更何况是把真实的感情泄露给臣下而让他们有所凭借呢！赵孝成王讨厌老虎的眼睛，尽管有人向他指出了权贵的淫威，但他还是被权贵欺骗了。英明君主的治国原则，应该像周王朝管理朝觐聘问的官员辞去卫文公那样，坚持维护自己的尊严。

四、君主，是守护法度、责求臣下完成职责来建立功业的人。只听说官吏昏聩而仍有独善其身的民众，没有听说民众谋乱而仍有按法治国的官吏，因此英明的君主看重治理官吏而不是把力量耗费在治理民众上。具体的解说表现在摇树干而树叶都动、拉网的总纲而网才张开的例子中。因此失火的时候，管救火的消防员啬夫，不能不研习救火。救火的时候，一个官吏提着水壶跑去救火，只发挥一个人的力量；拿着鞭子役使他人，就能发挥万人的作用。因此对待方术，就像造父碰到受惊的马，别人牵马推车不能前进，而造父替别人驾车，牵住缰绳拿起鞭子，马就一起向前奔跑了。于是这种解说还表现在槌子、锻头是用来打平的，规正弓弩的工具榜檠是用以矫正不直的东西的比喻中。不如此，君主的失败就体现在淖齿在齐国掌政而杀了齐湣王，李兑在赵国掌政而饿死主父赵武灵王的例子中。

五、遵从事物的规律，不费劳苦就能成功。因此兹郑用坐在车辕上唱歌的办法吸引人帮他把车推上高桥。不遵从规律办事的祸害表现在赵简子派官吏收税不确定标准，造成官吏中饱私囊的例子中。因此薄疑说"国中饱"，而赵简子还认为是说国家富足而很欢喜，其实是国库空虚，百姓挨饿，奸邪的官吏却很富有。所以齐桓公巡察民间后同意管仲减少存放过久而腐烂的财物、嫁出年长不能得到亲幸的怨女的建议。如果不遵从事物的规律办事，就会如同延陵驾马使马不能前进，以至于造父路过时要为它流泪一样。

以上是经文

一

造父御四马，驰骤周旋而恣欲于马。恣欲于马者，擅辔策之制也。然马惊于出彘而造父不能禁制者，非辔策之严不足也，威分于出彘也。王子于期为驸驾，辔策不用而择欲于马，擅刍水之利也。然马过于圃池而驸驾败者，非刍水之利不足也，德分于圃池也。故王良、造父，天下之善御者也，然而使王良操左革①而叱咤之，使造父操右革而鞭笞之，马不能行十里，共故也。田连、成窍，天下善鼓琴者也，然而田连鼓上、成窍撠②下而不能成曲，亦共故也。夫以王良、造父之巧，共辔而御，不能使马，人主安能与其臣共权以为治？以田连、成窍之巧，共琴而不能成曲，人主又安能与其臣共势以成功乎？

一曰：造父为齐王驸驾，渴马服成，效驾圃中。渴马见圃池，去车走池，驾败。王子于期为赵简主取道争千里之表，其始发也，彘伏沟中，王子于期齐辔策③而进之，彘突出于沟中，马惊驾败。

[注释]

①革：通"勒"，带嚼口的马笼头。　②撠（jiē）：用手指按。　③

齐辔策：一面拉缰绳，一面挥马鞭。

[译文]

对第一条经文的解说

造父控制拉车的四匹马，时而向前奔跑，时而绕圈打转，驾轻就熟地驾驭着马。之所以能驾轻就熟地驾驭马，是因为他具备独掌马缰绳和马鞭的能力。但是，马突然被蹿出来的猪所恐吓而造父不能控制的原因，并不是马缰绳和马的威力不足，而是被蹿出来的猪引散了这种威力。王子于期控制副车，不用马缰绳和马鞭，而是依据马的喜好，只是用草料和水去控制它。可是马路过草圃和水池时驾车却失利了，不是草料和水的好处不足，而是由于这种好处被园林中的水池分散了。因此王良、造父是天下善于驾驭车马的人，但是让王良掌握马勒的左边大声呵吆，让造父掌控马勒的右边用鞭抽打，马连十里也走不到，是因为二人共驾一车的原因。田成、连窍都是天下擅长弹琴的人，但是让田连在琴首弹拨，让成窍在琴尾按捺，却弹不成曲调，是因为二人共弹一琴的原因。以王良、造父技能的高超，一起掌握马缰绳而驾驭，却役使不了马，君主又如何能与他的臣子共掌权柄作为治国之道呢？凭着田连、成窍的灵巧，共用一张琴却弹不成曲调，君主又如何能与他的臣子共掌权势来实现治国的功业呢？

另一种说法：造父身为齐王副车的御者，用控制饮水的方法训练马，经过一百天训练成功。训练成功后，请示为齐王试车。齐王说："在园圃里试车。"造父驱车进入园圃，马看到了草圃和水池就跑过去，造父也不能制止。王子于期为赵简主驾车争夺千里赛车的锦标，刚出发时，猪已伏在沟中，王子于期协调马前时时，猪实然蹿出，马受到惊吓，车驾坏掉了。

司城子罕谓宋君曰："庆赏赐与，民之所喜也，君自行之；杀戮诛罚，民之所恶也，臣请当之。"宋君曰："诺。"于是出威令，诛大臣，君曰"问子罕"也。于是大臣畏之，细民归之。处期年，子罕杀宋君而夺政。故子罕为出彘以夺其君国。

简公在上位，钊重而诛严，厚赋敛而杀戮民。田成恒设慈爱，明宽厚。简公以齐民为渴马，不以恩加民，而田成恒以仁厚为圃池也。

一曰：造父为齐王驸驾，以渴服马，百日而服成。服成，请效驾齐王，王曰："效驾于圃中。"造父驱车入圃，马见圃池而走，造父不能禁。造父以渴服马久矣，今马见池，骇而走，虽造父不能治。今简公之以法禁其众久矣，而田成恒利之，县田成恒倾圃池而示渴民也。

一曰：王子于期为宋君为千里之逐。已驾，察①手吻文。且发矣，驱而前之，轮中绳；引而却之，马掩迹。拊而发之。彘逸出于窦中。马退而却，策不能进前也；马骇而走，辔不能正也。

一曰：司城子罕谓宋君曰："庆赏赐予者，民之所好也，君自行之；诛罚杀戮者，民之所恶也，臣请当之。"于是戮细民而诛大臣，君曰："与子罕议之。"居期年，民知生杀之命制于子罕也，故一国归焉。故子罕劫宋君而夺其政，法不能禁也。故曰："子罕为出彘，而田成常为圃池也。"令王良、造父共车，人操一边辔而入门闾，驾必败而道不至也。令田连、成窍共琴，人抚一弦而挥②，则音必败、曲不遂矣。

[注释]

①察：通"擦"。　②挥：指弹奏。

[译文]

司城子罕对宋君说："奖赏恩赐，是百姓所喜欢的，您自己实行；杀戮惩罚，是民众所讨厌的，请让我来承担。"宋君说："好。"于是颁布威慑民众的命令、杀害大臣之类的事，宋君都说"问子罕"。这样，大臣们害怕子罕，小民们归附子罕。一年之后，子罕杀害宋君夺取了政权。因此说，子罕就如同突然蹿出的猪一样夺取了他的君主的国家。

简公居在君主的地位上，刑罚重，惩罚严，税赋繁多，残杀民众。与此同时，田成恒则实行慈爱，向民众展示自己的宽厚仁道。在此种情况下，简公就是在把民众威胁成为干渴的马，不对民众施恩惠，而田成恒则在用自己的宽厚仁道作为吸引民众的园囿和水池。

另一种说法：造父为齐王控制副车，他用使马干渴的方法来驯马，一百天之后马被驯服了。训练成功后，他在齐王前面试车，齐王说："到园囿中去试车。"造父驱着车进入园林，马看到园林中的水池就快跑过去，造父无法制止。造父用使马干渴这种方法已经很久了，现在马看到水池，迅猛地跑过去，尽管是造父也无法驾驭。现在齐简公用刑法禁锢他的民众很久了，而田成恒给民众益处，这是田成恒倒出园林中的水池而给口渴的百姓看啊。

另一种说法：王子于期为宋国国君举行千里赛车的比赛。他已把车子套在马身上了，很有信心地摩拳擦掌，呵着手上的皮肤纹理。将动身了，他把车赶着向前行走，轮子完全合乎车辙；又把马拉着向后退回，马蹄掩蔽了原来的脚印。但当他拍打马动身的时候，猪从沟中蹿出来。马被吓得后退而停了下来，用马鞭鞭打它也不能使它前行；接着马又迅猛地奔跑起来，用缰绳来控制它也不能把它拉入正途。

另一种说法：司城子罕对宋桓侯说："奖赏恩赐，是百姓所喜欢的，请您单独施行；惩罚杀戮，是百姓所讨厌的，请让我来承担。"于是凡是归属杀戮小民、杀害大臣的事，宋桓侯都说"和子罕商议去"。一年之后，百姓知晓生杀大权控制在子罕手中，因此一国的百姓都归附他。因此子罕挟持宋桓侯，夺取了他的政权，法令也不能制止此事。因此说："子罕就如同突然蹿出来的猪，田成常就如同圃池中的水草。"让王子于期和造父共驾一车，每人各持一边的马缰绳进入里巷的门，驾车必定失败而不能回归正道上。让田连、成窍共弹一张琴，每人各按一弦来弹奏，那么弹奏必定失败、曲子也弹不成了。

二

秦昭王有病，百姓里买牛而家为王祷。公孙述出见之，入贺王曰："百姓乃皆里买牛为王祷。"王使人问之，果有之。王曰："訾[①]之人。二甲。夫非令而擅祷，是爱寡人也。夫爱寡人，寡人亦且改法而心与之相循者，是法不立；法不立，乱亡之道也。不如人罚二甲而复与为治。"

一曰：秦襄王病，百姓为之祷；病愈，杀牛塞祷[②]。郎中阎遏、公孙衍出见之，曰："非社腊之时也，奚自杀牛而祠社？"怪而问之。百姓曰："人主病，为之祷；今病愈，杀牛塞祷。"阎遏、公孙衍说，见王，拜贺曰："过尧、舜矣。"王惊曰："何谓也？"对曰："尧、舜，其民未至为之祷也。今王病而民以牛祷，病愈，杀牛塞祷，故臣窃以王为过尧、舜也。"王因使人问之，何里为之，訾其里正与伍老屯二甲。
阎遏、公孙衍愧不敢言。居数月，王饮酒酣乐，阎遏、公孙衍谓王曰："前
时臣窃以王为过尧、舜，非直敢视也。尧、舜病，且其民未至为之祷也；
今王病，而民以牛祷，病愈，杀牛塞祷。今乃訾其里正与伍老屯二甲，
臣窃怪之。"王曰："子何故不知于此？彼民之所以为我用者，非以
吾爱之为我用者也，以吾势之为我用者也。吾释势与民相收，若是，
吾适不爱而民因不为我用也，故遂绝爱道也。"

[注释]

①訾（zǐ）：罚。 ②塞（sài）祷：向神还愿。

[译文]

对第二条经文的解说

秦昭王生病，百姓每个村都买了牛，每家为他祈祷。公孙述出去
看到了这一情况，便进谏祝贺昭王说："百姓居然村村买牛祭礼为大王
祈祷。"昭王派人查问，确实有这种事。昭王说："罚他们每人出两副
铠甲。没有法令而私自祈祷，这是爱我。他们爱我，我也改变法令以相
同的心去施行仁爱，这样，法令就不成立；法令不成立，是一条动乱灭
亡的道路。不如每人罚两副铠甲，再与他们共同把国家治理好。"

另一种说法：秦襄王患病了，百姓都为他祈祷；病愈之后，百姓
便杀牛回报神灵。郎中阎遏和公孙衍在外面看到此事，想："现在并
非春祭和腊祭的时候，为何擅自杀牛祭神呢？"他们觉得很惊奇，便
向百姓询问。百姓说："君主生病时，我们为他祈祷；如今他病好了，

我们杀牛感谢神灵。"阎遏、公孙衍听了很欢欣，他们晋见襄王拜贺说："大王胜过尧、舜了。"襄王惊奇地问："这是什么意思？"二人回复说："尧、舜在世的时候，他们的人民没有为他们做过祈祷，如今大王生了病，而民众却用牛来向神祈祷；您病愈之后，他们还杀牛来向神致谢。因此我们真心认为大王您胜过了尧、舜。"襄王于是派人巡察是哪个地方的百姓在如此做，然后责罚那里的里正和伍老等地方官员每村出两副铠甲作为惩罚。阎遏、公孙衍为此非常惭愧，可又不敢问襄王为何要这样做。几个月以后，襄王喝酒到欢喜时，阎遏、公孙衍趁机问襄王："上次我们以为大王您胜过了尧、舜，并不全部是奉承您。尧、舜生病，他们的百姓也没有为他们祈祷啊；如今您生病了，民众用牛为您祷告，您痊愈之后，百姓又杀牛向神致谢。然而大王您却惩罚那些村里的里正和伍老出两副铠甲，我们真的不明白这是什么原因。"襄王说："你们为什么连这点道理都不明白呢？那些百姓之所以为我所用，并不是由于我爱他们，而是由于我用威势逼迫他们为我所用啊。我如果失去了自己的威势而与民众彼此惠爱，那样，我万一不爱百姓，百姓就不为我所用了。因此，我才用惩罚的方式截断君民相爱之道。"

秦大饥，应侯请曰："五苑之草著①：蔬菜、橡果、枣栗，足以活民，请发之。"昭襄王曰："吾秦法，使民有功而受赏，有罪而受诛。今发五苑之蔬草者，使民有功与无功俱赏也。夫使民有功与无功俱赏者，此乱之道也。夫发五苑而乱，不如弃枣蔬而治。"一曰："令发五苑之蓏、蔬、枣、栗足以活民，是用民有功与无功争取也。夫生而乱，不如死而治。大夫其释之！"

田鲔教其子田章曰："欲利而身，先利而君；欲富而家，先富而国。"

一曰：田鲔教其子田章曰："主卖官爵，臣卖智力，故自恃无恃人。"

公仪休相鲁而嗜鱼，一国尽争买鱼而献之，公仪子不受。其弟子谏曰："夫子嗜鱼而不受者，何也？"对曰："夫唯嗜鱼，故不受也。夫即受鱼，必有下人之色②；有下人之色，将枉于法，枉于法，则免于相。虽嗜鱼，此不必能致我鱼，我又不能自给鱼。即无受鱼而不免于相，虽嗜鱼，我能长自给鱼。"此明夫恃人不如自恃也，明于人之为己者不如己之自为也。

[注释]

①草著：著地而生的草木。　②下人之色：迁就别人的神色。

[译文]

秦国遭遇严重饥荒，应侯请示说："五处苑场中的草木植物：蔬菜、栎树果、枣子、栗子，足以供养百姓，请您打开。"秦昭襄王说："我们秦国的法律，是让百姓有功受赏，有罪受罚。现在假如开放五苑的蔬菜瓜果，却是不管有功无功都要让百姓受到赏赐。不管有功无功都让百姓受到赏赐，那是使国家混乱的行为。开放五苑而使国家混乱，比不上烂掉瓜果蔬菜而使国家安定。"

另一种说法是，昭襄王说："假如发放五苑的瓜类、蔬菜、枣子、栗子能够救活饥民，这就会使有功的人和无功的人都去夺取这些能够活命的东西。与其让他们活着而使国家陷于混乱，不如让他们死了而使国家获得安定，大夫您还是舍弃这种想法吧！"

田鲔教导他的儿子田章说："要想使你自己获得，先要让你的君主获利；要想使你的家庭富有，先要使你的国家富有。"

另一种说法：田鲔教导他的儿子田章说："君主卖去官职爵位来换取臣下的智慧力量，臣子出卖智慧力气来获取君主的官职爵禄，因此人只能依赖自己而不能依赖别人。"

公仪休做鲁国的相，他喜爱吃鱼，全国的人都争着买鱼来进献他，他不接受。他的弟弟劝告说："您爱吃鱼却不接纳别人送的鱼，是什么原因呢？"公仪休回复说："正因为爱吃鱼，所以才不接纳别人送来的鱼。如果接受了鱼，必定会有迁就送鱼者的表现；有迁就他们的表现，就将违反法令；违反法令，就会被免去相位。尽管我爱吃鱼，如此也就不一定会再给我鱼，我也不能自己弄到鱼。假如我不接受鱼，那就不会被免去相位，尽管爱吃鱼，我也能够常常自己弄到鱼。"这是知道那种依靠别人比不上依靠自己的道理，知道别人为自己比不上自己为自己的道理。

三

子之相燕，贵而主断。苏代为齐使燕，王问之曰："齐王亦何如主也？"对曰："必不霸矣。"燕王曰："何也？"对曰："昔桓公之霸也，内事属鲍叔，外事属管仲，桓公被发而御妇人，日游于市。今齐王不信其大臣。"于是燕王因益大信子之。子之闻之，使人遗苏代金百镒，而听其所使之。

一曰：苏代为秦使燕，见无益子之，则必不得事而还，贡赐又不出，于是见燕王，乃誉齐王。燕王曰："齐王何若是之贤也？则将必王乎？"苏代曰："救亡不暇，安得王哉？"燕王曰："何也？"曰："其任所爱不均。"燕王曰："其亡何也？"曰："昔者齐桓公爱管仲，置以为仲父，内事理焉，外事断焉，举国而归之，故一匡天下，九合诸侯。今齐任所爱不均，是以知其亡也。"燕王曰："今吾任子之，天下未之闻也？"于是明日张朝而听子之。

[译文]

对第三条经文的解说

子之为燕国的相，地位显贵而且独断专行。苏代为齐国出使燕国，燕王问他说："齐宣王这个君主如何？"苏代回复说："一定不会称霸天下了。"燕王说："是什么原因呢？"苏代回复说："以前齐桓公称霸的时候，朝廷内的事委托给鲍叔牙，朝廷外的事委托给管仲，齐桓公披头散发地玩弄妇女，每天在宫中的市场上游玩。现在的齐王不相信他的大臣。"于是从此燕王就更加信任子之。子之听说后，派人赠送苏代一百镒金，随便他拿去做什么。

另一种说法：苏代为齐国出使燕国，看见不使子之获得好处，就必定会事情办不成而回，燕国给齐国的贡物和燕王给他的赏赐也得不到手，于是见到燕王，就称颂齐王。燕王说："齐王怎么会这样贤明？那不是必定要统治天下了吗？"苏代说："挽回危亡都来不及，怎么能称王呢？"燕王说："是什么原因呢？"苏代说："他对亲信的人任用不合适。"燕王说："那怎么会危亡呢？"苏代说："以前齐桓公敬爱管仲，立他为仲父，内政由他管理，外交由他决定，全国的事都由他掌控，所以能够一举扶正天下，多次会合诸侯。如今的齐王对他亲信的人任用不合适，因此知晓齐国要灭亡了。"燕王说："如今我任用子之，难道天下的人没有听闻吗？"于是第二天盛设朝会全部听凭子之处理。

潘寿谓燕王曰："王不如以国让子之。人所以谓尧贤者，以其让天下于许由，许由必不受也，则是尧有让许由之名而实不失天下也。今王以国让子之，子之必不受也，则是王有让子之之名而与尧同行也。"于是燕王因举国而属之，子之大重。

一曰：潘寿，隐者。燕使人聘之。潘寿见燕王曰："臣恐子之之如益也。"王曰："何益哉？"对曰："古者禹死，将传天下于益，启之人因相与攻益而立启。今王信爱子之，将传国子之，太子之人尽怀印①，为子之之人无一人在朝廷者。王不幸弃群臣②，则子之亦益也。"王因收吏玺，自三百石以上皆效之子之，子之大重。夫人主之所以镜照者，诸侯之士徒也，今诸侯之士徒皆私门之党也。人主之所以自浅娋③者，岩穴之士徒也，今岩穴之士徒皆私门之舍人也。是何也？夺褫④之资在子之也。故吴章曰："人主不佯憎爱人。佯爱人，不得复憎也；佯憎人，不得复爱也。"

一曰：燕王欲传国于子之也，问之潘寿，对曰："禹爱益而任天下于益，已而以启人为吏。及老，而以启为不足任天下，故传天下于益，而势重尽在启也。已而启与友党攻益而夺之天下，是禹名传天下于益，而实令启自取之也。此再之不及尧、舜明矣。今王欲传之子之，而吏无非太子之人者也，是名传之而实令太子自取之也。"燕王乃收玺，自三百石以上皆效之子之，子之遂重。

[注释]

①怀印：怀有官印，指掌握大权。　　②弃群臣：对君主死的委婉说法。　　③浅娋（shào）：防御侵犯，奋起自卫。　　④夺褫（chǐ）：剥夺。

［译文］

潘寿对燕王说："大王还是把国家让给子之。人们之所以说尧英明，是由于他曾把天下让给许由，而许由一定不肯接受，这样，尧有让许由的名声而实际上并没有丧失天下。如今大王把国家让给子之，子之必定不会接受，这样大王有让子之的名声而和尧有相同的德行。"于是燕王将全国托付给子之，子之因而非常尊贵。

另一种说法：潘寿是一个隐士，燕王派人去询问他。潘寿见到燕王说："我害怕子之像禹的大臣伯益一样。"燕王说："和伯益一样如何呢？"潘寿回复说："以前夏禹死时，要把天下传给伯益，启手下的人全部攻击伯益，立启为王。如今大王的确喜爱子之，要把国家传给子之，太子手下的人都掌控着大印，为子之卖力的人没有一个人在朝廷。大王如果不幸去世，那么子之也就等同是伯益了。"燕王于是收回官印，把多于三百石俸禄的官职都交给了子之，子之的权势大大增加。君主用来当作借鉴的，是诸侯的士人，如今诸侯的士人都是私人的朋党。君主用来保护自己的，是隐居山林的士人，如今隐居山林的士人都是私人的门客。这是为什么呢？由于夺权的权力掌握在子之手里。因此吴章说："君主不能装作恨人也不能装作爱人。装作爱人，就不能再恨他；装作恨人，就不能再爱他了。"

又一种说法：燕王想把王位传给子之，询问潘寿，潘寿说："禹爱伯益而把天下传承给伯益，没过多久又让启手下的人做官吏。到年老的时候，禹以为不足以把天下托付给启，因此把天下托付给伯益，可是大权全都掌握在启手中。不久启和他的同党攻击伯益并把天下从伯益手里夺过来，这样禹尽管名义上把天下传给伯益，而实际上是让启自己获得天下。这是禹不如尧、舜英明的地方。如今您想传位给子之，可官吏们无不是太子的人，这是名声上传位给子之而实际上是让太子自己获得君位。"燕王于是收回官印，凡是领受三百石俸禄的官吏任命权都给予子之，子之的地位因此尊贵。

方吾子曰："吾闻之古礼：行不与同服者同车，不与同族者共家。而况君人者乃借其权而外其势乎？"

吴章谓韩宣王曰："人主不可佯爱人，一日不可复憎；不可以佯憎人，一日不可复爱也，故佯憎佯爱之征见，则谀者因资而毁誉之。虽有明主，不能复收，而况于以诚借人也！"

赵王游于圃中，左右以兔与虎而辍，盻然环其眼[①]。王曰："可恶战，虎目也！"左右曰："平阳君之目可恶过此。见此未有害也，见平阳君之目如此者，则必死矣。"其明日，平阳君闻之，使人杀言者，而王不诛也。

卫君入朝于周，周行人问其号，对曰："诸侯辟疆。"周行人却之曰："诸侯不得与天子同号。"卫君乃自更曰："诸侯煅。"而后内之。仲尼闻之曰："远哉禁逼！虚名不以借人，况实事乎？"

[注释]

①盻（xì）：怒视。环：通"圜"，圆瞪。

[译文]

方吾说："我听古礼上讲：出去不和穿一样服装的人同坐一辆车，居家不和同一家族的人居住在一起，况且做君主的把权势借给外人呢？"

吴章对韩宣王说:"君主不能装作爱人,否则,其他时候就不可再恨他了;君主也不能装作恨人,否则,其他时候就不可再爱他了。因此假装爱憎的感情稍有体现,阿谀奉承者就会依据这个去诋毁或称赞他人。尽管是英明的君主,也不能再把爱憎收回来,更何况是把真切的感情表现给别人呢!"

赵王在花园里游玩,身旁的侍从拿兔子给老虎吃又收回来,老虎愤怒地把眼睛瞪得圆圆的。赵王说:"老虎的眼睛真可恨啊!"侍从说:"平阳君的眼睛比老虎的眼睛更可恨。看见老虎瞪眼还不会有危险,看见平阳君瞪眼的人就必定要死了。"第二天,平阳君听闻后,派人杀了进谏的侍从,而赵王却不责备平阳君。

卫君去朝拜周天子,周朝司仪官问他的名号,回答说:"卫侯辟疆。"司仪官斥退说:"诸侯不能拥有和天子同样的名号。"卫君就改口说:"卫侯煌父。"司仪官这才接见了他。孔子清楚这事说:"制止冒犯天子的意义多么深远啊,虚名尚且不能用来借给别人,更何况是真实的权力呢?"

四

摇木者一一摄①其叶,则劳而不遍;左右拊其本,而叶遍摇矣。临渊而摇木,鸟惊而高,鱼恐而下。善张网者引其纲,若一一摄万目而后得,则是劳而难;引其纲,而鱼已囊矣。故吏者,民之本、纲者也,故圣人治吏不治民。

救火者,令吏絜壶瓮而走火,则一人之用也;操鞭棰指,麾而趣使人,则制万夫。是以圣人不亲细民,明主不躬小事。

造父方耨②,得有子父乘车过者,马惊而不行,其子下车牵马,父子推车，请造父助我推车。造父因收器，辍而寄载之，援其子之乘，乃始捡辔持策，未之用也，而马咸骛矣。使造父而不能御，尽力劳身助之推车，马犹不肯行也。今身使佚，且寄载，有德于人者，有术而御之也。故国者，君之车也；势者，君之马也。无术以御之，身虽劳，犹不免乱；有术以御之，身处快乐之地，又致帝王之功也。

[注释]

①撽：揭，拔动。　②方耨（nòu）：正在锄草。

[译文]

对第四条经文的解说

摇树的人——掀动每片树叶，虽很辛劳也不能把叶子掀遍；假如左右敲打树干，那么全部树叶都会晃动了。在深潭边摇树，鸟会受惊而飞离，鱼会被吓而深游。擅长张网捕鱼的人牵拉鱼网的纲绳，假如一个一个地拨弄网眼，那就不但辛劳而且也难捕到鱼，牵拉网上的纲绳，鱼就自然被网住了。因此官吏是民众的本和纲，因此英明的君主治理官吏而不去治理民众。

救火时，让啬夫提着壶和瓮跑去救火，就只能发挥一个人的作用；让啬夫拿着鞭子、短棍催促人们去救火，就能役使万人。因此圣人不亲自治理民众，明君不亲自处置小事。

造父正在锄草，这时有父子乘车路过，马受了惊不愿向前走，一个儿子下车去牵马，父子几人推车，又请造父协助推车。造父于是整理好农具，停止锄草而把农具存放到车上，拉住那个儿子牵着的马，然后才拿起缰绳和鞭子，还没有用上它们，马已全部向前奔跑了。如果造父不会驾驭，尽管用尽力气辛辛苦苦帮他们推车，马还是不会朝前走。现在自己操作轻松，而且把农具存放在车上，又有恩德施于人家，是由于有技术能驾驭惊马的原因。所以国家如同是君主的车子，权势是君主的马。君主没有术来控制它，自己尽管很劳苦，国家还是不免于乱；有术来控制它，自己不但能处在安闲快乐的地位，还能获得帝王的功业。

椎锻者，所以平不夷也；榜檠者，所以矫不直也。圣人之为法也，所以平不夷、矫不直也。

淖齿之用齐也，擢闵王之筋；李兑之用赵也，饿杀主父。此二君者，皆不能用其椎锻榜檠，故身死为戮而为天下笑。

一曰：入齐，则独闻淖齿而不闻齐王；入赵，则独闻李兑而不闻赵王。故曰：人主者不操术，则威势轻而臣擅名。

一曰：田婴相齐，人有说王者曰："终岁之计，王不一以数日之间自听之，则无以知吏之奸邪得失也。"王曰："善。"田婴闻之，即遽请于王而听其计。王将听之矣，田婴令官具押券斗石参升之计①。王自听计，计不胜听，罢食后，复坐，不复暮食矣。田婴复谓曰："群臣所终岁日夜不敢偷怠之事也，王以一夕听之，则群臣有为劝勉矣。"王曰："诺。"俄而王已睡矣，吏尽揄刀削其押券升石之计。王自听之，乱乃始生。

一曰：武灵王使惠文王莅政，李兑为相，武灵王不以身躬亲杀生之柄，故劫于李兑。

[注释]

①押券斗石参升之计：全年的财政收入的账目和凭据。

[译文]

椎锻，是用以使不平变得平整的；榜檠，是用以矫正不直的。圣人制定法律，是用以平整不平、矫正不直的。

淖齿在齐国被举用的时候，抽了齐湣王的筋；李兑在赵国被举用时，饿死了主父。这两位君主，都不能利用他们的"锤石""砧子"和"榜檠"，因此自己死了还要为天下人讥笑。

另一种说法：到了齐国便只听到淖齿而听不见齐王的声音，到了赵国便只听到李兑而听不见赵王的声音。因此说，作君主的假如不掌握驾驭之术，威势就不重，臣下就为非作歹地自我宣扬。

另一种说法：田婴任齐国的宰相，有人对齐王说："一年的账目花费，大王假如不用几天时间来过问一下，就不能得知官吏的奸邪行为和国政的得失情况。"齐王说："说得好。"田婴听闻此事之后，很快便主动请示齐王审视他所掌管的开支情况。齐王同意采了，田婴立即让下属官吏把各种证券和斤斤两两、斗斗升升的账目都摆到齐王的面前。齐王亲自听取会计账目，而账目多得听不尽。饭后，齐王再次坐下来听报告，连晚饭也不吃。田婴进一步说："这就是群臣一年到头不敢轻慢偷懒所做的工作，假如大王连夜听取我们的汇报，我们群臣就会大受鼓励。"齐王说："行。"说着说着，齐王便睡过去了。官吏们便拿刀从那些账目上刮去各种数字。所以，齐王亲自听政，齐国的混乱就从这开始。

另一种说法：赵武灵王派儿子赵惠文王听政，让李兑任宰相，赵武灵王不亲自掌管生杀大权，因此被李兑劫杀。

五

兹郑子引辇上高梁而不能支。兹郑踞辕而歌，前者止，后者趋，辇乃上。使兹郑无术以致人，则身虽绝力至死，辇犹不上也。今身不至劳苦而辇以上者，有术以致人之故也。

赵简主出税者，吏请轻重。简主曰："勿轻勿重。重，则利入于上；若轻，则利归于民。吏无私利而正矣。"

薄疑谓赵简主曰："君之国中①饱。"简主欣然而喜曰："何如焉？"对曰："府库空虚于上，百姓贫饿于下，然而奸吏富矣。"

齐桓公微服以巡民家，人有年老而自养者，桓公问其故。对曰："臣有子三人，家贫无以妻之，佣未反。"桓公归，以告管仲。管仲曰："畜积有腐弃之财，则人饥饿；宫中有怨女②，则民无妻。"桓公曰："善。"乃论宫中有妇人而嫁之。下令于民曰："丈夫二十而室，妇人十五而嫁。"

一曰：桓公微服而行于民间，有鹿门稷者，行年七十而无妻。桓公问管仲曰："有民老而无妻者乎？"管仲曰："有鹿门稷者，行年七十矣而无妻。"桓公曰："何以令之有妻？"管仲曰："臣闻之：上有积财，则民臣必匮乏于下；宫中有怨女，则有老而无妻者。"桓公曰："善。"令于宫中"女子未尝御出嫁之"。乃令男子年二十而室，女年十五而嫁。则内无怨女，外无旷夫。

延陵卓子乘苍龙③挑文之乘，钩饰在前，错锲④在后。马欲进则钩饰禁之，欲退则错锲贯之，马因旁出。造父过而为之泣涕，曰："古人治人亦然矣。夫赏所以劝之，而毁存焉；罚所以禁之，而誉加焉。民中立而不知所由，此亦圣人之所为泣也。"

一曰：延陵卓子乘苍龙与翟文之乘，前则有错饰，后则有利锲策，进则引之，退则策之。马前不得进，后不得退，遂避而逸，因下抽刀而刖其脚。造父见之，泣，终日不食，因仰天而叹曰："策，所以进之也，错饰在前；引，所以退之也，利镞在后。今人主以其清洁也进之，以其不适左右也退之；以其公正也誉之，以其不听从也废之。民惧，中立而不知所由，此圣人之所为泣也。"

[注释]

①中：处在君主和民众之间的奸吏。 ②怨女：年长而没有及时出嫁的女子。 ③龙：身高八尺以上的骏马。 ④镞（zhuī）：马鞭前端交错的针。

[译文]

对第五条经文的解说

兹郑拉着车上高桥却拉不上去。他就坐在车辕上唱歌，前面的行人停下来，后面的行人赶上来，因此就帮兹郑推车上了桥。如果兹郑没有办法招人来，那么尽管他用尽力气甚至累死，车子还是上不了桥。如今兹郑没有经过辛劳车子却上了桥，是由于他有办法招来人的原因。

赵简主派出征税的官吏，官吏询问收税标准的高低。赵简主说："不要轻了也不要重了。重了，利就归属君主和国家了；轻了，那样利就归于民众了。官吏从中不能获得私利，轻重就正好合适了。"

薄疑对赵简主说："您的国中饱。"赵简主欢喜地说："如何了呢？"薄疑回复说："上边国家府库空虚，下边民众贫穷挨饿，可是上下之间的奸吏却很富有。"

齐桓公到民间微服私访，看见一个上了年纪还不得不自己供养自己的人，桓公问当中的原因。老人回复说："我有三个儿子，家里穷不能给他们娶妻子，出外当雇工还没有回来。"桓公回朝，把此事告诉管仲。管仲说："朝廷的蓄积中有腐烂扔弃的财物，百姓有人就会受饥饿；宫中有没及时嫁出的女子，百姓就有人没有妻子。"桓公说："说得对。"因此下令宫中有女子就嫁出去。并向百姓下令说："男子二十岁要结婚，女子十五岁要出嫁。"

另一种说法：齐桓公到民间微服私访，碰见一位叫鹿门稷的老人，快七十岁了还没有妻子。桓公问管仲："百姓有老而无妻的吗？"管仲说："有一位名为鹿门稷的人，将近七十，没有妻子。"桓公说："如何才能让他娶上妻子呢？"管仲说："我听说过这样的话：上面的府库有积存的财物，那么，下面的臣民必定有财物方面的贫困缺乏；宫中有未出嫁的女子，民间就有老而无妻的人。"桓公说："说得对。"便对宫中还没被召见过的女子下令，让她们出去嫁人。又命令说：男年满二十就结婚，女年满十五就嫁人。如此做，宫中便没有怨恨的女子，宫外便没有无妻的男人。

延陵卓子乘坐高大且毛色鲜亮的青马拉的车，钩、勒等用具在马前面，马鞭在马后面。马要朝前走，钩、勒就会禁止它，想后退马鞭子又会鞭打它，马于是往斜里跑。造父经过而为马哭泣，说："古代管理民众也是如此的。奖赏是用来激励立功的，但诽谤也夹杂在里面；刑罚是用来制止犯罪的，但又给予它赞美。人们迟疑不知所措，这也正是圣人为之哭泣的原因。"

另一种说法：延陵卓子乘坐由高大青马所拉的色彩鲜亮的车子，马前面有交错的钩、勒等物，马后面有尖锐的马鞭上的针，马往前走钩、勒等物就禁止它，向后退就会受到鞭打。马朝前不能前进，朝后不能后退，于是离开前后而乱跑，延陵卓子于是下车拿出刀割断了马脚。造父看到后哭了，整天吃不下饭，于是仰天长叹说："鞭打，是让马前进的，但却用钩、勒等物在前面制止它；拉扯，是让马后退的，却用有尖锐尖针的鞭子在后面鞭打它。现在君主由于他廉洁而加以任用，又由于他不去迎合身旁的亲信而予以辞退；因为他正直而加以赞赏，又因为他不盲从旨意而予以罢免。人们因此感到恐惧，迟疑不知所措，这是圣人为之流泪的原因。"

难一　第三十六

晋文公将与楚人战，召舅犯问之，曰："吾将与楚人战，彼众我寡，为之奈何？"舅犯曰："臣闻之：'繁礼君子，不厌①忠信；战阵之间，不厌诈伪。'君其诈之而已矣。"文公辞舅犯，因召雍季而问之，曰："我将与楚人战，彼众我寡，为之奈何？"雍季对曰："焚林而田，偷取多兽，后必无兽；以诈遇民，偷取一时，后必无复。"文公曰："善。"辞雍季，以舅犯之谋与楚人战以败之。归而行爵，先雍季而后舅犯。群臣曰："城濮之事，舅犯谋也，夫用其言而后其身，可乎？"文公曰："此非若所知也。夫舅犯言，一时之权也；雍季言，万世之利也。"仲尼闻之，曰："文公之霸也，宜哉！既知一时之权，又知万世之利。"

或曰：雍季之对，不当文公问。凡对问者，有因问小大缓急而对也。所问高大，而对以卑狭，则明主弗受也。今文公问"以少遇众"，而对曰"后必无复"，此非所以应也。且文公不知一时之权，又不知万世之利。战而胜，则国安而身定，兵强而威立，虽有后复，莫大于此，万世之利奚患不至？战而不胜，则国亡兵弱，身死名息，拔拂②今日之死不及，安暇待万世之利？待万世之利，在今日之胜；今日之胜，在诈于敌，诈敌，万世之利而已。故曰雍季之对，不当文公之问。且文公又不知舅犯之言。舅犯所谓"不厌诈伪"者，不谓诈其民，请诈其敌也。敌者，所伐之国也；后虽无复，何伤哉？文公之所以先雍季者，以其功耶？则所以胜楚破军者，舅犯之谋也；以其善言耶？则雍季乃道其"后之无复"也，此未有善言也。舅犯则以兼之矣。舅犯曰"繁礼君子，不厌忠信"者：忠，所以爱其下也；信，所以不欺其民也。夫既以爱而不欺矣，言孰善于此？然必曰"出于诈伪"者，军旅之计也。舅犯前有善言，后有战胜。故舅犯有二功而后论，雍季无一焉而先赏。"文公之霸不亦宜乎"，仲尼不知善赏也。

[注释]

①不厌：不嫌多。　②拔拂：免除、逃脱。

[译文]

晋文公将要与楚国人作战，就召唤舅犯询问这件事，说："我即将与楚国人交战了，他们人多我们人少，对此该如何做呢？"舅犯说："我听说过这样的话：'礼多的君子，不满足地追逐忠诚和信用；作战的时候，却不讨厌多欺骗和诈伪。'您就用欺骗他们的手段好了。"文公辞去了舅犯，接着召来雍季来询问这件事，说："我即将与楚国人交战，他们人多我们人少，对此该如何做呢？"雍季回复说："烧毁树林来打猎，苟且能够获得较多的野兽，但以后在这里就必定打不到野兽了；用欺诈的手段来对待民众，苟且能够取得一时的利益，但以后必定不能再用这种手段来获利了。"晋文公说："说得好。"于是辞去了雍季，用舅犯的计谋和楚国人交战而击败了他们。回来后论功行赏，首先奖励雍季而后才奖励舅犯。群臣说："城濮的战事，是凭借舅犯的计谋才取胜的。采纳了他的建议而奖赏时却把他排在后面，可以吗？"晋文公说："这不是你们所能明白的。舅犯的建议，是短时间的权宜之计；而雍季的建议，才关系到流传千古的久远利益啊。"
孔子听闻了这件事，说："晋文公称霸天下，是理所应当的啊！他既
明白暂时的权变，也明白流传千古的长远利益。"

有人说：雍季的答复，没有针对晋文公的询问。凡是回复问题，
关键在于依据所问问题的大小缓急来作答。如果所问的问题高尚远大，
而臣下用低贱狭隘的话来回答，英明的君主是不会接纳的。现在晋文
公问"怎样以少数来对付多数"，而雍季却回复说"以后必定不能用这
种办法来获利了"，这并非用来回答问题的话。因此说：雍季的回复，
没有针对文公的询问。而且，晋文公既不明白一时的权宜之计，也不
明白流传千古的长远利益。打仗胜利了，那么国家安定而君主自身的
地位也稳固了，兵力强大而君主的威势也就能建立起来了，尽管以后
再有用这种方法来获利的情形，也不会比此次战胜敌人的利益更大的
了，还担忧什么流传千古的久远的利益不能到手呢？假如这次战争没
有获胜，那么国家就会灭亡，兵力就会减弱，君主就会身死名灭，想
免去今日的死亡还来不及，哪有空闲去等候流传千古的长远的利益呢？
想要获得流传千古的长远的利益，关键就在于今天的胜利；而要获得
今天的胜利，就在于欺诈敌人；所以欺诈敌人，也就成全了流传千古
的长远的利益了。再说，晋文公也没有明白舅犯的话。舅犯所谓"欺
骗诡诈也不嫌多"，并不是说要去欺诈自己的民众，而是说让文公去欺
诈敌人。敌人，是自己所要讨伐的国家，以后尽管不能用这种方法获利，
又有什么危害呢？晋文公之所以先奖励雍季，是由于他有功劳吗？但
是用来战胜打败楚军的，是舅犯的谋划；是由于他说了有用的好话吗？
但雍季就说了一句"以后再不可用这种方法来获利"，这并非什么好话
呀。舅犯倒已经拥有了功劳和很好的言论。舅犯所说的"多礼的君子，

不满足地追逐忠诚和信用"。忠诚，是用来保护自己部下的；信用，是用来不欺诈自己的民众的。假如已经爱护部下而不欺诈民众了，还有什么言论比这更好的呢？但他必定要说"战胜敌人的办法要用欺诈"，那是军队打仗的谋划。舅犯在战前讲了有用的好话，在后来又有了使战争获得胜利的实际效用，因此舅犯有两个功劳，但却被放在后面加以评判奖赏；雍季在言论和实际效果方面没有一样功劳，却先得到了奖赏。孔子还说什么"晋文公称霸天下，不也是应当的吗？"孔子说这话确实是不明白什么是正确的奖赏啊。

历山之农者侵畔，舜往耕焉，期年，甽亩正。河滨之渔者争坻，舜往渔焉，期年而让长。东夷之陶者器苦窳①，舜往陶焉，期年而器牢。仲尼叹曰："耕、渔与陶，非舜官也，而舜往为之者，所以救败也。舜其信仁乎！乃躬藉处苦而民从之。故曰：圣人之德化乎！"

或问儒者曰："方此时也，尧安在？"其人曰："尧为天子。""然则仲尼之圣尧奈何？圣人明察在上位，将使天下无奸也。今耕渔不争，陶器不窳，舜又何德而化？舜之救败也，则是尧有失也。贤舜，则去尧之明察；圣尧，则去舜之德化：不可两得也。楚人有鬻楯与矛者，誉之曰：'吾楯之坚，物莫能陷也。'又誉其矛曰：'吾矛之利，于物无不陷也。'或曰：'以子之矛陷子之楯，何如？'其人弗能应也。夫不可陷之楯与无不陷之矛，不可同世而立。今尧、舜之不可两誉，矛楯之说也。且舜救败，期年已一过，三年已三过。舜有尽，寿有尽，天下过无已者；以有尽逐无已，所止者寡矣。赏罚使天下必行之，令曰：'中程者赏②，弗中程者诛。'令朝至暮变，暮至朝变，十日而海内毕矣，奚待期年？舜犹不以此说尧令从己，乃躬亲，不亦无术乎？且夫以身为苦而后化民者，尧、舜之所难也；处势而骄下者，庸主之所易也。将治天下，释庸主之所易，道尧、舜之所难，未可与为政也。"

[译文]

历山的农人彼此侵占地界，舜去那儿耕种，过了一年，水沟地界都正常起来。河边上的渔民争夺渔场，舜就去那里打鱼，一年以后，那儿的渔民都懂得谦让长者。东边部落的陶匠制造的陶器质量很差，舜去那儿制陶，一年以后，人们做出来的陶器都很坚固了。仲尼为此赞颂说："农耕、打渔和制陶，并非舜从事的工作，但是舜却去做那些事情，他用这种方法来拯救世风。舜真是仁爱啊！他亲自实践，处在辛苦之中，让民众都听从他的意志，因此说'圣人的功德在于感动民众'。"

有人问儒者说："在那个时候，尧在什么地方呢？"儒者说："尧是天子。""那么孔子为何又说尧是圣人呢？圣人居在君位上，明察一切，会使天下没有坏风气。假如种田的、打渔的没有争斗，陶器也不粗劣，舜又何必用道德去教化他们呢？舜去纠正败坏的风气，那就是尧有过错。赞颂舜的贤，就会否定尧的明察；称赞尧的圣明，就会否定舜的德化，不可能两者共存。楚国有个卖矛与盾的人，称颂说：'我的盾很牢固，任何东西都不能刺穿它。'又称赞他的矛说：'我的矛很尖锐，任何东西都能刺穿。'有人说：'用你的矛刺你的盾，会如何？'那个人不能答复。那不能被刺穿的盾与任何都能刺穿的矛是不能并存的。现在尧和舜不能同时被称赞，就像无不陷的矛与不可陷的盾不能并存的道理一样。而且舜去拯救败坏的风气，一年矫正一个错误，三年矫正三个错误。像舜那样的人是有限的，人的寿命也是有止境的，而天下的错误却不停地发生，以有限的贤人与有限的寿命去对付不断出现的错误，所能矫正的就太少了。赏罚才能使天下人非遵从不可。假如法令规定说：'合乎规定的赏，不合乎规定的罚。'法令早晨下达，错误到晚上就能纠正，法令晚上下达，错误到第二天早晨就能矫正，十天之内全国都能矫正完毕，怎么会等上一年？舜也不依据这个道理说服尧让天下人听从自己，居然亲自去操劳，不也是没有管理方法吗？何况那种自身受苦感召民众的作法，是尧、舜也很难做到的，占有势位而纠正臣民的做法，是平庸的君主也容易做到的。要想管理天下，丢弃平庸的君主都容易成功的方法，遵从尧、舜都难以实行的办法，是不能管理国家的。"

管仲有病，桓公往问之，曰："仲父病，不幸卒于大命①，将奚以告寡人？"管仲曰："微君言，臣故将谒之。愿君去竖刁，除易牙，远卫公子开方。易牙为君主味，君惟人肉未尝，易牙烝其子首而进之。夫人情莫不爱其子，今弗爱其子，安能爱君？君妒而好内，竖刁自宫以治内。人情莫不爱其身，身且不爱，安能爱君？开方事君十五年，齐、卫之间不容数日行，弃其母，久宦不归。其母不爱，安能爱君？臣闻之，矜伪不长，盖虚不久。愿君去此三子者也。"管仲卒死，桓公弗行②。及桓公死，虫出尸不葬。

或曰：管仲所以见告桓公者，非有度者之言也。所以去竖刁、易牙者，以不爱其身，适君之欲也。曰："不爱其身，安能爱君？"然则臣有尽死力以为其主者，管仲将弗用也。曰："不爱其死力，安能爱君？"是欲君去忠臣也。且以不爱其身度其不爱其君，是将以管仲之不能死公子纠度其不死桓公也，是管仲亦在所去之域矣。明主之道不然，设民所欲以求其功，故为爵禄以劝之；设民所恶以禁其奸，故为刑罚以威之。庆赏信而刑罚必，故君举功于臣而奸不用于上，虽有竖刁，其奈君何？且臣尽死力以与君市，君垂爵禄以与臣市。君臣之际，非父子之亲也，计数③之所出也。君有道，则臣尽力而奸不生；无道，则臣上塞主明而下成私。管仲非明此度数字桓公也，使去竖刁，一竖刁又至，非绝奸之道也。且桓公所以身死虫流出户不葬者，是臣重④也。臣重之实，擅主也。有擅主之臣，则君令不下究⑤，臣情不上通。一人之力能隔君臣之间，使善败不闻，祸福不通，故有不葬之患也。明主之道：一人不兼官，一官不兼事；卑贱不待尊贵而进，大臣不因左右而见；百官修通，群臣辐凑；有赏者君见其功，有罚者君知其罪。见知不悖于前，赏罚不弊于后，安有不葬之患？管仲非明此言于桓公也，使去三子，故曰：管仲无度矣。

[注释]

①大命：定数，自然寿数。　②弗行：没有执行，指桓公未按管仲的话去做。　③计数：计算利害得失。　④臣重：臣下的权力过大。　⑤下究：下达。

[译文]

管仲患病了，齐桓公前往看望，说："仲父生病了，假如不幸终于天命，您用什么来教育我呢？"管仲说："尽管主公不问，我也要对您谈这件事。我建议主公除去竖刁，除去易牙，疏离卫公子开方。从前，易牙做主公厨师，只有人肉主公还没有吃过，易牙就把自己的儿子蒸了进献给主公。就人性来说，没有人不爱护自己孩子的，他不爱护自己的孩子，又怎会爱主公呢？主公好妒忌而又喜欢女人，竖刁就阉割了自己来为主公治理后宫。就人性来说，没有不爱惜自己身体的。竖刁连自己的身体都不爱，又怎么会爱主公呢？开方为主公办事十五年之久，齐国离卫国之间不过几天路程，开方舍弃自己的母亲，在齐任官，长期不回家，他连自己的母亲都不爱，又怎么会爱主公呢？我听说过，欺骗者不会长期欺骗，虚伪者不会长期虚伪，只愿主公除掉这三个人。"管仲死后，桓公没有按他的话去做。因此等到死的时候，尸体中虫子都爬出门外来了都没有人为他下葬。

有人认为：管仲劝告桓公的，并非懂法度的人说的话。管仲之所以要除去竖刁、易牙，是由于他们不爱惜自身而迎合君主的欲念，说什么"不爱惜自身，怎么会爱君呢"。那么那些愿为国君效忠的大臣，管仲对他们就会疏离不用了，会说"不爱惜自己的生命而为君主效忠的人，怎么会爱国君呢"的话，这是让君主除掉忠臣啊。何况根据不爱自身推论出不爱国君，这就是用管仲不能效忠公子纠来推断他不会为桓公效忠，这样管仲也在被排斥的范围之内了。英明君主的治国之道不是如此，他会设置民众所追求的爵禄，从而激励民众为自己立功；同时设置民众害怕的刑罚以震慑民众，从而杜绝奸邪。奖赏一定要实现，处罚必定要实行，君主按功劳大小选举官吏，因而奸邪之人得不到君主的重用。尽管有竖刁这样的人，又能对国君如何呢？况且臣下效忠与国君交易，君主设立官位和俸禄与臣下交易，君臣之间的这种关系，不是父子间的骨肉之情，而是出自利害关系的考虑。君主有道术，那么臣下就会尽力，从而不至于出现奸邪；君主无道，那么臣下对上就会阻塞君主的耳目，对下会结党营私。管仲并没有向桓公说明这个道理，即使除掉一个竖刁，另一个竖刁又会出现，这并非杜绝奸邪的根本方法。何况桓公死后之所以尸体很长时间得不到安葬，是由于大臣权势太重的原因；大臣权势过重，就会操控君主。有这种支配君主的权臣，君主的命令就不能得到下达，大臣的情况国君不明白。一个权臣的力量就能够隔断国君和群臣的联系，使君主不能听到好坏，不知道祸福消息，因此出现了齐桓公那样死后长期不葬的祸事。贤明君主的治国方法是：一个人不同时兼有两种官职，一个官职不同时管理两份职务；任用地位卑下的人，不必依赖尊贵者的引见，大臣好坏，不以近臣的意见为准。君臣之间串通信息，群臣像车轮辐条一样环绕在君主身边。被奖励的人，君主明白他的功绩，被惩罚的人，君主明白他的罪行。君主对臣下过错的了解，不因先前的印象受到干扰，对臣下的奖惩，也不因事后发生的事而消失，这样哪里会有死而不葬的忧虑呢？管仲没对桓公表明这些道理，只是让他除去那三个人，所以说管仲不明白法度。

襄子围于晋阳中，出围，赏有功者五人，高赫为赏首。张孟谈曰："晋阳之事，赫无大功，今为赏首，何也？"襄子曰："晋阳之事，寡人国家危，社稷殆矣。吾群臣无有不骄侮之意者，惟赫子不失君臣之礼，是以先之。"仲尼闻之曰："善赏哉！襄子赏一人而天下为人臣者莫敢失礼矣。"

或曰：仲尼不知善赏矣。夫善赏罚者，百官不敢侵职，群臣不敢失礼。上设其法，而下无奸诈之心。如此，则可谓善赏罚矣。使襄子于晋阳也，令不行，禁不止，是襄子无国，晋阳无君也，尚谁与守哉？今襄子于晋阳也，知氏灌之，臼①灶生鼃，而民无反心，是君臣亲也。襄子有君臣亲之泽，操令行禁止之法，而犹有骄侮之臣，是襄子失罚也。为人臣者，乘事而有功则赏。今赫仅不骄侮，而襄子赏之，是失赏也。明主赏不加于无功，罚不加于无罪。今襄子不诛骄侮之臣，而赏无功之赫，安在襄子之善赏也？故曰：仲尼不知善赏。

晋平公与群臣饮，饮酣，乃喟然叹曰："莫乐为人君，惟其言而莫之违。"师旷侍坐于前，援琴撞之。公披衽②而避，琴坏于壁。公曰："太师谁撞？"师旷曰："今者有小人言于侧者，故撞之。"公曰："寡人也。"师旷曰："哑！是非君人者之言也。"左右请除③之。公曰："释之！以为寡人戒。"

或曰：平公失君道，师旷失臣礼。夫非其行而诛其，君之于臣也；非其行则陈其言，善谏不听则远其身者，臣之于君也。今师旷非平公之行，不陈人臣之谏，而行人主之诛，举琴而亲其体，是逆上下之位，而失人臣之礼也。夫为人臣者，君有过则谏，谏不听则轻爵禄以待之，此人臣之礼也。今师旷非平公之过，举琴而亲其休，虽严父不加于子，而师旷行之于君，此大逆之术也。臣行大逆，平公喜而听之，是失君道也。故平公之迹不可明也，使人主过于听而不悟其失；师旷之行亦不可明也，使奸臣袭极谏而饰弑君之道。不可谓两明，此为两过。故曰平公失君道，师旷亦失臣礼矣。

[注释]

①臼（jiù）：舂米的石臼。　②衽（rèn）：衣襟。　③除：处罚。

[译文]

赵襄子被围困在晋阳城中，突围以后，奖励了五个人，高赫成为他奖赏的第一个人。张孟谈论："晋阳的战事，高赫并没有大功，如今却第一个受赏，是什么原因呢？"赵襄子说："晋阳被围困时，我的国家危险，社稷危险了。我的群臣没有不在我面前表露出轻慢骄横的神情的，只有高赫没有丧失君臣之间的礼节，因此首先奖赏他。"孔子听闻后说："善于奖励啊！赵襄子奖励了一个人而天下当人臣的没人敢失礼了。"

有人说：孔子不明白什么是正确的奖赏。善于赏罚的话，百官不敢越过职权侵犯别人的责守，群臣不敢丧失礼节。君主设立起法度，使得群臣没有奸诈之心。这样，能够说是善于赏罚了。假如晋阳被围之时，命令得不到推行，禁令不起作用，这就相当于襄子丧失了国家，晋阳丧失了国君，还有谁来守城呢？如今襄子在晋阳的时候，智伯在城外引晋水淹没晋阳城，城中的石臼和锅灶里都存有乌龟，而民众没有叛离之心，这说明君臣关系亲近。襄子有君臣相亲之恩泽，又操持令行制止的法度，而仍然有骄傲轻慢的臣下，这是襄子刑罚不妥。任人臣的，君主考核其行为，假如有功则受赏。如今高赫只是不骄傲轻慢，襄子就奖赏，这是赏赐不妥。英明君主的奖赏不给予无功之人，刑罚不施加于无罪之人。如今襄子不诛高傲轻慢的大臣，而奖励没有功劳的高赫，哪里体现出他善于奖赏呢？因此说：孔子不明白什么是正确的奖赏。

晋平公和臣子们饮酒，喝到畅快时，就叹息道："没有比作君主更欢乐的了，只有他的话才没有人敢违反。"师旷陪坐在前面，拿起琴去撞晋平公，平公拉开衣襟躲开，琴在墙上撞坏了。平公说："太师撞谁？"师旷说："如今有小人在旁边说话，因此撞他。"平公说："是我啊。"师旷说："哑！这并非作君主的人讲的话啊。"平公身旁的近臣请求处罚师旷，平公说："算了吧，当作对我的教训。"

有人说：平公失去了做君主的原则，师旷失去了做人臣的礼节。认为他的行为不对就惩罚他，这是君主对人臣的行为；认为他的行为不对就公开表达自己的意见，婉言相谏还是不听，就远离他，这是臣下对君主的行为。现在师旷认为平公说得不对，不公开表述人臣的意见，却推行君主的处罚，拿起琴扔向君主的身体，这是颠倒了君臣的地位，违反了当臣下的礼节。做人臣的，君主有过错就劝谏，劝谏不听就轻视爵禄辞去官职而等候，这是人臣的礼义。如今师旷不满平公的过错，举起琴来撞平公的身体，尽管是严厉的父亲也不会用这种方法对待儿子，但是师旷却将它用到了君主身上，这是大逆不道的行为。臣下做大逆不道的行为，平公却欢喜地听之任之，这是丧失了做君主的原则。所以平公的行为不宜宣扬，由于它使君主在听谏时犯错误而又发觉不到自己的失误；师旷的做法也不宜宣扬，它会使奸臣使用极力规劝的手段来掩蔽弑君的罪恶。这不能称之为两种美行，这是两种过失。因此说：平公失去了做君主的原则，师旷也失去了做臣下的礼节。

齐桓公时，有处士曰小臣稷，桓公三往而弗得见。桓公曰："吾闻布衣之士不轻爵禄，无以易万乘之主；万乘之主不好仁义，亦无以下①布衣之士。"于是五往乃得见之。

或曰，桓公不知仁义。夫仁义者，忧天下之害，趋一国之患，不避卑辱，谓之仁义。故伊尹以中国为乱，道为宰于汤；百里奚以秦为乱，道为虏于穆公。皆忧天下之害，趋一国之患，不辞卑辱，故谓之仁义。

今桓公以万乘之势，下匹夫之士，将与忧齐国，而小臣不行见，小臣之忘民也，忘民不可谓仁义。仁义者，不失人臣之礼，不败君臣之位者也。是故四封之内^②，执会而朝名曰臣，臣吏分职受事名曰萌。今小臣在民萌之众，而逆君上之欲，故不可谓仁义。仁义不在焉，桓公又从而礼之。使小臣有智能而遁桓公，是隐也，宜刑；若无智能而虚骄矜桓公，是诬也，宜戮。小臣之行，非刑则戮。桓公不能领臣主之理，而礼刑戮之人，是桓公以轻上侮君之俗教于齐国也，非所以为治也。故曰桓公不知仁义。

[注释]

①下：谦卑地敬礼。　②四封之内：国境之内。

[译文]

齐桓公的时候，有位未作官的读书人名叫小臣稷，桓公去拜访他三次都没有见到。桓公说："我听说布衣之士不轻视爵禄，就不能看轻大国的君主；大国君主不喜好仁义，也就不会谦恭地对待布衣之士。"于是拜访了五次才见到了小臣稷。

有人认为：齐桓公不明白什么叫仁义。所谓仁义，指的是为天下的灾祸而忧虑，为国家忧患而疾走奔赴，不在乎个人地位卑下和遭遇到的屈辱。于是伊尹见到中原混乱，便以厨师的身份参加商汤的政事；百里奚见到秦国混乱，便以俘虏的身份亲近秦穆公；他们都为天下的灾祸而忧虑，为一国的忧患而奔走，不在乎个人地位的卑贱和遭受到的屈辱，因此被视为仁义之士。现在齐桓公借助大国君主的权势，谒见一个平常的读书人，是由于忧虑齐国的大事，而小臣稷不出来见面，可见他忘却了齐国的百姓。忘却百姓就不能算是仁义之士。所谓仁义，是指不失去作为人臣的礼节，不损害君臣之间的上下级关系。因此全国之内拿着贡物来朝见君主的叫臣，身为臣的官吏区别官职接受任务的叫民。如今小臣稷处于民萌的行列，违反了国君的治国思想，因此不能叫仁义。仁义不在他那里，桓公却敬重他。假如小臣稷有智有能而避开桓公，那就有藏匿之罪，应该处以刑罚；假如他无智无能而弄虚作假轻视桓公，那就是蒙蔽君主，应当被处以死刑。小臣稷的行为不是被处以活刑就应受死刑。桓公不能体会君臣间关系的道理，却尊敬是该受刑罚的人，这是桓公用傲视和侮辱国君的恶俗教训齐国人民，这不是管理国家的正确方法。因此说：桓公不明白什么叫仁义。

　　靡笄之役①，韩献子将斩人。郤献子闻之，驾往救之。比至②，则已斩矣。郤子因曰："胡不以徇？"其仆曰："曩不将救之乎？"郤子曰："吾敢不分谤乎？"

　　或曰：郤子言不可不察也，非分谤也。韩子之所斩也，若罪人，则不可救，救罪人，法之所以败也，法败则国乱；若非罪人，则不可劝之以徇，劝之以徇，是重不辜也，重不辜，民所以起怨者也，民怨则国危。郤子之言，非危则乱，不可不察也。且韩子之所斩若罪人，郤子奚分焉？斩若非罪人，则已斩之矣，而郤子乃至，是韩子之谤已成而郤子且后至也。夫郤子曰"以徇"，不足以分斩人之谤，而又生徇之谤。是子言分谤也？昔者纣为炮烙，崇侯、恶来又曰斩涉者之胫也，奚分于纣之谤？且民之望于上也甚矣，韩子弗得，且望郤子之得之也；今郤子俱弗得，则民绝望于上矣。故曰：郤子之言非分谤也，益谤也。

且郄子之往救罪也，以韩子为非也；不道其所以为非，而劝之"以徇"，是使韩子不知其过也。夫下使民望绝于上，又使韩子不知其失，吾未得郄子之所以分谤者也。

桓公解管仲之束缚而相之。管仲曰："臣有宠矣，然而臣卑。"公曰："使子立高、国之上。"管仲曰："臣贵矣，然而臣贫。"公曰："使子有三归③之家。"管仲曰："臣富矣，然而臣疏。"于是立以为仲父。霄略曰："管仲以贱为不可以治贵，故请高、国之上；以贫为不可以治富，故请三归；以疏为不可以治亲，故处仲父。管仲非贪，以便治也。"

或曰：今使臧获奉君令诏卿相，莫敢不听，非卿相卑而臧获尊也，主令所加，莫敢不从也。今使管仲之治不缘桓公，是无君也，国无君不可以为治。若负桓公之威，下桓公之令，是臧获之所以信也，奚待高、国、仲父之尊而后行哉？当世之行事、都圣之下征令者，不辟尊贵，不就卑贱。故行之而法者，虽巷伯④信乎卿相；行之而非法者，虽大吏诎乎民萌。今管仲不务尊主明法，而事增宠益爵，是非管仲贪欲富贵，必暗而不知术也。故曰：管仲有失行，霄略有过誉。

韩宣王问于樛留："吾欲两用公仲、公叔，其可乎？"樛留对曰："昔魏两用楼、翟而亡西河，楚两用昭、景而亡鄢、郢。今君两用公仲、公叔，此必将争事而外市⑤，则国心忧矣。"

或曰：昔者齐桓公两用管仲、鲍叔，成汤两用伊尹、仲虺。夫两用臣者国之忧，则是桓公不霸、成汤不王也。湣王一用淖齿，而身死乎东庙，主父一用李兑，减食而死。主有术，两用不为患；无术，两用则争事而外市，一则专制而劫弑。今留无术以规上，使其主去两用一，是不有西河、鄢、郢之忧，则必有身死减食之患，是樛留未有善以知言也。

[注释]

①靡笄（míjī）之役：公元前589年，晋卿郤克出兵伐齐，在靡笄山下大败齐军。　②比至：等到赶到。　③三归：齐国规定市租（商税）的十分之三归国君所有。　④巷伯：宦官。　⑤外市：和别的诸侯国私下勾结。

[译文]

靡笄之战中，韩献子要杀一个人，郤献子听闻后坐车前去救他，等他到达时，那个人已经被杀了。郤献子于是问道："为何不把尸体拿出去示众呢？"他的侍从说："刚刚您不是要救他吗？"郤献子说："我怎么能不为韩献子分担人们的责备呢？"

有人说：郤子的话不能够不加以审察，这不是在承担人们对韩宣子的非议。韩宣子所斩的人，假如是罪人，那就不能够救他，救罪人，是法制败丧的原因；法制败丧了，国家就会混乱。假如不是罪人，那劝韩宣子将尸体巡行示众，是双重惩罚无罪之人，双重惩罚无罪之人，是人民产生憎恨的原因，人民憎恨，国家就会危险。郤子的话，不是造成国家危险就是造成国家混乱，不能够不审察。何况韩宣子所斩的是罪人，郤子有什么非议可承担呢？所斩的如果是罪人，那么都已经斩首了，郤子刚到，对韩宣子的非议已经出现了而郤子也迟到了，又怎么可以为韩宣子承担非议呢？郤子说"以尸体巡行示众"，并不足以承担对斩人的非议，相反又增重了对以尸体示众的非议，这就是郤子所说的承担非议吗？以前商纣王设立炮烙的酷刑，崇侯虎、恶来又怂恿纣王砍下冬天涉水渡河的人的小腿，他们二人怎么能够分担人们对纣王的非议？何况民众对上司依法办事的希望很强烈，韩厥不能满足民众的希望，人们希望郤克能满足；如今郤克也不能满足，那么民众对于上司就失望了。因此说：郤克的话不是承担人们对韩厥的非议，而是增重了非议。何况郤克去救助这个罪人，认为韩厥的决定是错误的；不向韩厥讲明他的决定错误的原因，反过来劝他"将尸休巡行示众"，这是让韩厥不知晓自己的过错。使下面的民众失望于上面的统治者，又使韩厥不懂得自己的过失，我不懂得郤克所说的能够分担非议的原因。

　　齐桓公解除了管仲的绑缚而任用他为相。管仲说："我已经受到恩宠了，但是我的地位低下。"桓公说："把你的地位提升到高、国两个贵族之上。"管仲说："我的地位尊贵了，但是我穷困。"桓公说："让你有三归那样多的俸禄。"管仲说："我富裕了，但是与君主关系疏离。"于是桓公任他为仲父。霄略说："管仲认为地位卑下的人不能治理地位高的人，因此要求位在高、国两大贵族之上；认为穷困的人不能治理富裕的人，因此请求有三归俸禄的家业；认为与君主关系疏离的人不能治理与君主关系亲近的人，因此处于仲父的地位。管仲不是贪得无厌，而是为了便于管理啊。"

　　有人说：假如让奴仆奉君主之命去告诉卿相，没有谁敢不服从，不是由于卿相卑贱而奴仆尊贵，而是由于君主的命令所在，没有人敢不服从。现在假使管仲管理国家而不遵从桓公的旨意，就等同于没有君主，国家没有君主就无法进行管理。如果依靠桓公的威势，下达桓公的命令，就是奴仆也能获得别人的信任，为何非要等有了高、国、仲父如此的尊贵地位才能做事呢？当代的行事、都圣之类的小官下发征兵征税的命令，不宽纵尊贵的人，也不欺侮卑下的人。所以办事遵从法令，尽管像宦官如此卑贱的人，也能使卿相归服；办事不遵从法令，尽管是大官，在普通民众面前也感觉理屈。现在管仲不尽力于尊敬君主、彰显法令，而去从事于增加自己的恩宠与爵禄，假如这不是管仲贪求富贵，必定是他糊涂而不明白治国的方法。因此说：管仲有失误的行为，霄略是错误地称赞了他。

韩宣王对樛留问道："我想一起重用公仲、公叔两个人，行吗？"樛留回复说："以前魏王同时重用楼廔和翟强两人而丧失了黄河以西的土地，楚王一起重用王族中的昭和景两个大姓而丧失了鄢、郢两地。现在假如您同时重用公仲、公叔，这必定会导致内争权势外通敌国，那国家就一定令人担忧了。"

有人认为：以前齐桓公一起重用管仲、鲍叔二人，成汤一起重用伊尹、仲虺二人。假如说同时重用两位大臣意味着国家的祸患，那么齐桓公就不可称霸，成汤就不可称王了。齐湣王只用淖齿一人但在东庙被淖齿折磨而死，赵武灵王只用李兑一人却受李兑围攻而被饿死。国君假如有控制群臣之术，尽管同时重用两位大臣也不会有忧患；如果没有控制群臣之术，同时重用两人就会因争夺权利而与外国勾结，只重用一个人，他就会因一意孤行而弑杀君主。现在樛留不明白统治之术，却来劝告国君，让他的君主舍弃重用两个人，只任用一个人，这样尽管没有丧失西河、鄢、郢的祸患，也必定有被折磨而死或被饿死的祸患。可见樛留没有高明的见解向君主进谏啊！

难二 第三十七

景公过^①晏子，曰："子宫小，近市，请徙子家豫章之圃。"晏子再拜而辞曰："且婴家贫，待市食，而朝暮趋之，不可以远。"景公笑曰："子家习市，识贵贱乎？"是时景公繁于刑，晏子对曰："踊贵而屦贱^②。"景公曰："何故？"对曰："刑多也。"景公造然^③变色曰："寡人其暴乎！"于是损刑五。

或曰：晏子之贵踊，非其诚也，欲便辞^④以止多刑也。此不察治之患也。夫刑当无多，不当无少^⑤。无以不当闻，而以太多说，无术之患也。败军之诛以千百数，犹北不止；即治乱之刑如恐不胜，而奸尚不尽。今晏子不察其当否，而以太多为说，不亦妄乎？夫惜草茅者耗禾穗，惠盗贼者伤良民。今缓刑罚，行宽惠，是利奸邪而害善人也，此非所以为治也。

齐桓公饮酒醉，遗其冠，耻之，三日不朝。管仲曰："此非有国^⑥之耻也，公胡其不雪之以政？"公曰："胡其善！"因发仓囷，赐贫穷；论囹圄，出薄罪。处三日而民歌之曰："公胡不复遗冠乎！"

或曰：管仲雪桓公之耻于小人，而生桓公之耻于君子矣。使桓公发仓囷而赐贫穷，论囹圄而出薄罪，非义也，不可以雪耻，使之而义也。桓公宿义，须遗冠而后行之，则是桓公行义，非为遗冠也？是虽雪遗冠之耻于小人，而亦遗义之耻于君子矣。且夫发囷仓而赐贫穷者，是赏无功也；论图圄而出薄罪者，是不诛过也。夫赏无功，则民偷幸而望于上；不诛过，则民不惩而易为非。此乱之本也，安可以雪耻哉？

[注释]

①过：走访，探望。　②踊（yǒng）：假脚。屦（jù）：单底鞋。③造然：吃惊而惨痛的样子。　④便（pián）辞：巧言。　⑤不当无少：这句话的意思是说用刑不当，即使用得很少，也不应该，所以没有多少的区别。　⑥有国：据有国家的人，指国君。

[译文]

景公去看望晏子，说："你的住所太小了，又临近市场，请让我把你家迁移到豫章的树林里去吧。"晏子拜了两拜，推辞说："我家里生活穷困，要靠去集市买东西过活，由于早上傍晚都要赶过去，不能离集市太远。"景公笑着说："你熟悉集市，知晓价格的高低吗？"这期间景公用刑频繁，晏子回复道："假腿贵，鞋子廉价。"景公说："什么原因呢？"回复道："用刑太多了。"景公惊奇地变了脸色，说："我是不是太暴虐了？"于是免去了五种刑罚。

有人说：晏子嘴上说刖足者的假腿价高，并非他真正的话题，他只是想用简明的语言来劝止过多的刑罚。不过，晏子如此做犯了没有查清事理的错误。就刑罚来说，如果适当，就不存在多的问题，如果不适当，再少都不能算少。晏子不说刑罚不适当，却只说太多。这就是缺少统治之术的错误。对败军推行诛杀，通常成千成百，都还不能禁止失败。也就是说，禁止祸乱的刑罚总嫌太少，可是奸邪还是不能除尽。现在晏子不认清适当与否，却只说数量太多，这不是乱说话吗？

假如怜悯野草，就会毁害庄稼；如果对盗贼宽惠就会危害良民。现在，放松刑罚，推行宽惠，这就是对坏人做好事而危害良民，这不是治国的正确办法啊。

齐桓公喝酒喝醉了，失去了帽子，感觉羞耻，三天不上朝理事。管仲说："这是国君的耻辱，您为何不用搞好政事来清洗它呢？"齐桓公说："您的意见真是好啊！"于是打开粮仓将粮食分发给贫穷的人，审查狱中的囚犯，赦免罪轻的人。这样办了三天之后，民众就唱着说："齐桓公为何不再丢失帽子啊！"

有人说：管仲在小人面前清洗了桓公的耻辱，却在君子中给桓公增加了耻辱。假如桓公打开粮仓救助贫穷，审查监狱免除轻罪之人并不合道义，不能够雪耻；如果这些事情是合乎道义的，桓公却总是不做，必定要等到丢失帽子之后才去做，那么桓公做好事不是只为了失去帽子吗？这样尽管在小人面前清洗了耻辱，却在君子中增添了桓公失去道义的耻辱了。何况打开谷仓而赈济贫穷，这是赏赐无功之人；审查监狱而赦免轻罪之人，是不惩罚有罪过的人。奖赏无功之人，那么百姓就会抱着幸运心理对君主寄予希望；不惩罚罪过，那么百姓就不会从惩罚中获取教训而容易做坏事。这是混乱的根本，哪里能够雪耻呢？

昔者文王侵盂，克莒，举酆，三举事①而纣恶之。文王乃惧，请入洛西之地、赤壤之国方千里，以请解炮烙之刑。天下皆悦。仲尼闻之，曰："仁哉，文王！轻千里之国而请解炮烙之刑。智哉，文王！出千里之地而得天下之心。"

或曰：仲尼以文王为智也，不亦过乎？夫智者，知祸难之地而辟之者也，是以身不及于患也。使文王所以见恶②于纣者，以其不得人心耶？则虽索人心以解恶可也。纣以其大得人心而恶之，已又轻地以收人心，是重见疑也，固其所以桎梏囚于羑里也。郑长者有言："体[③]道，无为、无见也。"此最宜于文王矣，不使人疑之也。仲尼以文王为智，未及此论也。

晋平公问叔向曰："昔者齐桓公九合诸侯，一匡天下，不识臣之力也，君之力也？"叔向对曰："管仲善制割，宾胥无善削缝，隰朋善纯缘，衣成，君举而服之。亦臣之力也，君何力之有？"师旷伏琴而笑之。公曰："太师奚笑也？"师旷对曰："臣笑叔向之对君也。凡为人臣者，犹炮宰和五味而进之君。君弗食，孰敢强之也？臣请譬之：君者，壤地也；臣者，草木也。必壤地美，然后草木硕大。亦君之力，臣何力之有？"

或曰：叔向、师旷之对，皆偏辞也。夫一匡天下，九合诸侯，美之大者也，非专君之力也，又非专臣之力也。昔者宫之奇在虞，僖负羁在曹，二臣之智，言中事，发中功，虞、曹俱亡者，何也？此有其臣而无其君者也。且蹇叔处干而干亡，处秦而秦霸，非蹇叔愚于干而智于秦也，此有君与无君也。向曰"臣之力也"，不然矣。昔者桓公宫中二市，妇闾[④]二百，被发而御妇人。得管仲，为五伯长；失管仲、得竖刁而身死，虫流出尸不葬。以为非臣之力也，且不以管仲为霸；以为君之力也，且不以竖刁为乱。昔者晋文公慕于齐女而亡归，舅犯极谏，故使反晋国。故桓公以管仲合，文公以舅犯霸，而师旷曰"君之力也"，又不然矣。凡五霸所以能成功名于天下者，必君臣俱有力焉。故曰：叔向、师旷之对，皆偏辞也。

[注释]

①三举事：指侵盂、克莒、举酆三件事。　②见恶：被憎恨，被厌恶。

③体：领会与实行。　④妇闾（lú）：妇女居住的地方。

[译文]

以前周文王侵占孟，攻占莒，占领了酆，这三件事成功了，纣王就讨厌他。于是文王感到畏惧，请示向纣王进献洛水西边、赤壤国方圆千里的土地，请求废弃炮烙的刑罚，天下人都很欢喜。孔子知道之后说："文王真是仁慈啊！看轻方圆千里的土地来请求废弃炮烙的刑。文王真是英明啊！放弃了方圆千里的土地就获得了天下的人心。"

而有人却说：仲尼认为文王英明，说得不是有点太过了吗？英明的人知道祸害的所在从而及时地避免它，因此他们不会遭到灾祸。假如文王被纣王嫌弃的原因是他不得人心的话，那么他用获得民心的办法来除去纣王的厌恶是可以的；但事实是纣王正是由于文王太得民心才讨厌他，而他现在又轻弃土地来收拢人心，这实际上增加了纣王对他的怀疑。这也正是他被拘禁在羑里的原因。郑国有一位年高德劭的人说过："贯彻天道，就是要达到清静无为、韬光养晦，不要使野心显露出来。"这句话用在文王身上最适当了。它能够使别人不怀疑自己。仲尼认为文王英明，但他没有说到这一点。

晋平公问叔向说："以前齐桓公九次会合诸侯，统一扶正了天下，不知是臣子的力量呢？还是君主的力量呢？"叔向回复说："管仲擅长裁剪，宾胥无擅长缝纫，隰朋擅长修饰衣边，衣服做好了，君主拿起来穿上。这是臣子的力量，君主起了什么作用呢？"师旷趴在琴上笑他。平公说："太师笑什么？"师旷回复说："我笑叔向对君主的答复。大凡做臣子的，就像是厨师，混合了各种味道来进献给君主，君主假如不吃，谁敢强制他呢？请让我来打个比喻：君主就是土壤，臣子就是草木。必定要有丰美的土壤，然后草木才能丰茂。这是君主的力量，臣子出了什么力量呢？"

有人说：叔向、师旷的回复，都是片面的说法。让天下走上了正道，多次会集诸侯，这样美好的大事业，不单独是君主的力量，也不单独是臣子的力量。以前宫之奇在虞国，僖负羁在曹国，这两个臣子很聪明，说的话都符合事实，行动都符合功利，而虞国、曹国都灭亡了，是为什么呢？这是由于虽有好的臣子却没有好的君主啊。何况蹇叔在虞国时虞国覆灭了，到秦国后秦国却称霸诸侯，这并非蹇叔在虞国时愚蠢，到了秦国就聪明了，而是取决于有没有好的君主。叔向说"是臣子的力量"，其实不是如此的。以前齐桓公的宫中有两个市场，妇女的住所有二百处，他整天披散着头发与宫女玩乐。后来他获得管仲的辅佐，成为五霸之首；他失去管仲之后又获得竖刁的辅助，结果被竖刁害死，停尸多日，蛆虫从尸体里爬出门外还没人埋葬。假如认为齐桓公称霸不是臣下的功劳，那么尽管不用管仲，他照样能够称霸；假如认为桓公能称霸只是他自身的力量，那么尽管任用竖刁，也不致发生叛乱。从前，晋文公因为喜爱齐女而忘记了归国大计，舅犯极力劝告才使他重返晋国。因此，齐桓公借助管仲得以会合诸侯，晋文公借助舅犯才能称霸，而师旷却说"是君王的功绩"，这是不对的。春秋五霸之所以能成功而扬名于天下，必定是君臣合力奋斗的结果。因此说，叔向和师旷的回复都是一面之词。

齐桓公之时，晋客至，有司请礼。桓公曰"告仲父"者三，而优笑曰："易哉，为君！一曰仲父，二曰仲父。"桓公曰："吾闻君人者劳于索人，佚于使人。吾得仲父已难矣，得仲父之后，何为不易乎哉？"

　或曰：桓公之所应优[①]，非君人者之言也。桓公以君人为劳于索人，何索人为劳哉？伊尹自以为宰于汤，百里奚自以为虏于穆公。虏，所辱也；宰，所羞也。蒙羞辱而接君上，贤者之忧世急也。然则君人者无逆贤而已矣，索贤不为人主难。且官职，所以任贤也；爵禄，所以赏功也。设官职，陈爵禄，而士自至，君人者奚其劳哉？使人又非所佚也。人主虽使人，必以度量准之，以刑名参之；以事遇[②]于法则行，不遇于法则止；功当其言则赏，不当则诛。以刑名收臣，以度量准下，此不可释也，君人者焉佚哉？索人不劳，使人不佚，而桓公曰"劳于索人，佚于使人"者不然。且桓公得管仲又不难。管仲不死其君而归桓公，鲍叔轻官让能而任之，桓公得管仲又不难，明矣。已得管仲之后，奚遽易哉？管仲非周公旦。周公旦假[③]为天子七年，成王壮，授之以政，非为天下计也，为其职也。夫不夺子而行天下者，必不背死君而事其仇；背死君而事其仇者，必不难夺子而行天下；不难夺子而行天下者，必不难夺其君国矣。管仲，公子纠之臣也，谋杀桓公而不能，其君死而臣桓公。管仲之取舍非周公旦，未可知也。若使管仲大贤也，且为汤、武，汤、武，桀、纣之臣也；桀、纣作乱，汤、武夺之。今桓公以易居其上，是以桀、纣之行，居汤、武之上，桓公危矣。若使管仲不肖人也，且为田常，田常，简公之臣也，而弑其君。今桓公以易居其上，是以简公之易，居田常之上也，桓公又危矣。管仲非周公旦以明矣，然为汤、武与田常，未可知也。为汤、武，有桀、纣之危；为田常，有简公之乱也。已得仲父之后，桓公奚遽易哉？若使桓公之任管仲，必知不欺己也，是知不欺主之臣也。然虽知不欺主之臣，今桓公以任管仲之专，借竖刁、易牙，虫流出尸而不葬，桓公不知臣欺主与不欺主已明矣，而任臣如彼其专也，故曰桓公暗主。

[注释]

①优：古时以歌舞诙谐供人娱乐的人。　②遇：符合。　③假：代理。

[译文]

齐桓公在位的时候，晋国的客人到了，负责接见的官吏请示用什么礼节。桓公说了三遍"告知仲父"。优笑着说："真简单啊，这样做君主的！一声仲父，两声仲父的。"桓公说："我听说作君主的寻找人才很费劲，使用人时就安闲了。我获得仲父已经很困难，获得仲父以后，做起君主来为何不容易呢？"

有人说：齐桓公回复优的话，不像是做君主的人讲的话。齐桓公认为君主寻找人才费力，寻找人才有什么费力呢？伊尹自己通过做厨师拜见商汤得到任用，百里奚自己通过做家奴陪嫁到秦国得到秦穆公的任用。家奴，是人们感觉屈辱的；厨师，是人们感觉羞耻的。蒙受羞耻屈辱而亲近君主，有道德有才能的人担忧天下是很紧急的。那么君主只要不失去贤能的人就行了，寻求贤能的人对君主来说并不艰难。何况官职是用来任用贤能的，爵禄是用来奖励有功劳的。设置官职、陈设爵禄，那么士人自己就会来，君主有什么辛劳呢？使用人也不是件安闲的事。君主尽管使用人，必定要用标准来衡量他，以形名是否相符来考察他，用事情来权衡；合乎法度就实行，不合乎法度就停止；功业和言辞相符就奖赏，不相符就处罚。用以形名是否相符来录用臣下，用标准来权衡臣下；这是不能舍弃的方法，君主怎么能安闲呢？寻找人才并不劳累，使用人才也不安闲，而齐桓公却说"寻找人才的时候劳累，任用人才的时候安闲"的话，就不对了。何况齐桓公得到管仲并不艰难，管仲没有跟随他的君主死去，而是归服了桓公，鲍叔牙又不看重官职避让贤能而任用了他，桓公得到管仲不艰难，这是很明了的了。得到管仲之后，哪里就简单了呢？管仲不是周公旦。周公旦凭借天子的位置治理天下七年，周成王长大之后，就把政权交给了成王，周公旦不是为了获得天下而谋划，而是为了自己的责任。那不肯夺取幼主的位置而治理天下的人，必定不会叛离死去的君主而侍奉君主的仇人；叛离了死去的君主而侍奉他的仇敌的人，对于夺占幼主的位置治理天下，必定不会感到为难的；对于夺占幼主位置治理天下不感到为难的，对于夺占君主的国家，也必定不会感到为难。管仲原本是公子纠的臣下，当年谋杀齐桓公未能如愿，等到自己的主子死了，他却又成为桓公的臣下。管仲的取舍是不是像周公旦那样忠贞贤良就不能知道了。如果管仲也是个大贤人，像商汤和周武王一样——商汤和周武王原本分别是夏桀和商纣的臣子，最后由于桀纣作乱，商汤和周武王便夺占了他们的政权——那么现在桓公以轻松享受的作为居在管仲之上，就等于以桀、纣的暴行处在商汤和周武王之上。桓公境况危险啊！如果管仲是个不贤之人，像田常一样——田常是齐简公的臣子，最后杀死了简公——那么现在桓公以轻松安乐的作为居在管仲之上。就等于以简公的轻慢懈怠处在田常之上，桓公的境况也会很危险。管仲不是周公旦那样的贤人已经很明显了，但是否会是商汤、周武王与田常那样的人就不能知道了。假如他是商汤、周武王一类的人，那么桓公就会有桀、纣同样的危险；假如他是田常一类的人，那么桓公就会有简公那样的混乱。管仲已经获得了仲父的称号，桓公还凭什么急着享受轻松安乐的生活啊？如果桓公任用管仲是因为确信他不会欺骗自己，这说明他很了解不欺骗君主的臣子。可是现在他又用当时任用管仲时的专心、相信来任用竖刁、易牙。导致最后蛆虫从尸体里爬出门外都不能下葬。

由此看来，桓公并不懂得谁是欺骗君主的臣子、谁是不欺骗君主的臣子，可是他任用臣下的时候却都一如既往。因此说桓公是个昏君。

李克治中山，苦陉令上计而入多。李克曰："语言辨^①，听之说，不度于义，谓之窕^②言。无山林泽谷之利而入多者，谓之窕货。君子不听窕言，不受窕货。子姑免矣。"

或曰：李子设辞曰："夫言语辨，听之说，不度丁义者，谓之窕言。"辩，在言者；说，在听者：言非听者也，则辩非说者也。所谓不度于义，非谓听者，必谓所听也。听者，非小人则君子也。小人无义，必不能度之义也；君子度义，必不肯说也。夫曰："言语辨，听之说，不度于义"者，必不诚之言也。人多之为窕货也，未可远行也。李子之奸弗蚤禁，使至于计，是遂过也。无术以知而入多，入多者，穰也，虽倍入，将奈何？举事慎阴阳之和，种树节四时之适，无早晚之失，寒温之灾，则入多。不以小功妨大务，不以私欲害人事，丈夫尽于耕农，妇人力于织纴，则入多。务于畜养之理，察于土地之宜，六畜遂，五谷殖，则入多。明于权计，审于地形、舟车、机械之利，用力少，致功大，则入多。利商市关梁之行，能以所有致所无，客商归之，外货留之，俭于财用，节于衣食，宫室器械周于资用，不事玩好，则入多。入多，皆人为也。若天事，风雨时，寒温适，土地不加大，而有丰年之功，则入多。人事、天功二物者皆入多，非山林泽谷之利也。夫无山林泽谷之利入多，因谓之窕货者，无术之言也。

[注释]

①辨：通"辩"，动听。　②窕（tiǎo）：有空隙，不实，不当。

[译文]

李克管理中山，苦陉县令年末上报的钱粮收入较多。李克说："言语动听，听了叫人欢喜，但不合乎常理，这种话称为窕言。没有山林川泽等自然资源而收入多的，这种收入称为窕货。君子不听窕言，不受窕货。你就此免去职务吧。"

有人说：李克立论说："言语动听，听到它就感到欢喜，就不会用道义来权衡的，就称之为淫荡的言论。"但是否动听在于说话的人，是否高兴在于听话的人，而说话的人并非听话的人，那么动听的话并不就是令人欢喜的话，因此李克所说的"言语动听，听到就感到欢喜"是不可能有的事。所谓"不用道义来权衡"，不是指听话的人，就必定是指所听到的话。听话的人，不是小人，那么即是君子。小人不明白道义，就必定不能用道义来权衡这些淫荡的话；君子用道义来权衡这些话，就一定不会感到欢喜了。因此，所谓"言语动听，听到就感觉高兴，就不会用道义来权衡"的，一定就是不符合事实的话。假如收入多的就是淫荡的财货，那就不能让这种收入长期地搞下去。李克对这种奸邪的行为不尽早禁止，而让它一直拖到年末上报经济情况的时候，这是在滋长苦陉县县令的过错。李克没有办法知晓苦陉县县令收入过多的原因，假如收入过多是由于庄稼丰收，尽管有加倍的收入，又能对它如何呢？做事顺从自然界的气候，种植合乎时令，没有种早、种晚的失误和过冷过热的灾祸，那么收入就多了。不由于获利少的小事而妨碍了获利大的要务，不由于个人的欲望而危害了人们的劳动，成年男子全都尽力于农耕，妇女都尽力于纺织，那么收入就多了。留意到饲养牲畜的规律，明察了土地的适合用法，六畜兴旺，五谷丰登，那么收入就多了。在衡量利弊、计量得失方面很精明，懂得了地形、发挥舟车和机械的作用，耗费的力气少，得到的效果大，收入就多。使商市、关口、桥梁方便通行，能串通有无，客商闻风而至，吸纳了外来的货物，节省财用，节衣缩食，宫室、器具合乎实用，不贪图贵重的玩物，收入就多。收入增多，都是人为的结果。对于自然界的状况，风雨适时，冷暖适合，土地不增加，却有丰收的年成，收入就多。人的努力，天时的作用，这两方面都可以使收入增多，并非山林川泽给予的利益。不由于山林川泽给予的利益而收入多，却硬把它们称为窕货，这是不明白法术的言论。

赵简子围卫之郛郭①，犀盾、犀橹，立于矢石之所不及，鼓之而士不起。简子投枹②曰："乌乎！吾之士数弊也。"行人烛过免胄而对曰："臣闻之：亦有君之不能耳，士无弊者。昔者吾先君献公并国十七，服国三十八，战十有二胜，是民之用也。献公没，惠公即位，淫衍暴乱，身好玉女，秦人恣侵，去绛十七里，亦是人之用也。惠公没，文公授之，围卫，取邺，城濮之战，五败荆人，取尊名于天下，亦此人之用也。亦有君不能耳，士无弊也。"简子乃去盾、橹，立矢石之所及，鼓之，而士乘之③，战大胜。简子曰："与吾得革车千乘，不如闻行人烛过之一言也。"

或曰：行人未有以说也，乃道惠公以此人是败，文公以此人是霸，未见所以用人也。简子未可以速去盾、橹。严亲在围，轻犯矢石，孝子之所以爱亲也。孝子爱亲，百数之一也。今以为身处危而人尚可战，是以百族之子于上皆善孝子之爱亲也，是行人之诬也。好利恶害，夫人之所有也。赏厚而信，人轻敌矣；刑重而必，夫人不北矣。长行徇上，数百不一人；喜利畏罪，人莫不然。将众者不出乎莫不然之数，而道乎百无一人之行，行人未知用众之道也。

[注释]
①郭（fú）郭：外城。　②枹（fú）：通"桴（tú）"，鼓槌。　③乘之：士兵趁鼓声而进攻。

[译文]

　　赵简子攻击卫国的外城，他前面挡着犀牛皮制成的大小盾牌，他在箭石不能飞到的地方，敲响了战鼓，可是士兵不向前冲。简子丢下鼓槌说："唉！我的士卒多次出毛病啊。"一位叫烛过的使者取下头盔行礼说："我听说，只有没有能力的君主，没有无能的士兵。以前，我们的献公吞并的国家有十七个，征服的国家有三十八个，十二次战胜敌国，这都是他对百姓利用的结果。献公去世，惠公即位，他淫荡无度，残暴而无规矩，喜欢追逐漂亮的女子，于是导致秦人肆意入侵，一直打到离绛城十七里的地方，这也是他对百姓利用的结果。惠公去世，文公接替，然后攻击卫国，攻占邺城，进行了城濮之战，五次击败楚国，在天下获得崇高的声誉，这也是他对百姓利用的结果啊。因此，只有无能的君主，没有无能的士兵。"于是赵简子扔开大小盾牌，站在箭石能打到的地方，他击响战鼓，战士便冲上了城墙，获得了巨大胜利。简子说："尽管我能得到战车千辆，还不如听使者烛过一番话。"

　　有人认为，使者并没有对赵简主说些什么，他只说惠公的失利是因为百姓，文公的称霸也是因为百姓，并没有见他说使用百姓的详细方法。简子不应当那么快就把盾牌弃在一边。假如父亲处于围困之中，无视箭石冲进去援救，这是孝子爱亲的行为。孝子爱亲非常稀少，百人中只有一人。如果认为自身处于危险之中士兵就可能去拼命，这就相当于是在以为百家的儿子对他们的君主都如同孝子爱亲一样，可见这个使者是在蒙蔽君主。喜欢好处，讨厌坏处，人人都有这种想法。

如果重赏而且实现，士兵就不怕敌人；重刑而且实现，士兵就不会败北了。用高尚的行为为君上去死，几百人中没有一个人；喜欢利益惧怕刑罚，没有一个人不是这样。领导民众的人应当根据无人不是如此的逻辑，但是这位使者却高谈百人中无一人的行为，可见这位使者并不明白使用民众的正确方式。

难三　第三十八

　　鲁穆公问于子思曰："吾闻庞㸑氏之子不孝,其行奚如?"子思对曰:"君子尊贤以崇德,举善以观①民。若夫过行,是细人之所识也,臣不知也。"子思出,子服厉伯入见。问庞㸑氏子,子服厉伯对曰:"其过三,皆君之所未尝闻。"自是之后,君贵子思而贱子服厉伯也。

　　或曰:鲁之公室,三世劫于季氏,不亦宜乎?明君求善而赏之,求奸而诛之,其得之一也。故以善闻之者,以说善同于上者也;以奸闻之者,以恶奸同于上者也。此宜赏誉之所及也。不以奸闻,是异于上而下比周于奸者也,此宜毁罚之所及也。今子思不以过闻而穆公贵之,厉伯以奸闻而穆公贱之。人情皆喜贵而恶贱,故季氏之乱成而不上闻,此鲁君之所以劫也。且此亡王之俗,取②、鲁之民所以自美,而穆公独贵之,不亦倒乎?

　　文公出亡,献公使寺人③披攻之蒲城,披斩其袪④,文公奔翟。惠公即位,又使攻之惠窦,不得也。及文公反国,披求见。公曰:"蒲城之役,君令一宿,而汝即至;惠窦之难,君令三宿,而汝一宿。何其速也!"披对曰:"君令不二。除君之恶,惟恐不堪。蒲人、翟人,余何有焉?今公即位,其无蒲、翟乎?且桓公置射钩而相管仲。"君乃见之。

　　或曰:齐、晋绝祀,不亦宜乎?桓公能用管仲之功而忘射钩之怨,文公能听寺人之言而弃斩祛之罪，桓公、文公能容二子者也。后世之君，明不及二公；后世未臣，贤不如二子。以不忠之臣事不明之君，君不知，则有燕操、子罕、田常之贼；知之，则以管仲、寺人自解。君必不诛，而自以为有桓、文之德，是臣仇而明不能烛，多假之资，自以为贤而不戒，则虽无后嗣，不亦可乎？且寺人之言也，直饰君令而不贰者，则是贞于君也。死君后生，臣不愧，而复为贞。今惠公朝卒而暮事文公，寺人之不贰何如？

[注释]

①"观"当作"劝"。劝：鼓励。　②"取"当作"邹"，邹是鲁国邑名。③寺人：宦官。　④祛（qū）：衣袖。

[译文]

鲁穆公问子思说："我听闻庞䋐氏的儿子不孝，他的行为是怎样的呢？"子思回复道："君子尊重贤人以崇尚道德，选举善人给民众示范。对于那些错误的行为，是小人所明白的事情，我不明白。"子思出去之后，子服厉伯拜见。鲁穆公问庞䋐氏儿子的情况，子服厉伯回复道："他的错误有三条。"都是鲁穆公所没有听闻过的。从今往后，鲁穆公尊重子思而看轻子服厉伯。

有人认为：鲁国的国君，接连三代都被季氏所威胁，不是有原因吗？明智的君主寻找好人给予奖赏，寻找奸人给予处罚，其效果都是一致的。同理，把善行告诉君主的人，就是和君主一样喜欢善行的人；把奸情告诉君主的人，就是和君主一样讨厌奸邪的人。应当对这两种人给予奖赏和赞颂。不把奸情汇报君主的人，就是与君主不同心而与奸人相勾结的人，应当对这种人贬低和惩罚。如今，子思不把庞衲氏之子的罪过告诉穆公，穆公却重视他，厉伯把庞衲氏之子的罪过告知了穆公，可是穆公却轻视他。人的本性都喜欢被重视而不喜欢被轻视，因此季氏已经导致大祸却没有人汇报，这就是鲁君被威胁的原因。而且，这种造成君主亡身的风气，邹、鲁之民以此为美，而穆公正要也以此为贵，不是颠倒了是非吗？

晋文公逃亡，晋献公派宫内侍卫披到蒲城去攻击他，披割断了他的衣袖，文公逃离到了翟。晋惠公继位后，又派披去惠窦攻击他，没有得逞。等到晋文公回到晋国，披来拜见。晋文公传话说："在蒲城的战争中，献公命令你一夜赶到，而你却立刻就赶到了；在惠窦之战中，惠公吩咐你三夜赶到，而你却一夜就到了。为何如此快速啊！"披回复说："对于君主的命令，不能心不在焉。除掉君主所怨恨的人，我只怕不能担任。您当时是君主所怨恨的蒲城人、翟邑人，我对您又有什么呢？现在您登上了君位，难道就没有您所憎恨的蒲城人、翟邑人那样的敌人了吗？何况齐桓公也曾把管仲射中自己带钩的深仇抛在一边而任命管仲任了相国。"晋文公于是就接待了他。

有人说：齐国、晋国断绝宗庙祭祀，不也很应该吗？齐桓公可以利用管仲的功劳而忘记射中自己带钩的仇怨，晋文公能听从寺人披的话而不在乎他斩断自己衣袖的罪行，这表示齐桓公、晋文公可以宽容这两个人。他们后代的君主，明智比不上齐桓公和晋文公；而后代的臣子，贤能比不上管仲和披。让不忠心的臣子来伺候不明智的君主，君主假如不察觉，那么就会受到燕国公孙操、子罕、田常那样的贼臣的残害；君主假如察觉了，那么奸臣就会用管仲、寺人披的事例来为自己开脱。君主假如不惩处他们而自认为有齐桓公、晋文公那样的德行，这是用仇人为臣而自己的明智又不能发觉他们的阴谋，还较多地供应给他们活动的条件，自认为他们是有德才的而不加防备，那么尽管丧失了政权而没有了后代继承人，不也是应当的吗？何况寺人披的话，只是花言巧语地说什么实行君主的命令不能心不在焉，那就是忠于君主。常言说："君主死后而复生，活着的臣子在他面前不会感到羞耻，这才称为忠贞。"现在晋惠公早上才死去而晚上披就去伺候文公了，寺人披的没有二心到底算是什么呢？

人有设桓公隐者曰："一难，二难，三难，何也？"桓公不能对，以告管仲。管仲对曰："一难也，近优而远士。二难也，去其国而数之海。三难也，君老而晚置太子。"桓公曰："善。"不择日而庙礼太子。

或曰：管仲之射隐，不得也。士之用不在近远，而俳优侏儒固人主之所与燕也，则近优而远士而以为治，非其难者也。夫处势而不能用其有，而悖不去国，是以一人之力禁一国。以一人之力禁一国者，少能胜之。明能照远奸而见隐微，必行之令，虽远于海，内必无变。然则去国之海而不劫杀，非其难者也。楚成王置商臣以为太子，又欲置公子职，商臣作难，遂弑成王。公子宰，周太子也，公子根有宠，遂以东州①反，分而为两国。此皆非晚置太子之患也。夫分势不二，庶孽②卑，宠无藉，虽处大臣，晚置太子可也。然则晚置太子，庶孽不乱，又非其难也。物之所谓难者，必借人成势而勿使侵害己，可谓一难也。贵妾不使二后，二难也。爱孽不使危正适③，专听一臣而不敢偶君，此则可谓三难也。

叶公子高问政于仲尼，仲尼曰："政在悦近而来远。"哀公问政于仲尼，仲尼曰："政在选贤。"齐景公问政于仲尼，仲尼曰："政在节财。"三公出,子贡问曰:"三公问夫子政一也,夫子对之不同,何也?"仲尼曰:"叶都大而国小,民有背心,故曰'政在悦近而来远'。鲁哀公有大臣三人,外障距诸侯四邻之士,内比周而以愚其君,使宗庙不扫除、社稷不血食④者,必是三臣也,故曰'政在选贤'。齐景公筑雍门,为路寝,一朝而以三百乘之家赐者三,故曰'政在节财'。"

[注释]

①东州:即东周。 ②庶孽(niè):妃妾所生的儿子。 ③适:通"嫡"。
④血食:血祭,杀牲祭祀。

[译文]

有一个出谜语让齐桓公猜的人说:"一个困难,两个困难,三个困难,是什么?"齐桓公不能答复,便告知管仲。管仲回复说:"治国的第一个困难是君主亲近优人疏离文士。第二个困难是君主离开国都常常到海上去游乐。第三个困难是君主年纪大了很迟才立太子。"齐桓公说:"你说得好。"因此没有选择日期就在宗庙里进行了立太子的仪式。

有人说:管仲的谜底不对。君主举用贤明之士并不在于他和君主的关系的远近。俳优侏儒,是当作君主娱乐的对象的。亲近俳优而疏远名士,并用来作为管理国家的方法,并不是什么艰难的事。占有君主的权势却不能应用它,还不离开国都,这是想用一个人的力量来掌控一个国家。用一个人的力量来掌控一个国家,很少有能承担的。假如君主很贤明能发觉远处的奸情并看到近处的隐患,必定能贯彻他的法令,尽管远在海上,国内必定也不会出现什么变故;那么远离自家到海上游乐而不被挟住杀害,就不是什么难处了。楚成王立商臣为太子,后来又想改立公子职，于是商臣发动叛变，杀了楚成王。公子宰是周朝的太子。由于公子根受到宠爱，就占领东州发动叛变，将周朝一分为二成为两个国家。这些都不是迟立太子造成的祸患。假如不使权力分散，将妃嫔的儿子地位降低，宠爱他们但不让这成为他们叛变的凭借，尽管处于大臣之位，迟立太子也是可以的。既然如此那么晚立太子，妃嫔的儿子也不会叛乱，这也不是什么艰难的事。艰难的事是给人权力并且不让他危及自己，这能够说是第一困难的事。恩宠妃嫔但不让她们与王后争位，这是第二困难的事。恩宠庶子但又不会让他们危及太子，只听一个大臣的话而又使他不敢与君主抗争。这能够说是第三困难的事。

叶公子高就怎样主持行政的问题求教仲尼，仲尼说："好的行政在于使近处的人欢喜，使远处的人归服。"鲁哀公就怎样行政的问题求教仲尼，仲尼说："好的行政在于举用贤才。"齐景公就怎样行政的问题求教仲尼，仲尼说："好的行政在于节省财用。"三位君主出去后，子贡问："三位君主一样就行政问题问先生，先生却用不同的话答复他们，这是为什么呢？"仲尼说："叶国都城大而国家小，百姓都有叛离之心，因此我对叶公说'好的行政在于使近者欢喜，远者归顺'。鲁哀公有三个大臣，他们对外妨碍和拒绝来自四方诸侯国家的有志之士，对内串通在一起愚弄他们的国君，将来造成宗庙无人清扫、社稷之神无人供奉的，必定是这三个人，因此我对哀公说'好的行政在于选举贤才'。齐景公修建雍门，建造路寝之台，一次就奖励三家百里田地的俸禄，因此我对他说'好的行政在于节省财用'。"

或曰：仲尼之对，亡国之言也。叶民有倍心，而说之"悦近而来远"，则是教民怀惠①。惠之为政，无功者受赏，而有罪者免，此法之所以败也。法败而政乱，以乱政治败民，未见其可也。且民有倍心者，君上之明有所不及也。不绍②叶公之明，而使之悦近而来远，是舍吾势之所能禁而使与下行惠以争民，非能持势者也。夫尧之贤，六王之冠也。舜一徙而成邑，而尧无天下矣。有人无术以禁下，恃为舜而不失其民，不亦无术乎？明君见小奸于微，故民无大谋；行小诛于细，故民无大乱。此谓"图难于其所易也，为大者于其所细也"。今有功者必赏，赏者不得君引，力之所致也；有罪者必诛，诛者不怨上，罪之所生也。民知诛赏之皆起于身也，故疾功利于业，而不受赐于君。"太上，下智有之"。此言太上之下民无说也，安取怀惠之民？上君之民无利害，说以"悦近来远"，亦可舍已。

哀公有臣外障距内比周以愚其君，而说之以"选贤"，此非功伐之论也，选其心之所谓贤者也。使哀公知三子外障距内比周也，则三子不一日立矣。哀公不知选贤，选其心之所谓贤，故三子得任事。燕子哙贤子之而非孙卿，故身死为僇；夫差智太宰嚭而愚子胥，故灭于越。鲁君不必知贤，而说以选贤，是使哀公有夫差、燕哙之患也。明君不自举臣，臣相进也；不自贤，功自徇也。论之于任，试之于事，课之于功，故群臣公政③而无私，不隐贤，不进不肖。然则人主奚劳于选贤？

景公以百乘之家赐，而说以"节财"，是使景公无术以知富之侈，而独俭于上，未免于贫也。有君以千里养其口腹，则虽桀、纣不侈焉。齐国方三千里而桓公以其半自养，是侈于桀、纣也；然而能为五霸冠者，知侈俭之地也。为君不能禁下而自禁者谓之劫，不能饰下而自饰者谓之乱，不节下而自节者谓之贫。明君使人无私，以诈而食者禁；力尽于事归利于上者必闻，闻者必赏；污秽为私者必知，知者必诛。然，故忠臣尽忠于公，民士竭力于家，百官精克于上，侈倍景公，非国之患也。然则说之以节财，非其急者也。

夫对三公一言而三公可以无患，知下之谓也。知下明，则禁于微；禁于微，则奸无积；奸无积，则无比周；无比周，则公私分；公私分，则朋党散；朋党散，则无外障距内比周之患。知下明，则见精沐；见精沐，则诛赏明；诛赏明，则国不贫。故曰：一对而三公无患，知下之谓也。

[注释]

①怀惠：寄希望于恩惠。　②绍：继续。　③政：通"正"。

[译文]

有人说：孔子的回复是亡国的论调。叶国的人民有叛变的想法，却劝说叶公让他使近处的人欢喜，使远处的人归服，这是让人民要想到叶公的恩惠。用广施恩惠的方法来管理国家，没有功劳的人能够受到赏赐，而有罪的人能够免受刑罚，这就是法律败丧的原因。法律败丧了政治制度就会混乱，用混乱的政治制度去管理道德败坏的民众，看不到它的可行性。何况民众有叛变的想法，这是君主还有观察不到的地方，不让叶公明察暗访的能力得以传承发扬，而是让他悦近来远，这是放弃权势的限制作用而使自己与臣下用实施恩惠的方法获取民众，这不是稳固权势的方法。尧的贤明，居于六王之首。但是舜一举包揽了天下，尧就丧失了天下。如果君主没有支配臣下的方法，只凭借自己有舜同样的贤德来实现不丧失民众，这不也是没有治国的方法吗？贤明的君主能于微小处发现细小的奸邪的行为。因此民众就不会有背离君主的大的阴谋；对奸邪行为在它还处于萌发状态时就及时给以适当的惩罚，这就是解决困难从简单的地方着手，于大事要从细微处开始。现在有功劳的必定奖赏，得到奖赏的人并不感谢君主的恩德，由于这是他出力得来的；有罪过的必定处罚，受处罚的人也不埋怨君上，因为这是他的罪过导致的。民众懂得受罚受赏的原因都在于自己，因此急于在自己的事业上谋取功利，而不接纳君主的恩赐。"最英明的君主，民众只知道有那样一个人就是了。"这是说最英明的君主统治下的民众没有什么喜欢不喜欢的，哪里寄希望于君主的恩惠？最英明的君主统治下的民众对君主不讲利与弊，劝告君主让"近者喜欢远者归顺"，也是能够舍弃的。

鲁哀公有臣子对外阻止士人到鲁国来，对内培养党羽愚弄君主，而孔子劝告鲁哀公要"选用贤人"，这并不是依据功劳来选用贤人，选的只是君主心目中的所谓贤者。假如哀公知道那三个大臣对外阻止文士进入鲁国而对内又彼此勾结的话，那三个人就一天都不能待下去了。因为哀公不懂得怎么选用贤才，选了他心目中的所谓贤人，因此那三个人才得到任用。燕王哙以为子之贤能而否定孙卿，因此自己蒙受被杀之辱；夫差以为太宰嚭聪明而伍子胥愚笨，所以被越国消灭。鲁国君主并不一定懂得（什么是真正的）贤才，却劝告他选用贤才，这是要让哀公遭到夫差、燕王哙那样的祸害啊。英明的君主不用自己去选拔大臣，大臣们彼此争取进用；不自己确定谁是贤才，立功的人自然会随从君主。从办事能力上分别他们，用实际工作去试验他们，从功劳大小上去考察他们，因此群臣公正而没有私心，不埋没贤才，不举用德才不好的人。那么君主哪里用得着为选举贤才操劳呢？

齐景公用百里食邑的户数当作赏赐，就用"节省开支"来劝告，这是让景公没有办法了解君主应有的浪费，而独自在上面节省，最后难免贫困。君主用千里土地的收入奉养自己的口腹，那么尽管是桀、纣也比不上他那样浪费。齐国方圆三千里而齐桓公用一半的收入奉养自己，这是比桀、纣更浪费的；但是他却能够成为五霸之首，是因为他知道奢侈与节俭的真谛。做国君的不能限制臣下而去限制自己的，叫劫难；不能整顿臣下却去检点自己的，叫混乱；不能控制臣下却控制自己的，叫穷困。圣明的君主使民众没有私心，制止那些靠弄虚作假而生活的人；尽力办事把利益归属君主的人，君主必定了解，了解之后必定给予赏赐；做肮脏行为谋取私利的君主必定了解，了解之后必定加以惩罚。如此一来，忠臣为公家效忠，民众为家庭出力，百官在朝廷上廉洁公正，比景公再奢靡几倍，也不会导致国家的祸患。但是（孔子）却劝景公要节约开支，（这并）不是齐国的当务之急啊。

实际上回答这三公，只要用一句话就能够免除忧患了，那就是了解下情。了解下情的事做好了，就会防范于未然；防范于未然，奸邪之事就无从积存；奸邪之事不积存，就没有坏人的相互串通；没有互相串通，公务与私利就区别清楚了，公私分清了，朋党自然就会散开；朋党散开，就没有对外阻止和对内相互勾结的祸害了。了解下情做得好，所见就精确清晰；所见精确清晰了，惩罚与赏赐就能显明；惩罚与赏赐显明了，国家就不会贫困。因此说，用一句话回答就能使三公免去祸患，就是了解下情。

郑子产晨出，过东匠之间，闻妇人之哭，抚其御之手①而听之。有间，遣吏执而问之，则手绞其夫者也。异日，其御问曰："夫子何以知之？"

子产曰："其声惧。凡人于其亲爱也，始病而忧，临死而惧，已死而哀。今哭已死，不哀而惧，是以知其有奸也。"

或曰：子产之治，不亦多事乎？奸必待耳目之所及而后知之，则郑国之得奸者寡矣。不任典②成之吏，不察参伍之政，不明度量，恃尽聪明劳智虑而以知奸，不亦无术乎？且夫物众而智寡，寡不胜众，智不足以遍知物，故因物以治物。下众而上寡，寡不胜众者，言君不足以遍知臣也，故因人以知人。是以形体不劳而事治，智虑不用而奸得。故宋人语曰："一雀过羿，羿必得之，则羿诬矣。以天下为之罗，则雀不失矣。"夫知奸亦有大罗，不失其一而已矣。不修其理，而以己之胸察③为之弓矢④，则子产诬矣。《老子》曰："以智治国，国之贼也。"其子产之谓矣。

[注释]

①抚其御之手：按住他驾车人的手，示意停车。　②典：主管。　③胸察：主观判断。　④弓矢：比喻察奸的手段。

[译文]

郑国的子产早晨出去，路过东匠巷的大门时，听到有个女人在哭，就按住他车夫的手让车停止仔细听那哭声。一会儿之后，子产就派差役把这女人叫来审问，原来是个亲自勒死自己的丈夫的人。后来有一天，他的车夫问他说："先生是如何知道的？"子产说："她的哭声里有畏惧。凡是人对于自己亲爱的人，刚患病的时候是担忧，快死的时候是畏惧，已经死了就悲哀。如今她哭她已经死去了的丈夫，不是悲哀而是恐惧，因此知晓这里面有奸情。"

有人说：子产治国，不也是太麻烦了吗？奸情必定要等亲自听到和看到，然后才知道，那么郑国查到的奸情就太少了。不任用掌管狱讼的官吏，不采用多方面考察检验的治理措施，不彰显法度，而依靠用尽聪明，劳心费神去获知奸情，不也是缺乏治国办法吗？何况事物众多而个人智寡，寡不胜众，个人智力很难普遍地了解事物，因此要利用事物来管理事物。臣下多而君主寡，寡不胜多是指君主很难普遍地了解臣下，因此要依靠人来了解人。因此不使身体辛劳就办好事情，不使用脑力就得知奸情。因此宋人有句话说："每一只麻雀飞过羿的身旁，羿也定要把它射下来，那就是羿在骗人。把天下当作罗网，麻雀就一个也不能逃脱。"得知奸情也有大罗网，那就是十拿九稳的法术罢了。不整治法制，而用自己的主观断定作为察奸的手段，那是子产在蛮干。《老子》说："凭个人智慧管理国家，是国家的祸患。"可能就是说子产这种行为吧。

秦昭王问于左右曰："今时韩、魏孰与始强？"右左对曰："弱于始也。""今之如耳、魏齐孰与曩^①之孟尝、芒卯？"对曰："不及也。"王曰："孟尝、芒卯率强韩、魏，犹无奈寡人何也。"左右对曰："甚然。"中期推琴而对曰："王之料天下过矣。夫六晋之时，知氏最强，灭范、中行而从韩、魏之兵以伐赵，灌以晋水，城之未沉者三板。知伯出，魏宣子御，韩康子为骖乘。知伯曰：'始吾不知水可以灭人之国，吾乃今知之。汾水可以灌安邑，绛水可以灌平阳。'魏宣子肘韩康子，康子践宣子之足，肘足接乎车上，而知氏分于晋阳之下。今足下虽强，未若知氏；韩、魏虽弱，未至如其在晋阳之下也。此天下方用肘足之时，愿王勿易之也。"

［注释］

①曩（nǎng）：从前。　②弄：弹奏，引申为曲调。

［译文］

　　秦昭王问左右的侍从说："如今的韩国、魏国和它们刚刚建国的时候比较，哪一个更强盛？"侍从回复说："比刚建国时微弱了。"秦昭王又问："如今的如耳、魏齐和以前的孟尝君、芒卯相比如何？"侍从回复说："比不上啊。"秦昭王说："孟尝君、芒卯带领强大的韩、魏联军，还不能把我怎么样；如今用无能的如耳、魏齐，率领衰微的韩、魏之兵来攻打秦国，他们不能把我如何也就是很明显的了。"侍从回复说："说得很对。"乐师中期推开琴回复说："大王对天下形势的估算错了。在那晋国六卿掌政的时候，智伯氏最强大，他消灭范氏、中行氏之后又率领了韩氏、魏氏的军队去攻击赵襄子，用晋江水来淹没赵襄子的封邑晋阳城，城墙没有淹没的地方只有六尺高了。智伯出去，魏宣子在车子当中驾车，韩康子在车子右边当陪乘卫士。智伯说：'开始的时候我不知道河水还能够灭掉别人的封邑，我现在才懂得了这个道理。汾水能够灌淹安邑，绛水能够灌淹平阳。'魏宣子用肘撞了一下韩康子，韩康子踩了一下魏宣子的脚，肘和手在车上互相抵触，而智伯的封地就在晋阳城下被分割了。如今您尽管强大，还比不上当年的智伯；韩国、魏国尽管很衰弱，还没有落到像他们在晋阳城下屈从智伯的状况。如今是天下各国正在用肘、脚相碰暗中串通的时候，希望大王不要看轻他们啊。"

　　或曰：昭王之问也有失，左右、中期之对也有过。凡明主之治国也，任其势①。势不可害，则虽强天下无奈何也，而况孟尝、芒卯、韩、魏能奈我何？其势可害也，则不肖如如耳、魏齐及韩、魏犹能害之。然则害与不侵，在自恃而已矣，奚问乎？自恃其不可侵，则强与弱奚其择焉？失在不自恃，而问其奈何也，其不侵也幸矣。申子曰："失之数而求之信，则疑②矣引。"其昭王之谓也。知伯无度，从韩康、魏宣而图以水灌灭其国，此知伯之所以国亡而身死，头为饮杯之故也。今昭王乃问孰与始强，其畏有水人之患③乎？虽有左右，非韩、魏之二子也，安有肘足之事④？而中期曰"勿易"，此虚言也。且中期之所官，琴瑟也。弦不调，弄不明，中期之任也，此中期所以事昭王者也。中期善承其任，未慊⑤昭王也，而为所不知，岂不妄哉？左右对之曰"弱于始"与"不及"则可矣，其曰"甚然"则视也。申子曰："治不逾官，虽知不言。"今中期不知而尚言之。故曰：昭王之问有失，左右、中期之对皆有过也。

管子曰："见其可，说之有证；见其不可，恶之有形。赏罚信于所见，虽所不见，其敢为之乎？见其可，说之无证；见其不可，恶之无形。赏罚不信于所见，而求所不见之外，不可得也。"

或曰：广廷严居⑥，众人之所肃也。宴室独处，曾、史之所僈也。观人之所肃，非行情⑦也。且君上者，臣下之所为饰也。好恶在所见，臣下之饰奸物以愚其君，必也。明不能烛远奸、见隐微，而待之以观饰行，定赏罚，不亦弊乎？

《管子》曰："言于室，满于室；言于堂，满于堂：是谓天下王。"

或曰：管仲之所谓"言室满室、言堂满堂"者，非特谓游戏饮食之言也，必谓大物⑧也。人主之大物，非法则术也。法者，编著之图籍，设之于官府而布之于百姓者也。术者，藏之于胸中，以偶众端而潜御群臣者也。故法莫如显，而术不欲见。是以明主言法，则境内卑贱莫不闻知也，不独满于堂；用术，则亲爱近习⑨莫之得闻也，不得满室。而《管子》犹曰"言于室满室，言于堂满堂"，非法术之言也。

[注释]

①任其势：依靠他的权势。　②疑：迷惑，糊涂。　③水人之患：指智氏引晋水灌赵而给自己带来祸患的事。　④肘足之事：指韩康子、魏宣子暗地谋攻智氏一事。　⑤未慊（qiè）：不能满足。　⑥严居：严肃的场合。⑦非行情：不是行为的真实情况。　⑧大物：大事。　⑨近习：君主亲近宠幸的人。

[译文]

有人认为：昭王的提问有错误，左右侍臣和中期的对答有过错。一般说来，贤明君主管理国家，要使用君主的权势。假如权势不被侵害，尽管天下最强大的对手也不能把我怎么样，何况是孟尝、芒卯和当年的韩魏两家，他们能把我如何？假如权势被侵害，那么，尽管像如耳、魏齐那样无能的人和当今的韩、魏二国，也会对我造成危害。可见，能不能被侵害，全部在于把握自己，这还有什么可问的呢？假如能依照自己不可被危害的实力，强敌或弱敌对我又有什么分别呢？假如不能依靠自己，而去请别人衡量自己的情况，对这种人，假如没有敌人入侵就算幸运了。申子说："丧失对客观规律的掌握，只希望获得他人的不欺之言，这就令人怀疑了。"这句话就是针对昭王这种人说的啊。智伯没有智术，即使领导着韩康子和魏宣子，却又想要用水灌他俩的国家，这就是智伯之所以身亡而颅骨被别人当饮器的原因啊。如今的昭王却与智伯不同，他只不过是问一问韩、魏有没有以前那么强大，他并没有遭遇智伯那样被人谋算的灾祸。尽管有左右侍臣在旁边，他们并不是韩康子和魏宣子一种人，哪来什么肘脚提示的事情？而中期却说"不可轻视"，这是一句空话。而且，中期的职务在于琴瑟，弦调得不合适，弹得不好听，这才是中期的责任，中期也只是靠这项工作为昭王服务。中期能很好地担任自己的职责，从没有使昭王不乐，可是，此时来议论他所不懂的事情，这不是不自量吗？身边侍臣回复昭王说"比以前弱小""不如孟尝、芒卯"，就行了，他们所说的"完全是如此"就是迎合的话了。申子说："尽职责而不超越职责范围，职责范围之外的事尽管知道也不多嘴。"更何况这个中期事实上并不知晓，他还在这样插嘴。因此说：昭王的提问有错误，左右侍臣和中期的对答都有错误。

管仲说："见到合法的事，喜欢它要进行奖赏；见到不合法的事，厌恶它要进行处罚。君主观察到的事，赏罚都实行了，虽有观察不到的事，还有谁敢做犯法的事呢？见到合法的事，喜欢它不进行奖赏；见到不合法的事，厌恶它不进行处罚。君主亲自观察的事，赏罚都不能实现，而要查出君主见不到的违法行为，那是不可能的。"

有人说：在大庭广众严肃的场合，大家都能表示出肃敬的态度；而单独待在私室里，尽管是曾参、史鱼这样的贤人也会随意放任。观察人们在严肃场合的行为，并不是他的行为的实际情况。何况在君主面前，臣下总是要掩护自己的。只依据自己看到的确定喜欢不喜欢，臣下要掩护自己的奸邪言行来愚弄君主也就是必然的了。君主的明察不能查清远离君主身边的坏人和发现隐藏着的坏事，而依据观察经过装饰的行为去对待臣下，分清赏罚，不也是一种弊端吗？

《管子》说："在房间里谈话，话声能响遍整个房间；在殿堂上谈话，话声能传遍整个殿堂：这样开诚布公，就能够称作是天下的帝王。"

有人说：管仲所谓的"在房间里谈话而话音能遍满整个房间、在殿堂上说话而话音传遍整个殿堂"的话，并非只指说那些有关游戏饮食方面的话，而必定是指说那种有关国家的大事情的话。君主的大事，不是法治就是术治。所说的法治，是编写进图书典籍中的，是设立在官府里的，并且还公布到百姓中去的东西。所谓的术，是藏在君主的心中用来对照检验各方面的事情从而私下里用它来控制群臣的东西。因此法治没有比公开更好的了，而统治术还是不要显露的为好。因此，英明的君主谈起法来，那么国内就是那些地位卑下的人也没有不能听到的，不只是响遍整个殿堂；但使用起治理术来，那么就连君主恩宠的亲信也没有谁能探听得到，因此不会让自己的话音遍满整个房间。而《管子》却还说什么"在房间里谈话而话音能遍满整个房间，在殿堂上讲话而话音能传遍整个殿堂"，这不是符合法术的言论啊。

难四 第三十九

卫孙文子聘于鲁，公登亦登。叔孙穆子趋进曰："诸侯之会，寡君未尝后卫君也。今子不后寡君一等，寡君未知所过也。子其少安。"孙子无辞，亦无悛容。穆子退而告人曰："孙子必亡。亡臣而不后君，过而不悛，亡之本也。"

或曰：天子失道，诸侯伐之，故有汤、武。诸侯失道，大夫伐之，故有齐、晋。臣而伐君者必亡，则是汤、武不王，晋、齐不立也。孙子君于卫，而后不臣于鲁，臣之君也。君有失也，故臣有得也。不命亡于有失之君，而命亡于有得之臣，不察。鲁不得诛卫大夫，而卫君之明不知不悛之臣。孙子虽有是二也，臣以亡？其所以亡其失，所以得君也。

或曰：臣主之施，分也。臣能夺君者，以得相踦①也。故非其分而取者，众之所夺也；辞其分而取者，民之所予也。是以桀索岷山之女，纣求比干之心，而天下离；汤身易名，武身受詈，而海内服；赵咺走山，田成外仆，而齐、晋从。则汤、武之所以王，齐、晋之所以立，非必以其君也，彼得之而后以君处之也。今未有其所以得，而行其所以处，是倒义而逆德也。倒义，则事之所以败也；逆德，则怨之所以聚也。败亡之不察，何也？

[注释]

①踦（yǐ）：依靠。

［译文］

卫国的孙文子去往鲁国，鲁国国君登上一级台阶，他也登上一级台阶。叔孙穆子快步上来对他说："诸侯会集的时候，鄙国国君从没有走在卫国国君的后面。现在您不愿意比鄙国国君落后一步，鄙国国君不懂得自己犯了什么错误。请您稍稍慢一些。"孙文子没有说话，也没有改正的神色。叔孙穆子退下来对人说："孙文子必定要灭亡。臣子不走在君主后面，有了过错也不知悔改，这就是灭亡的根基啊！"

有人认为：天子失道，诸侯就对他进行讨伐，因此有了商汤、周武王。诸侯失道，大夫就对他进行讨伐，因此就有了田氏代齐、三家分晋。假如说以臣代君就必定灭亡，商汤、周武就不能称王，魏赵韩和田氏之齐就不能建立。孙子在卫国称君，然后不对鲁国称臣，是臣成为了君。君主有失去道的时候，臣下有得到道的时候。不去说失道之君必定亡，而来说得道之臣即将亡，这就是认知事物不清楚。鲁不能诛讨这个卫国的大夫，而卫君的智力也不能知晓这个怙恶不悛的臣下。孙子已经有这两方面的机会，怎么会灭亡呢？这就是他忘记了自己的过失，获得君主地位的原因。

有人说：臣下、君主的措施是区分不同的。臣下能夺得君主位置的原因，是由于他们的措施都有偏重。因此不是君主分给臣下而臣下获得的，是依靠众人争取的；背离名分而取得君位的，是百姓所给予的。因此桀索求岷山之女，纣王要获得比干的心脏，天下就分散；商汤改换名字，武王遭受责骂，但是海内都臣服他们，赵宣子逃亡到山中，田成子装扮成仆人逃出齐国，齐国、晋国都归服。商汤、周武王因此称王，齐国、三晋因此被建立，不是由于他们的国君的原因，他们是先夺得权力之后，以国君的身份处在君位。现在有的人还没有分得应该获得的权力，却要强行获得君位，这是颠倒正义而违反德行。颠倒正义，是政事失利的原因；违反德行，是怨恨聚集的原因。对失败灭亡的事不明白，这是什么原因？

鲁阳虎欲攻三桓①，不克而奔齐，景公礼之。鲍文子谏曰："不可。阳虎有宠于季氏而欲伐于季孙，贪其富也。今君富于季孙，而齐大于鲁，阳虎所以尽诈也。"景公乃囚阳虎。

或曰：千金之家，其子不仁，人之急利甚也。桓公，五伯之上也，争国而杀其兄，其利大也。臣主之间，非兄弟之亲也。劫杀之功，制万乘而享大利，则群臣孰非阳虎也？事以微巧②成，以疏拙败。群臣之未起难也，其备未具也。群臣皆有阳虎之心，而君上不知，是微而巧也。阳虎贪，知于天下，以欲攻上，是疏而拙也。不使景公加诛于拙虎，是鲍文子之说反也。臣之忠诈，在君所行也。君明而严，则群臣忠；君懦而暗，则群臣诈。知微之谓明，无救赦之谓严。不知齐之巧臣而诛鲁之成乱，不亦妄乎？

或曰：仁贪不同心。故公子目夷辞宋，而楚商臣弑父，郑去疾予弟，而鲁桓弑兄，五伯兼并，而以桓律人，则是皆无贞廉也。且君明而严则群臣忠，阳虎为乱于鲁，不成而走，入齐而不诛，是承为乱也。君明则诛，知阳虎之可以济乱也，此见微之情也。语曰："诸侯以国为亲。"君严则阳虎之罪不可失，此无赦之实也。则诛阳虎，所以使群臣忠也。未知齐之巧臣，而废明乱之罚；责以未然，而不诛昭昭之罪；此则妄矣。今诛鲁之罪乱以威群臣之有奸心者，而可以得季、孟、叔孙之亲，鲍父之说，何以为反？

[注释]

①阳虎：鲁国季氏的家臣。三桓：指鲁国的孟孙氏、叔孙氏、季孙氏，三氏都出自鲁桓公，久专鲁国政务，凌驾鲁公室之上。　②微巧：隐蔽巧妙。

[译文]

鲁国的阳虎想要攻击孟孙氏、叔孙氏和季孙氏，没有成功而逃往齐国，齐景公对他加以礼遇。鲍文子劝告说："这不行。阳虎被季氏恩宠，而想要征伐季孙，是贪求他的富有。现在您比季孙更富裕，而齐国比鲁国更大，阳虎能够完全施展欺骗手段。"于是齐景公就拘禁了阳虎。

有人说：有千金财富的家庭，他们的儿子不仁慈，是由于人们非常急于追逐利益。齐桓公，是五霸的统领，为了争夺国家而杀害了自己的兄长，是由于得到的利益大。臣子和君主之间，并没有兄弟的亲近关系。而劫持杀害君主的结果，是掌控着万乘大国而享有大利，那么群臣谁不是阳虎同样的人呢？事情因为私密巧妙而成功，因为忽视笨拙而失败。群臣还没有发难，是因为条件还不具足。群臣都有和阳虎同样的心思，而君主不知晓，那就是隐私而巧妙。阳虎的贪心，天下人都知道，还想以此攻打上级，这就是忽视而笨拙。不让齐景公处罚狡猾的臣子，却让他惩罚蠢笨的阳虎，这是鲍文子的话说反了。臣下的忠诚和欺诈，在于君主的行为。君主圣明而严格，那么群臣就会忠诚；君主软弱而愚昧，群臣就会欺骗。知道隐私的事叫作圣明，不免除罪人叫作严格。不知道齐国狡猾的臣子，却去处罚鲁国已经导致祸乱的阳虎，这不是很虚伪吗？

有人说：仁爱的人与贪心的人心思是不相同的。因此公子目夷推辞宋国的君位，而楚国的商臣杀害了父亲；郑国的去疾把君位让给了弟弟，而鲁桓公杀害了哥哥。五霸是搞合并的，假如拿齐桓公作为标准来规范人，那就彻底没有忠贞廉洁的人了。再说了，即使是"君主明察而且严格，那么群臣就会忠心"，那么阳虎在鲁国叛乱，没有成功而逃往齐国，进入齐国而不惩罚他，这就是容忍他在齐国叛乱。因此，君主如果明察的话，就应该处罚他，因为知道阳虎是能够造成混乱的，这就是看到了隐秘的情形。俗话说："诸侯把别的国家作为亲戚。"因此，假如君主严厉的话，那么阳虎在别的国家所犯的过错也是不会放过的，这是不拯救赦免罪人的实情。可见惩罚阳虎，是使群臣忠心的手段。由于没有发觉齐国内部的那些狡猾的臣子而放弃对已经被查出了作乱事实的阳虎的惩罚，由于追查还没有形成事实的事情而不处罚明显的罪过，这才是荒谬。现在处罚在鲁国作乱的罪犯来震慑群臣中那些怀有奸邪想法的人，而又能够博得鲁国季孙氏、孟孙氏、叔孙氏的亲善，鲍文子的话，又为何说反了呢？

郑伯将以高渠弥为卿，昭公恶之，固谏不听。及昭公即位，惧其杀己也，辛卯，弑昭公而立子亶也。君子曰："昭公知所恶矣。"公子圉曰："高伯其为戮乎，报恶已甚矣。"

或曰：公子圉之言也，不亦反乎？昭公之及于难者，报恶晚也。然则高伯之晚于死者，报恶甚也。明君不悬怒，悬怒，则罪臣轻举以行计，则人主危。故灵台之饮，卫侯怒而不诛，故褚师作难；食鼋之羹①，郑君怒而不诛，故子公杀君。君子之举"知所恶"，非甚之也，曰：知之若是其明也，而不行诛焉，以及于死。故"知所恶"，以见其无权也。人君非独不足于见难而已，或不足于断制，今昭公见恶，稽罪而不诛，使渠弥含憎惧死以侥幸，故不免于杀，是昭公之报恶不甚也。

或曰：报恶甚者，大诛报小罪。大诛报小罪也者，狱之至也。狱之患，故非在所以诛也，以仇之众也。是以晋厉公灭三郤而栾、中行作难，郑子都杀伯咺而食鼎起祸，吴王诛子胥而越句践成霸。则卫侯之逐、郑灵之弑，不以褚师之不死而公父之不诛也，以未可以怒而有怒之色，未可诛而有诛之心。怒其当罪，而诛不逆人心，虽悬奚害？夫未立有罪，即位之后，宿罪而诛，齐胡之所以灭也。君行之臣，犹有后患，况为臣而行之君乎？诛既不当，而以尽为心，是与天下为仇也。则虽为戮，亦可乎！

[注释]

① 鼋（yuán）：大鳖。羹（gēng）：带肉的浓汁。

[译文]

郑庄公即将任命高渠弥为卿，昭公讨厌高渠弥，一再劝告，庄公不听从。等到昭公就位，高渠弥怕他残害自己，在辛卯日，杀害了昭公而立子亹为王。君子说："郑昭公明白他所讨厌的人。"公子围说："高伯应该被杀害吧，他报复太过分了。"

有人说：公子围的话不也说反了吗？昭公之所以遭遇死难，是因为他处罚厌恶之人太晚了，但是高渠弥比昭公死得晚，正是由于他太过报复了昭公对他的讨厌。明智的君主不会怒而不发。假如君主对臣下有怒气而不及时加以惩处，那么有罪的臣下就会轻易地采取行动。这时国君的境况就危险了。因此在灵台宴饮的时候，卫侯对褚师发怒却没有惩处他，结果褚师发兵作乱；食鼋羹时，郑灵公大怒，声称要杀掉子公，结果子公杀害了郑灵公。君子所谓的"明白所厌恶的人"

并不是言过其实，他的意思是说：昭公这样了解高渠弥这个人，却不惩处他，以致自己被杀，因此用他"明白所厌恶的人"这句话来表明他没有权谋。君主不仅不能彻底看到问题，有时也不能及时做出判断，现在昭公表示出对高渠弥的厌恶，而又延迟了惩罚他罪行的时间，使高渠弥由于心怀憎恨、恐惧死亡而心存侥幸去谋害昭公，所以免不了被杀，是昭公惩处厌恶之人不严厉的结果。

又有人认为：惩处恶人最严厉的程度，是用大刑去惩罚小罪。用大刑惩罚小罪，这是刑罚的极致。用刑的弊端并不在于已经被杀害的人，而在于造成众人反感。因此历史上出现晋厉公灭三郤而导致栾氏、中行氏叛变，郑子都杀伯咺而导致食鼎之祸，吴王杀子胥而越国勾践趁机称霸。可见，卫侯之所以被驱走，郑灵公之所以被杀害，根本并不在于没有杀害褚师和子公，而在于不应愤怒而做出愤怒的样子，还不该杀害却已经有了杀害的念头。如果君主的愤怒与罪人的行径相符合，这时杀害就不会违背人心，这样，尽管明示愤恨又有什么关系呢？国君就位之后，假如所厌恶的人没有罪状，就以以前的厌恶之情对大臣进行诛杀，就会造成臣民反感，这方面，历史上有骖马杀胡公的先例。国君对臣下如此干都会留下后患，更不用说臣下对国君如此干了。诛杀已经与罪行不相符了，还要尽可能多杀，这就是与天下人作对啊。这样的君主，尽管是被臣下所杀，岂不应该吗？

卫灵公之时，弥子瑕有宠，专于卫国。侏儒有见公者曰："臣之梦浅①矣。"公曰："奚梦？""梦见灶者，为见公也。"公怒曰："吾闻见人主者梦见日，奚为见寡人而梦见灶乎？"侏儒曰："夫日兼照天下，一物不能当也。人君兼照一国，一人不能塞也。故将见人主而梦日也。

夫灶，一人炀焉，则后人无从见矣。或者一人炀君邪？则臣虽梦灶，不亦可乎？"公曰："善。"遂去雍钼，退弥子瑕，而用司空狗。

或曰：侏儒善假于梦以见主道矣，然灵公不知侏儒之言也。去雍钼，退弥子瑕，而用司空狗者，是去所爱而用所贤也。郑子都贤庆建而雍焉，燕子哙贤子之而雍焉。夫去所爱而用所贤，未免使一人炀己也。不肖者炀主，不足以害明；今不加知而使贤者炀己，则必危矣。

或曰：屈到嗜芰，文王嗜菖蒲菹，非正味也，而二贤尚之，所味不必美。晋灵侯说参无恤，燕哙贤子之，非正士也，而二君尊之，所贤不必贤也。非贤而贤用之，与爱而用之同。贤诚贤而举之，与用所爱异状。故楚庄举孙叔而霸，商辛用费仲而灭，此皆用所贤而事相反也。燕哙虽举所贤，而同于用所爱，卫奚距②然哉？则侏儒之未可见也。君雍而不知其雍也，已见之后而知其雍也，故退雍臣，是加知之也。曰"不加知而使贤者炀己则必危"，而今以加知矣，则虽炀己，必不危矣。

[注释]

①浅：通"践"，实践，应验。　②距：通"讵"，岂。

[译文]

卫灵公的时候，弥子瑕很受恩宠，独揽卫国大权。有个侏儒见灵公说："我的梦灵验了。"灵公问："什么梦？"侏儒回复："我梦到了灶，预示即将见到您。"灵公愤怒地说："我听说过见到君主的人总是先梦到太阳，为何你要见我而先梦见灶呢？"侏儒说："太阳遍照天下，一个物体是不能阻挡它的光芒的。君主惠及一个国家，一个人是不能欺骗他的。所以要见君主就先梦到太阳。灶就不相同了，一个人烤火，后面的人就无法看到火了。是不是有一个人像在灶前烤火那样欺骗了您呢？假如是这样，那么臣尽管梦见灶，不也是行的吗？"灵公说："你说得好。"于是便辞去了雍鉏、弥子瑕，而任用司空狗。

有人说：侏儒善于借助梦来阐示君主治国的道理，然而灵公并不懂得侏儒所说的话。辞去雍鉏、弥子瑕，而任用司空狗，这是辞去自己所喜欢的人而用自己认为贤能的人。郑子都认为庆建贤能而遭受蒙蔽，燕王哙认为子之贤能而受到欺骗。去掉自己喜欢的人而用自己认为贤能的人，免不了会让一个人在自己身边烤火。德行不好的人欺骗君主，还不足以损害君主的明察，假如君主不加以了解而使所谓的贤能的人欺骗自己，就必定危险了。

有人说：屈到喜欢吃菱角，周文王喜爱吃菖蒲根腌的菜，这两种东西都不是真正的美食，但是二位贤人却爱吃它，可见人们所喜爱的味道未必都是美食。晋灵公喜爱参无恤，燕王哙认为子之是贤才。这两个人都不是正直之士，可是二位君主却尊重他们，可见人们认为贤的未必是真正的贤人。不是贤人却作为贤人来任用，这跟举用自己所恩宠的人是一样的。真正的贤人被提拔，这和信用自己宠爱的人完全不相同。所以楚庄王提拔孙叔而成为霸主，商纣王相信费仲而灭国，这都是用贤，而结果相反。燕哙尽管推举他所认为的贤者，但是和任用自己所宠爱的人相同。卫国的情况哪里是如此的呢？这是侏儒还没有认知到的。卫君被欺骗而不知道受了欺骗，侏儒进见之后明白自己被欺骗，所以辞去蒙蔽自己的大臣，这是对臣下有了深入一步的了解。说"如今君主不做深入了解而让所谓的贤者来欺骗自己，那必定危险"，如今对臣下有了进一步的了解，那么，尽管有人烤他的火，必定不会危险了。

难势 第四十

慎子曰：飞龙乘云，腾蛇游雾，云罢雾霁，而龙蛇与蚯蚓同矣，则失其所乘也。贤人而诎[①]于不肖者，则权轻位卑也；不肖而能服于贤者，则权重位尊也。尧为匹夫，不能治三人；而桀为天子，能乱天下。吾以此知势位之足恃而贤智之不足慕也。夫弩弱而矢高者，激于风也；身不肖而令行者，得助于众也。尧教于隶属而民不听，至于南面而王天下，令则行，禁则止。由此观之，贤智未足以服众，而势位足以屈贤者也。

飞龙乘云，腾蛇游雾，吾不以龙蛇为不托于云雾之势也。虽然，夫择贤而专任势，足以为治乎？则吾未得见也。夫有云雾之势而能乘游之者，龙蛇之材美也；今云盛而蚯弗能乘也，雾醰[②]而蚁不能游，夫盛云雾醰之势而不能乘游者，蚯、蚁之材薄也。今桀、纣南面而王天下，以天子之威为之云雾，而天下不免乎大乱者，桀、纣之材薄也。

且其人以尧之势以治天下也，其势何以异桀之势，乱天下者也。夫势者，非能必使贤者用已，而不肖者不用已也。贤者用之则天下治，不肖者用之则天下乱。人之情性，贤者寡而不肖者众，而以威势之利济乱世之不肖人，则是以势乱天下者多矣，以势治天下者寡矣。夫势者，便治而利乱者也。故《周书》曰："毋为虎傅翼[③]，将飞入邑，择人而食之。"夫乘不肖人于势，是为虎傅翼也。桀、纣为高台深池以尽民力，为炮烙以伤民性，桀、纣得成肆行者，南面之威为之翼也。使桀、纣为匹夫，未始行一而身在刑戮矣。势者，养虎狼之心而成暴乱之事者也，此天下之大患也。势之于治乱，本末有位也，而语专言热之足以治天下者，则其智之所至者浅矣。

[注释]

①诎：屈服。　②酞：通"浓"，厚。　③傅翼：增添翅膀。

[译文]

慎子说：飞龙乘云，腾蛇游雾，万一云消雾散，它们就与蚯蚓、蚂蚁相同了，这是因为它们丧失了所依赖的云雾。贤人之所以屈服于不肖者，那是由于贤人权力小、地位低；而不肖者能被贤人制服，那是因为贤人权力大、地位高。假如尧是一个普通的人，就连三个人也管理不了，然而桀处于帝王之位却可以扰乱整个国家，我从这里明白权势地位是可以依靠的，而贤和智并不值得爱慕。弩弓弹力不强而箭射得很高，那是因为风势的推动；自身没有才能却能使他的命令得以执行，这是由于得到了众人的协助。假如尧的地位低，发布命令人们就不会服从，等到他成为君王治理天下时，一下命令人们立刻执行，一下禁令人们马上停止。由此看来，贤与智无法足以服众，权力和地位却能够使贤人屈服。

有人反驳慎到说：飞龙驾着云，腾蛇乘着雾，我并不以为龙蛇是不依赖云雾的依托的。虽然这样，但放弃贤者而单独依靠权势，就完全能够治理好这个国家吗？我未曾见到过。有了云雾的依托而能腾云驾雾地飞行，是由于龙蛇的资质好啊；现在，虽然稠云密布，蚯蚓却不可腾驾云，大雾弥天，蚂蚁却不可到雾中飞游。有了稠云浓雾这种势但不能腾驾飞游，这是由于蚯蚓、蚂蚁的资质很低。夏桀、商纣当上国王治理天下，把天子的威势当作他们乘驾飞游的云雾，可是天下却还是不能免除出现混乱，是由于桀、纣的资质低劣。

何况慎子认为尧是用权势来治理天下，尧的权势和桀的权势有什么不一样的呢？桀的权势是搅乱天下的啊！权势，未必让贤能的人使用它，不贤能的人不利用它。贤能的人利用它，天下就稳定；不贤能的人利用它，天下就混乱。人的性格，贤能的人少而不贤能的人多，假如用威力权势的便利来协助乱世中不贤能的人，那就是用权势搅乱天下的人多，而用权势统治天下的人少了。权势是既便于管理也有利于混乱的东西。因此《周书》上说："不要为老虎增添翅膀，不然它将飞入城中，抓住人来吃。"让不贤能的人借助权势，就是为老虎增添了翅膀。桀、纣修建高台、挖掘深池，用尽了人民的力量，设立炮烙的刑法，损害了人民的天性。桀、纣能做成如此肆无忌惮的事，是把君主的威势作为翅膀。如果桀、纣只是平常人，还没有做一件这样的坏事，身子就要遭到刑法的惩处了。权势是养成虎狼般凶恶的心而造成暴乱的东西，这是天下的大祸害。权势对于国家的安定和混乱，本来没有固定的关系，而慎子的言论专讲权势足以统治天下，那么他的智慧所能到达的程度也是很浅的了。

夫良马固车，使臧获御之则为人笑，王良御之而日取①千里。车马非异也，或至乎千里，或为人笑，则巧拙相去远矣。今以国位为车，以势为马，以号令为辔，以刑罚为鞭策，使尧、舜御之则天下治，桀、纣御之则天下乱，则贤不肖相去远矣。夫欲追速致远，不知任王良：

欲进利除害，不知任贤能，此则不知类之患也。夫尧、舜亦治民之王良也。

其人以势为足恃以治官；客曰"必待贤乃治"，则不然矣。夫势者，名一而变无数者也。势必于自然，则无为言于势矣。吾所为言势者，言人之所设也。今曰："尧、舜得势而治，桀、纣得势而乱。"吾非以尧、舜为不然也。虽然，非一人所得也。夫尧、舜生而在上位，虽有十桀、纣不能乱者，则势治也；桀、纣亦而在上位，虽有十尧、舜而亦不能治者，则势乱也。故曰："势治者则不可乱，而势乱者则不可治也。"此自然之势也，非人之所得抛也。若吾所言，谓人之所得势也而已矣，贤何事焉？何以明其然也？客曰："人有鬻矛与盾者，誉其盾之坚，'物莫能陷也'，俄而又誉其矛曰：'吾矛之利，物无不陷也。'人应之曰：'以子之矛，陷子之盾，何如？'其人弗能应也。"以为不可陷之楯，与无不陷之矛，为名不可两立。夫贤之为道不可禁，而势之为道也无不禁，以不可禁之势，此矛楯之说也。夫贤势之不相容亦明矣。

且夫尧、舜、桀、纣千世而一出，是比肩随踵而生也。世之治者不绝于中，吾所以为言势者，中也。中者，上不及尧、舜，而下亦不为桀、纣。抱法处势则治，背法去势则乱。今废势背法而待尧、舜，尧、舜至乃治，是千世乱而一治也。抱法处势而待桀、纣，桀、纣至乃乱，是千世治而一乱也。且夫治千而乱一，与治一而乱千也，是犹乘骥、骅而分驰也，相去亦远矣。夫弃隐栝②之法，去度量之数，使奚仲为车，不能成一轮。无庆赏之劝，刑罚之威，释势委法，尧、舜户说而人辨之，不能治三家。夫势之足用亦明矣，而曰"必待贤"，则亦不然矣。

且夫百日不食以待粱肉，饿者不活；今待尧、舜之贤乃治当世之民，是犹待粱肉而救饿之说也。夫曰："良马固车，臧获御之则为人笑，王良御之则日取乎千里"。吾不以为然。夫待越人之善海游者以救中国之溺人，越人善游矣，而溺者不济矣。夫待古之王良以取今之马，亦犹越人救溺之说也，不可亦明矣。夫良马固车，五十里而一置③，使中手御之，追速致远，可以及也，而千里可日致也，何必待古之王良乎？且御，非使王良也，则必使臧获败之；治，非使尧、舜也，则必使桀、纣乱之。此味非饴蜜也，必苦莱、亭历④也。此则积辩累辞，离理失术，两末之议也，奚可以难夫道理之言乎哉？客议未及此论也。

[注释]

①取：通"趋"，奔驰。　②隐栝（kuò）：矫正曲木的工具。　③置：驿站，古代传送公文或命令的人歇息或换马的地方。　④亭历：一种草，味苦，籽可入药。

[译文]

良好的马匹牢固的马车，让一个奴仆去赶就会被别人笑。让王良来驾驭就会日行千里。同是一辆车马，有的能够日行千里，有的被人嘲笑，是由于赶车技术的好坏相差太远了。如果把国家视为车，权势视为马，用号令当作马的缰绳，用刑罚当作马鞭，让尧、舜驾驭天下就统治得好，让桀、纣控制它就会天下混乱，那是由于贤者与不贤者的品德才能相差太远了。要想车马跑得快、行得远，不懂得任用王良，想要兴利除弊，不懂得任用贤能之人，这就是不明白同类相推的弊病。尧、舜也就是统治民众的王良啊。

又有人辩驳这个反驳的人说：慎到认为完全能够依靠势来处置官职范围内的事；而您说"必定要等待贤人出现才能管理好天下"，这是不对的。势的名称尽管只有一个，但它有无数不同的意义。势假如一定出于自然，那就不必议论势了。我所要说的势，是人为设置的。尧、舜降生于世而居在君主的位置，尽管有十个桀、纣也不能搅乱天下，那是由于势治的原因；桀、纣降生于世而居在君主的位置，尽管有十个尧、舜也不能统治天下，那是由于势乱的原因。因此说："势治了的就不会再乱，势乱了的就不会再治。"这是自然之势，不是人为设置的势。像我所说的，是人所能设置的权势而已，贤能的人有什么作用呢？怎样来说明它呢？客人说："有个卖矛和盾的人，称赞他的盾的坚固，没有东西能击破它，后来又称赞他的矛说：'我的矛很尖利，没有什么不能击破的。'有人回复说：'用你的矛，攻你的盾，如何？'他就答不出来了。"他认为不能被击破的盾和没什么不能击破的矛，在逻辑上是不能同时并存的。贤能是权势所不能制止的，而权势作为一种治理方法，是没有什么不能制止的，用不能被权势制止的贤能，处在无所不能制止的权势中，这也是矛盾的说法啊。贤能和权势不能同时存在，也是很明了的了。

何况像尧、舜、桀、纣这样的人，一千代才出一个，这就算是接连出现了。世上的统治者不断出现于中等人里，我之所以要议论权势，也是对中等君主来说。中等君主，上比不上尧、舜，下也不可能成为桀、纣。遵从法度、掌握权势，天下就安定；违背法度、放弃权势，天下就混乱。现在废止权势、违背法度而等候尧、舜这样的贤人，有了尧、舜才可天下安定，这就会导致千代的混乱而一代安定；遵从法度、掌握权势而等候桀、纣这样的暴君，有了桀、纣就会天下混乱，这就会导致千代的安定而一代动乱。何况千代安定一代动乱和一代安定千代动乱，就如同骑着千里马却背道而驰，相距得也太远了。废止了校正木器的方法，去掉了测量的依据，尽管让奚仲那样的巧匠来做车，也不能做成一个车轮。没有奖赏的激励、刑法的压制，丢掉了权势、废止了法律，让尧、舜一家一家去游说、一个人一个人去辩驳，连三家人也管不好。因此权势的值得利用也就很明了，而论客说"必定要等待贤人来管理国家"，那么也就不对了。

再比如说，让一个人饿上一百天去等待吃上等的米饭鲜肉，那这个挨饿的人就活不下去了；现在如果要等待尧、舜这样的贤人来了才能统治当世的百姓，就如同是等待美食来救助饥饿一样。你说："好马坚车，奴隶控制它，就被人讥笑；王良控制它，就日行千里。"我不以为这是对的。必定要等到越国的游泳高手救中原溺水之人，越人的确善于游泳，但是溺水者已经救不活了。等待古时的王良来控制现在的良马，也就同越人救溺的说法相同，行不通，这也是很明显的。良马好车，五十里一站，假如让中等的车手接力控制，也能够做到跑得快、跑得远，因而千里也能够一天达到，何必一定要等到古时的王良呢？驾驭的事，假如说不使王良成功，就必定使奴隶坏事；治国的事，假如说不使尧、舜治好，就必定使桀、纣动乱。这就等同于说天下的味道，不是甜的蜂蜜，就必定是苦的亭历菜。这就是巧言连篇而违背事理，把话说到两个极致，怎么能够用来责难合乎事理的理论呢？上面那位驳斥慎子的人没能想到这些。

问辩　第四十一

　　或问曰：“辩安生乎？”

　　对曰：“生于上之不明也。”

　　问者曰：“上之不明因生辩也，何哉？”

　　对曰：“明主之国，令者，言最贵者也；法者，事最适者也。言无二贵，法不两适，故言行而不轨①于法令者必禁。若其无法令而可以接诈、应变、生利、揣事者，上必采其言而责其实。言当②，则有大利；不当，则有重罪。是以愚者畏罪而不敢言，智者无以讼。此所以无辩之故也。乱世则不然：主有令，而民以文学非之；官府有法，而民以私行矫之。人主顾渐其法令而尊学者之智行，此世之所以多文学也。夫言行者，以功用为之的彀者也。夫砥砺杀矢而以妄发，其端未尝不中秋毫也，然而不可谓善射者，无常仪的也。设五寸之的，引十步之远，非羿、逢蒙不能必中者，有常仪的也。故有常，则羿、逢蒙以五寸的为巧；无常，则以妄发之中秋毫为拙。今听言观行，不以功用为之的彀，言虽至察，行虽至坚，则妄发之说也。是以乱世之听言也，以难知为察，以博文为辩；其观行也，以离群为贤，以犯上为抗③。人主者说辩察之言，尊贤抗之行，故夫作法术之人，立取舍之行，别辞争之论，而莫为之正。是以儒服、带剑者众，而耕战之士寡；坚白、无厚之词章，而宪令之法息。故曰：‘上不明，则辩生焉。’”

[注释]

①轨：循，合。　②言当：言论与实际效果相符合。　③抗：刚正不屈。

[译文]

有人问道："辩说是如何产生的呢？"

回复说："来自于君主的不明智。"

问的人又说："君主不明智，因而出现辩说，这是什么原因呢？"

回复说："在英明君主治理的国家里，命令是最高贵的言辞，法律是处理政事的唯一准则。除命令之外，国家没有第二种高贵的言辞；除法律外，国家没有第二种处置政事的准则，因此言论和行为不合乎法令的都必须制止。如果他没有法令作根据却能够对付诈骗、应付事变、谋取利益、推出事理，君主一定要采纳他的言论而责求其效果。言论与实效相符合，就给予大的赏赐；言论与实效不相符，就重重地处罚。假如这样，那么愚笨的人畏惧获罪就不敢讲话，聪明的人也不敢辩驳。这就是所以不出现辩说的原因。乱世就不是如此：君主下达了命令，而民众就用文化学术反驳它；官府颁布了法规，而民众就用个人行为违背它。君主反而废止法令而看重学者的聪明行为，这就是世上有如此多的人从事文学的原因。言行是要以效用为它的目标的。假如磨利了箭瞎射一气，箭头也未尝不能够射中微小的东西，但是这不能叫善射，因为它没有设置具体目标。如果设置五寸大小的靶子，在十步远的范围拉弓射箭，不是羿和逄蒙这样的神射手就必定不能中靶，是由于有了常规。因此有了常规，那么羿和逄蒙就把射中五寸的箭靶当作技巧；没有常规，那么尽管随意射中了毫毛般细小的东西也算是蠢笨的。现在听取言论观察行为，不把真实功用作为目标，言论尽管明察，行为尽管坚定，也像任意射箭的说法一样啊。因此在乱世听取言论，把很难懂得的东西作为明察，把广博文饰的言语作为善辩；观察行为时，把脱离群众作为贤能，把冒犯君主作为刚正。君主喜爱善辩、明察的言论，崇尚贤能、刚正的行为，因此任用实行法术的人，设置了取舍的行为标准，分辨了言辞的争论，可是却没有人因此被纠正。因此身穿儒服的人和佩剑的人很多，而进行于耕种和战争的人少；'坚白''无厚'的理论彰显了，法律禁令的规范就失去了。因此说：'君主不能明察，辩论就出现了。'"

问田　第四十二

徐渠问田鸠曰："臣闻智士不袭下而遇君，圣人不见功而接上[①]。今阳城义渠，明将也，而措于毛伯；公孙亶回，圣相也，而关于州部，何哉？"田鸠曰："此无他故异物，主有度、上有术之故也。且足下独不闻楚将宋觚而失其政，魏相冯离而亡其国？二君者驱于声词，眩乎辩说，不试于屯伯，不关乎州部，故有失政亡国之患，由是观之，夫无屯伯之试，州部之关，岂明主之备哉！"

堂谿公谓韩子曰："臣闻服礼辞让，全之术也；修行退智，遂之道也，今先生立法术，设度数，臣窃以为危于身而殆于躯，何以效之？所闻先生术曰：'楚不用吴起而削乱，秦行商君而富强。二子之言已当矣，然而吴起支解而商君车裂者，不逢世遇主之患也。'逢遇不可必也，患祸不可斥也。夫舍乎全遂之道而肆乎危殆之行，窃为先生无取焉。"韩子曰："臣明先生之言矣，夫治天下之柄，齐民萌之度，甚未易处也，然所以废先王之教，而行贱臣之所取者，窃以为立法术，设度数，所以利民萌便众庶之道也，故不惮乱主暗上之患祸，而必思以齐民萌之资利者，仁智之行也。悼乱主暗上之患祸，而避乎死亡之害，知明而不见民萌之资利者，贪鄙之为也。臣不忍向贪鄙之为，不敢伤仁智之行，先生有幸臣之意，然有大伤臣之实。"

［注释］

①接上：被君主接纳。

［译文］

徐渠问田鸠说："我听闻智士不用历任低级职务就能被君主重视，圣人不用展示出成绩就能被君主接受。现在的阳城义渠是个英明的统领，可他曾被安置做过小官；公孙亶回是个杰出的相国，也安置做过地方官，是什么原因呢？"田鸠说："这没有别的原因，就由于君主掌握了法和术的原因。您难道没听说楚国举用宋觚为将而使国事败坏，魏国举用冯离为相而使国家灭亡的事情吗？楚、魏两国的君主被好听的言辞所驱使，被花言巧语所惑乱，不在屯长这样的低级职务中去测试他们，不安置在州部这样的基层机构中去检验他们，因此才有作战败北和国家危难的祸患。从此看来，那种不经历低级职务的试用，不经历基层机构的安排考验，难道是圣明君主任用官吏的办法么！"

堂谿公对韩非说："我听闻温习礼义，谦恭辞让，才是全身之术；修养品行，废止机巧，才是通达的道路。如今韩先生建立法律道术，设立程式规章，我自身认为对您自己有危险啊。凭什么如此说呢？我听先生您说过：'楚国不任吴起因而遭受战乱，国土被侵；秦国因任用商鞅而强盛。这两位先生的法度虽然合适，但是吴起被肢解而商鞅被车裂分尸，这就是他们生不逢时，没有遇到贤明君主的灾难啊。'碰到贤明君主，这是不敢确定的事，但是灾难却必定不能排除。舍离全身畅达的道路而放任于危险的行径，我认为先生您不该如此做。"

韩非子说："我懂得先生的意思了。统治天下的大事，统一民众的行为法度，是十分不容易的事。但是，我之所以主张废止先王的教训而走卑贱民众所走的路，由于我认为建立法律权术，设立程式规章，这是一条有利于民众，对大家都便利的道路。因此，不怕昏聩君主对自己施与的灾难，而坚决为满足民众的利益着想，这才是仁爱理智的行为。畏惧昏君对自己施加的灾难，避开死亡的祸事，只重视自身利益而看不见民众利益的人，那就是贪心和鄙吝的人。我不能忍受贪吝的行为，不敢危害仁慈理智的行为。因此我认为先生您有为我着想的主观想法，但是您的话却在实际上损害我的人格。"

定法　第四十三

问者曰："申不害、公孙鞅，此二家之言孰急于国？"

应之曰："是不可程①也。人不食，十日则死；大寒之隆，不衣亦死。谓之衣食孰急于人，则是不可一无也，皆养生之具也。今申不害言术而公孙鞅为法。术者，因任而授官，循名而责实，操杀生之柄，课群臣之能者也。此人主之所执也。法者，宪令著②于官府，刑罚必于民心，赏存乎慎法，而罚加乎奸令者也。此臣之所师也。君无术则弊于上，臣无法则乱于下，此不可一无，皆帝王之具也。"

问者曰："徒术而无法，徒法而无术，其不可何哉？"

对曰："申不害，韩昭侯之佐也。韩者，晋之别国③也。晋之故法未息，而韩之新法又生；先君之令未收，而后君之令又下。申不害不擅其法，不一其宪令，则奸多。故利在故法前令则道之，利在新法后令则道之，利在故新相反，前后相勃④，则申不害虽十使昭侯用术，而奸臣犹有所谲其辞矣。故托万乘之劲韩，十七年而不至于霸王者，虽用术于上，法不勤饰于官之患也。公孙鞅之治秦也，设告相坐而责其实，连什伍而同其罪，赏厚而信，刑重而必。是以其民用力劳而不休，逐敌危而不却，故其国富而兵强；然而无术以知奸，则以其富强也资人臣而已矣。及孝公、商君死，惠王即位，秦法未败也，而张仪以秦殉韩、魏。惠王死，武王即位，甘茂以秦殉周。武王死，昭襄王即位，穰侯越韩、魏而东攻齐，五年而秦不益尺土之地，乃城其陶邑之封。应侯攻韩八年，成其汝南之封。自是以来，诸用秦者，皆应、穰之类也。故战胜，则大臣尊；益地，则私封立：主无术以知奸也。商君虽十饰其法，人臣反用其资。故乘强秦之资⑤数十年而不至于帝王者，法虽勤饰于官，主无术于上之患也。

[注释]

①程：估量，比较。　　②著：明确制定。　　③晋之别国：晋国后来分裂成韩、赵、魏三国，所以说韩是晋之别国。　　④勃：通"悖"，违背，背离。⑤资：变法的结果。

[译文]

有人问："申不害和公孙鞅，对治国来说这两家理论谁更急迫？"

韩非回复："这个问题不能从量的方面相比。人不吃饭，十天就死；隆冬寒冷，不穿衣也会冻死。假如问对于人来说衣和食哪方面更急迫，自然是同样也不能少，因为二者都是维持生命的必需条件。现在，申不害提倡道术而公孙鞅提倡法律。道术，就是依据人的能力而给予官职，依据人的言论而求其实效，掌控着生死大权，审查群臣的能力，这是君主手中掌控的工具。法律，是明确写在政府中的宪章号令，它让人民相信刑罚的严肃性，把奖赏赐予遵从法令的人，同时把刑罚施加给触犯法令的人，它是臣民所归服的对象。君主无道术就会在上面显现弊病；臣下无法律就会在下面出现混乱。术与法，同样也不能缺少，全是称帝称王的工具。"

有人问："只有术而没有法，或者只有法而没有术，这为何不行呢？"

回复说：“申不害是韩昭侯的相。韩国是从晋国分裂出来的。晋国从前的旧法还没有废止，而韩国的新法又出现了；晋国君主的命令还没有撤回，而韩国君主的命令又发布了。申不害不专一地实行新法，不统一韩国的法令，奸恶的事情就多起来了。因此奸人见到旧法前令对自己有利就依照法前令办事，见到新法后令对自己有利就按新法后令办事，他们使用了新法、旧法和前令、后令的冲突从中渔利，那么申不害即使以十倍的努力让韩昭侯运用术，人们还是有办法来找到借口。因此韩国的君主依赖拥有万辆兵车的强盛的韩国，七十年还不能成就霸业，这是君主尽管使用术，可没有用法律对百官进行整治所造成的后果。商鞅管理秦国，设置了告发奸邪、株连定罪的制度来得知犯法的实际情况，把老百姓按五家为伍、十家为什地连保，一人犯罪，什伍同罪，奖赏丰厚而守信用，惩罚严厉而无法幸免。因此人民尽力耕作，劳累了也不歇息，追击敌人有危险却不退避，因此秦国富裕而国家强大；可是没有术知晓奸邪，只不过是用富强帮助奸臣罢了。等到商鞅、秦孝公死后，秦惠王即位，秦国的法律并没有废止，但是张仪把秦国的力量使用在和韩国、魏国的交战上以获取私利。惠王死后，武王即位，甘茂也把秦国的力量使用在与周的交战上。武王死，昭襄王即位，穰侯魏冉越过韩国和魏国，向东去攻击齐国，经过五年，秦国的土地连一尺一寸也没有增多，他自己倒是得到了陶邑的封地。后来应侯范雎攻击韩国达八年之久，他自己也得到了汝南的封地。从商鞅死后，在秦国掌政的人，都是应侯、穰侯这一类的人。所以打仗胜利了，大臣就高贵起来了，扩大了地盘，臣子个人的封地就确立起来了，这是因为君主没有运用术去了解奸臣的原因啊。商鞅尽管用十倍的努力去整治他的法制而使国家富强，但臣下反过来却利用了他所供应的资本为自己谋私利。因此，秦国的君主凭借秦国如此强大的实力，几十年还没有实现统一全国而称帝的事业，这是因为尽管对官吏用法制加以整顿，但君主没有在上面用术的原因啊！"

问者曰："主用申子之术，而官行商君之法，可乎？"

对曰："申子未尽于法也，申子言：'治不逾官，虽知弗言。'治不逾官，谓之守职也可；知而弗言，是不谓过也。人主以一国目视，故视莫明焉；以一国耳听，故听莫聪焉。今知而弗言，则人主尚安假借矣？商君之法曰：'斩一首者爵一级，欲为官者为五十石之官；斩二首者爵二级，欲为官者为百石之官。'官爵之迁与斩首之功相称也。今有法曰：'斩首者令为医、匠。'则屋不成而病不已。夫匠者手巧也，而医者齐①药也，而以斩首之功为之，则不当其能。今治官者，智能也；今斩首者，勇力之所加也。以勇力之所加而治智能之官，是以斩首之功为医、匠也。故曰：二子之于法术，皆未尽善也。"

[注释]

①齐：通"剂"，调治。

[译文]

有人问："君主采纳申不害的术，百官实行商鞅的法，行吗？"

回复说："申不害的术还不完备，商鞅的法也不完备。申不害说：'官吏处置政务不能越过职权，职权外的事尽管知道也不要插嘴。'假如说官吏处理政务不越过职权，说他是尽职尽责还说得通；而职权外的事知晓了也不说，就是要大家不告发别人的过失了。君主用一国人的眼睛去看，因此没有比他更明察的；用一国人的耳朵去听，因此没有比他更聪明的。如果臣下知道别人有过失而不向君主告发，那么君主还借助谁来做自己的耳目呢？商鞅的法规定：'斩获一个敌首的升爵一级，想为官的给年俸五十石的官职；斩获两个敌首的升爵二级，想为官的给年俸一百石的官职。'官爵的晋升与斩获敌首的军功是相符合的。假如有法令规定：'斩获敌首的让他做医生或工匠。'那就会不能建好房子不能看好病。工匠是会做手艺的，医生是会配制药物的，假如让杀敌有功的人去进行这种工作，是同他们的才能不相符的。担任官职的人，应是有智慧和能力的；杀敌有功的人，是靠勇武和力量去拼的。假如让靠勇气和力量去拼的人担任管理政事的官吏，这就同让杀敌有功的人去当医生或工匠相同。因此说：申不害和商鞅这两个人在法与术方面都是不完备的。"

说疑　第四十四

　　凡治之大者，非谓其赏罚之当也。赏无功之人，罚不辜之民，非所谓明也。赏有功，罚有罪，而不失其人，方在于人者也，非能生功止过者也。是故禁奸之法：太上禁其心，其次禁其言，其次禁其事。今世皆曰尊主安国者，必以仁义智能，而不知卑主危国者之必以仁义智能也。故有道之主，远仁义，去智能，服①之以法。是能誉广而名威，民治而国安，知用民之法也。凡术也者，主之所以执也；法也者，官之所以师也。然使郎中日闻道于郎门之外，以至于境内日见法，又非其难者也。

　　昔者有扈氏有失度，谨兜氏有孤男，三苗有成驹，桀有侯侈，纣有崇侯虎，晋有优施，此六人者，亡国之臣也。言是如非，言非如是，内险以贼，其外小谨，以征其善；称道往古，使良事沮；善禅②其主，以集精微，乱之以其所好，此夫郎中左右之类者也。往世之主，有得人而身安国存者，有得人而身危国亡者。得人之名一也，而利害相千万也，故人主左右不可不慎也。为人主者诚明于臣之所言，则别贤不肖如黑白矣。

　　若夫许由、续牙、晋伯阳、秦颠颉、卫侨如、狐不稽、重明、董不识、卞随、务光、伯夷、叔齐，此十二人者，皆上见利不喜，下临难不恐，或与之天下而不取，有萃③辱之名，则不乐食谷之利。夫见利不喜，上虽厚赏，无以劝之；临难不恐，上虽严刑，无以威之：此之谓不令之民也。此十二人者，或伏死于窟穴，或槁死于草木，或饥饿于山谷，或沉溺于水泉。有民如此，先古圣王皆不能臣，当今之世，将安用之？

若夫关龙逄、王子比干、随季梁、陈泄治、楚申胥、吴子胥，此六人者，皆疾争强谏以胜其君。言听事行，则如师徒之势；一言而不听，一事而不行，则陵其主以语，待之以其身，虽身死家破，要领不属④，手足异处，不难为也。如此臣者，先古圣王皆不能忍也，当今之时，将安用之？

[注释]

①服：驾驭，治理。　②禅：通"擅"，控制，操纵。　③萃（cuì）：通"瘁"，劳累。　④要领不属（zhǔ）：指身首异处。要，通"腰"。领，头颅。属，连接。

[译文]

治国的关键问题，不只是赏罚。赏无功，罚无罪，不能称作是明察。赏有功，罚有罪，就是彻底没有遗漏，只是在个别人身上发挥作用，还不能从根本上起到建功止过的大效用。因此，制止奸邪的首要问题，在于首先制止产生奸邪的思想，其次是制止奸邪的言论，最后才是制止奸邪的行为。现在世人都在说"使君主获得尊严，国家获得安定，一定要依靠仁义智能"，殊不知导致君主卑下、国家危难的原因，一定是由仁义智能导致的。因此有道君主，废弃仁义，排斥智能，用法度使人顺服。因此才能声誉广传，威名远扬，民众安定，国家太平，这是知道用民的方法。一般来说，术由君主掌控，法由官吏遵从执行。

既然这样，派遣侍从郎官每天在宫门外传送法制道理，甚至国内民众当天都能看到法令，并非是一件难事。

以前有扈氏有一个叫失度的贼臣，谨兜氏有一个叫孤男的贼臣，三苗有一个成驹，桀有一个侯侈，纣有崇侯虎，晋有优施，这六位是亡国之臣。口中说是，心中想非，嘴里说非，心中想是，心中险恶残贼，外表却小心谨慎，借以显示他们的善良。他们称道古代的圣贤，把好事都弄糟；他们擅长控制君主，他们言行谨慎无可挑剔，用君主所喜欢的事物扰乱君主的心神。他们是郎门之中的君主侍臣一类人物。从古至今，有获得贤臣而身安国存的君主，也有获得贼臣而身危国亡的君主。就获得大臣这件事来说，他们都是相同的，可是结果的利与害却相差很远了，所以对君主左右的侍臣不可不小心审查。做君主的如果彻底明察臣下说话的全部含义，那么，鉴别贤与不贤就会像鉴别黑白一样容易了。

对于许由、续牙、晋伯阳、秦颠颉、卫侨如、狐不稽、重明、董不识、卞随、务光、伯夷、叔齐，这十二人，都是见到私利不贪心，遇到危难不恐惧的人物，有的把天下君位让给他们，他们也不愿意接受，有的有了羞辱之名就不愿接纳官府的俸禄。见到私利不贪心，那么君主尽管给他优厚的奖赏，也不能激励他为国出力；遇到危难不恐惧，那么君主尽管给他严刑，也不能使他惧怕。这就是不服从命令的臣民。这十二个人，有的隐居而死在洞穴当中，有的困死在草丛树林里，有的饿死在深山里，有的跳水自尽而死。像这样的一些人，古代的英明君主都不能使他们做臣子，现在这个年代，又怎么会用他们呢？

至于那关龙逢、王子比干、随国的季梁、陈国的泄治、楚国的申胥、吴国的伍子胥，这六人都是靠争辩或尽力规劝胜过自己的君主。

如果君主对他们言听计从，就会像师徒一样；如果国君不听他们的话，一件事也不实施，就用强硬的话劝谏，用身体规劝，即使家破人亡，腰斩两段，头颈分开，手脚肢解，也是不难做到的。像这样的臣子，上古的英明帝王都不能容忍，现今之世，又怎么能使用他们呢？

若夫齐田恒、宋子罕、鲁季孙意如、晋侨如、卫子南劲、郑太宰欣、楚白公、周单荼、燕子之，此九人者之为其臣，皆朋党比周以事其君，隐正道而行私曲，上逼君，下乱治，援外以挠内，亲下以谋上，不难为也。如此臣者，唯圣王智主能禁之，若夫昏乱之君，能见之乎？

若夫后稷、皋陶、伊尹、周公旦、太公望、管仲、隰朋、百里奚、蹇叔、舅犯、赵衰、范蠡、大夫种、逢同、华登，此十五人者为其臣也，皆夙兴夜寐^①，卑身贱体，竦心^②白意，明刑辟，治官职以事其君，进善言、通道法而不敢矜其善，有成功立事而不敢伐其劳；不难破塞以便国，杀身以安主，以其主为高天泰山之尊，而以其身为壑谷鬴洧^③之卑，主有明名广誉于国，而身不难受壑谷鬴洧之卑。如此臣者，虽当昏乱之主尚可致功，况于显明之主乎？此谓霸王之佐也。

若夫周滑之、郑王孙申、陈公孙宁、仪行父、荆芋尹申亥、随少师越、种干、吴王孙雒、晋阳成泄、齐竖刁、易牙，此十二人之为其臣也，皆思小利而忘法义，进则揜蔽贤良以阴暗其主，退则挠乱百官而为祸难；皆辅^④其君，共其欲，苟得一说于王，虽破国杀众，不难为也。有臣如此，虽当圣王尚恐夺之，而况昏乱之君，其能无失乎？有臣如此者，皆身死国亡，为天下笑。故周威公身杀，国分为二；郑子阳身杀，国分为三；陈灵公身死于夏征舒氏；荆灵王死于乾溪之上；随亡于荆；吴并于越，知伯灭于晋阳之下；桓公身死七日不收。故曰谄谀之臣，唯圣王知之，而乱主近之，故至身死国亡。

圣王明君则不然，内举不避亲，外举不避仇。是在焉，从而举之；非在焉，从而罚之。是以贤良遂进而奸邪并退，故一举而能服诸侯。其在记曰：尧有丹朱，而舜有商均，启有五观，商有太甲，武王有管、蔡。五王之所诛者，皆父兄子弟之亲也，而所杀亡其身、残破其家者，何也？以其害国伤民败法类也。观其所举，或在山林薮泽⑤岩穴之间，或在囹圄绁绁缧索之中，或在割烹⑥刍牧饭牛之事。然明主不羞其卑贱也，以其能，为可以明法，便国利民，从而举之，身安民尊。

[注释]

①夙(sù)：早。寐(mèi)：睡觉。 ②竦心：恭敬小心。 ③鬴(fǔ)：同"釜"，锅。洧(wěi)：同"镬"，大口径的深底锅。 ④辅：同"附"，附合，迎合。 ⑤薮(sǒu)泽：湖泽。 ⑥割烹：烹调，这里指烹调的厨师。

[译文]

对于齐国的田恒、宋国的子罕、鲁国的季孙意如、晋国的侨如、卫国的子南劲、郑国的太宰欣、楚国的白公胜、周国的单荼、燕国的子之，这九个人为臣子，都是以营私舞弊、狼狈为奸来伺候他们的君主，不实施正确的法术而大搞谋求私利的勾当，对上胁迫君主，对下搅乱安定，勾结外国势力来扰乱内政，拉拢下属来图谋君主，这些邪恶的事都是他们不难办到的。像这样的臣子，只有圣王智主才能够制止他们，如果是那昏庸的君主，可以识破他们吗？

比如后稷、皋陶、伊尹、周公旦、太公望、管仲、隰朋、百里奚、蹇叔、舅犯、赵衰、范蠡、大夫文种、逢同、华登，这十五个人为臣子，都早起晚睡，使自己的身体卑下低贱，心地坦白恭敬，使刑法显明、整治官职来侍奉君主，献出好的意见、通晓治国方法而不敢自己夸耀自己的长处，成就功绩、建功立业却不敢夸耀自己的功劳，就是破裂家庭来为国家谋利、牺牲自身来使君主安定也不感觉为难；他们把君主作为高天和泰山那样尊贵，而把自身的身体作为山谷、河流那样卑下；君主在国内具备圣明的名望和广泛的赞美，他们自身尽管像山谷、河流一样低下也不感觉为难。像这样的大臣，尽管是遇到昏庸的君主也能够建立功业，况且遇到明主呢？这就是成就霸主事业的辅助之臣了。

对于西周国的滑之、郑国的王孙申、陈国的公孙宁、仪行父、楚国的芋尹、申亥、随国的少师、越国的种干、吴国的王孙雒、晋国的阳成泄、齐国的竖刁、易牙，这十二个人担任臣子，都是顾及到一点小利益就会把国家的法纪准则置之脑后；他们假如被举用，就压迫埋没优秀人才来使他们的君主昏庸愚痴；假如被罢黜，就挑动惑乱百官来导致祸害灾难；他们都辅助自己的君主，尽可能满足君主的欲念，假如能从君主那里获得一点欢心，那么尽管是危害国家、杀害民众，他们都是不难下手的。有了这些臣子，尽管是遇上了圣明的君主尚且担心他们夺取了君权，更何况是昏庸的君主，怎么会没有过失呢？有了这种臣子，君主都身死国亡，被天下人嘲笑。因此周威公被杀害，国家被瓜分为两个；郑国的子阳被杀害，国家被瓜分为三个；陈灵公死在夏征舒的手上；楚灵王死在乾溪边上；随国被楚国灭亡；吴国被越国兼并；智伯被杀害在晋阳城下；齐桓公死了好几天都无人把他埋葬。因此说：巴结逢迎的臣子，唯有圣明的帝王才能鉴别他们；而昏庸的君主却亲近他们，因此才落到身死国亡的境况。

圣王明君的用人路线却不是如此，他们对内不避亲，对外不避仇。

有才能的人在他们那里，就被提升；错误的行为在他们那里，就受处罚。因此贤良之人能顺利晋升而奸邪之辈只好连续退出，所以只要挑选出一个贤人就能臣服诸侯。历史有记载：尧杀掉丹朱、舜杀掉商君、启杀掉五观、商杀掉太甲、武王杀掉管叔、蔡叔，这五位圣王所杀掉的，都是父、兄、子、弟之间的亲近关系。但还是要杀他们本人，灭他们家庭，这是什么原因呢？就是由于他们是害国、伤民、败法的一类人。再看一看这些圣王所选拔的人，有的居在山林薮泽岩穴之间，有的身在拘禁绳索劳役之中，有的在做屠夫、厨师、养牛、放牧之类事情。但是贤明君主不因这些人地位卑下而看不起他们，而是因为他们的能力能够阐明法令，有利于国家和人民，这才提升他们，其结果是君主们自身安宁而享有民众的尊重。

乱主则不然，不知其臣之意行，而任之以国，故小之名卑地削，大之国亡身死，不明于用臣也。无数以度其臣者，必以其众人之口断之。众之所誉，从而悦之；众之所非，从而憎之。故为人臣者破家残，内构党与、外接巷族以为誉，从阴约结以相固也，虚相与爵禄以相劝也。曰："与我者将利之，不与我者将害之。"众贪其利，劫其威："彼诚喜，则能利己；忌怒，则能害己。"众归而民留之，以誉盈于国，发闻于主。主不能理其情，因以为贤。彼又使谲诈之士，外假为诸侯之宠使，假之以舆马，信之以瑞节①，镇之以辞令，资之以币帛，使诸侯淫说其主，微挟私而公议。所为使者，异国之主也；所为谈者，左右之人也。主说其言而辩其辞，以此人者天下贤士也。内外之于左右，其讽一而语同。大者不难卑身尊位以下之，小者高爵重禄以利之。夫奸人之爵禄重而党与弥众，又有奸邪之意，则奸臣愈反而说之，曰："古之所谓圣君明王君者，非长幼世及^②以次序也；以其构党与，聚巷族，逼上弑君而求其利也。"彼曰："何知其然也？"因曰："舜逼尧，禹逼舜，汤放桀，武王伐纣。此四王者，人臣弑其君者也，而天下誉之。察四王之情，贪得之意也；度其行，暴乱之兵也。然四王自广措也，而天下称大焉；自显名也，而天下称明焉。则威足以临天下，利足以盖世，天下从之。"又曰："以今时之所闻，田成子取齐，司城子罕取宋，太宰欣取郑，单氏取周，易牙之取卫^③，韩、魏、赵三子分晋，此八人者，臣之弑其君者也。"奸臣闻此，蹶然举耳以为是也。故内构党与，外摅巷族，观时发事，一举而取国家。且夫内以党与劫弑其君，外以诸侯之权矫易其国，隐正道，持私曲，上禁君，下挠治者，不可胜数也。是何也？则不明于择臣也。记曰："周宣王以来，亡国数十，其臣弑其君而取国者众矣。"然则难之从内起与从外作者相半也。能一尽其民力，破国杀身者，尚皆贤主也。若夫转身易位，全众传国，最其病也。

[注释]

①瑞节：使者所执的凭证。　②世及：王位传承。　③易牙之取卫：易牙是齐国人，刘恒公的宠臣。

[译文]

昏庸的君主就不是如此，他们不了解臣子的想法和行为，而让他们来治理国家，所以轻则危害名声损失国土，重则国家覆灭性命不保，这是不能正确任用臣子导致的。不能用术来权衡臣子，一定要根据他周围一伙人的话来判定他。众人都说他好，于是就喜爱他；众人都说他不好，于是就憎恶他。因此，做臣子的不顾破费家产，在朝廷内组织朋党，在朝廷外串通地方势力来制造声誉，用暗中订立密约来加强联结，用封官许愿来激励营私。并且说："跟随我的，我会给他好处，不随从我的，将危害他。"众人贪求利益，又迫于威势，感觉"如果真能获得他的欢心，他就能给我好处；否则他发怒憎恨，就能够伤害我"。因此，许多人就归服了他，民众也纷纷向他聚拢，赞扬声传遍了全国，上达到君主那里。君主又不能弄清实际情况，因而把他作为贤者。他又指派狡诈奸滑之徒，外表装作别国诸侯恩宠的使者，并给他车马，给他瑞玉符节以展示诚信，教给他外交辞令使其看着很庄重，资助他布帛钱财，出使诸侯，用花言巧语惑乱自己的君主，外表上为君主讨论国事，实际上带着为权好说话的私欲。他为其他君主出使，可谈的都是本国君主身边之人。君主喜欢他的言辞以为他的言论有理，也就以为他所称赞的奸臣确实是天下的贤者。国内国外身边亲信都异口同声地暗示和谈论，为奸臣说好话。至于位高权重的，君主于是便随便降低自己的身份，贬低自己的地位而甘心屈从于他的下面，对于地位不高的就用高爵厚禄来奖赏他。奸臣的爵位显贵、俸禄优厚而朋党越来越多，又有奸邪的念头，那么，他手下的人就会逢迎奸臣而劝说："古代的所谓圣明君主，并非按照父死子继、兄终弟及的顺序继承王位的，而是因为在朝廷内拉帮结派、在朝廷外拉拢乡党，威胁皇上或杀死君主而夺得君位的。"奸臣问："如何知道他们是如此做的呢？"朋党回答说："虞舜胁迫唐尧，夏禹胁迫虞舜，商汤驱逐夏桀，武王征伐商纣，这四个王，都是作为臣子而杀害了自己的君主，而天下都称颂他们。考察这四个王的真情，都有贪求王位的野心；权衡他们的行为，都使用了残暴的武力。这四个王都私自扩展了势力，天下的人反而赞颂他们了不起；他们自吹自擂来夸耀自己的名声，而天下人都称扬他们圣明。如此看来，威势足够用来驾驭天下，贪欲足够能够压倒整个社会，天下人都会归顺他们。"手下的奸臣们还说：
"就拿现在的一切见闻来说，田成子夺取了齐国，司城子罕夺取了宋国，
太宰欣夺取了郑国，单荼夺取了周国，易牙取代了齐，韩虔、魏斯、赵
籍三人分割了晋国，这上面的八个人，都是作为臣子而杀害了自己的君
主。"那权奸听闻了这些话，赶紧竖起耳朵，认为他们说得很对。因此
他在朝廷内部拉帮结派组建党羽，在朝廷外面布置安排好同巷邻居、宗
族亲戚，窥测时机发起事变，以便一举夺得国家政权。何况那在国内利
用同党威胁杀害自己的君主、在国外借助诸侯的权势来改变毁灭自己的
国家、埋没正确的治国法术、大搞夺取私利的歪门邪道、对上挟制君主、
对下干扰社会治安的权奸，更是不计其数。这是什么原因呢？是由于君
主在选择臣子方面不英明的原因啊。史籍记录说："周宣王以来，覆灭
的国家有几十个，其中臣子杀害了自己的君主而篡取了国家的已经很多
了。"如此看来，祸乱从国内出现的和从国外发起的各占一半。如果可
以把自己的民众的力量集中统一起来尽力禁止内乱的发生而依然国破身
死的，还都能够算是有德才的君主。假如改变了自己的法度与臣下交换
位置，尽管保全了民众却把国家赠给了别人，这才是最没有德才的了。

为人主者，诚明于臣之所言，则虽罼①弋驰骋、撞钟舞女，国犹且
存也；不明臣之所言，虽节俭勤劳、布衣恶食，国犹自亡也。赵之先
君敬侯，不修德行，而好纵欲；适身体之所安、耳目之所乐：冬日罼弋，
夏浮淫；为长夜，数日不废御觞，不能饮者以筒灌其口，进退不肃、
应对不恭者斩于前。故居处饮食如此其不节也，制刑②杀戮如此其无度
也，然敬侯享国数十年，兵不顿于敌国，地不亏于四邻，内无君臣百
官之乱，外无诸侯邻国之患，明于所以任臣也。燕君子哙，邵公奭之

后也，地方数千里，持载数十万；不安子女之乐，不听钟石之声；内不埋污池台榭，外不罩弋田猎，又亲操耒耨以修畎亩。子哙之苦身以忧民如此其甚也，虽古之所谓圣王明君者，其勤身而忧世不甚于此矣。然而子哙身死国亡，夺于子之，而天下笑之。此其何故也？不明乎所以任臣也。

故曰：人臣有五奸，而主不知也。为人臣者，有侈用财货赂以取誉者，有务庆赏赐予以移众者，有务朋党徇③智尊士以擅逞者，有务解免赦罪狱以事威者，有务奉下直曲、怪言、伟服、瑰称以眩民耳目者。此五者，明君之所疑也，而圣主之所禁也。去此五者，则噪诈之人不敢北面立谈；文言多、实行寡而不当法者，不敢诬情以谈说。是以群臣居则修身，动则任力，非上之令不敢擅作疾言诬事，此圣王之所以牧臣下也。彼圣主明君，不适④疑物以窥其臣也。见疑物而无反者，天下鲜矣。

故曰：孽有拟适之子，配有拟妻之妾，廷有拟相之臣，臣有拟主之宠，此四者，国之所危也。故曰：内宠并后，外宠贰政。枝子⑤配适，大臣拟主，乱之道也。故《周记》曰："无尊妾而卑妻，无孽适子而尊小枝，无尊嬖臣而匹上卿，无尊大臣以拟其主也。"四拟者破，则上无意、下无怪也；四拟不破，则陨身灭国矣。

[注释]

①罩（bì）：捕捉鸟、兔等禽兽的网。　②制刑：掌握刑罚。　③徇：求。　④适：主，引申为专注。　⑤枝子：庶子。

[译文]

做君主的，假如真能明察臣下的话，那么尽管常常骑马打猎，歌舞取乐，国家还是会存在的。假如不能洞察臣下所说的话，那么尽管节俭勤劳、布衣粗食，国家还是要覆灭的。赵国的先代君主敬侯，行为不检，为非作歹，为了满足身体的安逸、耳目的快乐，冬天射箭打猎，夏天泛舟游乐，整夜宴饮，数日不止，有不能喝酒的人就用竹筒往嘴里灌，有行为不严肃、对答不恭敬的就杀死在面前。赵敬侯立身处世、吃喝玩乐这样不加节制，决断用刑、杀害臣民这样没有法度，但是在这几十年，军队没有被敌国打败过，领土没有被邻国侵略过，国内没有群臣的搅乱，外部也没有诸侯国的干扰，这是因为懂得如何任用臣子的原因啊。燕君子哙是邵公奭的后代，他占有的国土有几千里见方，武装的军队有几十万，他既不沉溺于美色，也不喜爱音乐；在宫内不堆土山，不修建池塘楼阁，在宫外也不骑马打猎，还亲自参加农耕。子哙为民众担心而使自己受苦到了这份上，尽管古代的圣王贤君也不比他更厉害。可是子哙却身死国亡，国家政权被子之篡取，以于天下人鄙视讥笑他，这是为什么呢？就是因为他不知道如何任用臣下的原因啊。

　　因此说：臣子有五种奸邪的行为，君主是不知晓的。做臣子的，有人奢靡地使用财物贿赂来获取赞誉，有人尽力于赏赐来聚拢人心，有人尽力于结党礼敬贤士来专权放肆，有人尽力于免除劳役赦免罪犯来树立威势，有人尽力于迎逢下民颠倒曲直、说怪癖的言论、穿奇伟的衣服、用漂亮的名号来使民众的耳目惑乱。这五种行为，是圣明的君主所忧虑的，是圣明的君主所制止的。去除这五种行为，那么鼓噪欺骗的人就不敢面北在朝廷上站立说话，文饰的言辞多、真实的行动少、不符合于法律的人不敢扭曲事实来谈论。因此群臣居处的时候就修养自己的品德，行动的时候就用尽全力，没有君主的命令，就不敢私自行动、激烈地发言、扭曲事实，这就是圣明的帝王管理臣下的方法。那些圣明的帝王君主，不从所忧虑的行为来打探群臣。见到了有忧虑的行为却不去责求的，普天下是少有的。因此说，儿子中有和嫡子地位等同的庶子，配偶中有和正妻地位等同的宠妾，朝廷中有和宰相地位等同的大臣，群臣中有和君主权力差不多的宠臣。这四种人，是国家混乱的根源。

因此说：内廷的宠妃与王后齐等，外朝的宠臣与正卿地位同等，庶子和嫡子平起平坐，大臣与君主权势相同，这是国家混乱的原因。因此《周记》说："不要提升妾的身价而降低正妻的地位，不要降低嫡子的地位而提升庶子的身份，不要提升宠臣的地位而使他们与上卿匹敌，不要提升大臣的地位而使他们的权势与君主相匹敌。"这四种相对等的情况消除后，那么君主就不必猜疑大臣，大臣也就不会兴妖作怪了。这四种相对等的情况不除去，那么君主就会没命，国家也就灭亡了。

诡使　第四十五

　　圣人之所以为治道①者三：一曰"利"，二曰"威"，三曰"名"。夫利者，所以得民也；威者，所以行令也；名者，上下之所同道也。非此三者，虽有不急矣。今利非无有也，而民不化上；威非不存也，而下不听从；官非无法也，而治不当名；三者非不存也，而世一治一乱者，何也？夫上之所贵与其所以为治相反也。

　　夫立名号，所以为尊也，今有贱名轻实者，世谓之"高"。设爵位，所以为贱贵基也；而简上不求见者，世谓之"贤"。威利，所以行令也；而无利轻威者，世谓之"重"。法令，所以为治也；而不从法令为私善者，世谓之"忠"。官爵，所以劝民也；而好名义不进仕者，世谓之"烈士"。刑罚，所以擅威也；而轻法不避刑戮死亡之罪者，世谓之"勇夫"。民之急名也，甚其求利也；如此，则士之饥饿乏绝者，焉得无岩居苦身以争名于天下哉？故世之所以不治者，非下之罪，上失其道也。常贵其所以乱，而贱其所以治，是故下之所欲，常与上之所以为治相诡也。

　　今下而听其上，上之所急也。而惇悫②纯信，用心怯言，则谓之"窭"③。守法固，听令审，则谓之"愚"。敬上畏罪，则谓之"怯"。言时节，行中适，则谓之"不肖"。无二心私学，听吏从教者，则谓之"陋"。

　　难致，谓之"正"。难予，谓之"廉"。难禁，谓之"齐"。有令不听从，谓之"勇"。无利于上，谓之"愿"。少欲、宽惠、行德，谓之"仁"。重厚自尊，谓之"长者"。私学成群，谓之"师徒"。闲静安居，谓之"有思"。损仁逐利，谓之"疾"。险躁佻反复，谓之"智"。先为人而后自为，类名号④，言泛爱天下，谓之"圣"。言大本，称而不可用，行而乖于世者，谓之"大人"。贱爵禄，不挠上者，谓之"杰"。下渐行如此，人则乱民，出则不便也。上宜禁其欲，灭其迹，而不止也，又从而尊之，是教下乱上以为治也。

[注释]

①治道：治理国家的原则。　②惇（dūn）：忠厚。愿（què）：诚恳。③窭（jù）：拘谨，小气。　④类名号：对爵位、官职同等看待，不分高低。

[译文]

圣人管理天下有三种手段：一是利益，二是权威，三是名号。利的功效在于获得民心，威的效用在于推行号令，名的功效在于沟通上下共同的准则。除了这三方面，尽管还有别的手段，也不是当务之急。现在，不是没有利益，可是民众不听从驱使；不是没有权威，但是臣下却不听号令；行政不是没有法律，但是管理的方式不合乎法律条文。三方面不是不存在，而国家有时太平有时混乱，这是为什么？就是由于君主所崇尚的对象与他们治国的手段相抵触的原因。

设立名号用以树立尊卑观念，而那些看不起名号和看轻实利的人，众人却把他们称为"高士"。设立爵位，用以当作分辨贵贱的准则；而对君上高傲不羁的人，却被众人称为"贤人"。设置权威和利益，用以促进法令的实行；而对那些漠视利益和轻视权威的人，众人却说他们"稳重"。设立法令用以管理国家，而那些不服从法令私自行善的人，众人却说他们"忠直"。设置官爵，用以激励民众；而那些追逐名声而不为官的人，众人却称他们"烈士"。设置刑罚，用以建立绝对权威；而那些不畏刑罚和死罪的人，众人称他们"勇夫"。臣民对名声的追求超越他们对利益的追求，这样，饥饿乏绝的人怎能不隐居自苦用来求名于社会呢？因此国家之所以得不到管理，并不是臣下的失误，而是做君主的没有掌控正确方法。总是对导致祸乱的人和事表示尊重，而对导致治理的人和事予以鄙视；如此一来，臣民所追求追逐的事物便总是和君主用来治理国家的事物相抵触。

如今使臣下听从君主，是君主急忙追求的。而仁厚诚实纯良守信，办事用心说话小心，就会被称作"鄙陋"。严格地遵从法律，谨慎地听从命令，就会被称作"愚昧"。尊敬君主，害怕犯罪，就会被称作"胆怯"。善于制止语言，行为合乎正道，就会被称作"没有能力"。不和君主离心去进行学术，服从官吏遵从教化，就会被称作"没有见识"。

很难被君主征召，称为"正直"。很难给他赏赐，称为"廉洁"。难以被制止，称为"平等"。有命令也不听从，称为"勇敢"。不向君主求利益，称为"厚道"。减少欲望，广泛地布施恩惠，施行恩德，称为"仁慈"。稳重敦厚自尊，称为"长者"。私人讲学的成群，称为"师徒"。清闲安静在家安居，称为"有思想"。损害仁义来追求利益，称为"敏捷"。阴险急躁，轻佻反复，称为"聪明"。先为别人考虑，再为自己考虑，将各种名号看似差不多，主张广泛地爱天下人，称为"圣人"。宣扬大的治国之本，被称颂但是不能实用，行为和世道相悖，称为"大人"。忽视爵位俸禄，不屈服于君主，称为"杰出"。臣下沉浸这种风气到了这样的地步，在国内就会干扰民众，到国外就会对国家不利。君主应该制止他们的欲望，消除这些迹象，尽管如此还不能制止，反而顺从他们，看重这些行为，这就是教导臣下惑乱君主，而又把它当做治国的原则。

凡上之所以治者，刑罚也；今有私行义者尊。社稷专所以立者，安静也；而躁险谗谀者任。四封之内所以听从者，信与德也；而陂知倾覆使。令之所以行，威之所以立者，恭俭听上也；而岩居非世者显。仓廪之所以实者，耕之本务也；而綦组①、锦绣、刻画为末作者富。名之所以成，城池之所以广者，战士也；今死士之孤饥饿乞于道，而优笑酒徒之属乘车衣丝。赏禄，所以尽民力易下死②也；今战胜攻取之士劳而赏不求沾，而卜筮、视手理、狐《虫》为顺辞于前者日赐。上握度量，所以擅生杀之柄也；今守度奉量之士欲以忠婴③上而不得见，巧言利辞行奸轨以幸偷世者数御。据法直言，名刑相当，循绳墨，诛奸人，所以为上治也，而愈疏远；谄施顺意从欲以危世者近习。悉租税，专民力，所以备难充仓府也，而士卒之逃事伏匿、附托有威之门以避徭赋而上不得者万数。夫陈善田利宅，所以战士卒也；而断头裂腹、播骨乎平原野者，无宅容身，身死田夺；而女妹有色、大臣左右无功者，择宅而受，择田而食。赏利一从上出，所以善制下也；而战介之士不得职，而闲居之士尊显。上以此为教，名安得无卑？位安得无危？夫卑名危位者，必下之不从法令、有二心务私学、反逆世者也；而不禁其行、不破其群以散其党，又从而尊之，用事者过矣。上之所以立廉耻者，所以属下也；今士大夫不羞污泥丑辱而宦，女妹私义之门④不待次而宦。赏赐，所以为重也；而战斗有功之士贫贱，而便辟优徒超级。名号诚信，所以通威也；而主揜障，近习女谒并行，百官主爵迁人⑤，用事者过矣。大臣官人，与下先谋比周，虽不法行，威利在下，则主卑而大臣重矣。

夫立法令者，以废私也。法令行而私道废矣。私者，所以乱法也。

而士有二心私学、岩居窞路⑥、托伏深虑，大者非世，细者惑下；上不禁，又从而尊之以名，化之以实，是无功而显，无劳而富也。如此，则士之有二心私学者，焉得无深虑、勉知诈⑦与诽谤法令，以求索与世相反者也？凡乱反世者，常士有二心私学者也。故《本言》曰："所以治者，法也；所以乱者，私也。法立，则莫得为私矣。"故曰：道私者乱，道法者治。上无其道，则智者有私词，贤者有私意。上有私惠，下有私欲，圣智成群，造言作辞，以非法措于上。上不禁塞，又从而尊之，是教下不听上、不从法也。是以贤者显名而居，奸人赖赏而富。贤者显名而居，奸人赖赏而富，是以上不胜下也。

[注释]

①綦（qí）组：带有方格花纹的丝织品。　②下死：换取民众为君主卖命。③婴：通"撄"，触犯。　④女妹私义之门：有裙带关系和私人交情的人家。⑤主爵迁人：审定爵位，调升官吏。　⑥窞（dàn）：坑穴。路：通"露"，野外。　⑦勉知诈：尽力玩弄智巧欺诈。

[译文]

君主用来管理国家的是刑罚，而有私德的人却受到君主的尊敬。国家之所以确立，是为了减少社会冲突而让人们平静地生活；而浮躁阴险谀诹的人却被任用。国境之内的人们之所以听从统治，是由于统治者讲信用有赏赐；而狡猾巧诈倾轧诬陷别人的却被使用。法令之所以实行，威权之所以建立，是大家恭敬谦逊地听君主的话，而隐居深山非议现实的人却声名显赫。粮仓之所以盈满，是耕种的农民以农为本的结果；而那些经营纺织、刺绣、雕刻等的手艺人却富有起来。为君主建立威望，扩大疆土的，是作战的士兵；可如今阵亡战士的孤儿忍饥挨饿在路旁乞讨，而那些陪君主吃喝玩乐的人，却乘着车子穿着丝绸过着安逸的日子。君主赏赐利禄，是为了取得民众为君主死心塌地拼命效忠；可现在为君主打了胜仗夺取了土地的战士虽有功劳却不能得到一点赏赐，而那些为君主卜签以预示吉凶、看手相以推算命运、在君主面前说些巴结奉承话的人却每天获得赏赐。君主掌管着国家法度，是用来专断生杀大权的；如今奉公守法的人想用逆耳的忠言向君主进谏都不能得到接见；而那些花言巧语、内外行奸、在社会上投机取巧的人却经常得到进用。根据法令直言不讳，名实相符，按法令行事，处罚奸人，是君主用以治理国家的原则，君主却越来越远离，而那逢迎取媚、顺从君主的意愿和欲望说话行事而危害社会的，却被君主亲近恩宠。征收租税，集聚民力，是为了防范危难充实仓库的，但兵士为了逃离战争而躲藏起来，依靠权门势族以逃离徭役赋税，使君主不能得到使用的人，数以万计。君主选出好的田地和住宅，是用来激励士兵作战的，而真正拼死作战、把尸骨抛弃在战场上的，却没有居处容身，死后田地也被夺取；但那些有姿色的少女、没有功劳的君主身旁的大臣亲信，却能够挑选豪宅居住，选择良田生活。奖赏和利益都应该由君上一个人决定，用以奖励和控制臣民，可是穿铠甲的战士却不能得到这些，而那些安闲自在无所事事的人却得以高贵显赫，君主用这类方式教导人民，他的名声怎么会不低？他的地位怎么会不危？导致君主名低位危的原因，一定在于臣下不听从法令，心中同时装着法令之外的异端邪说，对当今社会有所抵触；现在，不制止他们的行为，不毁坏和拆散他们的朋党关系，反而去尊重他们，这就是执政者的失误了。君主之所以成立廉耻学说，就是为了治理下属；如今有士大夫为了做官而不以自我玷污为羞耻。有裙带关系和私人关系的人家就能够越级升官。之所以确立赏赐，是为了提升有功者的地位；可是战斗有功的人却贫穷卑贱，而供君主谈笑取乐的近侍却越级重用。设置名号和信誉，目的在于建立威严，可是君主被蒙蔽，近臣和女人的私请都得到君主的听从，升降爵位部由百官操持，这又是执政者的失误了。假如让大官任命官员，他们和下级阴谋勾结，虽有法律也不能落实实行，权威和利益都在臣下手中，这样，就君主卑贱而大臣权重了。

设置法律禁令，是为了废止私利，法令被推行了，谋私利的方法就被废止了。私利这东西，就是干扰法令的。而士人和君主离心，尽力于私人学说，居住在山洞里和深坑里，依附权贵或隐居苦思冥想，大的诽谤世道，小的惑乱人心；君主不加以制止，又顺服他们并用好的名声尊敬他们，用实际利益改变他们的境况，就是使他们没有功劳就能够尊显，不用劳动就能够致富。如此一来，那些和君主离心而尽力于私人学说的士人，怎么能不苦思冥想、尽力于智慧欺诈以非议法律禁令来求取利益，和社会相背离。凡是干扰君主，和社会相背离的人，常常是士人中和君主离心并尽力于私人学术的人。因此《本言》说："用来管理国家的是法律，能够扰乱国家的是私利。法律建立了，就没有人去谋私利了。"因此说：通过私利治国就会动乱，通过法律治国就会稳定。君主不掌控治国方法，那么聪明的人就会有谋私利的言语，贤能的人也会有谋私利的想法。君主有私人的恩惠，臣下有私人的欲念，圣人和智者成群结派，制造言辞，用非法的手段应付君主。君主不加以制止，又听从并尊敬他们，这是教导臣下不听从君主、不遵守法律。因此贤能的人名声显贵而安居，奸邪的人依靠赏赐而致富。贤能的人名声显贵而安居，奸邪的人依靠赏赐而致富，因此君主不能制服臣下。

六反　第四十六

　　畏死远难，降北之民也，而世尊之曰"贵生之士"。学道立方，离法之民也，而世尊之曰"文学之士"。游居厚养，牟食之民①也，而世尊之曰"有能之士"。语曲牟知，伪诈之民也，而世尊之曰"辩智之士"。行剑攻杀，暴憿②之民也，而世尊之曰"磏勇之士③"。活贼匿奸，当死之民也，而世尊之曰"任誉之士"。此六民者，世之所誉也。赴险殉诚，死节之民，而世少之曰"失计之民"也。寡闻从令，全法之民也，而世少之曰"朴陋之民"也。力作而食，生利之民也，而世少之曰"寡能之民"也。嘉厚纯粹，整谷之民④也，而世少之曰"愚戆之民"也。重命畏事，尊上之民也，而世少之曰"怯慑之民"也。挫贼遏奸，明上之民也，而世少之曰"谄谗之民"也。此六民者，世之所毁也。奸伪无益之民六，而世誉之如彼；耕战有益之民六，而世毁之如此：此之谓"六反"。布衣循私利而誉之，世主听虚声而礼之，礼之所在，利必加焉。百姓循私害而訾之，世主壅于俗而贱之，贱之所在，害必加焉。故名赏在乎私恶当罪之民，而毁害在乎公善宜赏之士，索国之富强，不可得也。

　　古者有谚曰："为政犹沐也，虽有弃发，必为之。"爱弃发之费而忘长发之利，不知权⑤者也。

　　夫弹痤者痛，饮药者苦，为苦惫之故不弹痤饮药，则身不活，病不已矣。

今上下之接，无子父之泽，而欲以行义禁下，则交必有郄矣。且父母之于子也，产男则相贺，产女则杀之。此俱出父母之怀衽⑥，然男子受贺，女子杀之者，虑其后便，计之长利也。故父母之于子也，犹用计算之心以相待也，而况无父子之泽乎？

今学者之说人主也，皆去求利之心，出相爱之道，是求人主之过父母之亲也，此不熟于论恩，诈而诬也，故明主不受也。圣人之治也，审于法禁，法禁明著，则官治；必于赏罚，赏罚不阿，则民用。民用官治则国富，国富则兵强，而霸王之业成矣。霸王者，人主之大利也。人主挟大利以听治，故其任官者当能，其赏罚无私。使士民明焉，尽力致死，则功伐可立而爵禄可致，爵禄致而富贵之业成矣。富贵者，人臣之大利也。人臣挟大利以从事，故其行危至死，其力尽而不望⑦。此谓君不仁，臣不忠，则可以霸王矣。

夫奸必知则备，必诛则止；不知则肆，不诛则行。夫陈轻货于幽隐，虽曾、史可疑也；悬百金于市，虽大盗不取也。不知则曾、史可疑于幽隐，必知则大盗不取悬金于市。故明主之治国也，众其守而重其罪，使民以法禁而不以廉止。母之爱子也倍父，父令之行于子者十母；吏之于民无爱，令之行于民也万父。母积爱而令穷，吏用威严而民听从，严爱之筴亦可决矣。且父母之所以求于子也，动作则欲其安利也，行身则欲其远罪也；君上之于民也，有难则用其死，安平则尽其力，亲以厚爱关子于安利而不听，君以无爱利求民之死力而令行。明主知之，故不养恩爱之心而增威严之势。故母厚爱处，子多败，推爱⑧也；父薄爱教笞，子多善，用严也。

[注释]

①牟食之民：靠游说混饭吃的人。　②憿（jiǎo）：通"侥"，侥幸。

③磏（lián）勇之士：有锋芒而勇敢的人。　④整谷之民：正派善良的人。

⑤不知权：不懂得衡量利害得失。　⑥怀衽（rèn）：怀抱。　⑦望：怨恨。

⑧推爱：实行慈爱。

[译文]

怕死，避开国难，必定是容易投降败北的人，众人却把他们尊称为"重视生命的人"。研习学问建立学说，一定是违背法律的人，众人却称作他们是"文学之士"。游手好闲生活富有，必定是追求俸禄的人，众人却称作他们是"有能之士"。语言曲辩，追逐巧智，必定是诈伪的人，众人却称作他们是"辩智之士"。仗剑厮杀，必定是残暴幸运的人，众人却称作他们是"磏勇之士"。隐蔽奸贼，应判死刑的人，众人却称赞他们是"该享有荣誉的人"。这六种人，都是世人所称赞的。另一方面，赴险殉难，忠贞而死的人，众人却轻视他们为"没有头脑的人"。只懂得服从号令，这是保护法律的人，众人却说他们是"鄙陋的人"。通过努力耕种而换取衣食，这是为国创利的人，众人却称他们是"无能的人"。仁厚朴质，这是正直善良的人，众人却称他们是"愚蠢的人"。看重号令，小心怕事，这是尊敬君主的人，众人却称他们是"胆小的人"。打击坏人，禁止奸邪，这是使君主贤明的人，众人却称他们是"谄谀的人"。这六种人，都是众人所诽谤的。六种言行奸邪而无益于国家的臣民，社会上却那样称颂他们；六种耕战有益的臣民，社会上却这样诋毁他们，这就称为"六种颠倒"。百姓依据个人的私利而赞颂前六者，君主听虚传而尊重他们，受尊重的人，一定得到实惠。另一方面，百姓依据私利而诽谤后六者，君主受臣下蒙蔽而鄙视他们，对鄙视的人，必定施加损害。如此一来，名誉和赏赐落到了那些怀私恶而应受惩罚的臣民手中，而诽谤和损害却落到那些从公为善而应奖赏的臣民头上，在此种情况下追求国家的强盛，是不可能的。

古人有句谚语说："掌政好比洗头一样，尽管有一些头发掉落，还是一定要洗头。"重视掉头发的损耗，而忘却促使头发生长的好处，是不知道权衡利弊的人。

针刺痤疮是痛的，吃药是苦的。由于苦痛的原因就不刺割痤疮和不吃药，就救不了命，治不好病。

如今君主和臣下相交，没有父子间的恩惠，却想用品行和道义来限制约束臣下，那么君臣之间必定有裂痕。何况父母对于子女，生下男孩就彼此庆贺，生下女孩就要溺死。男孩女孩都是来自父母的怀抱，但是男孩受到庆贺，女孩却被溺死，这么做是思虑到将来的好处，计算长远的利益啊。因此父母对于子女还用算计的心理看待，况且是没有父子恩情的君臣呢！

现在研究学问的人游说国君，都叫君主抛弃求利的思想，而从相爱的原则出发，这是要求君主对臣民的爱超越父母对子女的爱，这是不善于议论恩爱，是虚伪欺诈的言论，所以英明的君主是不会接纳的。圣人治理国家，法律禁令要精审，法律禁令明白清晰了，官吏就会依法行事；奖赏惩罚坚决实行，赏罚公正了，人民就会尽力。人民尽力，官吏廉正，国家就能富足；国家富足，军队便会强盛，称霸称王的大业就能实现。称霸称王，是君主最大的利益。君主抱着获取最大利益的愿望来处理政治，因此任用的官吏都符合他们的才能，奖赏和惩罚就没有偏爱。战士和民众都知道这样的道理，尽力拼命，那么功劳就能够建立而爵禄就能够得到。爵禄得到了，富贵的事业就成就了。富贵，是臣下最大的利益。臣下怀着获得最大利益的愿望来处理事务，因此肯冒险牺牲，用尽自己的力量也没有憎恨。这就是所谓："君主不讲仁慈，臣下不讲忠诚，就能够成就霸业了。"

奸邪必定会被发现，他们就会防备，必定会被惩罚，他们就会停止；不能被发觉，就会放肆，不能被处罚，就会去推行。把不值钱的财物放在幽暗隐秘的地方，尽管是曾参、史鱼这样正直的人也是能够怀疑的；把一百金挂在闹市，尽管是大盗也不敢去拿。不能被发觉，尽管是曾参和史鱼在幽暗隐秘的地方也值得怀疑；一定能发觉，尽管是大盗也不敢在闹市拿悬挂的金子。因此圣明的君主管理国家，增加守卫的人，增重处罚，让人民因为法律而被制止，而不是由于正直才不做坏事。母亲对儿子的爱比父亲多一倍，但是父亲的命令被儿子实行的，比母亲多十倍；官吏对人民没有仁慈，命令被人民实行的，比父亲多一万倍。母亲积存了母爱，而命令却不被实行；官吏使用威严，人民就归服。采用威严或慈爱就能够决断了。何况父母对子女所企求的，每个行为就希望他们安全有利，立身处事就希望他们避开罪责；君主对于人民，有困难就让他们拼命，平安的时候就用尽他们的能力。亲人用仁厚的爱把子女置于安全有利，而子女却不服从；君主没有慈爱和利益，却去求人民用尽死力，而命令却能实行。圣明的君主懂得这个道理，因此不培养恩爱的心，而增加威严的权势。因此母亲用厚爱对待子女，子女大不成材，这是因为推行了仁爱；父亲的爱微少，用鞭打的方法教导子女，子女大多优秀，这是由于使用了威严。

今家人之治产也，相忍以饥寒，相强以劳苦，虽犯军旅之难，饥馑之患，温衣美食者，必是家也；相怜以衣食，相惠以佚乐，天饥岁荒，嫁妻卖子者，必是家也。故法之为道，前苦而长利；仁之为道，偷乐而后穷。圣人权其轻重，出其大利，故用法之相忍，而弃仁人之相怜也。学者之言皆曰"轻刑"，此乱亡之术也。凡赏罚之必者，劝禁也。赏厚，则所欲之得也疾；罚重，则所恶之禁也急。夫欲利者必恶害，害者，利之反也。反于所欲，焉得无恶？欲治者必恶乱，乱者，治之反也。是故欲治甚者，其赏必厚矣；其恶乱甚者，其罚必重矣。今取于轻刑者，其恶乱不甚也，其欲治又不甚也。此非特无术也，又乃无行。是故决贤、不肖、愚、知之策，在赏罚之轻重。且夫重刑者，非为罪人也。明主之法，揆也。治贼，非治所揆也；治所治也者，是治死人也。刑盗，非治所刑也；治所刑也者，是治胥靡^①也。故曰：重一奸之罪而止境内之邪，此所以为治也。重罚者，盗贼也；而悼惧者，良民也。欲治者奚疑于重刑！若夫厚赏者，非独赏功也，又劝一国。受赏者甘利，未赏者慕业，是报一人之功而劝境内之众也，欲治者何疑于厚赏！今不知治者皆曰："重刑伤民，轻刑可以止奸，何必于重哉？"此不察于治者也。夫以重止者，未必以轻止也；以轻止者，必以重止矣。是以上设重刑者而奸尽止，奸尽止，则此奚伤于民也？所谓重刑者，奸之所利者细，而上之所加焉者大也。民不以小利加大罪，故奸必止者也。所谓轻刑者，奸之所利者大，上之所加焉者小也。民慕其利而傲其罪，故奸不止也。故先圣有谚曰："不蹷于山，而蹷于垤^②。"山者大，故人顺之；垤微小，故人易之也。今轻刑罚，民必易之。犯而不诛，是驱国而弃之也；犯而诛之，是为民设陷也。是故轻罪也，民之垤也。是以轻罪之为民道也，非乱国也，则设民陷也，此则可谓伤民矣！

[注释]

①胥靡：犯轻罪被罚苦役的人。　②垤（dié）：小土堆。

[译文]

一家人管理家产，假如用忍受饥寒彼此要求，用努力劳作彼此要求，尽管有战争、饥荒的灾难，这家人也还是能吃饱穿暖。假如互相怜悯给予衣食，互相施恩让对方享受，如果遭遇自然灾害，嫁妻卖子的，必定是这家人。因此，作为一种治国方法，法律的作用就在于先苦而利长，仁慈的效果就是先乐而后贫困。圣人衡量轻重，从大利出发，因此他们用法律而硬心肠，抛开仁慈者那种彼此怜悯。读书人的学说，都声称"减轻刑罚"，这就是乱国之术。赏罚必定要兑现，这是为了激励或禁止。赏厚，君主所希望的效用很快就能得到；罚重，君主所讨厌的事情很快就会被禁止。想得到好处的人一定厌恶害处，害处是好处的相反面。一种事物与人们想得到的事物相反，人们怎会不讨厌它呢？想实现治理的人必定厌恶动乱，动乱是治理的相反面。因此，非常想实现治理的人，奖赏一定厚；非常厌恶动乱的人，惩罚必定重。采取轻刑的人，就是不非常厌恶动乱，也不非常希望实现治理。这种人不但不学无术，而且没有德行。因此判断贤和不贤、愚蠢和聪明的准则，就在于他们对赏罚的或轻或重的不同意见。而且，推行重刑，目的并不只是对于犯法的人，贤明君主的法律，是保持治安的社会标准。治贼，目的并不只是惩治依据法律标准而判刑的那个贼人；假如说是惩治依据标准判决的那个贼人，就是只惩治了那一个该死的人。惩罚盗贼，并不只是惩治那一个人；假如是惩治那一个人，就是只惩处那一个该受罚的罪人。因此说，重惩一个坏人的罪而禁止全国的坏人，这就是管理的手段。被重罚的是盗贼，而被震慑的却是良民百姓。想实现治理的人为何还对采取重刑抱持怀疑态度呢？对于厚赏，同样不是奖励有功的那一个人，也是为了让全国民众受到激励。受到赏赐的人乐于得利，没有获得赏赐的人爱慕受赏赐者的功业，这是奖励了一个人的功劳而激励了全国的百姓，想要管理好国家的人，对于厚赏还有什么可怀疑的呢！现在不懂得治理国家的人都说："采纳重刑会伤害民众，采用轻刑才能够制止作恶，为何一定要用重刑呢？"这是没有详细仔细研究治国之道啊。那些用重刑能禁止的行为，用轻刑未必能禁止；而用轻刑能禁止的。用重刑必定能制止。所以君主设置重刑，作恶犯罪的事都能被禁止，作恶犯罪的事都被禁止了，这对于百姓还有什么损害呢？所说的重刑，是指坏人从中获取的利益小，而君主所施予的惩罚大。百姓不会为了一点小利益而受到大的惩罚，因此作恶犯罪的坏事必定会被制止。所说的轻刑，是指坏人从中得到的利益大，而君主施加的惩罚小。百姓羡慕当中的好事而不怕犯罪，因此坏事就不能被禁止。因此，古代的圣人有谚语说："人不会被高山绊倒，却可能会被小土堆绊倒。"山高大，因此人们会小心慎重；土堆小，因此人们才轻视它。现在如果采纳轻刑，百姓一定会轻视它。犯了罪而不进行惩罚，就等同驱使全国的民众犯罪而抛开他们；让人犯了罪再去惩处他们，就等于为民众设立了陷阱。因此说轻刑是损害百姓的小土堆。因而把轻刑当作治理百姓的原则，不是扰乱国家，就是给百姓设立陷阱，这样就能够称得上伤害百姓。

今学者皆道书策之颂语，不察当世之实事，曰："上不爱民，赋敛常重，则用不足而下怨上，故天下大乱。"此以为足其财用以加爱焉，虽轻刑罚，可以治也。此言不然矣。凡人之取重罚，固已足之之后也；虽财用足而后厚爱之，然而轻刑，犹之①乱也。夫当家之爱子，财货足用，货财足用则轻用，轻用则侈泰。亲爱之则不忍，不忍则骄恣。侈泰则家贫，骄恣则行暴。此虽财用足而爱厚，轻利之患也。凡人之生也，财用足则隳于用力，上懦则肆于为非。财用足而力作者，神农也；上治懦而行修者，曾、史也。夫民之不及神农、曾、史亦明矣。老聃有言曰："知足不辱，知止不殆。"夫以殆辱之故而不求于足之外者，老聃也。今以为足民而可以治，是以民为皆如老聃也。故桀贵在天子而不足于尊，富有四海之内而不足于宝。君人者虽足民，不能足使为天子，而桀未必以为天子为足也，则虽足民，何可以为治也？故明主之治国也，适其时事以致财物，论其税赋以均贫富，厚其爵禄以尽贤能，重其刑罚以禁奸邪，使民以力得富，以事致贵，以过受罪，以功致赏，而不念慈惠之赐，此帝王之政也。

人皆寐，则盲者不知；皆嘿②，则喑者不知。觉而使之视，问而使之对，则喑盲者穷矣。不听其言也，则无术者不知；不任其身也，则不肖者不知。听其言而求其当，任其身而责其功，则无术不肖者穷矣。夫欲得力士而听其自言，虽庸人与乌获不可别也；授之以鼎俎，则罢健效矣。故官职者，能士之鼎俎也，任之以事而愚智分矣。故无术者得于不用，不肖者得于不任。言不用而自文以为辩，身不任而自饰以为高。世主眩其辩、滥③其高而尊贵之，是不须视而定明也，不待对而定辩也，喑盲者不得矣。明主听其言必责其用，观其行必求其功，然则虚旧之学不谈、矜诬之行不饰矣。

[注释]

①犹之：仍然。　②嘿：通"默"，沉默不语。　③滥：通"婪"，贪婪。

[译文]

现在学者都称引典籍中颂扬古代帝王的言辞，不考察现在社会的真实情况，他们说："君主不爱百姓，赋税总是很重，百姓财用不足因此怨恨君主，因此天下大乱。"这是认为使人民财物费用充实，来对人民施加仁爱，尽管是轻的刑罚也能够使国家安定。这话就不对了。凡是君主采取加重的赏罚，原本就是在使人民富裕之后了。尽管财物费用充实，然后仁爱人民，但是使用轻的刑罚，还是会导致混乱。当家的人喜爱儿子，就让他财物充足；财物充足，就随便使用，随便使用，就奢侈过度。疼爱儿子，就不会严厉对待他；不会严厉，就会骄傲放任；奢侈过度，就会使家庭贫穷；骄傲放任，就会行为粗暴。尽管财物费用充足而慈爱深厚，使用轻的刑罚也会带来祸患。凡是人的本性，财物费用充实就会懒得用力，君主懦弱就肆意为所欲为。财物费用充实还要努力耕作的，是神农；君主的治理懦弱而行为美好的，是曾参和史鱼。人民比不上神农、曾参和史鱼，这是很明了的了。老子曾说过："懂得满足就不会有耻辱，懂得停止就不会有危险。"因为危险和耻辱的原因，只要足够用就不再另外寻求利益的人，是老子；现在认为使人民财物充实就能够使国家安定，是把人民都视为老子那样的人。因此桀贵为天子，却不满意于自己的尊贵；富有到拥有全国，却不满足于自己的珍宝。做君主的，尽管让人民财物充实，也不能让他们满足于君主，而桀还未必以天子为满足，那么尽管让人民财物充足，怎么能用来统治国家呢？因此圣明的君主治理国家，遵从时机和事理来取得财物，讨论赋税来均衡贫富，增加爵位和俸禄来使贤能的人竭力，加重刑罚来制止奸邪，让人民由于出力而获得财富，由于做事而得到尊贵，由于过失而受到处罚，由于功劳而受到奖赏，而不忘记对于慈爱恩惠的赏赐，这就是帝王的政治措施。

　　人都入睡了，就不能分清谁是瞎子；都不说话，就不能分清谁是哑巴。睡醒后让他们看东西，提问题让他们答复，那样哑巴、瞎子就真相大白了。不听他的言论，没有学识的人就不能被发觉；不任用他承担职务，没有德才的人就不能被发觉。听他说话而责求他和事实相符，任用他承担职务而责求他办事的效果，那么没有学识、德才不好的人就暴露无遗了。希望得到大力士，却只听他的自我介绍，那么普通人和乌获就无法加以区分。把沉重的鼎俎交给他们举，那么谁脆弱谁勇健就显示出来了。官职就是考核贤能之士的鼎俎，任用他们做事，那么谁愚蠢谁聪明就区分出来了。因此没有学识的人因君主不考核他的言论而获利，德才不好的人因君主不任用他做事而取利。言论没被采纳还自我掩饰为有口才，没被任用还自命高明。当代的君主惑乱于他的口才、盲目地看重他的高明而尊重他，这是不等到他看东西就判断他眼明，不等到他回复问题就判断他口才好，这样，哑巴和瞎子就不会被发觉了。英明的君主听取言论必定要责求它的实用，观察行为必定要责求它的效用，这样，那些空洞陈腐的学说就没有人再说了，自大妄为的行为就掩盖不住了。

八说　第四十七

　　为故人行私谓之"不弃"，以公财分施谓之"仁人"，轻禄重身谓之"君子"，枉法曲①亲谓之"有行"，弃官宠交谓之"有侠"，离世遁上②谓之"高傲"，交争逆令谓之"刚材"，行惠取众谓之"得民"。"不弃"者，吏有奸也；"仁人"者，公财损也；"君子"者，民难使也；"有行"者，法制毁也；"有侠"者，官职旷③也；"高傲"者，民不事也；"刚材"者，令不行也；"得民"者，君上孤也。此八者，匹夫之私誉，人主之大败也。反此八者，匹夫之私毁，人主之公利也。人主不察社稷之利害，而用匹夫之私誉，索国之无危乱，不可得矣。

　　任人以事，存亡治乱之机也，无术以任人，无所任而不败。人君之所任，非辩智则修洁也。任人者，使有势也。智士者未必信也，为多其智，因惑其信也。以智士之计，处乘势之资而为其私急，则君必欺焉。为智者之不可信也，故任修士者，使断事也。修士者未必智，为洁其身、因惑其智。以愚人之所惛④，处治事之官而为其所然，则事必乱矣。故无术以用人，任智则君欺，任修则君事乱，此无术之患也。明君之道，贱得议贵，下必坐上，决诚以参，听无门户⑤，故智者不得诈欺。计功而行赏，程能而授事，察端而观失，有过者罪，有能者得，故愚者不任事。智者不敢欺，愚者不得断，则事无失矣。

　　察士然后能知之，不可以为令，夫民不尽察，贤者然后能行之，不可以为法，夫民不尽贤。杨朱、墨翟，天下之所察也，干世乱而卒不决，虽察而不可以为官职之令。鲍焦、华角，天下所贤也，鲍焦木枯，华角赴河，虽贤不可以为耕战之士。故人主之所察，智士尽其辩焉；人主之所尊，能士能尽其行焉。今世主察无用之辩，尊远功⑥之行，索国之富强，不可得也。博习辩智如孔、墨，孔、墨不耕耨，则国何得焉？修孝寡欲如曾、史，曾、史不战攻，则国何利焉？匹夫有私便，人主有公利，不作而养足，不仕而名显，此私便也；息文学而明法度，塞私便而一功劳，此公利也。错法以道民也，而又贵文学，则民之所师法也疑；赏功以劝民也，而又尊行修，则民之产利也惰。夫贵文学以疑法，尊行修以贰功⑦，索国之富强，不可得也。

[注释]

①曲：不正，引申为偏袒。　②遁上：避开君主。　③旷：空缺。④惛（hūn）：认识糊涂，不明事理。　⑤门户：比喻单一的途径。　⑥远功：没有实际功效。　⑦贰功：不坚持按功行赏。

[译文]

为老朋友行私惠被称为"不弃老朋友"，把公家的财产施予给百姓被称为"仁人"，看轻官位，看重自身，被称为"君子"，枉法徇亲被称为"有德行"，丢弃职官和尊崇地位被称为"义气"，偏离社会逃避君上被称为"高傲"，互相争斗违背法令被称为"刚强"，行私惠以争取民众被称为"得民心"。不弃老朋友，表明官吏中有奸人；仁人，表明公家利益受到了损害；君子，表明有难驱使的百姓；有德行，表明法律受到了损坏；游侠，表明职官有空位；高傲，表明百姓中有无所事事的人；刚强，表明法令不能实施；得民心，表明君主被孤立。这八种现象，是普通百姓的个人声誉，是君主极大的损害。如果消除这八种现象，个人的私情被毁坏，这是君主和国家的利益之所在。君主不看清国家利益和危害，而接受普通百姓的个人私誉，要想求得国家不危险动乱，不能实现啊。

把政事交给什么人，是国家存亡治乱的关键。假如君王没有方法来任用他人，那么不管任用什么人都会失败。君王所选用的人物，不是能言善辩聪明之士就是修身洁行品德优秀之人。任用他人，就是让他们占有权势。聪明的人不一定值得信赖，因为赞美他的才智，于是就错误地认为他值得信任。如果他们借助聪明人的计谋，加上掌控权势的条件来做他们自己的急需之事，那么君王必定会被欺骗。由于聪明的人不可信任，因此任用品行好的人，让他们去判定政事。品行好的人不一定聪明，由于认为他们能修洁其身，于是就错误地以为他们聪明。这种人以愚人般的糊涂，处在管理政务的官位上去做他们以为正确的事情，那么事情必定会被搞乱。因此没有手段来任用他人，假如任用了聪明的人，那么君王就会被欺诈；假如任用了品行好的人，那么国家的事情就会被搞砸。这就是没有方法的灾祸啊。贤明君王的做法：让地位低的人能够评议地位高的人，上司有罪下司需揭发，否则就被连坐定罪，确实用检验的方法断定事情，听从意见没有门户偏见，因此聪明的人无法欺诈君王；计算功劳来进行奖赏，权衡能力来授予职位，审察事情的起因来考核官吏的过失，有过失的人给予惩处，有才能的人给予赏赐。所以愚蠢的人无法承担职事。聪明的人不敢欺诈君王，愚蠢的人不准许决断政事，那么国家的事情就没有过失了。

只有明察之士才能知道的事务，是不能当作制订法令的根据，因为民众不都是可以明察的。只有贤能的人才可以做到的事情，是不能当作制订法律的依据，因为民众不全部是贤能的。杨朱、墨翟是天下公认的明察之士，想整治社会的混乱但终究找不到办法，他们的学说尽管是明察的，但不能当作官府的法令。鲍焦、华角是天下公认的贤良的人，鲍焦抱木而死，华角投河自杀，他们尽管有贤才，但不能成为替国家种地作战的人。因此，君主所明察的东西，有才智的人就会在这方面去竭力施展他的辩才；君主所崇尚的东西，有才能的人就会在这方面用尽全力地干。当今的君主把没有真实用处的辩论当作明察，把没有真实功效的行为认为可贵，而想实现国家的富强，是不可能的。像孔丘、墨翟那样知识渊博而又善于辩论，但他们不会种田，国家能从这些人那里获得什么好处呢？像曾参、史鱼那样讲究孝道而又很少私欲，但他们不会作战，国家能从这些人那里获得什么利益呢？百姓有个人的私利，君主有国家的公利。不进行劳作而生活供给却很充实，不承担官职而名声却很显耀，这是个人的私利；停止私学而彰显法度，阻塞个人私利而全部按功行赏，这是君主的公利。设立法令是用来引导民众，但又以仁爱之学为显贵，那么民众对遵守法令就出现怀疑；奖赏功劳是为了激励民众，但又以修身养性为显贵，那么民众就懒于生产获利。崇尚仁爱之学就会使法律受到怀疑，尊奉修身养性而不专一于论功行赏，要想得到国家的富强，是不可能的。

摺笏干戚，不适①有方铁铦；登降周旋，不逮日中奏②百；狸首射侯，不当强弩趋发；干城距冲，不若埋穴伏橐。古人返于德，中世逐于智，当今争于力，古者寡事而备简，朴陋而不尽，故有挑铫③而推车者。古者人寡而相亲，物多而轻利易让，故有揖让而传天下者。然则行揖让，高慈惠，而道仁厚，皆推政也。处多事之时，用寡事之器，非智者之备也；当大争之世而循揖让之轨，非圣人之治也。故智者不乘推车，圣人不行推政也。

法所以制事，事所以名④功也。法有立而有难，权其难而事成，则立之；事成而有害，权其害而功多，则为之。无难之法，无害之功，天下无有也，是以拔千丈之都，败十万之众，死伤者军之乘，甲兵折挫，士卒死伤，而贺战胜得地者，出其小害计其大利也。夫沐者有弃发，除者伤血肉，为人见其难，因释其业，是无术之事也。先圣有言曰："规有摩而水有波，我欲更之，无奈之何！"此通权之言也。是以说有必立而旷于实⑤者，言有辞拙而急于用者。故圣人不求无害之言，而务无易之事。人之不事衡石者，非贞廉而远利也，石不能为人多少，衡不能为人轻重，求索不能得，故人不事也。明主之国，官不敢枉法，束不敢为私利，货赂不行，是境内之事尽如衡石也。此其臣有奸者必知，知者必诛。是以有道之主，不求清洁之吏，而务必知之术也。

[注释]

①适：通"敌"。　②奏：通"走"，奔跑。　③珧（yáo）：蚌壳。铫（yáo）：锄头。　④名：表明，显示。　⑤旷于实：脱离实际。

[译文]

古代腰带上插着笏板手里拿着盾牌斧头跳舞来教导敌人，比不上现在用长矛短枪征服敌人；古代利用登堂降阶和客人周旋的礼仪，不如如今一天奔跑百里的勇力；古代遵从狸首射侯的礼节来射箭，不如现在用强劲的弓弩急速发射；古代防卫城池抵御冲车，不如现在用水淹、打洞、埋伏、火攻来攻城。古人急于追逐道德，中古的人追求智慧，如今的人依靠力量争强。古代事情少，装备也简单，器物简单拙陋而不精致，因此有用蚌壳做的锄头，树棍编的推车；古时候人口稀疏而互相亲爱，东西很多而轻视财利、容易谦让，因此有拱手让位而把天下传给别人的。照如此说，实行禅让，倡导慈惠，称颂仁德，都是古代朴陋的政治。生在事情繁杂的时代，使用少事的古代所使用的简单器具，这不是智士的措施。碰到争夺激烈的社会，而遵从拱手谦让的老规矩，这不是圣人的治术。因此，智者不乘坐古代简陋的推车，圣人不奉行古代推车一样简洁的政治措施。

法律是用来约束事情的，事情是用来成就效用的。法律有时候确立起来会出现祸患，权衡下来它尽管有祸患，但事情却可以办成，那么就建立这法律；事情尽管做成了却有害处，权衡下来它尽管有害处，但成效比害处多，那么就去做它。没有祸害的法律，没有害处的事情，天下是没有的。因此，攻取方圆千丈的大城邑，击败人数达十万的敌人，自己死伤的将士占了全军的三分之一，铠甲兵器被毁坏，士兵死的死、伤的伤，而还是庆贺战斗的胜利、取得了土地，这是由于考虑到它的害处小而利益大。那洗头的人会掉落头发，除去病痛的人会损伤一些血肉。假如有人看到了它们的祸害，就不再做这些事，这就是没有学识的行为了。以前的圣人讲过这样的话说："圆规有耗损、水面又有波纹，我想要改变它们，可是又不能用其他的东西来替代它们。"这是通达权变的言论。因此，学说有在理论上完全站得住而偏离实际的，言论措辞有笨拙而符合实用的。因此圣人不追逐那些没有毛病的空话，而尽力于做那些不可变化的事情。人们之所以不在秤和石上打主意，并非因为正直廉洁而不追逐财利，而是由于石不能为人们增多或减少原来的数量，秤不能为人们减轻或加重原来的重量，对它们的要求是不可能获得的，因此人们就不在它们上面耗费力气了。在英明的君主所治理的国家里，官员不敢扭曲法令，差役不敢谋取私利，行贿受贿之事不能通行，国内的政事就都像秤和石一样处置得公正无私了。如此一来，他的大臣中假如有干坏事的，就必定会被察觉，被察觉的人一定会被加以处罚。因此，知道正确的治国之道的君主，不去寻找清正廉洁的官吏，而致力于掌握必定能够察知臣下邪恶的方法。

　　慈母之于弱子也，爱不可为前。然而弱子有僻，使之随师；有恶病，使之事医。不随师，则陷于刑；不事医，则疑于死。慈母虽爱，无益于振刑①救死，则存子者非爱也。子母之性，爱也；臣主之权，策也。母不能以爱存家，君安能以爱持国？明主者通于富强，则可以得欲矣。故谨于听治，富强之法也。明其法禁，察其谋计。法明，则内无变乱之患；计得，则外无死虏之祸。故存国者，非仁义也。仁者，慈惠而轻财者也；暴者，心毅而易诛者也。慈惠，则不忍；轻财，则好与。心毅，则憎心见于下；易诛，则妄杀加于人。不忍，则罚多宥赦；好与，则赏多无功。憎心见，则下怨其上；妄诛，则民将背叛。故仁人在位，下肆而轻犯禁法，偷幸而望于上；暴人在位，则法令妄而臣主乖②，民怨而乱心生。故曰：仁暴者，皆亡国者也。

　　不能具③美食而劝饿人饭，不为能活饿者也；不能辟草生粟而劝贷施赏赐，不能为富民者也。今学者之言也，不务本作而好末事，知道虚圣以说民，此劝饭之说。劝饭之说，明主不受也。

　　书约而弟子辩，法省而民讼简，是以圣人之书必著论，明主之法必详事。尽思虑，揣得失，智者之所难也；无思无虑，挈④前言而责后功，愚者之所易也。明主虑愚者之所易，以责智者之所难，故智虑力劳不用而国治也。

酸甘咸淡，不以口断而决于宰尹，则厨人轻君而重于宰尹矣。上下清浊，不以耳断而决于乐正，则瞽工轻君而重于乐正矣。治国是非，不以术断而决于宠人，则臣下轻君而重于宠人矣。人主不亲观听，而割断在下，托食⑤于国者也。

使人不衣不食而不饥不寒，又不恶死，则无事上之意。意欲不宰于君，则不可使也。今生杀之柄在大臣，而主令得行者，未尝有也。虎豹必不用其爪牙而与鼷鼠同威，万金之家必不用其富厚而与监门同资。有土之君，说人⑥不能利，恶人不能害，索人欲畏重己，不可得也。

人臣肆意陈欲曰侠，人主肆意陈欲曰乱；人臣轻上曰骄，人主轻下曰暴。行理同实，下以受誉，上以得非。人臣大得，人主大亡。

明主之国，有贵臣，无重臣。贵臣者，爵尊而官大也；重臣者，言听而力多者也。明主之国，迁官袭级⑦，官爵受功，故有贵臣。言不度行而有伪，必诛，故无重臣也。

[注释]

①振刑：从刑罚中拯救出来。　②臣主乖：臣下对君主离心离德。③具：准备饭食。　④挈（qiè）：提着，拿着。　⑤托食：意同寄生。⑥说人：喜欢一个人。　⑦袭级：按照官阶等级。袭：因袭，沿袭。

[译文]

慈母对于幼小的儿子，没有什么爱能够超过它了。可是小孩子有了奸邪的行为，还是要让他跟着老师学习；有了重病，还是要让他去求医。不跟着老师就陷入刑狱，不求医就靠近死亡。慈母尽管再慈爱，对于把孩子从刑罚中挽救出来或从死亡里救治活却没有什么用处，那么使孩子存活的就不是慈爱了。母子之间的本质是慈爱，君臣之间的权术是图谋。母亲不能用爱来保护家庭，君主怎么能用爱来管理国家呢？圣明的君主，精通了使国家富强的方法就能够实现欲望了。因此谨慎地管理政事，是使国家强大的方法。彰明法律禁令，明察谋略计策。法律彰明了国内就不会有事变和混乱的祸害，计策合适了对外就不会有死亡和俘虏的祸害。因此用来保存国家的，不是仁义。仁爱是指仁慈惠爱而看轻财物，暴戾是指心地恶毒而任意处罚。仁慈惠爱就不够心毒，轻视财物就喜欢施舍。心地毒辣，憎恨的心就会表露给臣下；轻易处罚，随意地残杀就会施加给人民。不够心毒，处罚就多被宽容；喜欢施舍，赏赐就会给予没有功绩的人。憎恨的心表露给臣下，臣下就会憎恨君主；随意杀戮，人民就会背离君主。因此仁慈的君主在位，臣下就放任，轻易地违背禁令和法律，抱有侥幸心理而期望君主的赏赐；残暴的君主在位，就会造成法令虚妄而君臣相离，人民怨恨而作乱的想法产生。因此说：仁慈的君主和残暴的君主，都是会造成亡国的人。

不能操办美味佳肴而只是劝告饥民吃饭，算不上是救活饥民的人；不能开垦种地生产粮食而只是激励君王借贷施舍和赏赐，算不上是能使百姓富有的人。如今那些学者们的言论，不致力于做最基本的事情而喜欢做没有多少意义的事情，只是巧诈地称赞一些对今天没有实际意义的古往圣贤来使百姓欢喜，这其实就是不操办美味佳肴而只劝告饥民吃饭之类的空话。这种空话，英明的君王是不会听从的。

书写得太简单，弟子们就会发生争论，法律条文太简略，民众的诉讼就会轻视法律，所以圣人写的书必定论点鲜明，英明君主的法律必定详尽规定所要判决的事情。用尽心思，估计得失，聪明的人也感到困难；不动脑筋，依据已制定的法令来要求办事的实效，愚蠢的人也容易做到。英明的君主选择愚蠢的人也容易办到的办法，不采纳聪明人感觉为难的办法，因此不用费心操劳，国家就能够治理好。

酸甜咸淡的味道，不自己品尝判断却让宰尹来决定，那么厨师就看轻君主却看重宰尹了。高低清浊的声音，不自己用耳听判断却让乐正来断定，那么盲人乐师就看轻君主却看重乐正了。管理国家的是非，不自己用权术断定却让宠爱的人断定，那么臣下就看轻君主却看重君主宠爱的人了。君主不自己观察情况、听取意见，却把控制裁断定的权力存放在臣下那里，就是寄居求食在国内的人。

如果人们不饥不寒不衣不食，又不怕死，就不会出现为君主效力的想法。君主的思想假如不由君主自己作主，民众就不能被役使。当今之世，生杀大权掌控在大臣手里而君主的号令还能起效的情况，从没有听说过。虎豹假如不用它们的利爪和牙齿，就会与鼹鼠一样毫无威严，富豪之家假如不利用他们的钱财，就和看门人同样贫穷。拥有国家的君主，假如对自己所喜欢的人不能给予利益，对自己所讨厌的人不能给以处罚，要想让人们畏惧和敬重自己，不能做到啊。

臣下为所欲为地展现自己的欲望被称作"侠义"，君主为所欲为地展现自己的欲望被称作"昏乱"；人臣轻视君主被称作"高傲"，君主轻慢臣下被称作"暴虐"。两种行为本质是一样的，可是臣下因此得到赞誉，君主因此而得到非议。人臣得到大好处，君主遭受大损失。

英明君主的国家，只有高贵的大臣，而没有重权在握的大臣。高贵的大臣，是指爵位高、官位大；重权在握的大臣，是指君主信任他的话而他的权势又很大。英明君主的国家，升官晋级，授予爵位，都是依据功劳的大小，因此有尊贵的大臣。对发表言论不考虑怎样实行而弄虚作假的大臣，必定严惩，因此就没有势力很大的重臣。

八经　第四十八

一、凡治天下，必因人情。人情者有好恶，故赏罚可用；赏罚可用，则禁令可立，而治道具矣。君执柄以处势，故令行禁止。柄者，杀生之制也；势者，胜众之资也。废置无度则权渎，赏罚下共则威分。是以明主不怀爱而听，不留说而计。故听言不参，则权分乎奸；智力不用，则君穷乎臣。故明主之行制也天，其用人也鬼。天则不非，鬼则不困。势行教严，逆而不违，毁誉一行而不议。故赏贤罚暴，举善之至者也；赏暴罚贤，举恶之至者也；是谓赏同罚异。赏莫如厚，使民利之；誉莫如美，使民荣之；诛①莫如重，使民畏之；毁莫如恶，使民耻之。然后一行其法，禁诛于私家②，不害功罪。赏罚必知之，知之，道尽矣。

二、力不敌众，智不尽物；与其用一人，不如用一国。故智力敌而群物胜，揣中则私劳③，不中则任过。下君尽己之能，中君尽人之力，上君尽人之智。是以事至而结智，一听而公会。听不一，则后悖于前；后悖于前，则愚智不分。不公会，则犹豫而不断；不断，则事留。自取一，则毋堕壑之累④。故使之讽，讽定而怒。是以言陈之曰，必有策籍。结智者事发而验，结能者功见而谋成败。成败有征，赏罚随之。事成，则君收其功；规败，则臣任其罪。君人者合符犹不亲，而况于力乎？事智犹不亲，而况于悬乎？故其用人也不取同，同则君怒。使人相用则君神，君神则下尽⑤；下尽，则臣上不因君，而主道毕矣。

[注释]

①诛：责罚。　②私家：臣下。　③私劳：个人费精力。　④堕壑之累：这里指掉入臣下所说的陷阱。　⑤下尽：臣下竭尽自己的智能。

[译文]

一、凡是要治理天下，一定要依据人情。人之常情有好利和避害两种性情，因而赏和罚可据以利用；赏和罚可据以利用，法令就可据以确立起来，治国政策也就完善。君主掌握权势并据有势位，因此能够令行禁止。权柄是决定生杀的大权，势位是归服众人的震慑力量。取舍无章可依，君权就不神圣了；假如和臣下共掌赏罚大权，君主的威势就散开了。因此，明君不带偏见去听取意见，不抱成见去计划事情。因此听取意见不加检验的话，权力就会被奸臣谋取；不能使大家尽心尽力，君主就会受臣下威迫。所以明君使用权力时像天一样光明正大，举用臣下时像鬼神一样高深莫测。光明正大，就不会遭受反对；高深莫测，就不会陷入困境。君主使用权势，管教严格，臣民尽管有抵触情绪，也不敢违反，毁誉褒贬的标准始终如一，不允许有妄自非议的余地。因此奖赏贤人，惩罚暴行，是激励做善事的最好方法；奖赏暴行，处罚贤人，是激励干恶事的最坏方法：这就是奖赏和自己口味一样的，惩罚和自己口味不同的行为。赏赐最好丰厚一些，使民众觉得有利；赞赏最好美好一些，使民众感到荣光；惩罚最好严厉一些，使民众感觉害怕；贬斥最好难堪一些，使民众感觉羞耻。然后坚决把法制落实下去，制止臣下私行诛罚，不让他们毁坏赏功罚罪的制度。赏罚必定要分明，分明，治国的原则和方法就完善了。

二、一个人的力量抵不过众人的力量，一个人的智慧不能知道所有的事物；与其用一人的力量和智慧，不如利用全国人的力量和智慧。因此用一人的智慧和力量与众人的智慧和力量相比，众人与万物就会获胜。一个人尽管对事物推测到了，自己也会劳累，推测不到就要承担错误。能力低下的君主只是竭尽自己的能力，中等能力的君主会利用别人的力量，能力强的君主能全部发挥人们的智慧。因此事情出现了就应集聚众人的智慧，一个个听取意见后再把大家召集起来商议。听取意见如不先一一分开进行，集中商议时臣下讲话可能违背他以前的想法；讲话违背自己以前的想法，臣下之间愚笨和聪明就不能分清。假如在逐一听取意见后不召集大家商议，就可能对事情迟疑不能决断；不能下决定，事情就只有停滞不前。君主对众人的意见能自己挑选其中一种，就不会有堕入臣下设立的陷阱的祸害。因此君主先让臣下表述意见，意见表述完之后再严厉责备。因此臣下表述意见时，必定要记录在案。集聚众人的智慧，等事情出现后再进行检验，集聚众人的才能，等结果出现后再思考成败。成功和失败有检验，奖赏和惩罚便可随之进行。事情做成了，君主获取它的功劳；计划失败了，臣下就担负它的责任。统治者对检验正误之事尚不亲自做，况且对用力气的事呢？使用智慧的事还不自己去做，况且对凭空推断的事呢？因此君主任用官员时不选择意见相同的，假如臣下的意见互相吻合一致，君主就要怒斥。让臣下意见相区分便于利用，此种的君主就神妙莫测；君主神妙莫测，臣下就会竭尽全力；臣下做事竭尽全力，臣下就不会对上利用君主，君主的治理臣下的办法就完善了。

三、知臣主之异利者王，以为同者劫，与共事者杀。故明主审公私之分，审利害之地，奸乃无所乘。乱之所生六也：主母，后姬，子姓，弟兄，大臣，显贤。任吏责臣，主母不放；礼施异等，后姬不疑；分势不贰，庶适不争；权籍^①不失，兄弟不侵；下不一门，大臣不拥；禁赏必行，显贤不乱。臣有二因，谓外内也。外曰畏，内曰爱。所畏之求得，所爱之言听，此乱臣之所因也。外国之置诸吏者，结诛亲昵、重帑，则外不籍矣；爵禄循功，请者俱罪，则内不因矣。外不籍，内不因，则奸充塞矣。官袭节而进，以至大任，智也。其位至而任大者，以三节持之：曰质，曰镇，曰固。亲戚妻子，质也；爵禄厚而必，镇也；参伍贵怒，固也。贤者止于"质"，贪饕^②化于"镇"，奸邪穷于"固"。忍不制则下上，小不除则大诛，而名实当则径之。生害事，死伤名，则行饮食；不然，而与其仇：此谓除阴奸也。医曰诡，诡曰易。见功而赏，见罪而罚，而诡乃止。是非不泄，说谏不通，而易乃不用。父兄贤良播出曰游祸，其患邻敌多资。谬辱之人近习曰狎贼，其患发忿疑辱之心生。藏怒持罪而不发曰增乱，其患侥幸妄举之人起。大臣两重提衡而不跱曰卷祸，其患家隆劫杀之难作。脱易不自神曰弹威，其患贼夫酖毒之乱起。此五患者，人主之不知，则有劫杀之事。废置之事，生于内则治，生于外则乱。是以明主以功论之内，而以利资之外，故其国治而敌乱。即乱之道：臣憎，则起外若眩；臣爱，则起内若药。

四、参伍之道：行参以谋多，揆伍^③以责失。行参必拆，揆伍必怒。不拆则渎上，不怒则相和。拆之征足以知多寡，怒之前不及其众。观听之势，其征在比周而赏异也，诛毋谒而罪同。言会众端，必揆之以地，谋之以天，验之以物，参之以人。四征者符，乃可以观矣。参言以知其诚，易视以改其泽，执见以得非常。一用以务近习，重官以惧远使。举往以悉其前，即迩以知其内，疏置以知其外。握明以问所暗，诡使以绝黩泄。倒言以尝所疑，论反以得阴奸。设谏以纲独为，举错以观奸动。明说以诱避过，卑适以观直诏。宣闻以通未见，作斗以散朋党。深一以警众心，泄异以易其虑。似类则合其参，陈过则明其固。知辟罪以止威，阴使时循以省衷。渐更以离通比，下约以侵其上。相室，约其廷臣；廷臣，约其官属；兵士，约其军吏；遣使，约其行介；县令，约其辟吏④；郎中，约其左右；后姬，约其宫媛。此之谓条达之道。言通事泄，则术不行。

[注释]

①籍：通"祚"，君位。　②饕（tāo）：贪婪。　③揆伍：度量错综情况。揆：度量。　④辟吏：近旁的官员。辟：旁边。

[译文]

三、君主只有能够知道臣下和君主的利益是不同的，才能够称王天下，以为臣下和君主的利益是一样的，就会被臣下威胁，君主与臣下一起执政，就会被臣下杀害。因此英明的君主明察公与私的区别，明察利与害的境况，奸邪之人就会无机可乘。祸乱能够出现的来源有六种：国母、后妃、儿子、兄弟、大臣、高贵贤达。根据法律任用官吏，利用权势责备臣下，国母就不敢放肆；根据规矩制定不同的名分等级，后妃就不敢逾越；权势不两归于人，庶子和嫡子才不会争夺；权位不失去，兄弟就不敢来侵占；对下不偏听偏信一人之言，大臣就不会欺骗君主；制止和奖赏的措施坚持执行，高贵贤达就不会作乱。乱臣有两方面的借助，是国外的诸侯和国内的宠信。国外的诸侯是君主所畏惧的，国内的宠信是君主所喜爱的。君主所畏惧的人的要求容易获得满足，君主所宠爱的人的言语容易被听取，这两方面就是乱臣所借助的内容。君主对于外国安排在本国的奸吏，要追究诛罚那些与该诸侯国关系亲近和接受其贿赂的人，那样国外的诸侯就不能成为奸臣的凭借了；君主根据臣子的功劳来授予爵位俸禄，请托者和求官者要同时遭受惩罚，那么国内的宠信也就不能成为奸臣的借助了。国外的诸侯不能借助，国内的宠信不能借助，那么奸邪之人作乱的途径就被阻塞了。官员要逐级提升，最后才给予重任，这才是明智的结果。对于那些职位高权势重的大臣，要用三种方法来掌控他们：是抵押，是安抚，是稳定。把他们的父母亲属妻子儿女收揽起来当作人质，就是抵押；给予他们优厚的爵禄并且必定要兑现，就是安抚；将臣下的言行互相检验并且严厉地督责他们言行相符，就是稳定。贤能的人会由于抵押而停止行动，贪心的人会因为安抚而归顺驯服，奸邪的人会由于稳固而走投无路。对臣下宽容而不加制裁，就会造成以下犯上，小的奸邪不加以除掉就会造成大的惩处，如果臣下的罪名与其罪行名实相符就要快速地惩罚。假如这个臣下活着要妨碍君主处事，处死他又要影响君主的名声，那么就利用饮食（下毒）来毒死他；如果不想如此做，也能够交给他的仇敌去除去他，这就称为除掉暗地里的奸臣。臣下欺骗君主就是欺诈，欺诈就是搬弄是非。君主看见功劳才奖赏，见到犯罪就惩罚，那么欺诈的手段就会被禁止。君主不把肯定或否定的意见暴露出去，也不把臣下进说劝谏的言论暴露出去，那么搬弄是非的手段也就不会被利用了。君主让叔伯兄弟以及贤能优秀的人才逃离出奔在外称为"放走祸水"，它的祸患在于给相邻的敌国给予了很大的帮助。君主与受过刑辱的人亲近称为"亲近奸贼"，它的祸害在于这些人发泄怨恨的想法、恐怕再受到侮辱的想法会促使他们萌生作乱的念头。君主隐蔽自己的愤怒而不发作、掌握了臣下的罪行而不揭发惩处称为"增加祸乱"，它的祸害在于抱有侥幸心理而轻举妄动的被判有罪之人会起来叛乱。大臣中有两个同时被重用、二者实力相当而不相上下的称为"卷入祸害"，它的祸患在于大臣的私门势力强盛而劫持杀害君主的灾祸就会发生。君主粗心轻率而不使自己神妙莫测称为"丢弃威势"，它的祸害在于皇后杀害丈夫、妃子用毒酒毒死君主的祸患就会出现。这五种祸患，君主假如不知道，就会出现被劫持杀害的事情。罢黜任用官吏的事情，由国内的君主出谋献策，那么国家就安定；由外国的诸侯出意见，那么国家就会混乱。所以英明的君主在国内根据功劳来判定自己的臣子，在国外就依据自己的利益而帮助敌国的奸臣，因此他的国家能得到管理而敌国就会混乱。国家走向混乱的方法是：臣下被君主怨恨，那么就会发起外国诸侯来造成祸乱，使君主就像得了眼花病一样晕头转向；臣下被君主恩宠，那么就会发起国内的侍从来造成祸乱，使君主就像吃了毒药一样岌岌可危。

四、检验考察的方法是：通过严格核查来验证功效，通过相互衡量来追查过失。严格检验，必定要对臣下的言行进行解析；相互衡量，必定要对臣下的过失加以斥责。不进行解析，坏人就会轻视君主；不加以斥责，臣下就会狼狈为奸。进行解析的结论足以看出臣下功劳的多少，严刑责罚之前，不要把意图暴露给众人。观察臣下行为，听从臣下意见，要密切关注臣下紧密勾结的迹象，发觉情况君主就奖赏那些与之叛离的人；发现臣下知情而不揭发，君主就将他和坏人治相同的罪。对于言论，要集合各方面的情况，必定要根据地利加以权衡，依照天时加以思考，运用物理加以检验，顺应人情加以分析。这四方面的情况都相符了，就能够判断是非了。分析臣下的言论，用来了解他对君主是否忠心；从不同角度观察臣下，从而了解他各方面的行为；

掌控已经了解到的情况，以便了解臣下的异常行为。一人专职，使靠近宠幸的臣子有事可做；反复强调，让出使远方的使者感觉畏惧。举出往事来了解臣下的旧况，留在身旁来了解臣下的内情，派到远地来打探臣下的外在表现。掌握表面现象来探察暗中情况，运用诡使手段来探知侮慢行为。用正话反说来打探自己疑惑的事，从反面考察来了解隐秘的奸邪活动。设立谏官来限制大臣的独断，举出错误来观察奸臣的动静。公开表明法纪，引导臣下免去过错；谦卑下士，考核臣下是直是诳。公布已了解的事情以便揭发未被发现的坏人坏事，使坏人内部斗争以使他们自行瓦解。深入探察一件事情的真相，使众人有所防备；故意表露不同的想法，使人改变企图。遇到相似情况，要通过检验查明真相；举出臣下过失，要指明他的基本毛病。知道臣下的过错，就要对他的过错用刑，以便制止他的私威；暗中派使者时刻巡查各地官吏，以便了解他们是否忠心。逐步变换官吏，以便分散勾结在一起的奸党。君主和臣下约好，要他们揭发上级：针对相国，就和廷臣约好；针对廷臣，就和他属下的官吏约好；针对军吏，就和兵士约好；针对调派的使者，就和他的随从人员约好；针对县令，就和他任命的属吏约好；针对郎中，就和他的侍从约好；针对后妃，就和宫女约好。这就称为通达之道。如果把臣下的告密和要办的事情暴露出去，君主考察臣下的政治方法也就不能施行了。

五、明主，其务在周密。是以喜见则德偿，怒见则威分。故明主之言隔塞而不通，周密而不见。故以一得十者，下道①也；以十得一者，上道也。明主兼行上下，故奸无所失。伍、官、连、县而邻，谒过赏，失过②诛。上之于下，下之于上，亦然。是故上下贵贱相畏以法，相诲以和。民之性，有生之实，有生之名。为君者有贤知之名，有赏罚之实。名实俱至，故福善必闻矣。

六、听不参，则无以责下；言不督乎用，则邪说当上。言之为物也以多信，不然之物，十人云疑，百人然乎，千人不可解也。呐者言之疑，辩者言之信。奸之食上也，取资乎众，籍信乎辩，而以类饰其私。人主不餍忿而待合参③，其势资下也。有道之主听言，督其用，课其功，功课而赏罚生焉，故无用之辩不留朝。任事者知不足以治职，则放官收。说大而夸则穷端，故奸得而怒。无故而不当为诬，诬而罪。臣言必有报，说必责用也。故朋党之言不上闻。凡听之道，人臣忠论以闻奸，博论以内一，人主不智则奸得资。明主之道，已喜，则求其所纳；已怒，则察其所构；论于已变之后，以得毁誉公私之征。众谏以效智故，使君自取一以避罪，故众之谏也败。君之取也，无副言于上以设将然，今符言于后以知谩诚语。明主之道，臣不得两谏，必任其一语；不得擅行，必合其参，故奸无道进矣。

听法。

[注释]

①下道：揭露下面的阴谋活动的办法。　②失过：不揭发过错。③合参：放在一起比较检验。

[译文]

五、官吏之所以具备权威，是由于没有法律；法律之所以无力，是由于因为君主昏聩。君主昏聩而无法律，官吏就为非作歹；官吏为非作歹，他们的私人收入就会胜过先前任何时候；私人收入胜过先前，就需要更多地征收于民；征收多，所以官吏就富有了。官吏既富有又有权，这就是祸害产生的原因。英明君主的治国之道，任用某人，是由于他胜利，赞誉某人，是由于他尽职尽责，奖赏某人，是由于他的功绩。说话合乎法度，君主欢喜，因而必定获奖赏；说话不合乎法度，君主愤怒，因而一定受惩罚。这样，臣民就不会偏爱自己的父兄而举荐自己的仇人。权威足以实行法律，俸禄足以提供职务，因而私心便无法产生，所以民众愿意辛苦劳动而轻视官吏。担任职务的官员不能私作权威，让君主对他们的恩宠都表现在爵位上面；当官的人不能有私欲，让他们的利益都汇集在俸禄上面，因而百姓便尊敬爵位而重视俸禄。爵和禄是用来作奖赏的，民众看重爵禄，国家就能进行治理。刑罚的繁多，名号的荒谬，赏誉不适当，民众就疑惑，百姓重视名誉和看重实利是相同的。假如受赏者同时又受非议，奖赏就不能充分鼓舞民众；如果受罚者同时具有好名声，惩罚就不能充分制止祸乱。贤明君主的治国之道是，奖赏必定从国家利益出发，名誉必定要给予为君主出力的人。奖赏和赞誉并存，非议和惩罚并存。然而百姓并不只是满足于获得奖赏。因此，有重罚者必定同时附带坏名声，所以百姓才害怕。惩罚是用来制止邪恶的，百姓害怕惩罚，国家就算治好了。

六、君主听到言论不验证，就不能责求臣下；不考核言论是否实用，奸邪的说法就会巴结君主。言语这种东西，说的人多了，就认为可信；对不切实的东西，听十个人说，就会半信半疑；听一百个人说，就认为可能真实；听一千个人说，就不能不信任了。言辞笨拙的人说的话让人怀疑，善于辩说的人说的话让人相信。奸臣危及君主，靠的是人多，借助能言善辩而获得信任，用相似的事情来掩藏自己的私心。君主对此不大怒斥责，而要等待验证，在这种形势之下，就相当于帮助了臣下。

精通治国方略的君主听从臣下的言论，要观察它的用处，考核它的效果，效用考核之后，赏罚的根据就产生了，因此无用的辩说不能留于朝廷之内。担任官职的人，智慧不能胜任工作的，就罢免官职，收回任命。对说大话而自夸的人，要追根究底，因此奸邪的人就能被发觉并受到严厉斥责。没有任何原因而出现言行不一的情况，就是欺骗；欺骗，就要治臣下的罪。对臣下的言论必须核查，督察它的功效，因此朋党之间彼此勾结的话就不敢对君主说。听从言论的方法在于通过臣下忠恳的言论来了解奸邪的情况，让臣下广泛地谈论，君主能够从中采取一种意见，君主假如不明智，奸邪的人就有机可乘。英明君主的听从方法是，对于使自己欢喜的话，要打探它的虚实；对于使自己愤怒的话，要查清楚它的是非；等情绪已经转变之后再下判断，这样就能够得出诡毁还是赞誉，为公还是为私的检验。众人用多种方法向君主进谏，臣下就会玩弄智巧，要君主自身从中选择一种意见，以避免罪责，因此同时提出几种说法是不能通行的。君主所采用的，是不让臣下在一种意见之外又加上另一种意见，而又说这种附加意见也有实现的可能性，要使进谏与以后的事实相吻合，以此来判定进言是欺人之谈，还是诚实的话。英明君主的办法是，臣下不能有两种不同的谏说，必定只能用一种说法；不许他们私自行动，谏言必须合乎检验的法果，因此，奸臣就无法混到朝廷里来了。

七、官之重也，毋法也；法之息也，上暗也。上暗无度，则官擅为；官擅为，故奉重无前；奉重无前，则征多；征多，故富。官之富重也，乱功之所生也。明主之道：取于任，贤于官，赏于功。言程①，主喜，俱必利；不当，主怒，俱必害；则人不私父兄而进其仇雠。势足以行法，奉足以给事，而私无所生，故民劳苦而轻官。任事者毋重，使其宠必在爵；处官者毋私，使其利必在禄；故民尊爵而重禄。爵禄，所以赏也；民重所以赏也，则国治。刑之烦也，名之缪也，赏誉不当则民疑，民之重名与其重赏也均。赏者有诽焉，不足以劝；罚者有誉焉，不足以禁。明主之道：赏必出乎公利，名必在乎为上。赏誉同轨，非诛俱行。然则民无荣于赏之内。有重罚者必有恶名，故民畏。罚，所以禁也：民畏所以禁，则国治矣。

八、行义示则主威分，慈仁听则法制毁。民以制畏上，而上以势卑下，故下肆②很触而荣于轻君之俗，则主威分。民以法难犯上，而上以法挠慈仁，故下明爱施而务赇③纹之政，是以法令隳。尊私行以贰主威，行赇纹以疑法。听之则乱治，不听则谤主，故君轻乎位而法乱乎官，此之谓无常之国。明主之道，臣不得以行义成荣，不得以家利为功，功名所生，必出于官法。法之所外，虽有难行，不以显焉，故民无以私名。设法度以齐民，信赏罚以尽民能，明诽誉以劝沮。名号、赏罚、法令三隅④。故大臣有行则尊君，百姓有功则利上，此之谓有道之国也。

[注释]

①程：法度。　②很：违逆，不听从。　③赇（qiú）：贿赂。　④隅：通"偶"，参合。

[译文]

七、官员的权势重，是由于没有法度；法度的停止，是因为君主的昏庸。君主昏昧不守法度，官员就私自作为了，官员私自作为，因此奉养就丰厚；假如不加消除就会使赋税增多，赋税增多就富裕。官员富裕、权势重，就是混乱的政治出现的原因。圣明君主采纳的方法：举荐有能力的人，尊重能管理官职的人，奖赏有功劳的人。所举荐的人合乎法度，君主欢喜，所言与被荐的都有利益；所引荐的人不合乎法度，君主愤怒，所言与被荐的都受惩罚。于是臣下就不会偏袒父辈和兄弟，而会举荐自己的仇敌。威势足以实行法度，俸禄足以处理事务，私人的目的不会出现，因此人民劳苦而不以官府的赋税重。担任职务的权势不能太重，让他们的恩宠必定表现在爵位上；处在官位上的人不能有私利，让他们的利益必定在于俸禄。因此人民尊重爵位看重俸禄。爵位和俸禄是用来奖励的，人民看重赏赐，国家就能安定。所施的刑法杂乱，名声有错误，奖赏赞誉不合适，人民就有疑虑。人民看重名声和他们重视奖赏是一样的。被奖赏的人又被斥责，就不足以勉励；被处罚的人又被称赞，就不足以制止。圣明君主的方法，奖赏必定是出自公众的利益，有名声必定是因为为君主卖力。奖赏和赞誉一起实行，非议和处罚一起实行，那么人民不会在没有奖赏的时候获得赞誉。有严厉的处罚，就必定有丑恶的名声，因此人民感到害怕。刑罚是用来制止奸邪的，人民害怕用来禁止奸邪的刑罚，国家就能够安定了。

八、私人的德行和道义获得表彰，那么君主的威势就会被分解；慈惠仁爱的说教被听取，那么法令制度就会被破坏。臣民由于君主那法定的职权而畏惧君主，假如君主拿自己的权势去谦逊地奉迎臣下，那么臣下就会狂妄地违反触犯法令而以看轻君主的习俗为荣耀，所以君主的威势就会被分解。臣民因为法制而很难侵犯君主，假如君主拿法制去听从于慈惠仁爱的说教，那么臣下就会公开地宣示仁爱施舍而大搞贿赂的腐败政治，因此法令会被破坏。崇尚臣民谋取私利的行为来和君主的威势平起平坐，大搞贿赂的勾当来和法治抗衡。君主如果任凭这种现象泛滥，那么它就会搅乱法治，如果不放纵它，那么臣民就会非议君主；因此君主处在君位上也被人轻视，而法制则在官府中被弄得混乱不堪；这称为没有法度的国家。英明君主的治国原则是：臣下不能靠私人的德行和道义来获得自己的荣誉，不能拿为私家谋取利益的事情当作自己的功劳；产生功劳名誉的依据，必定来自国家的法度。国法所丢弃的，尽管具有难以做到的德行，也不因此而宣扬，因此臣民就没有由于私人的德行而得到名誉的。靠设立法律制度来统一臣民的言行，靠赏罚守信用来充分展示臣民的才能，靠公开进行赞誉和毁谤来激励行善和禁止作恶。赞誉毁谤、奖赏惩罚、法律命令三者合并起来使用，因此大臣有德行是由于他们尊敬君主，百姓有功劳是由于他们做了有益于君主的事，这才能够称为有法度的国家啊。

五蠹　第四十九

上古之世，人民少而禽兽众，人民不胜禽兽虫蛇。有圣人作，构木为巢以避群害，而民悦之，使王天下，号曰有巢氏。民食果蓏蚌蛤，腥臊恶臭而伤害腹胃，民多疾病。有圣人作，钻燧取火以化腥臊，而民说之，使王天下，号之曰燧人氏。中古之世，天下大水，而鲧、禹决渎。近古之世，桀、纣暴乱，而汤、武征伐。今有构木钻燧于夏后氏之世者，必为鲧、禹笑矣；有决渎于殷、周之世者，必为汤、武笑矣。然则今有美尧、舜、汤、武、禹之道于当今之世者，必为新圣笑矣。是以圣人不期修古，不法常可①，论世之事，因为之备。宋人有耕田者，田中有株②，兔走触株，折颈而死，因释其耒而守株，冀复得兔，兔不可复得，而身为宋国笑。今欲以先王之政治当世之民，皆守株之类也。

古者丈夫不耕，草木之实足食也；妇人不织，禽兽之皮足衣也。不事力而养足，人民少而财有余，故民不争。是以厚赏不行、重罚不用而民自治。今人有五子不为多，子又有五子，大父③未死而有二十五孙，是以人民众而货财寡，事力劳而供养薄，故民争，虽倍赏累罚而不免于乱。

尧之王天下也，茅茨不翦，采椽不斫，粝粢之食，藜藿之羹，冬日麑裘，夏日葛衣，虽监门之服养，不亏于此矣。禹之王天下也，身执耒臿以为民先，股无胈，胫不生毛，虽臣虏之劳不苦于此矣。以是言之，夫古之让天子者，是去监门之养而离臣虏之劳也，古传天下而不足多也。今之县令，一日身死，子孙累世絜驾，故人重之；是以人之于让也，轻辞古之天子，难去今之县令者，薄厚之实异也。夫山居而谷汲者，膢腊④而相遗以水；泽居苦水者，买庸而决窦。故饥岁之春，幼弟不饷；穰岁之秋，疏客必食；非疏骨肉爱过客也，多少之实异也。是以古之易财，非仁也，财多也；今之争夺，非鄙也，财寡也；轻辞天子，非高也，势薄也；重争土橐，非下也，权重也。故圣人议多少、论薄厚为之政。故罚薄不为慈，诛严不为戾，称俗而行也。故事因于世，而备适于事。

[注释]

①可：适用。　②株：断树根。　③大父：祖父。　④膢腊：古代楚俗以二月举行饮食神之祭礼，叫作"膢"；十二月祭祀百神的活动，叫作"腊"。

[译文]

上古之时，人民少而禽兽多，人民经受不住禽兽虫蛇的袭击和危害。有位圣人出来，用树木筑巢以避开各种禽兽的侵害，人民拥护他，推举他来治理天下，故此他被叫作有巢氏。人民吃野生的瓜果和生的蚌蛤，腥臊难闻的气味危害了肠胃，人民多疾病。有位圣人出来，钻木取火来去除食物的腥臊难闻气味，人民拥护他，让他来治理天下，他被叫作燧人氏。中古时代，天下发洪灾，鲧和禹治水，疏导河道。近古时代，桀和纣凶暴昏乱，商汤和周武王就攻打他们。如果在夏朝还有用树木筑巢和钻木取火的，必定会被鲧、禹所讥笑；如果在殷、周时代还有治水通渠的，必定会被商汤、周武王所讥笑。那么，当代还有赞美尧、舜、汤、武、禹的方法的，也必定会被当今的圣人所讥笑。正是因为如此，圣人不向往远久的古代，不仿效长久适用的规则，要研习当今的社会情况，并据此为它设置应备的措施。宋国的一个农夫，在他的田里有个树桩。有一次，一只兔子撞在树桩上，撞断了脖子死去。从此他便把农具放下守在树桩边，想要能再捡到死兔子。兔子自然是不可能再次被捡到，而农夫从此被宋国人所讥笑。如果当今还想用先王的治国之道来治理天下，就变成与守株待兔的农夫是同一种被人所嘲笑的人。

古代时男人不耕作，草木的果子足以供人食用；妇女不织布，禽兽的皮毛足以供人穿戴。不需费力劳动而供养充实，人口稀少而财物有余，因而人民之间没有争夺。因此不用厚赏，不需重罚，人民自然秩序有条。如今一人有五个儿子并不算多，每个儿子又有五个儿子，祖父还没死却已有了二十五个孙子，因此人民多而财物少，劳动苦而供应薄，因此人民会争夺，尽管加倍奖赏、多次处罚而仍然不能免去祸乱的发生。

尧治理天下的时候，茅草的屋顶不加修剪，栎木的橡子也不加装饰，吃粗粮，喝野菜汤，冬天穿着麑皮制成的衣服，夏天穿着粗布衣服，就算是守门人吃的穿的，也不会比这个还差了。禹治理天下的时候，手执农具，亲身带领人民干活；大腿上没有了肌肉，小腿上的汗毛都磨没了，就算是奴隶的辛劳，也不会比这样更辛劳了。从此看来，古代让出天子地位的人，是脱离了守门人的供养和奴隶的辛苦，因此让出了天下也不值得称赞。现在的县令，要是死去，子孙几代都有车子乘坐，因此人们都很重视。因此人们对于辞让，随意地辞去了古代的天子之位，却很难舍弃现在的县令，利益的多少真是大不相同。那些住在山上而到山谷里提水的人，祭祀神灵时，彼此以水作为馈赠；而住在低洼地区的人，苦于水患，还要雇人来疏通水道。因此荒年的春天，年小的弟弟也没有饭吃；丰收的秋天，尽管是远客也要招待。这并不是疏离自己的骨肉，喜欢远方的过客，是由于收成的多少不同。因此古人看轻财物，并不是由于仁慈，而是财物很多；现在人争取财物，并不是贪心，而是财物太少。轻易地辞掉天子，不是高尚，而是权势太微薄；看重向权贵请托，并不是卑下，而是权势很重。因此圣人应该依据财富多少和权势的轻重来施政。因此刑罚轻算不上仁慈，处罚重也算不上暴戾，顺从民风而行事罢了。因此要做的事应决定于时世，而应对的方法也要顺从于具体的事。

古者文王处丰、镐之间，地方百里，行仁义而怀西戎，遂王天下。徐偃王处汉东，地方五百里，行仁义，割地而朝者三十有六国。荆文王恐其害己也，举兵伐徐，遂灭之。故文王行仁义而王天下，偃王行仁义而丧其国，是仁义用于古而不用于今也。故曰：世异则事异。当舜之时，有苗不服，禹将伐之。舜曰："不可。上德不厚而行武，非道也。"乃修教三年，执干戚舞，有苗乃服。共工之战，铁铦①短者及乎敌，铠甲不坚者伤乎体。是干戚用于古不用于今也。故曰：事异则备变。上古竞于道德，中世逐于智谋，当今争于气力。齐将攻鲁，鲁使子贡说之。齐人曰："子言非不辩也，吾所欲者土地也，非斯言所谓也。"遂举兵伐鲁，去门十里以为界。故偃王仁义而徐亡，子贡辩智而鲁削。以是言之，夫仁义辩智，非所以持国也。去偃王之仁，息子贡之智，循徐、鲁之力使敌万乘，则齐、荆之欲不得行于二国矣。

[注释]

①铦（xiān）：铁锸一类的武器。

[译文]

以前，周文王处在丰、镐两地之间，方圆只有百里，恭行仁义而使西戎归服，最后统一天下。徐偃王处在汉水之东，方圆五百里，恭行仁义，向他分割土地和朝见他的诸侯有三十六国之多。楚文王恐惧徐偃王危害自己，发兵攻击徐国，把徐国灭亡了。文王行仁义而称王于天，徐偃王行仁义却失去了国家，可见仁义能够用于古代而不能够用于现在。因此说：世界变了，举措就应不相同。舜的时候，有苗氏不归服，禹主张去征伐有苗，舜说："不能如此。德行不充足而使用武力，这不是正当的方法。"于是对有苗进行多年的教化，最后让士卒拿着盾牌大斧对着有苗舞蹈，有苗便归服了。共工时候的战争，铁矛短了就被敌方所制服，铠甲不坚固就被损伤身体。可见盾牌大斧的舞蹈用在古代而不用于现在。因此说：从事的事情不同，为这些事情所作的物质准备也要变化。上古的竞争在于道德，中古的争斗在于智能，现在的争夺在于勇气和力量。齐国打算攻打鲁国，鲁国派子贡去说服齐国。齐国人对子贡说："先生的话不是没有道理，但是我们想得到的是土地而不是您说的道理。"便发兵攻鲁，在鲁国城门十里远的地方划定国界。因此徐偃王行仁义而徐国灭亡，子贡巧辩而鲁国遭削弱。由此来说，仁义智慧和巧辩并不是维持国家的工具。抛开徐偃王的仁义，制止子贡的聪明，加强徐、鲁国力使它们可以战胜强敌，那样齐、楚两国就不能对徐、鲁随心所欲了。

　　夫古今异俗，新故异备。如欲以宽缓之政，治急世之民，犹无辔策而御驲马，此不知之患也。今儒、墨皆称先王兼爱天下，则视民如父母。何以明其然也？曰："司寇行刑，君为之不举乐；闻死刑之报①，君为流涕。"此所举先王也。夫以君臣为如父子则必治，推是言之，是无乱父子也。人之情性莫先于父母，父母皆见爱而未必治也，虽厚爱矣，奚遽不乱？今先生之爱民，不过父母之爱子，子未必不乱也，则民奚遽治哉？且夫以法行刑，而君为之流涕，此以效仁，非以为治也。夫垂泣不欲刑者，仁也；然而不可不刑者，法也。先王胜其法，不听其泣②，则仁之不可以为治亦明矣。

　　且民者固服于势，寡能怀于义。仲尼，天下圣人也，修行明道以游海内，海内说其仁、美其义而为服役者七十人。盖贵仁者寡，能义者难也。故以天下之大，而为服役者七十人，而仁义者一人。鲁哀公，下主也，南面君国，境内之民莫敢不臣。民者固服于势，势诚易以服人，故仲尼反为臣而哀公顾③为君。仲尼非怀其义，服其势也。故以义则仲尼不服于哀公，乘势则哀公臣仲尼。今学者之说人主也，不乘必胜之势，而务行仁义则可以王，是求人主之必及仲尼，而以世之凡民皆如列徒，此必不得之数也。

［注释］

①报：判处罪犯，向上申报。　②不听其泣：不顺从自己的哭泣。　③顾：反而。

［译文］

古代和今天的风俗不一样，新旧时代的政治措施也应该是不一样的。假如想用宽容和缓的仁政去管理处在急剧变动时代的民众，就像没有缰绳和鞭子而去控制烈马一样，这是不明智的祸患。如今儒、墨两家都称赞先王爱天下的一切人，对待民众就如同父母对待子女。他们说："司寇实行刑罚的时候，君主为此而不奏乐；听见死刑的处决，君王为之落泪。"这就是他们所尊敬的古代圣王。假如认为君臣关系就像父子关系，就必定会天下太平，照这样推论，太平之世就没有不和善的父子关系了。从人的本质看，没有一种爱能胜过父母对子女的爱，父母都爱子女，而家庭不一定和睦，尽管爱得很深，怎么就能不乱呢？先王爱民，不能胜过父母对子女的爱，儿女不一定不忤逆，那么民众怎么就必定能治理得好呢？再说按法令实行刑罚，君主却为之落泪，用这个表示仁爱，这是不能够用来治国的。流泪而不希望实行刑罚，这是仁心；然而不能不执行刑罚，这是法律。先王把依法办事放在首位，而不顺从慈善的心肠办事，那么仁慈不能治国，道理也就明了了。平常人的感情，没有比父母爱子女更深，但父母爱子而家庭却不一定就能够和睦。尽管是厚爱，子女哪能就必定不会出乱子呢？先王爱民，不能胜过父母对子女的爱，受到父母厚爱的子女尚且会出乱子，那么普通民众哪能就必定能被治理好而不出乱子呢？何况按照法令实行刑罚的时候，君主为之落泪，这是以此表示仁爱的，而不是要把它作为管理国家的办法。君主流泪而不愿实行刑罚，是仁爱的体现；然而不能不执行刑罚，是法律的规定。先王治国以法为先，而不顺从慈善的心肠去废止刑罚，那么仁爱不可用来治国的道理，也就很明了了。

何况民众本来就屈从于权势，很少能被仁义所感动。孔子，乃是天下的圣人，他修养德行、弘扬儒道而周游列国，但是天下喜欢他的仁爱思想、赞颂他的道义学说从而给他效力的门徒却只有七十个。可见推崇仁爱的人很少，能够遵从道义的人也不多。所以尽管拥有广大的天下，为他效力的人也只有七十个，而真正可以奉行仁义的只有孔子一人。鲁哀公，是个才能低下的君主，他面南而坐、治理国家的时候，鲁国民众没有哪个敢表示不归服。民众原本就屈服于权势，权势也的确容易用来制服人，因此孔子反而向鲁哀公称臣而哀公反而成为君主。孔子并不是被鲁哀公的仁义所感动，而是屈服于他的权势。因此，如果依据仁义，孔子就不会归服于鲁哀公；但是借助权势，鲁哀公却能够使孔子称臣服从。如今的学者去游说君主，不劝君主借助必胜之势，反而说尽力推行仁义就能够称王天下，这是要求君主必定要像孔子一样圣贤，而认为世上的普通百姓都和孔子的七十个门徒相同，这必定是一种不可能实现的道理。

今有不才之子，父母怒之弗为改，乡人谯之弗为动①，师长教之弗为变。夫以父母之爱、乡人之行、师长之智，三美加焉，而终不动，其胫毛不改。州部之吏，操官兵，推公法，而求索奸人，然后恐惧，变其节，易其行矣。故父母之爱不足以教子，必待州部之严刑者，民固骄于爱、听于威矣。故十仞之城，楼季弗能逾者，峭也；千仞之山，跛牂②易牧者，夷也。故明王峭其法而严其刑也。布帛寻常，庸人不释；铄金百溢，盗跖不掇。不必害，则不释寻常；必害手，则不掇百溢。故明主必其诛也。是以赏莫如厚而信，使民利之；罚莫如重而必，使民畏之；法莫如一而固，使民知之。故主施赏不迁，行诛无赦，誉辅其赏，毁随其罚，则贤、不肖俱尽其力矣。

今则不然。以其有功也爵之，而卑其士官也；以其耕作也赏之，而少其家业也；以其不收③也外之，而高其轻世也；以其犯禁也罪之，而多其有勇也。毁誉、赏罚之所加者，相与悖缪也，故法禁坏而民愈乱。今兄弟被侵，必攻者，廉也；知友被辱，随仇④者，贞也。廉贞之行成，而君上之法犯矣。人主尊贞廉之行，而忘犯禁之罪，故民程于勇，而吏不能胜也。不事力而衣食，则谓之能；不战功而尊，则谓之贤。贤能之行成，而兵弱而地荒矣。人主说贤能之行，而忘兵弱地荒之祸，则私行立而公利灭矣。

儒以文乱法，侠以武犯禁，而人主兼礼之，此所以乱也。夫离法者罪，而诸先生以文学取；犯禁者诛，而群侠以私剑养。故法之所非，君之所取；吏之所诛，上之所养也。法、趣、上、下，四相反也，而无所定，虽有十黄帝不能治也。故行仁义者非所誉，誉之则害功⑤；文学者非所用，用之则乱法。楚之有直躬，其父窃羊，而谒之吏。令尹曰："杀之！"以为直于君而曲于父，报而罪之。以是观之，夫君之直臣，父之暴子也。鲁人从君战，三战三北。仲尼问其故，对曰："吾有老父，身死莫之养也。"仲尼以为孝，举而上之。以是观之，夫父之孝子，君之背臣也。故令尹诛而楚奸不上闻，仲尼赏而鲁民易降北。上下之利，若是其异也，而人主兼举匹夫之行，而求致社稷之福，必不几⑥矣。

［注释］

①谯（qiào）：呵斥。　②跛牂（zāng）：跛脚的母羊。　③不收：言不肯被国君所收用。　④随仇：以知友的仇为仇。　⑤功：耕战之事。⑥不几：不会有希望。

［译文］

现在有一个不成才的孩子，父母教训他，他不悔改；老乡责骂他，他无动于衷；老师教导他，他不愿改变。把父母的慈爱、老乡的品德、老师的智慧这三样美好的东西，同时施加到他身上，但是他始终不被感染，一点也不改变。直到地方官吏拿着官府的兵器，实行国家的法令，到处拘捕坏人的时候，他才感到害怕，改变了坏品行，矫正了坏行为。因此父母的慈爱不足以教育好子女，一定要等待官吏实行严厉的刑罚，这是由于人们一直受到慈爱就骄傲，见到权威就服从。因此十仞高的城墙，尽管是善于攀登的楼季也不能超越，由于它太险峻了；千仞高的大山，就是跛脚的母羊也随便放牧，由于它的坡度平缓。因此英明的君王总是严厉地制订国法并严格地进行刑罚。一丈左右的布帛，普通人见了也不舍得放手；成百上千两黄金正在熔化，尽管是盗跖也不敢去拿。不是必定会受害时，很小的东西也不肯放弃；必定会烧伤手时，就是大量的金子也害怕去取。因此英明的君主一定要坚定地执行刑罚。因此奖赏不妨丰厚而坚决兑现，使民众党派有利可图；惩罚不妨严厉而坚决执行，使民众感到害怕；法令不妨统一而稳定，使民众都知晓。因此，君主施行奖赏而不随便改变，执行惩罚不会有免除，给予奖赏的同时给以荣誉，实行惩罚的同时加以恶名，这样贤能的人和不贤能的人都会竭力去干事。

当今却不是如此。由于他有功授给他爵位，却又不给他与官爵相符的官职；由于他耕作努力给他奖赏，却又瞧不起他的家庭世代以农为业；由于他不肯被君主录用而弃之不用，却推崇他看轻世俗名利；因为他违反禁令而治他的罪，却赞赏他有勇气。给予臣下的毁誉和赏罚彼此矛盾，因此法律禁令被毁坏，民众越发混乱。见兄弟被侵犯而一定帮兄弟攻击对方被称作正直，见朋友被羞辱而接着为朋友报仇被称作忠贞。这种正直和忠贞的行为成了风气，君主的法令就被违反了。君主重视这种忠贞、正直的德行，而忘记了他们违背法禁的罪过，因此人们显耀勇力，而官吏不能制服。不用进行农耕就能穿衣吃饭，被称为有才能；不用作战立功就能获得尊贵地位，被称为贤能。这种贤明和有才能的作为一旦成为风气，军队就会削弱，土地就会荒芜了。君主假如喜欢这种贤能的行为，却忽略了军队衰弱土地荒芜的祸害，那么谋取私利的行为就会猖獗而国家的利益就会受到损害。

儒生以文学搅乱法治，侠客以武力违背禁令，而君主对他们都以礼相待，这是国家动乱的原因。违法的本该治罪，而儒生却靠文才获得录用；违禁的应当诛杀，而侠客却靠行刺而被奉养。因此法令所否定的，正是君主所任用的；官吏所惩罚的，正是君主所奉养的。法律所否定、君主所任用、君主所供养、官吏所惩罚，四者之间完全矛盾，而没有一个稳定的标准，虽有十个黄帝也不能治理。因此鼓吹仁义之人不应该称赞，称赞他们就会危害耕战；善于文学之士不应当任用，任用他们就会搅乱法令。楚国有个正直的人名为直躬，他的父亲偷了羊，他便去见官揭发。令尹说：“杀了他。”认为他对君主正直却对父亲不孝，因此判他死罪。从此看来，君主的忠臣竟是父亲的逆子。鲁国有个人跟从君主作战，三次交战他三次逃亡。孔子问他是什么原因，他回复说：“我有老父亲，如果我死了就没有人奉养他了。”仲尼认为他是一个孝子，并提升他做官。从这看来，父亲的孝子，就是国君的逆臣。因此令尹杀了直躬，楚国的奸情就没有人向上汇报了；孔丘奖赏了逃兵，鲁国人就容易投降敌人和败退逃亡了。国家的利益和个人的利益是这样不同，君主同时推崇平民百姓谋私利的行为，却想谋求国家的利益，必定不会成功。

古者仓颉之作书也，自环者谓之"厶"①，背厶谓之"公"。公私之相背也，乃仓颉固以知之矣。今以为同利者，不察之患也。然则为匹夫计者，莫如修行义而习文学。行义修则见信，见信则受事；文学习则为明师，为明师则显荣；此匹夫之美也。然则无功而受事，无爵而显荣，为有政如此，则国必乱，主必危矣。故不兼容之事，不两立也。斩敌者受赏，而高慈惠之行；拔城者受爵禄，而信廉爱之说；坚甲厉兵以备难，而美荐绅之饰；富国以农，距敌恃卒，而贵文学之士；废敬上畏法之民，而养游侠私剑之属。举行如此，治强不可得也。国平养儒侠，难至用介士。所利非所用，所用非所利。是故服事者简其业。而游学者日众，是世之所以乱也。

且世之所谓贤者，贞信之行也；所谓智者，微妙之言也。微妙之言，上智之所难知也。今为众人法，而以上智之所难知，则民无从识之矣。故糟糠不饱者不务粱肉，短褐不完者不待文绣。夫治世之事，急者不得，则缓者非所务也。今所治之政，民间之事，夫妇所明知者不用，而慕上智之论，则其于治反矣。故微妙之言，非民务也。若夫贤贞信之行者，必将贵不欺之士；贵不欺之士者，亦无不欺之术也。布衣相与交，无富厚以相利，无威势以相惧也，故求不欺之士。今人主处制人之势，有一国之厚，重赏严诛，得操其柄，以修明术之所烛，虽有田常、子罕之臣，不敢欺也，奚待于不欺之士？今贞信之士不盈于十，而境内之官以百数；必任贞信之士，则人不足官。人不足官，则治者寡而乱者众矣。故明主之道，一法②而不求智，固术③而不慕信。故法不败，而群官无奸诈矣。

[注释]

①厶（sī）："私"的本字。　②一法：专一于法制。　③固术：固

守于驭下之术。

［译文］

古时候仓颉创作文字，把自己环绕着自己转的"厶"字形称为私，把与"厶"字相悖的字形称为"公"。可见公与私的彼此对立，就是仓颉本来也已经明白的事情了。现在认为公与私的利益是一样的人，这是不加考察所导致的错误啊。如此的话，那么为平民百姓打算，就不如修养德行道义而效仿文献典籍。品德修养好了就会受到信任提拔，受到信任提拔就能接受官职；文学研究好了就能够成为明师，成为明师就能够显贵荣耀。这是个人美好的事。然而没有功劳却能接受官职，没有爵位却能高贵荣耀，这样处理政事，国家就一定混乱，君主就一定有危难。因此互不相容的事是不能共存的。杀敌的受奖赏，同时又推崇仁慈厚道的品行；攻取城池的受爵禄，同时又信任清廉慈爱的学说；加强防备以预防战乱，同时又赞赏宽袍大袖的服饰；富国靠农民，抗敌靠士兵，同时又尊敬文学之士；不用尊君守法的臣民，却蓄养游侠刺客之类的人。像如此做，要想把国家管理得强大是不可能的。国家安定时养儒、侠，战争爆发时用士兵，国家给予利益的人，不是国家所要用的人，国家所要用的人，却不能得到国家的利益。因此农民和士兵就会废止他们的职业，游侠和儒生却日益多起来。这就是社会出现祸乱的原因。

何况世人所说的贤，是指忠贞诚信的作为；所说的智，是指深奥奇妙的言辞。深奥奇妙的言辞，最聪明的人也很难理解。所以连糟糠都不能吃饱的人，不会追逐精美的饭食，粗布短衣都不完善的人，不会希望有刺绣的华丽衣服。治理国家的大事，急迫要解决的事不能得到处理，能够从缓的事情却要忙着去干。如今用来治国的政治手段，民间习以为常的，或是普通男女都明白的道理，一律不用，却去追逐智慧高的人也很难理解的言论，这跟治国之道是相悖的。所以深奥奇妙的言辞，不是百姓所必需的。服从忠贞诚信的行为，就一定尊重诚实不欺的人；尊重诚实的人，也没有使人不搞欺诈的办法。普通百姓之间的交往，没有丰厚的钱财能够互相利用，没有权势能够互相威胁，所以追逐诚实可信的人。现在君主居在统治别人的地位，拥有整个国家的财富，掌控着重赏严罚的大权，能够处理明白用术所观察的问题，尽管有田常子罕这样的臣子，也不敢欺诈君主，为何还要期待诚实守信的人呢？现在忠贞守信的人很少，而国境内的官吏数以百计，必定要任用忠贞守信的人，人数就不能满足官职的必需。人数不能满足官职的必需，那么能把政事管理好的人就很少，而搅乱政事的人多了。因此英明君主的治国之道，专一用法而不追逐用智，坚定地用术而不追逐诚信。所以法治不会毁坏，群官也没有奸邪的行为了。

今人主之于言也，说其辩而不求其当焉，其用于行也，美其声而不责其功焉。是以天下之众，其谈言者务为辨而不周于用，故举先王言仁义者盈廷，而政不免于乱；行身者竟为为高而不合于功，故智士退处岩穴，归禄不受，而兵不免于弱。兵不免于弱，政不免于乱，此其故何也？民之所誉，上之所礼，乱国之术也。今境内之民皆言治，藏商、管之法者家有之，而国愈贫，言耕者众，执末者寡也；境内皆言兵，藏孙、吴之书者家有之，而兵愈弱，言战者多，被甲者少也。故明主用其力，不听其言；赏其功，必禁无用。故民尽死力以从其上。夫耕之用力也劳，而民为之者，曰：可得以富也。战之为事也危，而民为之者，曰：可得以贵也。今修文学，习言谈，则无耕之劳而有富之实，无战之危而有贵之尊，则人孰不为也？是以百人事智而一人用力。事智者众，则法败；用力者寡，则国贫：此世之所以乱也。

故明主之国，无书简之文，以法为教；无先王之语，以吏为师；无私剑之捍，以斩首为勇。是境内之民，其言谈者必轨于法，动作者归之于功，为勇者尽之于军。是故无事则国富，有事则兵强，此之谓王资。既畜王资而承敌国之衅①，超五帝侔三王者，必此法也。

今则不然。士民纵恣于内，言谈者为势于外。外内称恶，以待强敌，不亦殆乎？故群臣之言外事者，非有分于从衡之党，则有仇雠之忠，而借力于国也。从者，合众弱以攻一强也；而衡者，事二强以攻众弱也：皆非所以持国也。今人臣之言衡者，皆曰："不事大，则遇敌受祸矣。"事大未必有实，则举图而委，效玺而请兵矣。献图则地削，效玺则名卑；地削则国削，名卑则政乱矣。事大为衡，未见其利也，而亡地乱政矣。人臣之言从者，皆曰："不救小而伐大，则失天下；失天下，则国危；国危而主卑。"救小未必有实，则起兵而敌大矣。救小未必能存，而交大未必不有疏，有疏，则为强国制矣。出兵则军败，退守则城拔。救小为从，未见其利，而亡地败军矣。是故事强，则以外权士官于内；救小，则以内重求利于外。国利未立，封土厚禄至矣；主上虽卑，人臣尊矣；国地虽削，私家富矣。事成，则以权长重；事败，则以富退处。人主之听说于其臣，事未成则爵禄已尊矣；事败而弗诛，则游说之士孰不为用矰缴②之说而侥幸其后？故破国亡主以听言谈者之浮说。此其故何也？是人君不明乎公私之利，不察当否之言，而诛罚不必其后也。皆曰："外事，大可以王，小可以安。"夫王者能攻人者也；而安，则不可攻也。强，则能攻人者也；治，则不可攻也。治强不可责于外，内政之有也。今不行法术于内，而事智于外，则不至于治强矣。

[注释]

①衅（xìn）：同"衅"，缝隙，引申为弱点。　②矰缴（zēngzhuó）：本是猎人用以射鸟的尾部带细绳的箭，比喻猎取功名的手段。

[译文]

如今君主对于言谈，总是喜欢巧言善辩而不追查它是否正确；用人做事，只是欣赏他的虚名而不要求他的功效。因此天下的人们，那些善于言谈的都尽力于巧言善辩却不符合于实用，所以造成称颂先王、高谈仁义的人遍满朝廷，可是国家的局势仍不能避免混乱。那些所谓重视自身道德修养的人，竞相自吹清高，却跟国家倡导的耕战之事背道而驰，所以确实有才能的人便隐居深山，偿还君主的俸禄而不肯接受，致使国家的兵力不能避免削弱。国家的兵力不能避免削弱，国家的政治不能免于混乱，造成这种局面到底是为什么呢？是由于人们所赞颂的，君主所尊重的，都是些使国家混乱的行为。现在国内的百姓都在讨论治国的问题，收藏商鞅、管仲有关法令著述的人差不多每家都有，但是国家却越来越穷，这是由于空谈农耕的人多，而真正种地的人少；国内的百姓都在讨论军事的问题，收藏孙子、吴起兵书的人差不多每家都有，但是国家的兵力却越来越弱，这是由于空谈作战的人多，而确实披甲上阵的人少。因此英明的君主要使用民力从事耕战，不听从他们空谈；要奖励耕战的功劳，坚决禁止对国家无用的活动。那么百姓就会用尽全力去报效君主。尽管从事耕作是很辛劳的，但百姓都愿意从事，他们说："我们能够从种田中致富。"尽管作战是非常危险的，但是百姓都愿意出战，他们说："我们能够从征战中得到显贵。"
现在研习文学，熟悉言谈，不受耕种辛劳却能享有富足的实惠，没有
作战的危险却得到尊贵的尊位，那么谁不愿意如此干呢？结果是有许
多人去出谋献策，而很少人去耕战。进行出谋划策的人多了，法治就
会败丧；进行耕战的人少了，国家就会穷困。这就是社会秩序所以混
乱的原因。

因此英明君主管理下的国家，没有文献典籍，而用法令从事教化；
没有先王的言论，而把官吏当作老师；没有游侠剑客的凶暴行为，而
认为斩首杀敌才是勇敢行为。这样国内的民众，那些游说之士一定遵
从法度，进行劳动的人才回去农耕，有勇力的人尽力于军事战争。所以，
没有战争的时候国家富有，发生战争就军队强盛，这就是称王天下的
资本。已经累积起了称王天下的资本，再利用其他国家的破绽，胜过
五帝，与三王相等，必定得靠这种办法。

现在却不是如此。儒士、游侠在国内放纵自由、违法乱纪，说服
君主的纵横家在国外大造声势。国内外都做起坏事来，再加上强敌当头，
国家怎么会不危险呢？因此那些讨论外交问题的众位大臣，不是与合
纵、连横的朋党有关系，就是怀有借国家力量来报私仇的想法。所谓
"合纵"，就是联结众多弱小国家去攻击一个强大国家；所谓"连横"，
就是依靠一个强国去攻击其他弱国。上面的合纵、连横都不是保护国家
的好办法。现在那些宣扬连横的臣子都说："不依靠大国，一遇上敌
人就要遇难。"侍奉大国未必有什么真实好处，倒必须先献出本国地图，
献出代表国君权力的玺印，请求其发兵解困。献出地图，本国的领地
就减少了；呈上玺印，君主的名望就降低了。领地减少，国家就削弱了；
名望降低，国内的政事就混乱了。侍奉大国推行连横，还没有看到什

么真实好处，就已失去了国土、搞乱了政事。那些宣扬合纵的臣子都说："不救助小国而攻打大国，就会丧失各国的信任；丧失了各国的信任，国家就会遇到危险；国家遇到危险，君主的地位就降低了。"救助小国未必有什么实效，却要发兵去和大国作战。救助小国未必就能使它保存下来，而攻击大国未必就没有失误，有了失误，就要被大国挟制了。如果出兵，军队就会被击败；如果退守，城池就会被攻占。救助小国实行合纵，还没有看到任何好处，却已使国土沦丧、军队败丧了。因此，侍奉强国，就会让那些搞连横的人借助国外的势力在国内做官；救助小国，就会让那些搞合纵的人借助国内的势力从国外牟取利益。国家的利益还没有实现，搞合纵、连横的臣下却获得了封地和厚禄；尽管君主的地位低下了，而臣下的地位却提高了；尽管国家的领土减少了，而私家却变得富裕了。事情假如成功了，这些纵横家们就会依靠取得的权势长期得到重用；事情假如失败了，他们就会借助获得的财富隐藏起来。君主听取了那些搞合纵连横的臣下的谈论，事情还没有成功而大臣的爵禄已经显贵了；事情失败了又不给予处罚，那么那些游说之士谁不肯采用像用赠缴射鸟一样有得无失的言论来谋取用一下之后或可幸运有所收获呢？因此国破身亡之主听从那些纵横家的自夸的言论，这是为什么呢？就是由于君主们不清楚公私之间的不同利益，不能明察言论是否恰当，事败之后又没有坚决惩罚他们的原因。都说"搞外交，收效大的能够称王天下，收效小的也能够保证安全"。所谓称王天下，是说能攻击别的国家；保证安全，是说不可能被别国攻取。强，就是能攻占别的国家；治，就是能不被别国攻取。国家的治强不能借助于外交活动，只有从搞好本国内政中获得。现在不在治理内政上实行法术，却把智力用在外交上，这就不能使国家安定和富强。

鄙谚曰："长袖善舞，多钱善贾。"此言多资之易为工①也。故治强易为谋，弱乱难为计。故用于秦者，十变而谋希失；用于燕者，一变而计希得。非用于秦者必智，用于燕者必愚也，盖治乱之资异也。故周去秦为从，期年而举；卫离魏为衡，半岁而亡。是周灭于从，卫亡于衡也。使周、卫缓其从衡之计，而严其境内之治；明其法禁，必其赏罚；尽其地力以多其积，致其民死以坚其城守；天下得其地，则其利少；攻其国，则其伤大；万乘之国莫敢自顿于坚城之下，而使强敌裁其弊也；此必不亡之术也。舍必不亡之术而道必灭之事，治国者之过也。智困于外而政乱于内，则亡不可振也。

民之政计，皆就安利如辟危穷。今为之攻战，进则死于敌，退则死于诛则危矣。弃私家之事而必汗马之劳，家困而上弗论则穷矣。穷危之所在也，民安得勿避。故事私门而完解舍②，解舍完则远战，远战则安。行货赂而袭当涂者则求得，求得则私安，私安则利之所在，安得勿就？是以公民少而私人众矣。夫明王治国之政，使其商工游食之民少而名卑，以寡趣本务而趋末作。今世近习之请行则官爵可买，官爵可买则商工不卑也矣；奸财货贾得用于市则商人不少矣。聚敛倍农而致尊过耕战之士，则耿介之士寡而高价之民多矣。

是故乱国之俗，其学者则称先王之道以籍仁义，盛容服而饰辩说，以疑当世之法而贰人主之心。其言古者，为③设诈称，借于外力，以成其私而遗社稷之利。其带剑者，聚徒属，立节操，以显其名而犯五官之禁。其患御者，积于私门，尽货赂而用重人之谒，退汗马之劳。其商工之民，修治苦窳④之器，聚弗靡之财⑤，蓄积待时而侔农夫之利。此五者，邦之蠹也。人主不除此五蠹之民，不养耿介之士，则海内虽有破亡之国，削灭之朝，亦勿怪矣。

［注释］

①工：同"功"。　②完解舍：完全免除徭役、赋税。　③为：通"伪"。
④苦窳（yǔ）：粗恶。　⑤弗靡之财：压榨来的财富。

［译文］

民间有句谚语："衣袖长方便跳舞，资本多好做生意。"这就是说条件多，做事情容易成功。因此国家安定强盛，就容易为他出谋献策；如果国家衰微混乱，就难以替他想办法。因此为秦国出谋划策，尽管改变十次也很少失败。为燕国出谋献策，尽管改变一次也很少成功。这并不是说，为秦国出谋献策的谋士必定是有智慧的，而为燕国出谋献策的谋士必定就是愚笨的。而是因为两国"治"和"乱"的条件不同。所以周违背秦国搞合纵，只用了一年，秦就将周攻取了；卫违背魏国搞连横，只过了半年，就被魏国灭亡了。这就是说周是因为合纵而被消灭，卫国是因为连横而被消灭。假如周、卫两国不急于实行他们的合纵和连横的计划，而是严厉地管理国内，使国家的法度严明，坚决推行赏、罚制度，充分利用地利来增多积累，让百姓拼命来坚守城池，那么，天下各国尽管夺取了土地，但确实获得的利益少，而攻击他国使自己的力量减弱了，那么，就是有万乘车马的大国也不敢在如此的坚城之下把自己拖垮，而让别的强敌趁自己微弱时来整治自己。只有如此，才是使国家不会覆灭的方法。抛弃使国家不会灭亡的方法，而去干让国家灭亡的事，这就是治理国家的人的过错。在外交上无计可施，在治理内政时导致混乱，那国家就必定会灭亡而不能再站起来了。

民众平常的打算，都是追逐安全和利益而避免危险和困苦。今天让他们去作战，前进就会被敌人打死，退后又要被军法处死，那他可就危险了。舍弃私人的家事而坚定地去承担战争的劳苦，家庭有困难上面也不关心，那他家可就贫困了。处在贫困和危险的境地，民众怎能不逃离呢？因此就侍奉私家贵族而替他们修建房屋，替贵族服劳役就能躲避战争，躲避战争就能获得安全。用财物进行贿赂而投奔当权者，就能够使自己的要求获得满足；要求获得满足，就能使自身获得安全；自身获得安全，利益就清楚地摆在那里，怎能不去追逐呢？因此为国家卖力的人少而为私家贵族卖力的人就多了。

所以导致国家混乱的社会风气是：那些称赞先王的治国之道借仁义进行说教的人，注意仪表服饰，又会修饰言辞，用来毁坏当代社会的法治，惑乱君主实行法治的决心。那些纵横家，弄虚作假，凭借其他国家的势力来谋取个人私利，却把国家的利益置之脑后。那些游侠刺客聚集在一块，标榜气节，用来显耀他们的名声，而违反了国家的法律。那些免除兵役的人汇集在权贵的门下，贿赂和依靠权贵，逃离出征的劳苦。那些工商业者，制作出粗劣的器物，聚集一些质量低劣的生活用品，积存起来看准时机再出售，来获取农民的利益。这五种人，就是国家的蛀虫。君主如果不消除这五种损害国家的人，不培育光明正大的人，那么天下尽管出现残破灭亡的国家、地削国灭的朝廷，也不值得奇怪了。

显学　第五十

　　世之显家，儒、墨也。儒之所至，孔丘也。墨之所至，墨翟也。自孔子之死也，有子张之儒，有子思之儒，有颜氏之儒，有孟氏之儒，有漆雕氏之儒，有仲良氏之儒，有孙氏之儒，有乐正氏之儒。自墨子之死也，有相里氏之墨，有相夫氏之墨，有邓陵氏之墨。故孔、墨之后，儒分为八，墨离为三，取舍相反不同，而皆自谓真孔、墨，孔、墨不可复生，将谁使定世之学乎？孔子、墨子俱道尧、舜，而取舍不同，皆自谓真尧、舜，尧、舜不复生，将谁使定儒、墨之诚乎？殷、周七百余岁，虞、夏二千余岁，而不能定儒、墨之真；今乃欲审尧、舜之道于三千岁之前，意者其不可必乎！无参验而必之者，愚也；弗能必而据之者，诬也。故明据先王，必定尧、舜者，非愚则诬也。愚诬之学，杂反之行，明主弗受也。

　　墨者之葬也，冬日冬服①，夏日夏服，桐棺三寸，服丧三月，世主以为俭而礼之。儒者破家而葬，服丧三年，大毁扶杖，世主以为孝而礼之。夫是墨子之俭，将非孔子之侈也；是孔子之孝，将非墨子之戾也。今孝、戾、侈、俭俱在儒、墨，而上兼礼之。漆雕之议，不色挠，不目逃，行曲则违于臧获，行直则怒于诸侯，世主以为廉而礼之。宋荣子之议，设不斗争，取不随仇②，不羞囹圄，见侮不辱，世主以为宽而礼之。夫是漆雕之廉，将非宋荣之恕也；是宋荣之宽，将非漆雕之暴也。今宽、廉、恕、暴俱在二子，人主兼而礼之。自愚诬之学、杂反之辞争，而人主俱听之，故海内之士，言无定术，行无常议。夫冰炭不同器而久，寒暑不兼时而至，杂反之学不两立而治。今兼听杂学、缪行、同异之辞，安得无乱乎？听行如此，其于治人又必然矣。

[注释]

①冬日冬服：冬天死了用冬天的服装。　②随仇：报仇。

[译文]

当代名声显赫的学派，是儒家、墨家。儒家成就最高的，是孔丘。墨家成就最高的，是墨翟。自从孔子死了之后，有子张一类的儒家，有子思一类的儒家，有颜回一类的儒家，有孟子一类的儒家，有漆雕氏一类的儒家，有仲良子一类的儒家，有公孙尼子一类的儒家，有乐正子一类的儒家。自从墨子死了之后，有相里勤一类的墨家，有相夫子一类的墨家，有邓陵子一类的墨家。因此在孔子、墨子死了以后，儒家分为八派，墨家分为三派，他们采用的和舍弃的主张彼此对立，各不一样，都自称作是真正的孔家、墨家思想，孔子、墨子不能够再复生，那将让谁来判断当代的这些学派是不是得了孔、墨的真传呢？孔子、墨子都称赞尧、舜，但他们所采用的和舍弃的主张也不一样，却也都说自己的主张是真正的尧、舜的思想，尧、舜不能够再复生，那将让谁来断定儒家、墨家到底哪一家的说法是真的呢？从儒家所推崇的殷朝、周朝到现在有七百余年的历史了，从墨家所想往的虞、夏之际到如今有两千多年了，况且不能断定儒家所弘扬的周道、墨家所称赞的夏道在当时的真相；现在却想要弄明白三千年以前的尧、舜之道，想来那是不可能断定的吧！不用事实加以检验就对事物做出判断，是一种愚笨的行为；不能断定事物的真假就把它作为根据，是一种欺诈的行为。因此，那种弘扬并依据先王之道，肯定尧、舜的事迹的行为，不是愚笨的就是骗人的。愚笨骗人的学说，杂乱矛盾的行为，英明的君主是不会接纳的。

　　根据墨家的葬礼主张，人死在冬天就穿着冬天的衣服入葬，死在夏天就穿着夏天的衣服入葬；只要三寸厚的桐木棺材，守丧三个月就行了，当代的君主以为这是节俭而礼遇他们。儒家提倡倾家荡产地大办葬礼，守丧要三年，而且要悲伤得身体受损害甚至要扶杖而行，当代的君主以为这是尽孝而礼遇他们。如果同意墨子的节俭，就一定要反对孔子的奢侈；如果同意孔子的尽孝，就一定要反对墨子的不讲人情。现在尽孝和无情、奢侈和节俭都并存于儒、墨两家的思想之中，而君主却一起礼遇他们。漆雕氏的主张是脸上不显露屈服的表情，眼里不显示逃避的神色；假如自己行为不正，那么对奴隶也要避开；假如自己行为正直，那么对于诸侯也敢于严厉责备。当代的君主以为这是刚正而礼遇他们。依据宋荣子的主张，所提倡的言论是使人不争斗，行为取舍要使人不怨恨，不以坐牢为耻辱，不以被人欺凌为耻辱。当代的君主以为这是宽恕而礼遇他们。如果同意漆雕氏的刚正，就一定要反对宋荣子的大度；如果赞同宋荣子的宽容，就一定要反对漆雕氏的凶暴。现在宽恕和刚正、大度和凶暴都一起存在于这两个人的主张中，而君主却一起礼遇他们。自从愚笨骗人的学说、杂乱矛盾的说法彼此争论来，君主对此都听取不疑，因此全天下的士人，言论没有稳定的标准，行为没有稳定原则。冰块和火炭不能长久地放在同一个器皿里，严寒和炎热不能在同一个季节里同时到来，杂乱矛盾的学说不能被采用而治理好国家。现在君主同时信任那些杂乱的学说、荒乱的行为和矛盾百出的言论，国家怎么能不动乱呢？君主这样听言、行事，那么他在治理民众方面必定也是如此的。

今世之学士语治者，多曰："与贫穷地以实无资。"今夫与人相若也，无丰年旁入之利，而独以完给者，非力则俭也。与人相若也，无饥馑、疾疚①、祸罪之殃，独以贫穷者，非侈则惰也。侈而惰者贫，而力而俭者富。今上征敛于富人以布施于贫家，是夺力俭而与侈惰也。而欲索民之疾作而节用，不可得也。

今有人于此，义不入危城、不处军旅，不以天下大利易其胫一毛，世主必从而礼之，贵其智而高其行，以为轻物重生之士也。夫上所以陈良田大宅，设爵禄，所以易民死命也。今上尊贵轻物重生之士，而索民之出死而重殉上事，不可得也。藏书策，习谈论，聚徒役，服文学而议说，世主必从而礼之，曰："敬贤士，先王之道也。"夫吏之所税②，耕者也；而上之所养，学士也。耕者则重税，学士则多赏，而索民之疾作而少言谈，不可得也。立节参民，执操不侵，怨言过于耳，必随之以剑，世主必从而礼之，以为自好之士。夫斩首之劳不赏，而家斗之勇尊显，而索民之疾战距敌而无私斗，不可得也。国平则养儒侠，难至则用介③士。所养者非所用，所用者非所养，此所以乱也。且夫人主于听学也，若是其言，宜布之官而用其身；若非其言，宜去其身而息其端。今以为是也，而弗布于官；以为非也，而不息其端。是而不用，非而不息，乱亡之道也。

[注释]

①疾疚：长年患病。　②所税：征税的对象。　③介：甲，铠甲。

[译文]

当今世上的学者议论起治理国家时，大多数人说："把土地分给穷苦的人，使没有财物的人有财物。"现在有的人与别人的情况相类似，没有丰收的年成和其他收入的好条件，只有他能全部自给自足，那不是辛勤劳动，就是省吃俭用的原因。也有的人与别人的情况相似，没有饥荒之年、长年患病、祸事、判罪的灾祸，却贫穷困苦，假如不是奢侈，就是懒惰的原因。奢侈、懒惰的人就会穷困，而勤劳、节俭的就富裕。如今君主向富裕的人家征收财物，把这些财物分给穷困的人家，这是夺占勤劳节俭人家的财物分给奢侈懒惰的人家。这样，想要人民尽力种田、节俭生活，根本办不到。

现在有人在这里，提倡不进入有危险的城池，不到军队服役，不愿拿天下的大利益来交换自己小腿上的一根汗毛，当世的君主必定听从他并礼遇他，重视他的智慧而崇尚他的行为，认为他是看轻外物珍爱生命的人物。君主之所以准备好良田大宅，设立爵位俸禄，就是要换取人民为自己卖命。现在君主尊重看轻外物、珍爱生命之人，那么要求人民献出生命为君主的事业牺牲，是办不到的。收藏书籍，学习言谈辩论，集聚门徒，研习经典，进行游说的，君主必定加以礼遇，说："尊重贤士，是先王的行为啊。"官吏征税的对象，是种田的农夫；君主所蓄养的，是读书的学士。农民要交重税，学士却受器重，这样，要想求得民众勤劳耕作，少说空话，那是不可能的。注重气节，显耀高明，坚持操守而不许侵犯，一听到埋怨自己的话，马上拔剑追随上去，当代君主一定听信并尊重他，以为这是珍惜自己名声的人。士兵在战场上杀敌的功绩没有奖赏，而那些为私家争斗的勇士却获得荣誉和地位，这样，要想得到民众努力作战抗敌，不去为私利而争夺，那是不可能的。国家太平的时候蓄养儒生和侠客，危难来临时却要用战士去作战。所蓄养的人不是所要用的人，所要用的人不是所蓄养的人，这就是导致祸乱的原因。再说，君主听从学士的意见，假如认为他讲得对，就应在官府宣布并且任用他；假如认为他讲得不对，就应辞去他，不让他的主张显露。现在以为正确的，没有在官府里宣布；认为错误的，也没有在这种主张显露时加以制止。正确的不使用，错误的不制止，这是国家导致祸乱甚至灭亡的道路。

澹台子羽，君子之容①也，仲尼几而取之，与处久而行不称其貌。宰予之辞，雅而文也，仲尼几而取之，与处久而智不充其辩。故孔子曰："以容取人乎，失之子羽；以言取人乎，失之宰予。"故以仲尼之智而有失实之声。今之新辩滥乎宰予，而世主之听眩乎仲尼，为悦其言，因任其身，则焉得无失乎？是以魏任孟卯之辩，而有华下之患；赵任马服之辩，而有长平之祸。此二者，任辩之失也。夫视锻锡而察青黄，区冶不能以必剑；水击鹄雁，陆断驹马，则臧获不疑钝利。发齿吻形容，伯乐不能以必马；授车就驾，而观其末涂，则臧获不疑驽良。观容服，听辞言，仲尼不能以必士；试之官职，课其功伐，则庸人不疑于愚智。故明主之吏，宰相必起于州部，猛将必发于卒伍。夫有功者必赏，则爵禄厚而愈劝；迁官袭级②，则官职大而愈治。夫爵禄大而官职治，王之道也。

磐石千里，不可谓富；象人百万，不可谓强。石非不大，数非不众也，而不可谓富强者，磐不生粟，象人不可使距敌也。今商官③技艺之士亦不垦而食，是地不垦，与磐石一贯也。儒侠毋军劳，显而荣者，则民不使，与象人同事也。夫祸知磐石象人，而不知祸商官儒侠为不垦之地、不使之民，不知事类④者也。

故敌国之君王，虽说吾义，吾弗入贡⑤而臣；关内之侯，虽非吾行，吾必使执禽而朝。是故力多，则人朝；力寡，则朝于人；故明君务力。夫严家无悍虏，而慈母有败子。吾以此知威势之可以禁暴，而德厚之不足以止乱也。

[注释]

①容：仪表。　②袭级：逐级提升。　③商官：用金钱买得官爵的商人。④事类：事情的类似性。　⑤入：交纳。贡：进献的物品。

[译文]

澹台子羽，有君子的仪态，孔子观看了他的容貌之后就收他为弟子，和他交往久了就发现他的行为与仪表不相符。宰予的言谈措辞，高雅纯正而有文采，孔子考核了他的言辞之后就把他收为了弟子，和他交往久了就发觉他的智慧不及他的口才。因此孔子说："凭仪态来取人，我在子羽身上出现过错；凭言谈来取人，我在宰予身上出现过错。"因此凭孔子如此的聪明才智也有看人不能合乎实际的感叹声。现在新出现的辩说比宰予的文辞更加浮夸动听，而当代的君主听起话来比孔子还要迷糊，因为喜欢他们的言论，就去举用他们本人，那么怎么能没有错误呢？因此魏国由于孟卯的能说会道而举用了他，结果导致了华阳城下的祸患；赵国由于马服君赵括的能说会道而任用了他，结果导致了长平城的灾祸。这两件事，都是依据辩才来举用人的过错。仔细观察冶炼时掺入锡的多少以及观看铸剑时的火色是青是黄，就是擅长铸剑的区冶也不能凭此来判定宝剑的利钝；在水面上捕杀天鹅和大雁，在陆地上捕杀大小马匹，那么就是奴仆也能分清剑的利钝。掰开马嘴看牙齿，端详形态容貌，就是擅长相马的伯乐也不能凭此断定马的优劣；拿车子给马套上，使得马拉着车跑，然后看它所可以到达的道路的终点，那么就是奴仆也能分清马的好坏。观看容貌服装，听从辞谈言说，就是孔子也不能凭此来判定士人是否贤能；用官职来验证他，考察他的工作成绩，那么就是普通的人也能分清他是愚蠢还是聪明。因此英明的君主所治理下的官吏，宰相必定是从州部那样的基层衙署中提升上来的，勇猛的将军必定是从士兵队伍中提升上来的。有功劳的人必定给予奖赏，那么奖赏的爵位越高、俸禄越多就越能让受到奖赏的人得到鼓舞；按照官阶等级来日益提升官职，那么授给的官位越高、职务越大就越能使任职的人管理好政事。用高爵厚禄大官要职来敦促官吏把政务办好，这是称王天下的措施啊。

不能种庄稼的石头地，尽管有一千里，也不能说是肥沃；用木头或泥土制成的俑人，尽管有百万个，也不能说是强大。石头地不是不广阔，俑人不是数量不多，而不能说是富有和强盛，是由于石头地不长出粮食，俑人不能用来抵抗敌人。而今买官的商人和手工业者也是不靠耕田吃饭的人，这样，有土地不去开辟，就跟石头地相同了。儒生和侠客没有功绩，却能得到高贵的地位和荣誉，那么民众就不会听取使唤，跟俑人没有任何不同了。只知道把石头地和俑人视为祸害，却不懂得买官的商人、儒生和侠客就如同不能耕种的石头地和不听使唤的俑人一样是祸患，那是不知道事物之间同类相推的道理。

因此，国力相当的君主尽管喜欢我们的仁义，我们却不能让他们进贡使他们称臣；关内侯尽管反对我们的行为，我们必定能够使他们拿着礼物来拜见。因此力量大就有人来拜见，力量小就要向别人朝拜。

因此英明的君主总是尽力于积聚自己的力量。严厉的家中没有凶悍的婢仆，而仁慈的母亲却有败家的子女。我因此懂得威严的权势能够阻止暴行，而厚道的德行却不能禁止祸乱。

夫圣人之治国，不恃人之为吾善也，而用其不得为非也。恃人之为吾善也，境内不什数；用人不得为非，一国可使齐。为治者用众而舍寡，故不务德而务法。夫必恃自直之箭①，百世无矢；恃自圆②之木，千世无轮矣。自直之箭，自圆之木，百世无有一，然而世皆乘车射禽者何也？隐栝③之道用也。虽有不恃隐栝而有自直之箭、自圆之木，良工弗贵也。何则？乘者非一人，射者非一发也。不恃赏罚而恃自善之民，明主弗贵也。何则？国法不可失，而所治非一人也。故有术之君，不随适然之善，而行必然之道。

今或谓人曰："使子必智而寿"。则世必以为狂。夫智，性也；寿，命也。性命者，非所学于人也，而以人之所不能为说人，此世之所以谓之为狂也。谓之不能然，则是谕④也，夫谕性也。以仁义教人，是以智与寿说也，有度之主弗受也。故善毛嫱、西施之美，无益吾面；用脂泽粉黛，则倍其初。言先王之仁义，无益于治；明吾法度，必吾赏罚者，亦国之脂泽粉黛也。故明主急其助而缓其颂，故不道仁义。

今巫祝之祝人曰："使若千秋万岁。"千秋万岁之声括耳，而一日之寿无征于人，此人所以简巫祝也。今世儒者之说人主，不善今之所以为治，而语已治之功；不审官法之事，不察奸邪之情，而皆道上古之传誉、先王之成功。儒者饰辞曰："听吾言，则可以霸王。"此说者之巫祝，有度之主不受也。故明主举实事，去无用，不道仁义者故，不听学者之言。

[注释]

①箭：造箭用的小竹。　②圜（yuán）：通"圆"。　③隐栝（kuò）：竹木的整形工具。　④谕：通"谀"，奉承。

[译文]

圣明的君主管理国家，不依靠人们主动地做好事，而要使他们不为所欲为。如果依靠人们主动地做好事，那么，一国之中也不能找到几个人，而要使人们不为所欲为，全国就能一致。治国者采取对多数人有效的方法而抛弃只对少数人有效的措施，因此才不尽力于道德而尽力于法制。如果必定要用天生就直的竹木做箭，那就一百年也不能见到一支箭；必定要找天生就圆的木头做车轮，那就一千年也不能有车轮。天生的直箭和天生的圆轮，百年不能见到一个，但是世上的人都有车乘都有箭射，是什么原因呢？这就是使用不同的矫形方法的原因。而且，尽管有不用工具而天生的直箭和圆轮，好的工匠还是不重视它们，这是什么原因呢？由于乘车的不止一个人，射箭的不止一个人。对不需要赏罚就主动做好事的人，贤明的君主不重视他们。是什么原因呢？因为国家不能丢弃法律，所要管理的又不止一个人。所以知道统治方法的君主，不追求偶尔出现的善行，而实行一定见效的法制。

假如一个人对另一个人说："我必定让您聪明长寿。"世人必定会认为这是欺骗。聪明，这是天性所确定的；长寿，这是天命所确定的。天性和天命，是不能从别人那里学来的。用人力所不能做到的事情去奉承别人，而奉承是人的本性。用仁义教人，就等同是在用聪明长寿巴结人。心里有数的君主是不会接纳的。所以，赞赏毛嫱、西施的美丽，对自己的面貌无所改善；如果用胭脂水粉来装扮自己，就会比以前加倍漂亮。同理，称赞古代圣王的仁义，对管理国家没有好处，而彰显法度，严格推行赏罚，这如同是国家的胭脂水粉啊。贤明君主以凭借法度赏罚治世为急务，而不忙于称赞先王以法古，因此不谈论仁义的事情。

现在的巫祝为人祝福说："让你长寿千年万年。"只听见长寿千年万年的声音在身旁喋喋不休，可是连让人延长一天寿命的效用也没有，这就是人们所以忽视巫祝的原因。当代儒生游说君主，不谈现在用来管理国家的办法，而议论过去的治国功劳；不审视官府法令方面的事情，不视察奸邪方面的情况，而都去称赞远古流传的美谈，赞赏先王成就的功业。儒家自夸说："听我的话，就能够称王称霸。"这是游说者中的巫祝，有法度的君主是不会接纳的。因此英明的君主做实事，去除无用的东西，不谈仁义道德方面的事，不听从学者的话。

今不知治者必曰："得民之心。"欲得民之心而可以为治，则是伊尹、管仲无所用也，将听民而已矣。民智之不可用，犹婴儿之心也。夫婴儿不剔首①则腹痛，不揱痤则寖益。剔首、揱痤，必一人抱之，慈母治之，然犹啼呼不止，婴儿子不知犯其所小苦致其所大利也。今上急耕田垦草以厚民产也，而以上为酷；修刑重罚以为禁邪也，而以上为严；征赋钱粟以实仓库，且以救饥馑、备军旅也，而以上为贪；境内必知介而无私解，并力疾斗，所以禽虏也，而以上为暴。此四者，所以治安也，而民不知悦也。夫求圣通之士者，为民知之不足师用。昔禹决江浚河，而民聚瓦石；子产开亩树桑，郑人谤訾。禹利天下，子产存②郑人，皆以受谤，夫民智之不足用亦明矣。故举士而求贤智，为政而期适民③，皆乱之端，未可与为治也。

[注释]

①剔首：剃头。　②存：体恤，关怀。　③适民：迎合民众。

[译文]

现在不知道如何治理国家的人说："要顺从民心。"如果顺从民心就能够治理好天下，那么像伊尹、管仲这样的人也没有用了，只要顺从民众的意愿就行了。民众的智慧不能够使用，就如同婴儿的心理一样。婴儿不理发就会肚子痛，不割破疖子就会越长越大。理发或割疖子时，必定要有一个人抱，由慈爱的母亲处置，他仍然大声啼哭不止，因为婴儿不明白受一点小小的痛苦就能够得到除去痛苦的大利。现在君主急迫开荒种田用来增多民众的财产，却被认为君主太残酷了；修定刑法加重惩罚，是为了制止邪恶的活动，人们却认为君主太严格了；增收赋税财产粮食用来补充国家仓库，用来救助饥荒之年，准备军队的供养，民众却认为君主贪心；全国的人都必须明白军事而不要擅自逃脱兵役，合力作战捕获敌人，民众却认为君主凶暴。这四种手段都是为了使民众安居乐业，而民众却不懂得高兴。君主要求圣明通达的人，是由于民众的智谋不值得仿效采用。以前，大禹疏导江河，民众却存积瓦片和石头，筑堤截流；子产开辟荒地种植桑树，郑国人却非议他。大禹为天下谋利，子产使郑国得以存在，却都遭人诽谤，这就表明了民众的智谋不值得仿效。因此选取人才却力求智慧聪明，治理政事却希望顺应民心，这都是国家混乱的源头，是不能够靠它治国的。

忠孝　第五十一

天下皆以孝悌忠顺之道为是也，而莫知察孝悌忠顺之道而审行之，是以天下乱。皆以尧、舜之道为是而法之，是以有弑君，有曲于父。尧、舜、汤、武或反君臣之义，乱后世之教者也。尧为人君而君其臣，舜为人臣而臣其君，汤、武为人臣而弑其主、刑其尸，而天下誉之，此天下所以至今不治者也。夫所谓明君者，能畜其臣者也；所谓贤臣者，能明法辟、治官职以戴其君者也。今尧自以为明而不能以畜舜，舜自以为贤而不能以戴尧，汤、武自以为义而弑其君长，此明君且常与而贤臣且常取也。故至今为人子者有取其父之家，为人臣者有取其君之国者矣。父而让子，君而让臣，此非所以定位一教之道也。

臣之所闻曰："臣事君，子事父，妻事夫，三者顺则天下治，三者逆则天下乱，此天下之常道也。明王贤臣而弗易也。"则人主虽不肖，臣不敢侵也。今夫上①贤任智无常，逆道也；而天下常以为治，是故田氏夺吕氏于齐，戴氏夺子氏于宋。此皆贤且智也，岂愚且不肖乎？是废常上贤则乱，舍法任智则危。故曰：上法而不上贤。

[注释]

①上：通"尚"，尊崇。

[译文]

天下的人都以为孝顺父母、尊敬兄长、忠于君主、顺从丈夫的道德准则是正确的，却没有什么人懂得去进一步仔细地刈孝悌忠顺之道进行认真考察，然后再去谨慎实行，因此天下就混乱了。天下的人都以为尧、舜之道正确而加以仿效，因此才出现了杀死君主、背离父亲的事情。尧、舜、汤、武或许正是违背君臣之间的道德准则、扰乱搅乱后世的教令的罪魁祸首。尧原本是君主，却把自己的臣子舜尊奉为君主；舜原本是臣子，却把自己的君主尧降为臣子；商汤、周武身为臣子却杀害了自己的君主，还分割了君主的尸体。对此，天下的人却都称赞，这就是天下直到现在都不能得到管理的原因之所在。所谓英明的君主，应当是可以控制自己的臣子的人；所谓贤能的臣子，应该是可以彰显法律、忠实地执行自己的职守来拥护君主的人。现在的情况则是，尧自认为明智，却不能对舜加以掌控；舜自认为贤能，却不能对尧尽心拥护；商汤、周武自认为有道义，却杀了自己的君主。这就是一方面自称为明君的却经常失位，而自称为贤臣的却经常夺取权力的情况。所以直到现在还有做儿子的夺占父亲的家业、做臣子的夺占君主权力的事情出现。据此看来，父亲把家业让给儿子，君主把政权让给臣下，绝不是什么确立名位统一教令的正确方法。

我所听见的说法是："臣子侍奉君主，儿子侍奉父亲，妻子侍奉丈夫，这三种次序理顺以后，天下就能获得治理；如果违反了这三种顺序，天下就会混乱，这是天下的正常原则。"就是明君、贤臣也不能改变。既然如此，那么尽管君主不够贤明，臣子也不敢侵犯；现在崇尚贤人、任用智者没有固定规矩，是悖逆之道，平常人却总以为是治国之道。正因这样，在齐国，田氏得以取得吕氏政权；在宋国，戴氏得以取得子氏政权。这些人全是有才能又有智慧的人，哪里是既愚笨又不贤的人呢？由此看来，废止那永恒的政治原则，而崇尚贤人，国家就混乱。抛弃法制而任用智者，君主就会产生危险。因此说：要崇尚法制而不能崇尚贤能。

记曰："舜见瞽瞍，其容造①焉。孔子曰：'当是时也，危哉，天下岌岌！有道者，父固不得而子，君固不得而臣也。'"臣曰：孔子本未知孝悌忠顺之道也，然则有道者，进不为臣主，退不为父子耶？父之所以欲有贤子者，家贫则富之，父苦则乐之；君之所以欲有贤臣者，国乱则治之，主卑则尊之。今有贤子而不为父，则父之处家也苦；有贤臣而不为君，则君之处位也危。然则父有贤子，君有贤臣，适足以为害耳，岂得利焉哉？所谓忠臣，不危其君；孝子，不非其亲。今舜以贤取君之国，而汤、武以义放弑其君，此皆以贤而危主者也，而天下贤之。

古之烈士②，进不臣君，退不为家，是进则非其君，退则非其亲者也。且夫进不臣君，退不为家，乱世绝嗣之道也。是故贤尧、舜、汤、武而是烈士，天下之乱术也。瞽瞍为舜父而舜放之，象为舜弟而杀之。放父杀弟，不可谓仁；妻帝二女而取天下，不可谓义。仁义无有，不可谓明。《诗》云："普天之下，莫非王土；率土之滨，莫非王臣。"信若《诗》之言也，是舜出则臣其君，入则臣其父，妾其母，妻其主女也。故烈士内不为家，乱世绝嗣；而外矫于君，朽骨烂肉，施于土地，流于川谷，不避蹈水火。使天下从而效之，是天下遍死而愿夭也。此皆释世而不治是也。

世之所为烈士者，离众独行，取异于人，为恬淡之学而理恍惚之言。臣以为恬淡，无用之教也；恍惚，无法之言也。言出于无法，教出无用者，天下谓之察。臣以为人生必事君养亲，事君养亲不可以恬淡；治人必以言论忠信法术，言论忠信法术不可以恍惚。恍惚之言，恬淡之学，天下之惑术也。孝子之事父也，非竞取父之家也；忠臣之事君也，非克取君之国也。夫为人子而常誉他人之亲曰："某子之亲，夜寝早起，强力生财以养子孙臣妾③。"是诽谤其亲者也。为人臣常誉先王之德厚而愿④之，是诽谤其君者也。非其亲者知谓之不孝，而非其君者天下皆贤之，此所以乱也。故人臣毋称尧、舜之贤，毋誉汤、武之伐，毋言烈士之高，尽力守法，专心事主者为忠臣。

[注释]

①造：通"蹙（cù）"，局促不安的样子。　②烈士：这里指只追求声誉而不愿出任官职的人。　③臣妾：男女奴婢。　④愿：羡慕。

[译文]

史书上说："舜见到父亲瞽瞍来拜见他，面部神情局促不安。孔丘说：'在那个时候，危险呀，天下真是非常危险！对于舜那样有德行的人，父亲原本不应该把他当作儿子，君主原本不应该把他当作臣子的。'"我说：孔丘根本就不知道孝悌忠顺的道理。如此说来，有道德的人上朝就能够不做君主的臣子，回家就能够不做父亲的儿子吗？父亲之所以希望获得贤子，是由于贤子能让贫穷的家庭变富有，让愁苦的父亲得到快乐；君主之所以希望获得贤臣，是由于贤臣能让国家的动乱获得治理，让卑微的君主获得尊重。假如儿子能干却不为父亲，父亲在家便辛劳；假如是贤臣却不为君主，君主的权位就危险，因此父亲有贤明的儿子，君主有贤明的大臣，正好足以造成对父亲和君主的伤害，哪能从他们那里得到好处呢？所谓忠臣，是指不伤害自己君主的臣下；所谓孝子，是指不背离父母的儿子。现在，舜以贤能取得了君主的政权，汤、武以道义驱逐和杀死了自己的君主，这都是借助能力为害君主啊，而人们却称赞他们。

古代所谓的贞节烈士，上朝不服从君主，回家不出力，这是在朝背叛君主，在家背叛亲人。况且在朝不称臣，回家不出力，是扰乱社会秩序、断绝子孙后代的做法。所以称颂尧、舜、汤、周武王为贞节之士，是扰乱人心的学说。瞽瞍是舜的父亲而舜把他流放了，象是舜的弟弟而舜把他杀了。流放父亲杀掉弟弟，不可以称为仁；娶了尧的两个女儿却夺取了尧的君位，不可以称为义。没有仁义，不可以称为贤明。《诗经》说："普天之下都是天子的土地，四海之内都是天子的臣民。"如果像《诗经》说的那样，那么舜在朝就应把君主作为臣子，在家把父亲当作臣仆、母亲当作奴婢、君主的女儿当作妻子。所以贞节之士在家不出力，扰乱秩序而断绝子孙后代；走出家门就和君主作对，不怕自己腐烂的尸骨抛于野地、流于河川峡谷。如果让天下人都效法他们，天下就会到处有死人而大家都愿意早死了。这都是不顾社会而不是整治社会。

现在人们所谓的烈士，离开群众，独来独往，有意与他人相区分，口称淡薄人生，宣传似是而非的言论。我认为：淡薄人生，是无用的说教；似是而非，是漠视法律的言论。对于那些漠视法律的言论和无用的说教，人们却称之为深奥。我认为：人的一生一定服从君主，供养亲人。服从君主，供养亲人，就不能淡薄人生。治理民众必须注重忠、信、法、术，注重忠、信、法、术就不可以似是而非。似是而非的理论，淡薄人生的说教，都是造成天下迷乱的异端邪说。孝子服从父亲，不是为了获得父亲的权力；忠臣为君主服务，不是为了获得君主的政权。作为儿子却经常赞扬他人的父亲说："某人的父亲，晚睡早起，认真生财，以奉养子孙妻妾。"这就是在非议自己的父亲。身为臣下，却经常赞誉先王的品德而希望能做先王的大臣，这就是在非议自己的君主。对于毁谤父亲的人，人们懂得叫他不孝。对于毁谤君主的人，人们却称颂他，这就是动乱的原因。因此，身为大臣，不要称赞尧、舜的贤明，不要赞赏汤、武的讨伐，不要讨论刚烈之士的高尚，只要尽力守法，尽心为君主服务，这就是忠臣。

古者黔首悗密①惷愚，故可以虚②名取也。今民儇③诇④智能，欲自用，不听上。上必且劝之以赏，然后可进；又且畏之以罚，然后不敢退。而世皆曰："许由让天下，赏不足以劝；盗跖犯刑赴难，罚不足以禁。"臣曰：未有天下而无以天下为者，许由是也；已有天下而无以天下为者，尧、舜是也。毁廉求财，犯刑趋利，忘身之死者，盗跖是也。此二者，殆物也。治国用民之道也，不以此二者为量。治也者，治常者也；道也者，道常者也。殆物妙言，治之害也。天下太上之士，不可以赏劝也；天下太下之士，不可以刑禁也。然为太上士不设赏，为太下士不设刑，则治国用民之道失矣。

故世人多不言国法而言从横。诸侯言从者曰："从成必霸。"而言横者曰："横成必王。"山东之言从横未尝一日而止也，然而功名不成，霸王不立者，虚言非所以成治也。王者，独行谓之"王"。是以三王⑤务离合而正，五霸不待从横而察，治内以裁外而已矣。

[注释]

①恍密：勉力。　②虚：不实惠。　③儇：聪明伶俐。　④诇：通"炯"，偷偷地探视，引申为奸诈。　⑤三王：夏禹、商汤、周文王。

[译文]

古代的人民，勤劳愚笨，所以能够用虚假的名声来欺骗他们。现在的人民聪明奸诈有智慧，想要为自身着想，不服从君主，君主必定要用赏赐来劝勉他们，然后他们才会进步，又要用处罚使他们害怕，然后他们才不敢退缩。而世人都说："许由推辞天下，表明奖赏不足以劝勉人；盗跖违反刑法不避危难，表明处罚不足以制止人。"我以为：没有天下，而不重视天下的，是许由；已经占有了天下，而不重视天下的，是尧、舜；破坏廉洁去获取财物，触犯刑法去获取利益，忘却自身去赴死的，是盗跖。许由和盗跖这两种人，是很危险的。统治国家使用人民的方法，不可用这两种人为权衡标准。统治国家，是管理普通的民众；治国的方法，也是平常的方法。危险的事物和深奥的言辞，是管理国家的危害。天下最上等的人，不能用奖赏来劝勉他们；天下最下等的人，不能用刑法来制止他们。可是假如为了最上等的人就不设置奖赏，为了最下等的人就不设置刑法，那样管理国家使用人民的方法就被失去了。

故此现在世上的人大都不讲国家的法制而大谈合纵连横。诸侯之中讲合纵的人说："合纵成功便能够称霸天下。"而讲连横的人说："实现连横的便能够称王天下。"山东六国议论合纵连横，从来没有停息过一天，但是功业威望都没有获得成就，也没有成立霸王之业，这就表明了不切实际的言论是不能管理好国家的。身为君主，做事有主见，

不受身边一切事的影响，这样的人才能称为"王"。因此三王不尽力
于纵横便管理好天下，五霸不靠纵横便能够洞察天下的形势，他们所
做的不过是先管理好国家，再以强盛的国力去使天下信服而已。

人主 第五十二

人主之所以身危国亡者，大臣太贵，左右太威也。所谓贵者，无法而擅行，操国柄而便私者也。所谓威者，擅权势而轻重者也。此二者，不可不察也。夫马之所以能任重引车致远道者，以筋力也。万乘之主、千乘之君所以制天下而征诸侯者，以其威势也。威势者，人主之筋力也。今大臣得威，左右擅势，是人主失力；人主失力而能有国者，千无一人。虎豹之所以能胜人执百兽者，以其爪牙也，当^①使虎豹失其爪牙，则人必制之矣。今势重者，人主之爪牙也，君人而失其爪牙，虎豹之类也。宋君失其爪牙于子罕，简公失其爪牙于田常，而不蚤夺之，故身死国亡。今无术之主皆明知宋、简之过也，而不悟其失，不察其事类者也。

[注释]

①当：通"倘"，假如。

[译文]

君主之所以身死国亡，是由于大臣地位太高，身边侍臣权势太重的原因。所谓显贵，就是漠视法令而一意孤行，掌握国家大权来获取私利。所谓威势，就是独占权势而对事情的处置要轻就轻，要重就重，都由他任意决定。对这两种人，君主不能不认知清楚。马所以能载负重物拖着车子走远路，就是由于有筋力。拥有万乘兵车的君主、拥有千乘兵车的封君之所以能掌控天下、使诸侯信服，就是由于有威势。威势是人主的筋力。现在大臣获得威势，侍从独占了权势，那么君主就丧失了力量。人主丧失了力量还能保护国家的，一千个当中找不到一。虎豹之所以能战胜人类，捕获各种兽类，是因它有爪牙。如果使虎豹丧失了爪牙，则必定被人制服。权势就是君主的爪牙，君主丧失了权势，就成了丧失爪牙的虎豹之类了。宋君的爪牙掉落在子罕手里，齐简公的爪牙掉落在田常手里，却不尽早把它夺回来，因而身死国灭。现在许多不明白统治之术的国君都很清楚地知晓宋君和齐简公的过失，却不能觉悟自己的过失，这是不注意事情的类似啊。

　　且法术之士[①]，与当途之臣不兼容也。何以明之？主有术士，则大臣不得制断，近习不敢卖重；大臣、左右权势息，则人主之道明矣。今则不然，其当途之臣得势擅事以环其私，左右近习朋党比周以制疏远，则法术之士冤时得进用，人主奚时得论裁？故有术不必用，而势不两立，法术之士焉得无危？故君人者非能退大臣之议，而背左右之讼，独合乎道言也，则法术之士安能蒙死亡之危而进说乎？此世之所以不治也。

　　明主者，推功而爵禄，称能而官事，所举者必有贤，所用者必有能，贤能之士进，则私门之请止矣。夫有功者受重禄，有能者处大官，则私剑之士安得无离于私勇而疾距敌，游宦[②]之士焉得无挠于私门而务于清洁矣？此所以聚贤能之士，而散私门之属也。今近习者不必智，人主之于人也或有所知而听之，入因与近习论其言，听近习而不计其智，是与愚论智也。其当途者不必贤，人主之于人或有所贤而礼之，入因与当途者论其行，听其言而不用贤，是与不肖论贤也。故智者决策于愚人，贤士程行于不肖，则贤智之士奚时得用，而人主之明塞矣。昔关龙逢说桀而伤其四肢，王子比干谏纣而剖其心，子胥忠直夫差而诛于属镂。此三子者，为人臣非不忠，而说非不当也，然不免于死亡之患者，主不察贤智之言，而蔽于愚不肖之患也。今人主非肯用法术之士，听愚不肖之臣，则贤智之士孰敢当三子之危而进其智能者乎？此世之所以乱也。

[注释]

①法术之士：力主建立法制、以法治国的人。　②游宦：靠游说而得官职。

[译文]

何况法术之士与当权的大臣不能相容。如何来说明它呢？君主任用了法术之士，大臣就不能行事专断，左右近侍也不敢卖弄权势；大臣和身边近侍的权势没有了，那么君主的治国原则也就分明了。今天的情况则不是如此的，那些大臣掌控权势后私自决定政事以谋取个人的私利，左右近侍拉帮结派紧密勾结，整治关系疏离的人，那么法术之士什么时候才能获得选拔任用，君主什么时候才能断定裁决呢？因此法术之士尽管有术也不一定被任用，和权臣又相互对立，法术之士怎么可以没有危险呢？所以君主假如不能力排大臣的意见，抛弃左右近侍的告状，独立地做出合乎原则的判断，那么法术之士怎么会冒死亡的危险向君主献上自己的主张呢？这就是社会不可治好的原因。

英明的君主依照功劳授予爵位和俸禄，依据能力来安置官职任以政事，所选拔的人必定要品德好，所任用的人必定要能力强，品德好能力强的人获得任用，那么私家的请托就停息了。有功劳的人获得高薪厚禄，有才能的人身居高官要职，那么为权贵私家行刺的侠客怎么能不丢弃私斗之勇而奋力抵抗敌人？靠游说去谋取官职的人又怎么能不避开权贵之门而尽力于廉洁奉公呢？这就是聚集贤能之士而驱逐豪门之徒的办法。现在君主身边的亲信未必聪明，而君主在人们中间有时发觉了自己以为是有智慧的人而听从了他们的意见，但回来后却又和亲信谈论他们的意见，听取亲信的话而不再思考那些聪明人的意见，这便是和愚蠢的人来谈论聪明的人了；那些当权的人未必贤能，而君主在人们中间有时发觉了自己以为是贤能的人而礼遇尊重他们，但回来后却又和掌权的人谈论他们的德行，听取当权者的话而不再举用那些贤能的人，这便是和没有德才的人来谈论有德才的人了。因此有智慧的人要由愚蠢的人来决断自己的计谋，有德才的人要由无能的人来评价自己的德行，那么有德才有智慧的人什么时候才能获得任用？而君主的明智也就被阻塞了。以前关龙逄劝告夏桀而伤及了自己的四肢，王子比干劝告商纣王而被剖开了自己的心脏，伍子胥对夫差忠心正直而死于属镂宝剑。这三位先生，身为臣子并非不忠，而说的话并非不当，但却不能免去死亡的灾难，这是君主不能明鉴贤能聪明者的言论而被愚蠢无能的臣子所欺骗而导致的祸患啊。现在君主不愿意任用法术之士，而听取愚蠢无能的臣子，那么贤能明智的法术之士有哪一位敢冒关龙逄、比干、伍子胥那样的危险来献上自己的智慧和才能呢？这就是社会动乱的原因啊。

饬令 第五十三

饬令，则法不迁；法平，则吏无奸。法已定矣，不以善言售法。任功，则民少言；任善，则民多言。行法曲断，以五里断者王，以九里断者强，宿治者削。

以刑治，以赏战，厚禄以用术。行都之过，则都无奸市。物①多末众，农弛奸胜，则国必削。民有余食，使以粟出爵，必以其力，则农不怠。三寸之管毋当，不可满也。授官爵出利禄不以功，是无当也。国以功授官与爵，此谓以成智谋，以威勇战，其国无敌。国以功授官与爵，则治见者省，言有塞，此谓以治去治，以言去言，以功与爵者也。故国多力，而天下莫之能侵也。

兵出必取，取必能有之；案兵不攻必富。朝廷之事，小者不毁，效功取官爵，廷虽有辟言，不得以相干也，是谓以数治。以力攻者，出一取十；以言攻者，出十丧百。国好力，此谓以难攻；国好言，此谓以易攻。

其能，胜其害，轻其任，而道坏余力于心，莫负乘宫之责于君。内无伏怨。使明者不相干，故莫讼；使士不兼官，故技长；使人不同功，故莫争。言此谓易攻。

重刑少赏，上爱民，民死赏；多赏轻刑，上不爱民，民不死赏。利出一空②者，其国无敌；利出二空者，其兵半用；利出十空者，民不守。

重刑明民，大制使人，则上利。行刑，重其轻者，轻者不至，重者不来，此谓以刑去刑。罪重而刑轻，刑轻则事生，此谓以刑致刑，其国必削。

［译文］

整顿、落实法令，法就不会随便改变；法令公正，官吏就不会有奸恶的行为。法令已经制定了，就不能用仁义道德之类的好话来妨碍法令。任用有功绩的人，民众就少说空话；举用善谈"仁义"之言的人，民众就推崇空谈。推行法制就由官府断案，在五个村庄能够断案的国家，能够称王天下，在九个村庄中能够断案的国家，能够强盛，做事延迟的国家就会被减弱。

用刑罚治国，用奖赏发动人民参战，用优厚的俸禄来使治国手段完备。国家无奸诈之民，集市里就没有奸诈的交易。国家多事，商人繁多，农业荒废，奸人占上风，这样，国家必定会被削弱。民众有余粮，让他们可以用粮食把君主的官爵交换出来，既然换取官爵一定付出劳力，农民就不会懒散了。三寸长的管子没有底，就永远不能装满。如果不依照功劳授予官爵和俸禄，就是没有底。国家依照功劳授予官爵，这就称为用成熟的思虑来谋划，以威力和勇气来作战，这样的国家就没有敌手。国家依照功劳授予官爵，治理就简单，有怨言的人也就闭上嘴巴，这就称为用法治替代人治，用法律条文替代人们的唠叨，把爵位授予有功的人。因此，这样的国家就力量强盛，天下没有敌国敢来入侵。

军队出战，必定能取得领土；取得了领土就必定占有它；如果不出兵，不去攻打别国，国家必定富有。朝廷的官吏，地位卑微的不会被毁谤，由于他们做出了贡献，一样可以取得官爵，朝廷中尽管有人讲坏话，也不能扰乱按功授爵的规定，这就称为用法度治国。国家依靠实力攻打他国，使出一份力量能够取得十份效用；用空话攻打别国，使出十份力量就会失去百份。国家重视实力，这是用小心的态度进攻；国家重视空谈，这称为用轻慢的态度进攻。

臣下都可以处在适宜的岗位上驾轻就熟地发挥自己的才能，担任自己的官职，觉得自己的任务很轻松，而又没有谁在心中想留下一点力量，也没有谁对君主担负兼任其他职务的责任。在国内，臣民没有隐藏在心底的憎恨。英明的君主使臣子的职事互不相关，因此没有人再会争斗诉讼；使臣子不兼任其他的职务，因此各人的本事就能长进；使人们不去建立相同的功劳，因此没有人再会竞争抢夺。

重刑罚，少奖励，这就是君主爱民，民众就会为奖励而死。多奖励，轻刑罚，这就是君主不爱民，民众就不为奖励而死。利害的取决权来自一个人之口，这个国家就没有敌手；利害的取决权同时来自君主和大臣之口，国家就有一半消亡；利害的决定来自多人之口，就掌控不住民众。平时用重刑彰明百姓，有变化时又用法令去控制百姓，君主就会获得好处。在利用刑罚时，对轻罪实行重刑，那么，人们就不会犯轻罪，更不敢犯重罪，这就称为以刑去刑。假如对重罪实行轻刑，刑罚轻了民众就会闹事，这就称为用刑罚造成刑罚，这样，国家必定会被削弱。

心度　第五十四

　　圣人之治民，度于本，不从其欲，期于利民而已。故其与之刑，非所以恶民，爱之本也。刑胜而民静，赏繁而奸生。故治民者，刑胜，治之首也；赏繁，乱之本也。夫民之性，喜其乱而不亲其法。故明主之治国也：明赏，则民劝功；严刑，则民亲法。劝功，则公事不犯；亲法，则奸无所萌。故治民者，禁奸于未萌；而用兵者，服战于民心。禁，先其本者治；兵，战其心者胜。圣人之治民也，先治者强，先战者胜。夫国事务先而专一民心，举公而私不从，赏告而奸不生，明法而治不烦。能用四者强，不能用四者弱。夫国之所以强者，政也；主之所以尊者，权也。故明君有权有政，乱君亦有权有政，积而不同，其所以立异也。故明君操权而上重，一政而国治。故法者，王之本也；刑者，爱之自也。

　　夫民之性，恶劳而乐佚。佚则荒，荒则不治，不治则乱，而赏刑不行于天下者必塞。故欲举大功而难致而力者，大功不可几而举也；欲治其法而难变其故者，民乱不可几而治也。故治民无常，唯治为法。法与时转则治，治与世宜则有功。故民朴，而禁之以名，则治；世知，维之以刑，则从。时移而治不易者乱，能治众而禁不变者削。故圣人之治民也，法与时移，而禁与能变。

　　能越力于地者富，能起力于敌者强，强不塞者王。故王道在所开，在所塞，塞其奸者必王。故王术不恃外之不乱也，恃其不可乱也。恃外不乱而治立者削，恃其不可乱而行法者兴。故贤君之治国也，适于不乱之术。贵爵，则上重，故赏功爵任而邪无所关^①。好力者，其爵贵；爵贵，则上尊；上尊，则必王。国不事力而恃私学者，其爵贱；爵贱，则上卑；上卑者必削。故立国用民之道也：能闭外塞私而上自恃者，王可致也。

[注释]

①关：入。这里指钻营。

[译文]

圣人管理民众，用法度作为权衡一切的根本，不放任他们的欲望，只希望有利于民众而已。所以，君主对民众实行刑罚，并不是怨恨他们，而是保护他们的根本措施。刑罚严厉，民众就安宁；赏赐太滥，奸邪行为就发生。因此，治理民众，要让刑罚占主宰，这是政治的首要手段。太多的赏赐，就是动乱的源头。民众天生喜欢动乱而不喜欢法令。所以英明的君主管理国家，奖赏明确，民众就尽力立功；刑罚严厉，民众就听从法令。民众尽力立功，国家的政事就不会遭受侵扰；民众听从法令，奸邪的行为就无法出现。所以管理民众，要把奸邪一类的行为制止在还没发生之时；用兵作战，要使民众的想法服从于战争。在他们的本性显现出来之前就加以制止，民众就能够得到治理，使他们的心中树立起战争的观念，用兵就必定胜利。圣人对民众的管理，在其本性显现出来之前即加以治理的就能够强盛，在战斗之前，先使民心顺服于战争的就胜利。国家大事首先在于团结民心；专门推崇合乎公理的事，使私欲不会放任；奖赏揭发奸情的人，使奸邪行为不会出现；明确法度，使国家的治理不会杂乱。能做到这四点的国家就能强大，不能做到这四点的国家就衰弱。国家之所以强盛，在于政治措施；君主之所以显贵，在于他的权力。因此，贤明的君主有权势和管理的措施，混乱的君主也有权势和管理的措施，所得到的结果不相同，是因为他们确立的原则不相同。因此贤明的君主掌握权势而地位显贵，统一政治措施而国家安定和平。因此，法制是称王的根基；刑罚是爱护民众的根源。

民众的本性，讨厌劳苦而喜欢安逸。安逸就懈怠，懈怠就不易治理；人民不易治理，国家就会动乱。因此，赏罚不能在国内实行的，君主一定会被欺骗。因此想建立大功，却又难以获得民众之力的，大功的建立是不可能期望的。想要整治法度却恐惧改变旧俗的，想要治理好民众的混乱简直是不可能的。因此治理人民，没有稳固的方法，只要能治理好国家就是适宜的法度。法度随时代变化而变化就能平治，治术适应社会就有效用。因此人民朴实，用声名来约束他们，就能够治理好；人民巧诈，用刑罚来限制，他们才会顺从。时代变化而统治措施不变化的国家就混乱，社会变化而不变化禁令的国家就削弱，所以圣人管理民众，法度随时代演化而禁令随智能变化。

能在农耕上发挥出力量的国家就富有，能在战争上发动起力量的国家就强盛，强盛到不能被阻挡的国家，就能够称王天下。因此，称王天下的方法，在于开创什么阻塞什么，能够阻塞奸邪行为的，一定能称王天下。因此称王天下的策略，在于不依靠外国势力不扰乱，而是依赖正确的治理使它们不可能扰乱。依赖外国势力不扰乱而治民立国，国家就会削弱；立足于使外国势力不可能扰乱而推行法治，国家才能强盛。所以贤明的君主管理国家，专致于使其他外国势力不可能扰乱的策略。人们以爵位为贵，君主就会受尊敬，因此奖赏有功的人，把爵位授给胜任的人，奸邪的人就无机可乘。倡导耕战的国家，它的爵位尊贵；爵位尊贵，君主就得到尊重；君主得到尊重，就必定能称王于天下。不事耕战而依赖私学的国家，它的爵位被看得卑贱；爵位被看得卑贱，君主就被人看轻；君主被人看轻，国家就必定会削弱。因此立国用民的原则，在于阻止外国势力的扰乱，阻塞私学的传播，而重视依靠自己的力量，这样称王天下的功业就能够达到了。

制分 第五十五

夫凡国博君尊者，未尝非法重而可以至乎令行禁止于天下者也。是以君人者分爵制禄，则法必严以重之。夫国治则民安，事乱则邦危。法重者得人情，禁轻者失事实。且夫死力者，民之所有者也，人情莫不出其死力以致其所欲；而好恶者，上之所制也。民者好利禄而恶刑罚，上掌好恶以御民力，事实不宜失矣。然而禁轻事失者，刑赏失也。其治民不秉法为善也，如是，则是无法也。

故治乱之理，宜务分刑赏为急。治国者莫不有法，然而有存有亡；亡者，其制刑赏不分也。治国者，其刑赏莫不有分。有持异以为分，不可谓分。至于察君之分，独分也，是以其民重法而畏禁，愿毋抵罪而不敢胥赏①。故曰：不待刑赏而民从事矣。

是故夫至治之国，善以止奸为务。是何也？其法通乎人情，关②乎治理也。然则去微奸之道奈何③？其务令之相规其情者也。则使相窥奈何？曰：盖里相坐而已。禁尚④有连于己者，理不得不相窥，唯恐不得免。有奸心者不令得忘，窥者多也。如此，则慎己而窥彼，发奸之密。告过者免罪受赏，失奸者必诛连刑。如此，则奸类发矣。奸不容细，私告任坐⑤使然也。

夫治法之至明者，任数不任人。是以有术之国，不用誉则毋适，境内必治，任数也；亡国使兵公行乎其地，而弗能圉⑥禁者，任人而无数也。自攻者人也，攻人者数也。故有术之国，去言而任法。

凡畸功之循约者难知，过刑之于言者难见也，是以刑赏惑乎贰。所谓循约难知者，奸功也；臣过之难见者，失根也。循理不见虚功，度情诡乎奸根，则二者安得无两失也？是以虚士立名于内，而谈者为略于外，故愚、怯、勇、慧相连而以虚道属俗而容乎世。故其法不用，而刑罚不加乎僇人⑦。如此，则刑赏安得不容其二？实故有所至，而理失其量，量之失，非法使然也，法定而任慧也。释法而任慧者，则受事者安得其务？务不与事相得，则法安得无失？而刑安得无烦？是以赏罚扰乱，邦道差误，刑赏之不分白也。

[注释]

①抵罪：根据罪的轻重，接受相当的刑罚。胥：等待。　②关：关联。③微奸：不易察觉的奸邪行为。道：方法。　④尚：通"倘"。　⑤任坐：担保连坐。⑥围：通"御"。　⑦僇（lù）：羞辱。僇人：该刑辱的人，有罪的人。

[译文]

凡是国土广阔、君主尊贵的，从来没有不是法制严厉因而能够达到一下达命令天下的人们就马上行动、一发布禁约天下的人们就停下来不做的。因此，君主区分爵位等级、制定俸禄标准，就必定要使法制严格而且厉害。国家安定，那么民众就安定；政事动乱，那么国家就危险。法制严厉是符合人之常情的，法禁松弛会丧失政事的实际效用。何况那种拼命用力的行为，是民众所具备的，他们的心情无非是想献出自己的生命和气力去获得他们想要获得的东西；而民众的爱好和厌恶，是君主可以加以控制的。民众喜欢利禄而讨厌刑罚，君主掌控住这种喜欢和讨厌的心理来利用民力，政事的实际效用就不应该失去了。如此去做了而还是法禁松弛、政事没有获得成效的，是因为赏罚有了错误。君主管理民众时不掌握法度而像如此去行善，那就相当于没有法制了。

因此，治理动乱的事，应该以区分刑罚和奖赏为当务之急。没有哪位治国者没有法令，然而国家最后却有存有亡，灭亡了的国家，就是由于刑赏不分的原因。管理得好的国家，刑赏之间没有不区分的：君主有时因持不同意见而区分刑赏，这就不叫区分；只有君主明鉴基础上的区分才是区分。因此民众重视法律而畏惧禁令，只求不违法，而不敢想要得奖赏。因此说，用不着刑罚和奖赏而民众已经愿意服从了。

因此那些管理得最好的国家，比较容易制止奸邪。是什么原因呢？由于法律与人的常情相通，并关联到治国的道理。既然这样，那么去掉那些不易发觉的奸邪行为的办法是什么呢？那就是必定使民众互相打探彼此的隐情。那么怎样让他们彼此监督呢？我认为，推行邻里连坐就行了。禁令倘有关系到自己的，从情理上来说，不得不彼此监视，恐怕别人违禁犯罪，自己不能免受牵连。那些有违法作乱之心的人，也使他们不敢忘却禁令，这是由于监察的人多了。这样，民众就自己小心，同时监察别人，告发坏人的隐秘。告发奸人的人免罪受赏，对奸人失察的人必定要连带受罚。假如这样，各种各样的奸人就被告发出来了。不管多么细小的违法行为也不能逃离，这就是准许告发和使用连坐导致的状况。

最英明的治国办法，是利用法度而不利用人的智慧。因此有法度的国家，不任用名望高的人，就能无敌于天下，国境内必定平治，这就是任用法度的效用。乱亡之国，任由敌兵在自己的领土上公开活动而无法阻挡，这是由于任用人的智慧而没有建立法度的原因。自己攻击自己，这是由于依靠个人的智慧；能攻击别人，是依赖了法度。所以有道术的国家，废止空话而任用法度。

根据法律的条文而判定某些不该受赏的行为，这是一件难事，只是通过言论来预示其产生的过错，这是一件难事，因此刑罚和奖赏常常不能统一。所谓不该受赏而按法律受赏这就称为用奸邪手段取得功绩；所谓臣下过失无法预示，这就是丧失了检验成败的根本标准，只依照逻辑，就无法发觉实际上不能实现的效用，只依照情理，奸诈的源头就从此产生，这样，怎能不出现错误呢？因此，无真实才干的人在国内得到虚名，游说的人借助外国而自成势力，如此一来，愚笨的、怯懦的、勇敢的、聪明的，空话之道和实用之行连成一片，同时为社会包容。因而法律得不到实行，而刑罚不能惩罚真正的罪犯。这样，刑赏的实行怎能不发生左右不定的情况呢？真正的法律是应当有所成就的，而只根据情理就会失去法律的度量，法度的丧失，并不是法律本身的错误，而是有了法律之后又并用智慧的恶果。抛弃法律而使用个人的智慧，行政官吏从哪儿去得到工作标准？他所从事的智慧与法令相违背，法律怎能不错误，刑罚怎能不复杂？因此赏罚混乱，国家的指导思想失误，就是在于不能明确分别刑罚和奖赏的原则。